# ESTUDIOS SOBRE LA BUENA ADMINISTRACIÓN EN IBEROAMÉRICA

COLECCIÓN DERECHO PÚBLICO IBEROAMERICANO

*Títulos publicados*

1. *La jurisdicción contencioso administrativa en Iberoamérica,* Jaime Rodríguez-Arana y Marta García Pérez (Coordinadores), 1ra Edición, 2014, 540 pp.

2. *Código de Legislación sobre contratación pública en Iberoamérica,* Jaime Rodríguez Arana y José Antonio Moreno Molina (Directores), 1ra Edición, 2015, 1152 pp.

3. *Leyes de Amparo de América Latina,* Allan R. Brewer-Carías, 2da. Edición aumentada y actualizada, 2016, 610 páginas.

4. *Estudios sobre la Buena Administración en Iberoamérica,* Jaime Rodríguez-Arana Muñoz, José Ignacio Hernández G., (Coordinadores), 2017, 376 páginas.

# ESTUDIOS SOBRE LA BUENA ADMINISTRACIÓN EN IBEROAMÉRICA

Jaime Rodríguez-Arana Muñoz
José Ignacio Hernández G.
(Coordinadores)

ALLAN R. BREWER-CARÍAS/
JOSÉ IGNACIO HERNÁNDEZ G.

JERRY L. MASHAW

MIGUEL CARDOZA

JOSÉ LUIS MEILÁN GIL

ANDRY MATILLA CORREA

GREGORIO MONTERO

MARCO A. ELIZALDE JALIL

CLAUDIO MORAGA KLENNER

JOSÉ IGNACIO HERNÁNDEZ G.

KARLOS NAVARRO

ERNESTO JINESTA L.

ALEJANDRO PÉREZ HUALDE

VANICE REGINA LÍRIO DO VALLE

JAIME RODRIGUEZ-ARANA

**Colección Derecho Público Iberoamericano**
**N° 4**

EDITORIAL JURÍDICA VENEZOLANA
Caracas 2017

© Jaime Rodríguez-Arana Muñoz
José Ignacio Hernández G.
Depósito Legal: 978-980-365-377-4
ISBN: DC2017000393

Editado por: Editorial Jurídica Venezolana
Avda. Francisco Solano López, Torre Oasis, P.B., Local 4, Sabana Grande,
Apartado 17.598 - Caracas, 1015, Venezuela
Teléfono 762-25-53 / 762-38-42/ Fax. 763-52-39
Email: fejv@cantv.net
http://www.editorialjuridicavenezolana.com.ve

Impreso por: Lightning Source, an Ingram Content Company
https://www1.lightningsource.com/default.aspx
Distribuido por: Editorial Jurídica Venezolana International Inc.
Panamá, República de Panamá.
Email: editorialjuridicainternational@gmail.com

Diagramación, composición y montaje
por: Mirna Pinto de Naranjo, en letra Times New Roman, 10,5
Interlineado exacto 11 Mancha 19 x 12,5

# A MODO DE PRESENTACIÓN

# EL DERECHO A LA BUENA ADMINISTRACIÓN, LA ESTRATEGIA DEL CLAD PARA AMÉRICA LATINA

*GREGORIO MONTERO**

## I. ORIGEN

Tanto desde la concepción naturalista (Derechos Humanos) como la positivista (Derechos Fundamentales) no existe duda respecto de que el Derecho a la Buena Administración que tienen los ciudadanos frente al Estado, la Administración Pública y sus funcionarios es consustancial a su condición humana o, cuando menos, al surgimiento del Estado de Derecho. Independientemente de que el mismo no haya sido explicitado en nuestros ordenamientos constitucionales, la materialización de muchos de los derechos humanos y fundamentales depende de que los principios y derechos dimanantes que hacen parte de la Buena Administración y el Buen Gobierno sean reconocidos y aplicados de forma progresiva.

Desde el mismo momento en que se configura la posición del ciudadano frente a la Administración Pública con base en un enfoque de derechos se da un reconocimiento tácito al Derecho a la Buena Administración[1], pues de lo contrario continuaríamos frente a una relación de vasallaje entre Estado y ciudadano, a la antigua, en la que las personas deben acogerse a su condición de súbditos.

Además, si analizamos los ordenamientos jurídicos de una buena parte de los países de la región nos daremos cuenta de que prácticamente todos los componentes del Derecho a la Buena Administración han sido positivizados, por ello es una realidad el mismo, sea en su acepción humana o en su acepción fundamental. Lo importante es asumirlo y exigirlo como una necesidad para la satisfacción de plena de las prerrogativas de los ciudadanos frente a la Administración, lo que se traduce en obligaciones del Estado frente a ellos.

---

*     Secretario general del CLAD.
[1]     Está estrechamente vinculado al bien común, al interés general, el cual se superpone siempre al interés individual o particular.

También es importante tomar en cuenta que en muchas de nuestras naciones la jurisprudencia se ha pronunciado en la línea del reconocimiento de un Derecho a la Buena Administración, más allá de que lo haga de forma tacita o use nomenclaturas diferenciadas, pero recoge los elementos principales de dicho derecho.

Evidentemente nuestra situación dista mucho de la europea, toda vez que, mediante la Carta de Derechos Fundamentales, proclamada por primera vez en 2000 y por segunda vez en 2007, la Unión Europea dispuso en el artículo 41 de la misma una concepción amplia del Derecho a la Buena Administración, a partir de aquí el mismo hace parte del Derecho Comunitario.

Es preciso cuestionar sobre lo siguiente: ¿es posible ver materializarse los derechos a la vida, a la salud, a la educación, etc., sin una Buena Administración? A nuestro juicio estos derechos serían, como de hecho son en algunos de nuestros países, simples declaraciones formales sin incidencia fáctica, lo que coloca a los ciudadanos en situación de precariedad económica y social, y por qué no afirmarlo, en situación extrema de indefensión.

## II. REFLEXIÓN Y ELEMENTOS CONCEPTUALES

El derecho a la buena Administración constituye el corolario del reconocimiento pleno de la relación del ciudadano con la Administración Pública en el marco del Estado Democrático de Derecho; sin una adecuada configuración de sus principios y contenidos no podemos hablar jamás de la concreción de las clausulas democrática y de derecho del Estado, lo que equivale a no poder hablar del Estado moderno, del Estado del siglo XXI.

Resulta indispensable vincular la cuestión del derecho a la Buena Administración al interés general como categoría sustantiva del Estado Social y Democrático de Derecho y vector esencial para la construcción del bien común, a los postulados y principios del Buen Gobierno, en tanto significa la orientación básica del comportamiento y proceder de los servidores públicos. También es indispensable vincularla al Derecho Administrativo, pues este es el responsable de disciplinar jurídicamente a la Administración Pública y sus distintos componentes.

Para que la relación Estado-ciudadano, o más específicamente Administración-ciudadano, se produzca en un ámbito de equidad, justicia y respeto a la dignidad de las personas, es preciso que un conjunto de principios, normas, procedimientos y derechos subordinados sean configurados de forma adecuada, para hacer posible el acceso efectivo de los ciudadanos a los servicios públicos y a los trámites administrativos a los que por antonomasia y por imperativo jurídico el Estado se obliga[2].

En este orden, no se concibe desde la praxis el Derecho a la Buena Administración sin una estricta definición y aplicación de principios tales como legalidad, eficiencia, racionalidad, objetividad, calidad, merito, ética, transparencia entre otros; también deben ser establecidas normas para la organización y funcionamiento de las instituciones estatales y los servicios públicos, para la gestión de las personas que las com-

---

[2]     Esto hace parte del nuevo enfoque del contrato social que originalmente nos legara Rousseau.

ponen, así como para el régimen de responsabilidad del Estado, sus instituciones y sus funcionarios; de la misma manera deben ser contemplados los cauces administrativos que habrán de seguir los funcionarios para darle contenido jurídico y efectividad a su actuación administrativa; por último, no deben ser obviados derechos ciudadanos como los de participación, acceso a la información pública, debido proceso, tutela judicial efectiva, indemnización, etc.

Como se puede ver, la dimensión conceptual de este derecho es sumamente amplia, por ello se requiere de un gran despliegue doctrinario, jurisprudencial, jurídico y práctico que permita su adecuado entendimiento y apoderamiento por parte de la sociedad en su conjunto y se convierta en consecuencia en un instrumento para el ejercicio pleno de la ciudadanía, desde sus acepciones jurídica y social. La Buena Administración es la carta de legitimidad del Estado, el derecho a ella es la sumatoria de las prerrogativas de los ciudadanos en su relación con la Administración Pública.

## III. OBJETIVOS DEL CLAD Y GESTIÓN PÚBLICA

EL Centro Latinoamericano de Administración para el Desarrollo (CLAD) es un organismo internacional, de carácter intergubernamental, compuesto por 21 países, los latinoamericanos, excepto Puerto Rico, y 2 países de la península ibérica, España y Portugal, cuya sede se encuentra en Caracas, Republica Bolivariana de Venezuela. El CLAD tuvo su origen el 30 de junio de 1972, por iniciativa de México, Perú y Venezuela, según refleja su Acta Constitutiva.

Cabe acotar que la constitución del CLAD había sido recomendada y respaldada ya por la Resolución N° 2845 de la Asamblea General de la Organización de las Naciones Unidas, de fecha 20 de diciembre de 1971, referida al eje temático Administración Pública y Desarrollo, correspondiente a su período 26 de Sesiones, comprendido entre el 21 de septiembre y el 22 de diciembre de 1971.

La Asamblea General de las Naciones Unidas fundamentó su decisión y apoyo a la creación del CLAD en la necesidad de acelerar el progreso de los países de la región, así como en la importancia de crear los centros de desarrollo para, desde ellos, fortalecer la capacidad básica de las administraciones publicas con miras a la ejecución eficaz de los programas de desarrollo económico y social.

El CLAD tiene por objetivo promover la reforma administrativa en Ibero América, con base en los modernos enfoques que, en el campo de las Ciencias Políticas, la Ciencia de la Administración, el Derecho Constitucional, el Derecho Administrativo, entre otras disciplinas, tienen impacto positivo en la región; el trabajo del CLAD se fundamenta también en el intercambio de experiencias respecto de las mejores prácticas en materia de innovación en la gestión pública.

El organismo internacional despliega su misión en la región en pro de la Reforma y la Modernización del Estado y la Administración Pública a través de una amplia Línea Programática[3] que contiene un conjunto de actividades orientadoras que van

---

[3]     Para el desarrollo de su Línea Programática el CLAD cuenta con una Estructura Organizativa simple, compuesta por un nivel político y un nivel técnico. En el primer nivel se encuentra el

desde el Congreso Internacional Anual, Reuniones Internacionales, Adopción y Promoción de Documentos Doctrinarios y de Orientación, Cooperación Técnica a los países miembros, Publicación de Documentos Académicos y de Investigación, Gestión de un Centro de Documentación Físico y Virtual, entre otras.

Es importante acentuar que el Congreso Internacional, que constituye uno de sus más importantes eventos, se compone de siete áreas temáticas que resumen la doctrina y las teorías contemporáneas sobre el Estado y la Administración Pública, por lo que se constituyen en oportunidades interesantes para el debate y el intercambio de experiencias en relación con las mejores prácticas de la región y otros lugares del mundo.

Dichas áereas temáticas son Profesionalización de la Función Pública, Implantación de una Cultura de Gestión de Calidad como Mecanismo de Fortalecimiento de la Administración Pública, Gestión Local en el Marco de la Descentralización, Una Administración Pública Inclusiva, no Discriminatoria y Participativa, Derecho Público y Garantías jurídicas en la Administración Pública, Políticas Publicas Eficaces en un Contexto de Crisis Financiera Global y, por último, Transparencia y Rendición de Cuentas para la Implantación del Buen Gobierno y la Ética Pública.

Es preciso destacar que la labor que desarrolla el CLAD se enmarca en cinco dimensiones o perspectivas principales, las cuales están presentes en cada uno de sus documentos y acciones; se trata de la dimensión *Política*, la *Jurídica*, la *democrática*, la *social* y la de *gestión*. Son estas dimensiones o pilares, sin dudas, las que orientan el proceso de reforma y modernización del Estado en la región, y las que determinan la efectividad de la acción del Estado moderno y su legitimación por parte de los ciudadanos.

Se debe entender que el nivel político de la Administración Pública es vital, en tanto la relación existente entre política y administración es indisoluble[4], ello obliga a comprometer en los procesos a los máximos niveles de dirección política de los entes públicos; además, dado que se trata de construir y consolidar en la región el Estado de Derecho, los elementos fundamentales de la doctrina del CLAD deben hacer parte del ordenamiento jurídico de los países miembros, como forma de asegurar administraciones publicas legales.

Por otro lado, el proceso administrativo de la cosa pública debe ceñirse sin rodeo a los principios de la Democracia moderna, entendiendo exactamente la posición jurídica del ciudadano en los ámbitos interactivos; también las instituciones estatales y quienes las sirven deben asumir como tarea fundamental la protección social de los ciudadanos, haciendo particular énfasis en aquellos que más necesitan de su auxilio; por último, válido es asumir que parte de la problemática actual de muchos de nues-

---

Consejo Directivo, compuesto por los veintiún países miembros, también está la Mesa Directiva, integrada por un Presidente y tres Vicepresidentes, en este mismo nivel se encuentra la Comisión de Programación y Evaluación, integrada por la Mesa Directiva y tres países miembros; en el segundo nivel está la Secretaría General, instancia operativa del Centro, integrada por el Secretario General y un equipo de profesionales y técnicos de perfiles multidisciplinarios.

[4] Está demostrado que el éxito en el despliegue de las políticas públicas y en el logro de los fines del Estado pasa necesariamente por hacer sinergia entre los niveles político y técnico de la Administración Pública, en un ejercicio de reconocimiento mutuo de sus espacios y roles.

tros países es la ineficiencia, por lo que debemos propender de forma progresiva a asumir modelos de gestión pública que garanticen eficiencia y bienestar al ciudadano, en síntesis, resultados tangibles.

## IV. CONTRIBUCIÓN DEL CLAD A LA BUENA ADMINISTRACIÓN

Este organismo internacional desde hace muchos años viene siendo reconocido como un verdadero centro de producción y gestión del conocimiento en materia de Reforma del Estado y Modernización de la Administración Pública en Iberoamérica, así como un importante catalizador de los movimientos en pro del fortalecimiento institucional y la innovación en la gestión pública. Esto se evidencia en la labor que el CLAD despliega en la región, como se dejó establecido antes, y el contacto permanente con los acontecimientos que en este orden tienen lugar en otras partes del mundo.

Todo esto ha permitido que el CLAD haya hecho y continúe haciendo un desarrollo sistematizado de los ejes más importantes en los que se fundamenta la gestión pública contemporánea, a partir de las diversas experiencias que tienen lugar, principalmente, en los países que lo integran. En este renglón los congresos, reuniones internacionales, los concursos de ensayos que organiza, así como la Revista Reforma y Democracia[5], juegan un rol determinante.

En la institución somos conscientes de que los procesos administrativos, en tanto son impulsados por los cambios sociales, deben estar en constante estudio y transformación, es la única forma de entenderlos y de que respondan eficazmente a los intereses generales. Es por ello que no se escatiman esfuerzos para, cual laboratorio, estar en permanente observación de los diversos acontecimientos que alrededor del Estado y la Administración Pública se producen, en otros casos, provocando de alguna forma dichos acontecimientos.

La producción documental, que es aprobada por los países miembros y contiene la doctrina, las estrategias y las tácticas de la intervención del CLAD en los procesos de las administraciones públicas de nuestros países, es constante y hasta cierto punto ambiciosa. En los documentos se abordan la mayor parte de los tópicos que hacen parte de la Buena Administración, incluido su componente normativo, que nos coloca en el concepto del Derecho a la Buena Administración, y en la necesidad de su configuración en la región, en América Latina, específicamente.

Es necesario profundizar en el contenido de la Buena Administración, tanto desde la visión teórico-doctrinaria como desde la jurídica, no hay duda de que hace falta convencer a muchos de esta realidad y tendencia; no es posible analizar y entender de forma correcta el Estado de hoy y su relación con los ciudadanos si no lo hacemos a partir de esta concepción, la que obliga a incorporar a la praxis el enfoque de derechos que le es natural a la manifestación estatal moderna, en el cual los ciudadanos, las personas, los habitantes, en fin, lo humano, constituye el foco de atención de todo el despliegue de su obra.

---

[5] La *Revista del CLAD* circula cada cuatro meses desde hace veinte años, sin interrupción, recoge los mas enjundiosos e interesantes enfoques y debates que se producen en la actualidad respecto de los temas que hacen parte de la reforma del Estado y la modernización de la Administración Pública.

A continuación, esbozaremos algunos de los ejes que viene desarrollando el CLAD con miras a la configuración del Derecho de la Buena Administración en los países de América Latina y las acciones que de manera concreta encamina.

## V. ORGANIZACIÓN ADMINISTRATIVA

Probablemente, el eje más importante para la concreción de la Buena Administración, pero profundamente menospreciado, es el relativo a la organización de la Administración Pública, no cabe duda en que la coherencia en la configuración y disposición de los entes públicos sea determinante para una adecuada interacción entre el Estado y los ciudadanos. Es necesario hacer un despliegue de la teoría del órgano desde sus concepciones institucional y personal[6], con base en los principios que la determinan, como unidad, juridicidad, racionalidad, distribución de competencia jerarquía, coordinación, delegación, lealtad institucional, colaboración, planificación evaluación, eficacia, eficiencia, simplicidad, transparencia, rendición de cuentas, participación ciudadana, responsabilidad, etc.

Es vital organizar la Administraciones Publicas latinoamericanas desde la perspectiva institucional, tomando en cuenta los elementos que la determinan, como los fines y objetivos o institucionales, los normativos, los materiales y los personales. Son estos elementos que permitirán el adecuado funcionamiento de los órganos públicos y el despliegue de los principios señalados, a partir de las técnicas de organización que se adopten, sea centralizada, descentralizada, y dentro de estas, la técnica desconcentración.

En este sentido, y por ser una cuestión transversal, en todos los documentos del CLAD aparecen orientaciones sobre la organización de la Administración Pública, citamos la **Carta Iberoamericana de Función Pública**, aprobada por la V Conferencia de Ministros de Administración Pública y Reforma del Estado en junio de 2003, en Santa Cruz de la Sierra, Bolivia, y ratificada por la XIII Conferencia Iberoamericana de Jefes de Estado y de Gobierno, celebrada en el mes de noviembre del mismo año y en el mismo lugar. La Carta de Función Pública, de notable influencia en la región, expone todo su contenido en un preámbulo y seis capítulos, en el marco de los cuales se definen la finalidad y el ámbito de aplicación de la misma, así como los criterios orientadores y los principios rectores, sobre la base de los cuales se recomienda el diseño y rediseño de los sistemas de empleo público y la carrera administrativa.

Dicha Carta, en relación a la cuestión en análisis dispone en el numeral 60 que el diseño estructural de las organizaciones públicas deberá incorporar, para hacer posible una gestión eficaz de los sistemas de función pública, Instancias especializadas en la gestión del empleo y los recursos humanos, investidas de la autoridad formal correspondiente al valor estratégico de su función y caracterizadas por su orientación a la racionalidad en el manejo de los recursos, la innovación de las políticas y prácticas de gestión de las personas y al apoyo y asesoramiento a los directivos de línea para el desempeño de sus funciones como gestores del personal a su cargo.

---

[6] La teoría del órgano se sustenta en dos acepciones, el órgano institución, referida a las instituciones públicas, y el órgano persona, referido a los individuos que operan las instituciones, es decir, a los funcionarios públicos.

Se propone también una orientación que garantice a la dirección de los centros y las unidades productoras de los servicios públicos las atribuciones de gestión necesarias para gestionar a su personal, con los debidos sistemas de control y responsabilización.

En el numeral 61 se dispone que la administración de sistemas de función pública requiere la posesión, por las organizaciones públicas, de las competencias imprescindibles, presentando dichos requerimientos algunos rasgos diferentes para los órganos centrales y para las direcciones de línea, a saber:

-Las instancias centrales responsables de los recursos humanos deberán estar dotadas de una alta cualificación profesional, incorporando la multidisciplinariedad propia de la gestión de las personas, lo que exige combinar equilibradamente las aproximaciones propias de los campos del derecho, la economía, la psicología social y la gestión pública.

-Los directivos al frente de las unidades productoras deberán disponer de la capacitación adecuada para el desarrollo de las habilidades técnicas y sociales necesarias para la gestión de equipos humanos. En particular, resulta fundamental su entrenamiento en las destrezas de carácter interpersonal y relacional.

## VI. PROFESIONALIZACIÓN DE LA FUNCIÓN PÚBLICA

La dimensión humana es una condición *sine quanon* para alcanzar los fines del Estado y la Administración Pública, en fin, para cristalizar el buen gobierno; ella constituye el más importante factor de la organización administrativa, es el órgano persona, determinante para operar de forma adecuada el órgano institución. Es por ello que la estrategia y el instrumental del CLAD apuntan a una gestión científico-técnica del personal al servicio de las instituciones estatales, como vía para garantizar la materialización y sostenibilidad de las transformaciones que se impulsan.

Institucionalizar un sistema de merito[7] con enfoque pleno en los derechos y garantías de los ciudadanos es vital en estos tiempos, superando la visión egocéntrica de los modelos anteriores; un sistema de carrera administrativa basado en los planes de desarrollo institucionales y nacionales, y que coloque a los empleados públicos como el factor fundamental de cambio y desarrollo hace la diferencia para contar con servidores públicos capaces y honestos, motivados y con manifiesta vocación de servicio hacia el ciudadano.

Es por ello que la referida **Carta Iberoamericana de Función Pública** orienta también en relación a aspectos conceptuales sobre la función pública, tomando en cuenta todo lo relativo a normas, arreglos institucionales, pautas culturales, procesos, recursos humanos y económicos, entre otros; además, se recomienda sobre la necesidad de estructurar la función pública tomando en cuenta todos los requerimientos que garantizan su funcionamiento, desde el punto de vista de su organización, métodos, subsistemas y procedimientos de gestión del empleo en el sector público desde una perspectiva de profesionalización, dignidad humana y derechos laborales.

---

[7]     Si bien los modelos de carrera administrativa requieren de revisión y adaptación constantes, está demostrado que ellos son determinantes para la efectiva gestión de las políticas públicas y la garantía de la continuidad del estado.

En el mismo orden, se adelantan ideas novedosas en torno a la carrera del directivo público, tema que toma cuerpo en algunos de nuestros países, dando respuesta a vacíos de continuidad y relacionamiento efectivo entre los niveles de supervisión y seguimiento y los niveles técnicos de ejecución de las políticas públicas.

## VII. ÉTICA, TRANSPARENCIA Y LUCHA ANTICORRUPCIÓN

Varios análisis nos llevan a la conclusión de que uno de los lastres más influyentes en la crisis global estructural e integral[8] que hoy nos quita de forma inclemente el sueño a los humanos ha sido la opacidad con la que se han manejado los bienes y los recursos del Estado, es decir de los ciudadanos. La imposibilidad de que las personas se enteraran de lo que ocurría a lo interno de las instituciones dio lugar a que los detentadores de la autoridad pública hiciesen lo que mejor les parecía, sin tomar en cuenta los intereses legítimos de los ciudadanos.

El comportamiento basado en valores éticos de los funcionarios, especialmente de los altos funcionarios, es vital, no solo para salir de la crisis y evitarla, sino para garantizar la gobernabilidad democrática y el desarrollo sostenible de nuestras naciones, asumiendo como estrategia la debida rendición de cuentas a los ciudadanos y enfrentando con seriedad y firmeza la corrupción administrativa.

La discusión de estos temas en los espacios académicos y de intelectuales dominó la década anterior y no hay duda en que dominará también la presente, no obstante, se ha fallado en su proyección y concreción en las administraciones públicas, pues no se han obtenido los resultados esperados y deseados; los niveles de opacidad continúan siendo alarmantes y vergonzantes.

Bajo este orden reflexivo se aprobó el **Código Iberoamericano de Buen Gobierno**, en el marco de la VIII Conferencia de Ministros de Administración Pública y Reforma del Estado, celebrada en Montevideo, Uruguay, en junio de 2006, y ratificado por la XVI Cumbre Iberoamericana de Jefes de Estado y de Gobierno en noviembre del mismo año y el mismo lugar. Este documento se orienta en las corrientes que impulsan en la región el comportamiento ético de los funcionarios públicos, su apego irrestricto a los cánones de la moral pública y la buena administración.

Además, el Código apuntala una gestión pública enfocada en los ciudadanos y en las estrategias de combate a la corrupción, con un énfasis radical en el principio de transparencia y en los postulados de la rendición de cuentas. Su foco o ámbito principal de aplicación lo constituyen los altos funcionarios públicos, describiendo las bases conceptuales y los fundamentos de su contenido a partir de reglas dirigidas a reconfirmar la vocación democrática de los gobiernos iberoamericanos, destacando los derechos políticos, las libertades ciudadanas, la garantía de los intereses de las personas y el sometimiento a la Ley y al Derecho; también se recogen reglas vinculadas a la ética gubernamental, haciéndose hincapié en el rechazo al abuso de poder, los conflictos de intereses, el tráfico de influencia, el favoritismo y el régimen de responsabilidades de los funcionarios públicos.

---

[8] Se ha pretendido proyectar la idea de que solo existe una crisis económico-financiera, insistimos en que estamos además ante una seria crisis de tipo ético-moral, medioambiental, de seguridad, política, etc.

## VIII. TECNOLOGÍA DE LA INFORMACIÓN Y ADMINISTRACIÓN PÚBLICA

En la Administración Pública del siglo XXI las herramientas tecnológicas no solo son significativos instrumentos de trabajo para la eficacia de la gestión, se constituyen además en un derecho ciudadano. La disposición de la información por parte de los ciudadanos en formatos inteligibles que les permitan desglosarla, aprehenderla y reutilizarla, es vital para su adecuado relacionamiento con el Estado y sus instituciones.

Hoy se habla no solo del Gobierno Electrónico, se habla del Gobierno Abierto, en el que se incorporan otros derechos y herramientas[9] que reposicionan al ciudadano frente a la Administración, procurando que su participación en el proceso de configuración, ejecución y seguimiento a las políticas públicas sea efectiva y protagónica.

La cuestión de los datos abiertos ocupa un lugar central en el perfeccionamiento de la democracia, con un enfoque de participación colaborativa de los ciudadanos, como vía para obtener la confianza y la legitimidad que requieren las instituciones gubernamentales.

La **Carta Iberoamericana de Gobierno Electrónico**, fue aprobada por la IX Conferencia de Ministros de Administración Pública y Reforma del Estado celebrada en Pucón, Chile, en junio de 2007, y ratificada por la XVII Cumbre Iberoamericana de Jefes de Estado y de Gobierno que tuvo lugar en Santiago de Chile en noviembre del mismo año. Se inspira y fundamenta en la revolución de la Tecnología de la Información y la Comunicación (TIC), y la convicción firme de que ésta debe ser puesta al servicio de la Administración Pública, como mecanismo de acercamiento de la gestión pública a los ciudadanos y la prestación de los servicios públicos y trámites administrativos de forma eficaz y eficiente, en un esfuerzo permanente por satisfacer sus necesidades y demandas.

La Carta se reconoce la necesidad de reducir la brecha digital y de convertir la sociedad de la información y el conocimiento en una oportunidad para el desarrollo integral de las personas, haciendo énfasis en aquellas con menos oportunidades; se asumen las TICs como instrumentos para el adecuado relacionamiento de los ciudadanos con la Administración Pública, desde una perspectiva de inclusión social, a partir de principios como los de legalidad, igualdad, transparencia, responsabilidad, entre otros.

Se plantea la cuestión del Gobierno Electrónico como un Derecho ciudadano, reflexionando acerca de su implicación conceptual, orientando en torno a cómo debería reglamentarse en cada país, a partir de sus propias características, todo lo relativo a seguridad, direcciones electrónicas y sitios Web de la Administración Pública, protección de datos y otras cuestiones de interés vital para esta compleja temática.

Además, se recomiendan las condiciones básicas que deben crearse para el éxito del establecimiento y desarrollo del Gobierno Electrónico, tomando en cuenta las transformaciones que se requieren en la Administración Pública, la interoperabilidad digital, la infoalfabetización, la inclusión digital y la integración creciente de procesos y servicios.

---

[9] El Gobierno Abierto incorpora con criterio de complementariedad en la gestión los conceptos de participación, colaboración, acceso a la información, transparencia, gobierno electrónico, entre otros.

## IX. CALIDAD E INNOVACIÓN EN LOS SERVICIOS PÚBLICOS

Los cambios sociales que se han producido y se siguen produciendo en lo que va del presente siglo han motivado a demandas y exigencias crecientes de los ciudadanos frente al Estado; hemos afirmado que a la Administración Pública le corresponde en principio catalizar dichas demandas, por lo que debe estar renovándose permanentemente para hacer frente a las mismas de forma efectiva. Incluso todo esto ha llevado a que hoy se hable del nuevo servicio público, asumiendo nuevas características referidas a cantidad, calidad y cobertura, que se suman a las ya tradicionales, continuidad, oportunidad, accesibilidad, gratuidad[10].

La concepción del nuevo servicio público nos coloca ante la discusión de nuevas dimensiones que complejizan su comprensión, pero que resultan inevitables en un contexto postmoderno como el actual; se trata de las dimensiones como democracia, ciudadanía, sentido de pertenencia, etc., las cuales, si bien estuvieron ausentes de la configuración normativa de los servicios públicos, hoy resulta inconcebible pretender su soslayo.

Ahora bien, la Administración Pública, para actuar en consecuencia de las necesidades y requerimientos ciudadanos y de las características del nuevo servicio público, debe adoptar modelos técnicos científicos de gestión e innovar de forma constante, a partir de sus propias realidades, asumiendo las mejores formas para gestionar los recursos públicos, aplicando procesos racionales para la mejora continua, todo ello con un enfoque de ciudadanía.

En ese contexto, la X Conferencia Iberoamericana de Ministros de Administración Pública y Reforma del Estado aprobó en junio de 2008 en San Salvador, El Salvador, ratificada por la XVIII Cumbre Iberoamericana de Jefes de Estado y de Gobierno, celebrada en octubre del mismo año y mismo lugar, aprobó la **Carta Iberoamericana de Calidad en la Gestión Pública**, la cual tiene por objetivo fundamental promover un enfoque común sobre la calidad en la gestión pública, basándose en nociones de excelencia y principios como universalidad, legalidad, responsabilidad, eficacia, eficiencia, economía, legitimidad, transparencia, cooperación, participación, recomendando que los mismos sean de aplicación concreta al sector público en Ibero América.

El contenido de esta Carta explica sus fundamentos y aporta una noción de calidad vinculada a la cultura institucional, a la mejora continua y a la satisfacción de las necesidades de los ciudadanos; se describen los derechos de estos frente a la Administración Pública en un contexto de gestión de calidad. Además, se proponen orientaciones, acciones e instrumentos para la formulación de políticas y estrategias de calidad, con base en la innovación, el ciclo de mejora, la participación de los empleados, la gestión por proceso, el liderazgo, compromiso social y ambiental, y gestión para resultados, enfocada en el ciudadano[11].

---

[10]   Siempre hemos creído que la gratuidad de los servicios públicos se reduce solo a un decir, pues ellos son la dación a la que se obliga el Estado como consecuencia del pago de tributos a que están obligados los ciudadanos, en consecuencia, tal gratuidad no ha existido.

[11]   La Administración Pública debe entregar servicios públicos que modifiquen de forma positiva la realidad de los ciudadanos, creando las bases para el desarrollo de éstos y de la sociedad en su conjunto, debiendo producir resultados medibles, evaluables.

# X. PARTICIPACIÓN CIUDADANA

La concreción de la democracia en el Estado moderno ha evolucionado de la representación a la participación, antes bastaba con que los ciudadanos acudieran a las urnas a elegir a sus representantes en la toma de decisiones y en la conducción de los destinos del país. Hoy eso no basta, los ciudadanos tienen derecho a participar en la formulación y aprobación de las políticas públicas y en la gestión y evaluación de ellas, esa es la tendencia democrática.

La participación ciudadana en la gestión pública no es solo un derecho que garantiza la rendición de cuentas y el control social, es también un deber, pues el conocimiento, la experiencia y la creatividad popular deben ser puestos al servicio de la institucionalidad pública, el Estado se obliga a generar los espacios formales e informales necesarios para ello, ofreciéndoles información oportuna y veraz y respetando sus derechos.

El CLAD cuenta con la **Carta Iberoamericana de Participación Ciudadana en la Gestión Pública**, la cual fue aprobada en el contexto de la XI Conferencia de Ministros de Administración Pública y Reforma del Estado, realizada en Lisboa, Portugal, en junio de 2009, y que fuera ratificada por la XIX Cumbre de Jefes de Estado y de Gobierno, que tuvo efecto en la ciudad de Estoril del mismo país, en noviembre-diciembre del referido año. La misma toma como base el derecho humano de participación que, de un tiempo para acá hace parte de las configuraciones jurídicas, incluso constitucionales, de los países de la región.

La Carta se concibe sobre una base conceptual que realza la construcción social de las políticas públicas, desde los intereses generales de los individuos y sus correspondientes vínculos con la sociedad democrática moderna, los derechos ciudadanos, la responsabilidad cívica y la educación. Incorpora principios referenciados en la no discriminación, la igualdad, autonomía y corresponsabilidad social.

Contempla la participación de los ciudadanos en el ciclo básico de las políticas públicas, entiéndase diseño, formulación, aplicación y evaluación y control, así como los mecanismos que hacen posible la participación efectiva, sea individual, colectiva, institucional, formal, informal, etc. Importante es destacar el rol central que le asigna la Carta a la regulación y viabilidad del libre acceso a la información pública, en tanto derecho, como condición determinante de una participación cualificada y eficaz en la gestión pública.

# XI. GESTIÓN PÚBLICA E INTEGRACIÓN LATINOAMERICANA

Muchos esfuerzos se han hecho y se siguen haciendo en la dirección del gran sueño de la integración latinoamericana, no cabe duda de que la ALBA[12] y el CELAC[13]

---

[12] Alianza Bolivariana para los Pueblos de Nuestra América, creada en la Habana, Cuba, 2004, bajo el impulso de los presidentes de Venezuela, Hugo Chávez y de Cuba, Fidel Castro, para aglutinar a los países de América Latina y el Caribe en el propósito básico de luchar contra la pobreza y la exclusión social.

[13] Comunidad de Estados Latinoamericanos y Caribeños, creada en Quintana Roo, México, 2010, bajo el influjo del Grupo de Río y la Cumbre de América Latina y del Caribe, con el propósito de promover la integración y el desarrollo de los países de la región.

constituyen niveles importantes de materialización en este sentido, pero aún falta mucho camino por andar. Entendemos que la Administración Pública es un factor determinante para el éxito de dicha integración, muy poco aprovechado, por cierto.

Nuestras administraciones públicas, si bien cada una de ellas está adornada por realidades y características distintas, no menos cierto es que enfrentan problemas comunes, muchas de cuyas soluciones pueden ser parecidas, pasando por los necesarios procesos de adaptación. Nuestra historia político-administrativa tiene rasgos comunes que nos aproximan mucho más que lo que nos alejan, debemos abordar la gestión pública con mayor vehemencia y sentido de oportunidad, desde una perspectiva que nos permita compartir nuestras experiencias, buenas y malas, con miras a la mejora permanente y perfeccionamiento de nuestras instituciones.

No tenemos la menor duda de que los procesos de gestión en la región son un espacio singular de oportunidad en este renglón, así lo ha venido propiciando el CLAD, por ello en Santo Domingo, Republica Dominicana, en ocasión de celebrarse la XL Reunión Ordinaria del Consejo Directivo en noviembre de 2010, se aprobó el Documento **Una Gestión Pública Iberoamericana para el Siglo XXI**, en el cual se sintetizan las experiencias en el despliegue de las cartas y el Código en la región.

La importancia de este documento radica en que tiene como antecedentes todos los documentos en los que hasta la fecha el CLAD había recogido su doctrina y estrategias, desde su fundación, con los que pretende responder a la evolución constante del Estado y la Administración Pública, lo que motiva a que las bases teóricas, conceptuales y prácticas de los procesos de reforma sean revisados, también constantemente.

Este documento, que se justifica en la dinámica de la gestión pública y la necesidad de resumir toda la base doctrinaria del CLAD, interpretando los fenómenos que se van produciendo en la región, tiene como objetivo principal contextualizar los pilares del desarrollo económico, político y social, a partir de los diversos modelos que tienen lugar en los distintos países.

También se incorporan en él las nuevas reflexiones que el CLAD ha venido haciendo en los últimos años en materia de gestión pública, procurando con ello constituir una vía para impulsar la integración regional a través del intercambio de ideas y buenas prácticas en materia de reforma, modernización, gestión pública e innovación en el Estado.

El documento es una interesante herramienta para continuar avanzando en la articulación de un modelo adaptable de gestión pública para nuestra región, que es el resultado genuino de la participación de los actores correspondientes de todos los países, y que incorpora sus propias realidades, características y procesos, muchos de las cuales, reiteramos, resultan comunes.

## XII. DERECHOS Y DEBERES CIUDADANOS FRENTE A LA ADMINISTRACIÓN PÚBLICA

La dimensión social del ejercicio de la ciudadanía, más allá de la formalidad jurídica, ha traído como consecuencia la reconfiguración de la posición del ciudadano en su relación con el Estado, todo esto bajo la concepción del Derecho a la Buena Administración, el cual está influyendo significativamente en la articulación jurídica y en la praxis de los órganos que componen las administraciones publicas de la región.

El cumplimiento de los fines del Estado solo es posible en un marco de respeto y reconocimiento de espacios que nos imponen las clausulas social, democrática y de derecho que caracterizan la construcción, consolidación y operación del Estado moderno. El respeto a los derechos humanos y fundamentales y a la dignidad de las personas, así como la observación de las garantías jurídicas y procedimentales, el respeto del orden jurídico, a las instituciones y a los procesos y procedimientos administrativos, hacen parte de los prerrequisitos básicos para la operación correcta de la institucionalidad publica, y la aplicación de los postulados esenciales del buen gobierno y la buena administración.

Podríamos afirmar que todas las cartas y documentos del CLAD abordan elementos propios del Derecho de la Buena Administración, pues están dirigidos a lograr la mejora de los servicios públicos y de los trámites burocráticos, así como a garantizar una adecuada interacción entre las instituciones públicas y los ciudadanos. Sin embargo, hacía falta la dimensión estratégica y sistematizada para esa interacción, en un marco de responsabilidades compartidas entre administrador y administrados, con reconocimiento pleno del rol protagónico de los ciudadanos en el contexto de su relacionamiento.

Es por ello que fue aprobada recientemente la **Carta Iberoamericana de los Derechos y Deberes de los Ciudadanos en Relación con la Administración Pública**. Dicha Carta fue aprobada definitivamente el 10 de octubre de 2013 por el Consejo Directivo del CLAD, cumpliendo con el mandato de la XV Conferencia Iberoamericana de Ministras y Ministros de Administración Pública y Reforma del Estado, celebrada en ciudad de Panamá los días 27 y 28 de junio de 2013, la cual le había dado su aprobación preliminar.

El contenido de la misma está dirigido a reconocer que los ciudadanos tienen un Derecho Fundamental a la Buena Administración, en consecuencia, los poderes públicos y demás órganos estatales están en el deber de reconocer en el desarrollo normativo y el despliegue de sus atribuciones un conjunto de principios, derechos dimanantes, garantías, conceptos e instrumentos que propicien una interacción respetuosa y digna con las personas usuarias de servicios públicos y trámites administrativos. Pero también, la Carta establece un conjunto de deberes que tienen que ser observados por los ciudadanos al momento de interactuar con los órganos públicos.

Se destacan principios como interés general, igualdad, objetividad, eficiencia, evaluación, ética, transparencia, participación, seguridad jurídica, buena fe, facilitación, debido proceso, protección a la intimidad, entre otros, que le dan sustento social y jurídico al derecho de la Buena Administración.

En consonancia con estos principios y el derecho de la Buena Administración, se contemplan derechos específicos para la interacción de los ciudadanos con la Administración Pública, se destacan tutela administrativa efectiva, ser oídos y presentar los escritos y documentos que sean pertinentes, participación en las actuaciones administrativas, servicios públicos de calidad y trámites racionales, presentar quejas y reclamaciones, conocer la evaluación de la gestión de los servicios públicos, acceso a la información pública, ser tratados con cortesía y respeto, ser informado sobre el estado de los procedimientos administrativos que les afectan, no presentar documentos que el Estado tiene a su disposición, exigir las responsabilidades de los funcionarios y los particulares que cumplen funciones administrativas.

Además, con base en el criterio de corresponsabilidad, la Carta orienta sobre un conjunto de deberes a cargo de los ciudadanos, como lealtad, buena fe, veracidad, responsabilidad, respeto y colaboración, los cuales deben ser observados para garantizar un justo equilibrio en los procesos de relacionamiento Estado-ciudadano.

Por último, la Carta se pronuncia a favor de que los ordenamientos jurídicos de los países de la región, en el marco del Derecho Fundamental a la Administración Pública y los derechos específicos que lo componen, contengan los mecanismos de protección administrativa y jurisdiccional correspondientes.

## XIII. RÉGIMEN DE RESPONSABILIDADES

El sistema de coacción es fundamental para alcanzar el ideal del Buen Gobierno y la cristalización del derecho de la Buena Administración, pues ante los poderes naturales, incluidos los poderes discrecionales, de los detentadores de la autoridad pública, sean elegidos o designados, debe existir un conjunto de factores disuasorios de conductas inapropiadas y arbitrarias que echen por la borda los principios del Estado de Derecho y los derechos de los ciudadanos frente a la Administración.

No basta con el principio de legalidad, el por sí solo no resulta un control eficaz para el abuso de autoridad y el desvío de poder, pesan más los antivalores de muchos funcionarios públicos que se escudan en su investidura para cometer todo tipo de desmanes en contra de los intereses generales y los bienes públicos. Aquí entra en juego el régimen de responsabilidades de los órganos y los funcionarios públicos, en razón de su naturaleza y jerarquía.

Cabe advertir, como corolario de lo anterior, el rol que juegan los sistemas de garantías ciudadanas y los tribunales de justicia, los cuales deben funcionar de manera responsable en el juzgamiento de los ilícitos que se cometan a propósito del funcionamiento de los órganos públicos, y se erijan en verdaderos mecanismos de control de la Administración Pública, en observación de los principios de legalidad y tutela judicial efectiva.

En cada una de las cartas y documentos del CLAD la cuestión queda, de una u otra forma, evidenciada como una necesidad a ser abordada por los países de la región, tomando en cuenta la responsabilidad política, civil o patrimonial, la penal, y la administrativa o disciplinaria.

De manera específica, en la **Carta Iberoamericana de Función Pública** se recomienda que en nuestros países los procedimientos disciplinarios corrijan con eficacia, agilidad y ejemplaridad las conductas inadecuadas de los empleados públicos, y que el régimen disciplinario se base en la tipificación de las infracciones, la graduación proporcional de las sanciones, la imparcialidad de los órganos que instruyen y resuelven los procedimientos, el carácter contradictorio de éstos, y la congruencia entre hechos probados y resoluciones, dando a los afectados por un procedimiento disciplinario todas las garantías propias del derecho sancionador.

También, el **Código Iberoamericano de Buen Gobierno** reza que los funcionarios públicos se responsabilizarán políticamente en todo momento por las decisiones y actuaciones propias y de los organismos que dirigen, sin perjuicio de otras que fueran exigibles legalmente y asumirán las responsabilidades ante los superiores, sin poder derivarlas hacia los subordinados sin causa objetiva.

Por último, la **Carta Iberoamericana de los Derechos y Deberes de los Ciudadanos en Relación con la Administración Pública** otorga a las personas el derecho de exigir el cumplimiento de las responsabilidades de las personas al servicio de la Administración Pública y de los particulares que cumplan funciones administrativas, agregando que los ciudadanos, además del derecho a exigir la justa indemnización en plazo razonable por la lesión que puedan sufrir en sus bienes o derechos a causa del funcionamiento de los servicios públicos o de interés general, en los casos en que así se determine de acuerdo con el ordenamiento jurídico correspondiente, podrán demandar, ante la Administración y/o ante los Jueces o Tribunales, las responsabilidades en que puedan haber incurrido los servidores públicos en el ejercicio de sus funciones.

Finalmente, hasta aquí hemos dado cuenta de las líneas de trabajo que desarrolla el CLAD en la región con miras al reconocimiento, promoción y despliegue de los fundamentos, principios, derechos e instrumentos del derecho fundamental de la Buena Administración en los países iberoamericanos que conforman el organismo intergubernamental, a través de cartas y documentos, investigaciones y estudios, seminarios, foros, simposios y reuniones internacionales, asesoría técnica, etc., así como a través de congresos internacionales.

Todos los esfuerzos expuestos, aunados a otros que se encaminan desde otros espacios y escenarios de reconocido valor darán como resultado la adecuada proyección de la temática de la Buena Administración y su concreción ascendente, no solo en nuestras realidades jurídicas, sino también en la praxis de nuestros estados, de las administraciones publicas y de los ciudadanos.

# INTRODUCCIÓN GENERAL SOBRE LA BUENA ADMINISTRACIÓN EN IBEROAMÉRICA

*ALLAN R. BREWER-CARÍAS**

*JOSÉ IGNACIO HERNÁNDEZ G.**

## INTRODUCCIÓN

Las ponencias del presente libro demuestran cómo la buena Administración es actualmente, en Iberoamérica, un principio fundamental de la Administración Pública, que incluso adquiere el carácter de derecho del ciudadano frente a la Administración.

Como es sabido, desde el Derecho europeo se ha venido postulando la existencia del *derecho a la buena Administración,* tal y como ha sido recogido en el artículo el artículo 41 de la Carta de los Derechos Fundamentales de la Unión Europea. No se trata solo de una figura conocida en Europa (Jaime Rodríguez-Arana), sino que también ha sido estudiada en Estados Unidos de Norteamérica (J. Mashaw) e incluso en Latinoamérica. De esa manera, el derecho a la buena Administración realza la idea según la cual la Administración debe estar centrada en el ciudadano y la promoción y protección de sus derechos fundamentales, como herramienta para favorecerla gobernanza democrática. En este contexto, el CENTRO LATINOAMERICANO DE ADMINISTRACIÓN PARA EL DESARROLLO (CLAD) ha reconocido la incidencia de la gobernanza en la Administración Pública, al señalar que *"la gobernanza pública – que incluye el sentido de la gobernabilidad– es uno de los campos más importantes para entender las transformaciones recientes de la administración pública"*[1].

Precisamente, el CLAD encargó al profesor Jaime Rodríguez-Arana Muñoz la preparación de una *Carta* orientada a unificar los principios que sobre ese derecho se han venido postulando en el ámbito iberoamericano. Tal es el origen de la *Carta*

---

\*    Profesor emérito de la Universidad Central de Venezuela.

\*    Profesor de Derecho Administrativo de la Universidad Central de Venezuela.

[1]    Gestión Pública Iberoamericana para el siglo XXI, del Gestión Pública Iberoamericana para el siglo XXI. Documento aprobado por la XL Reunión Ordinaria del Consejo Directivo del CLAD. Santo Domingo, República Dominicana, 8-9 de noviembre de 2010, p. 16. Sobre los orígenes del CLAD, véase lo expuesto en Brewer-Carías, Allan, "Proyecto del Centro Regional Latinoamericano de Administración para el Desarrollo (CLAD)", en *Revue Internationals des Sciences Administratives,* Vol. XXXVIII, N° 3, Las Ciencias Administrativas en Venezuela, Institute International des Sciences Administratives, Bruselas, 1972, pp. 233 y ss.

*Iberoamericana de los Derechos y Deberes del Ciudadano en Relación con la Administración Pública*, que fue aprobada en 2013, la cual resume el acervo Iberoamericano sobre el derecho a la buena Administración, tal y como se afirma en sus *considerando*[2]:

> "En el marco del complejo Gobierno-Administración Pública, núcleo en el que se realiza la definición e implementación de las políticas públicas propias del Poder Ejecutivo, ha ido cobrando especial relieve en los últimos tiempos la obligación de las instancias públicas de proceder a una buena Administración Pública, aquella que se dirige a la mejora integral de las condiciones de vida de las personas. La buena Administración Pública es, pues, una obligación inherente a los Poderes Públicos en cuya virtud el quehacer público debe promover los derechos fundamentales de las personas fomentando la dignidad humana de forma que las actuaciones administrativas armonicen criterios de objetividad, imparcialidad, justicia y equidad, y sean prestadas en plazo razonable"

Fue con ocasión a esa Carta que se organizó la elaboración de estudios que ahora presentamos sobre la buena Administración en Iberoamérica, junto con un estudio general que sobre este tema había sido preparado anteriormente por el profesor Jerry Mashaw. De esta actividad ha derivado un conjunto de ponencias que evidencian el reconocimiento, alcance y contenido del derecho a la buena Administración en Iberoamérica, con la perspectiva comparada del Derecho Administrativo en los Estados Unidos de Norteamérica. A partir de esas ponencias, cuyo resumen presentamos en estas líneas, podrá unificarse los principios comunes sobre la buena Administración en Iberoamérica y, al mismo tiempo, efectuar un contraste sobre la recepción de esos derechos en los distintos ordenamientos jurídicos, lo que sin duda será material básico y fundamental para la aplicación de la mencionada *Carta* y la difusión del derecho a la buena Administración en Iberoamérica.

## I. LA BUENA ADMINISTRACIÓN DESDE EL DERECHO ADMINISTRATIVO EN IBEROAMÉRICA

Tal y como concluye Andry Matilla, en la ponencia preparada para el presente libro, el concepto de *buena Administración* se relaciona con ideas tradicionales del Derecho Público en Iberoamérica que comenzaron a formarse en el siglo XIX:

> "El uso de las expresiones mala administración y buena administración no constituye patrimonio exclusivo de los documentos y los *iuspublicistas* de la segunda mitad siglo XX y lo que va del XXI.
>
> Por el contrario, en escritos de Derecho Público y Derecho Administrativo del siglo XIX y los primeros lustros del XX, ya es posible encontrar la presencia de tales locuciones".

---

[2] Véase: Carta Iberoamericana de los Derechos y Deberes del Ciudadano en Relación con la Administración Pública, aprobada por el Consejo Directivo del CLAD en reunión presencial-virtual celebrada desde Caracas el 10 de octubre de 2013, en cumplimiento del mandato recibido por la XV Conferencia Iberoamericana de Ministras y Ministros de Administración Pública y Reforma del Estado celebrada en Ciudad de Panamá los días 27 y 28 de junio de 2013. Su texto puede ser consultado en la página del CLAD (http://www.clad.org/) así como en la *Revista Electrónica de Derecho Administrativo* N° 3, Caracas, 2014, pp. 175 y ss.

La idea de la buena Administración está presente, así, en la doctrina francesa del siglo XIX. De acuerdo con Matilla, *"al ir juntado la presencia de la expresión bonne administration dentro de la literatura iuspublicista francesa, llama la atención precisamente como esa expresión es asociada ya a su alcance más común u ordinario, ya más jurídico. Aunque, justo es advertir que, en esa literatura, el empleo de la locución bonne administration resulta siempre muy fugaz, dado más por sobreentendido que por sustanciado por quienes lo acogieron"*. Es destacable, en este sentido, la cita de Alejandro Oliván que realiza Matilla:

"(…) una buena Administración, enérgica, templada y muy diferente de sus ilusorias vaguedades, es lo que se necesita en España para generalizar al educación y las luces, acrecentar la morigeración, inaugurar el fomento público y presentar cercano el estado de prosperidad que todos apetecemos."[3].

Partiendo de estos antecedentes históricos, Andry Matilla concluye lo siguiente:

"(...) creemos que es válido sostener que en todo ese contexto está el germen primario, el estadio más primitivo, de la construcción de lo que va resultando hoy el régimen jurídico de la buena administración, entendida esta como principio de la Administración pública, como deber de ella, o como derecho atribuido a los ciudadanos o administrados, según se maneja en el actual universo jurídico-administrativo"

Esta conclusión es corroborada por José Ignacio Hernández G., quien cita como antecedente de la buena Administración el artículo 191 de la primera Constitución de Venezuela, de 1811:

"Los Gobiernos se han constituidos para la felicidad común, para la protección y seguridad de los Pueblos que los componen y no para el beneficio, honor o privado interés de algún hombre, de alguna familia; o de alguna clase de hombres en particular, que sólo son una parte de la comunidad. El mejor de todos los Gobiernos será el que fuere más propio para producir la mayor suma de bien y de felicidad y estuviere más a cubierto del peligro de una mala administración; y cuantas veces se reconociere que un Gobierno es incapaz de llenar estos objetos o que fuere contrario a ellos la mayoría de la nación, tiene indubitablemente el derecho inajenable, e imprescriptible de abolirlo, cambiarlo o reformarlo, del modo que juzgue más propio para procurar el bien público. Para obtener esta indispensable mayoría, sin daño de la justicia ni de la libertad general, la Constitución presenta y ordena los medios más razonables, justos y regulares en el Capítulo de la revisión y las provincias adoptarán otros semejantes o equivalentes en sus respectivas constituciones".

La idea de una *buena Administración*, en contraposición a la *mala Administración*, presente como acaba de verse no solo en España sino también en Venezuela, al menos, desde el siglo XIX, demuestra la influencia que en esta materia ha tenido la Revolución de Independencia de Estados Unidos de Norteamérica[4]. Esto queda en evidencia por el estudio comparado realizado por el Jerry Mashaw en el artículo

---

3    La cita es la siguiente: Oliván, Alejandro, *De la Administración Pública con relación a España*, Nueva edición, s/e, 1843, Madrid, 1954, p. 43.

4    Véase sobre ello lo expuesto en Brewer-Carías, Allan, *Reflexiones sobre la Revolución Norteamericana (1776), la Revolución Francesa (1789) y la Revolución Hispanoamericana (1810-1830) y sus aportes al constitucionalismo moderno*, Universidad Externado de Colombia, Bogotá, 2008.

publicado en la presente obra, y en el cual se pone en evidencia la similitud entre los principios asociados a la buena Administración en el Derecho Europeo, y principios básicos del Derecho Administrativo de Estados Unidos de Norteamérica. El autor apoya su comparación en el concepto de *motivación*:

"El interés de la Unión Europea en presionar a favor de la idea de buena Administración, incluyendo la motivación, mediante un conjunto de técnicas que son asumidas internamente por la Administración, antes que, impuestas por contralores externos, quizás refleje el desarrollo histórico del Derecho europeo administrativo, que no se ha basado tanto en la jurisprudencia como el Derecho administrativo en los Estados Unidos. Finalmente, entendiendo la motivación provista por las instituciones públicas como un derecho humano en una democracia y como una parte del proyecto dinámico de desarrollo de la gobernanza democrática, sugiere que la Administración motivada debe ser entendida como un objetivo y como un derecho. Es un objetivo que los americanos y europeos han compartido largamente".

Tal y como resume José Luis Meilán Gil, la buena Administración conecta con los principios tradicionales que han fundamentado el ejercicio del poder público en el *"buen Gobierno"*:

"La justificación del poder público se ha formulado de varias maneras y con diferentes nombres a lo largo de la historia, a la que va asociada una amplia lista de ilustres pensadores de cita innecesaria. Tiene que ver con los fines que se propone la organización política. Dicho de una manera rápida, con técnica impresionista, el ejercicio del poder público se justifica por y para la procura del bien común, el *vivere bene* de los miembros de la sociedad política en expresiones clásicas de Aristóteles" (*eudamonia*) y Tomás de Aquino (*virtus*), la felicidad de los súbditos y el bienestar en la época de la Ilustración y el Despotismo ilustrado "*Mi dolor, dirá el emperador José II – es no poder hacer a todo el mundo feliz–*, en la Declaración de independencia de los EEUU – *the pursuit of happiness*, como un derecho– o como proclamó la Constitución de Cádiz en su artículo 13: "*El objeto del Gobierno es la felicidad de la Nación, puesto que el fin de toda sociedad política no es otro que el bien estar de los individuos que la componen*".

Todo lo anterior permite concluir que la buena Administración, a pesar de ser un principio, y en algunos ordenamientos jurídicos, un derecho subjetivo, de reciente tratamiento, engloba sin embargo a principios tradicionales en el Derecho Administrativo en Iberoamérica.

Esos principios tradicionales han sido especialmente tratados en Latinoamérica a través de las normas sobre procedimientos administrativos[5]. En efecto, si algo ha caracterizado la evolución del Derecho Administrativo en América Latina durante las últimas décadas, ha sido el hecho de su codificación, particularmente plasmada en la sanción de Leyes reguladoras del procedimiento administrativo en general. Tal codificación se ha caracterizado, especialmente, por la enumeración expresa de un conjunto de principios generales, los cuales se orientan a asegurar el cumplimiento del principio de legalidad, garantizando que la Administración sirva con objetividad a los intereses generales. Asimismo, esos principios han reconocido un catalogo básico de derechos del ciudadano frente a la Administración.

---

[5]  Véase a Brewer-Carías, Allan, *Tratado de Derecho Administrativo. Derecho Público en Iberoamérica*. Volumen IV. El procedimiento administrativo, Civitas-Thomson Reuters, Madrid, 2013, pp. 709 y ss.

Esto permite explicar por qué la buena Administración, aun cuando no es reconocida expresamente en ciertos ordenamientos jurídicos de Latinoamérica de manera expresa, sí responde a principios generales del Derecho Administrativo de amplio tratamiento y es, por ello, un concepto conocido. En especial, en aquellos ordenamientos jurídicos en los cuales la buena Administración no es expresamente reconocida, su contenido puede deducirse del *concepto vicarial* de la Administración Pública. Así concluye, desde Chile, Claudio Moraga:

> "Para el caso de Chile, pensamos que el Derecho a una Buena Administración sería inducible desde el ordenamiento (*ius administrativo*), según explicaremos. Y, ello sucede porque es posible sostenerlo a partir de la servicialidad del Estado; los principios que rigen a la Administración; los derechos públicos subjetivos de las personas y un particular carácter y conciencia que se ha ido formando en los órganos de la Administración y que podríamos denominar la "acción administrativa ética". En efecto, si debemos hablar de una "Buena Administración", como supuesto previo al "Derecho a una Buena Administración", entonces aquélla es una administración distinta a la que ha existido durante buena parte de nuestra vida republicana: estamos hablando ahora del comportamiento de la Administración sujeta a un especial estándar de ética social, y aquí se manifiesta la piedra basal del concepto".

A similar conclusión llega Ernesto Jinesta desde Costa Rica:

> "En el caso costarricense, ya la Constitución Política de 7 de noviembre de 1949, introducía unas expresiones rectoras de toda la función administrativa desplegada por las administraciones públicas, tales como *"buena marcha del Gobierno"* (artículo 139, inciso 4°) y *"buen funcionamiento de los servicios y dependencias administrativas"* (artículo 140, inciso 8°). Tales expresiones del constituyente originario o, más bien, conceptos jurídicos indeterminados, le han impuesto, desde hace más de cincuenta años un desafío a los poderes públicos y evocan, necesariamente, el nuevo concepto de la "buena administración".

Desde Ecuador, Marco Elizalde concluye, también, lo siguiente:

> "La ausencia de norma expresa lleva a concluir, desde una óptica formalista, que en el Ecuador la buena administración no se configura como un derecho, de rango constitucional o legal, que pueda ser exigido ante los jueces y tribunales de la República, por aplicación del art. 11.3 de la Constitución ecuatoriana. Más bien parece, desde esta óptica, que la buena administración podría configurarse como un conjunto de principios que las administraciones públicas deben observar en el ejercicio de su poder"

Esto nos permite afirmar una segunda conclusión: la ausencia de previsión expresa de la buena Administración no es óbice para su reconocimiento dentro de los principios generales del Derecho Administrativo. Así, tales principios pueden derivar del concepto de *buen gobierno*, como desde El Salvador propone Miguel Cardoza, o a través de la regulación del *procedimiento administrativo,* como concluye Karlos Navarro desde Nicaragua, y Alejandro Pérez Hualde en Argentina. En Brasil, Vanice Regina Lírio Do Valle relaciona la buena Administración con otros derechos fundamentales del ciudadano, como el *derecho de petición*.

La construcción de la buena Administración desde los principios generales del Derecho Administrativo, y derechos del ciudadano de amplia tradición, coincide con el contenido que tal institución tiene en el Derecho Europeo, en el cual se le reconoce como auténtico *derecho subjetivo,* que parte a su vez de diversos *principios generales.* Tal y como resume Jaime Rodríguez-Arana Muñoz en la ponencia incluida en el presente libro:

"En efecto, la consideración central del ciudadano en las modernas construcciones del Derecho Administrativo y la Administración pública proporciona el argumento medular para comprender en su cabal sentido este nuevo derecho fundamental a la buena Administración pública establecido en el artículo 41 de la Carta Europea de los Derechos Fundamentales".

Como explica Jaime Rodríguez-Arana Muñoz, la buena Administración es, a la vez, principio general de la Administración y derecho subjetivo. Desde esta posición, Rodríguez-Arana condena treinta y un derechos derivados de la buena Administración, entre los cuales encontramos el *derecho a la motivación de las actuaciones administrativas*; el *derecho a una resolución administrativa en plazo razonable*; el *derecho a respuesta oportuna y eficaz de las autoridades administrativas*; el *derecho de participación en las actuaciones administrativas en que tengan interés;* el *derecho a formular alegaciones en cualquier momento del procedimiento administrativo*, y el *derecho a elegir los servicios de interés general de su preferencia*.

Esta concepción subjetiva de la buena Administración es la que está presente en la *Carta Iberoamericana de los Derechos de los Ciudadanos en relación con la Administración Pública*. La gran utilidad que ese instrumento tiene es que condensa un conjunto amplio de derechos del ciudadano en relación con la Administración, a través de la sistematización de los principios generales del Derecho Administrativo en Iberoamérica. Como señala el Secretario del CLAD, Gregorio Montero, en la ponencia recogida en este libro:

"(...) si analizamos los ordenamientos jurídicos de una buena parte de los países de la región nos daremos cuenta de que prácticamente todos los componentes del Derecho a la Buena Administración han sido positivizados, por ello es una realidad el mismo, sea en su acepción humana o en su acepción fundamental. Lo importante es asumirlo y exigirlo como una necesidad para la satisfacción de plena de las prerrogativas de los ciudadanos frente a la Administración, lo que se traduce en obligaciones del Estado frente a ellos".

La Carta constituye, dentro de esta perspectiva, la continuación del esfuerzo realizado desde el CLAD por sistematizar un conjunto de principios básicos en torno a la Administración Pública. De acuerdo con Gregorio Montero:

"(...) la Carta Iberoamericana de los Derechos y Deberes de los Ciudadanos en Relación con la Administración Pública otorga a las personas el derecho de exigir el cumplimiento de las responsabilidades de las personas al servicio de la Administración Pública y de los particulares que cumplan funciones administrativas, agregando que los ciudadanos, además del derecho a exigir la justa indemnización en plazo razonable por la lesión que puedan sufrir en sus bienes o derechos a causa del funcionamiento de los servicios públicos o de interés general, en los casos en que así se determine de acuerdo con el ordenamiento jurídico correspondiente, podrán demandar, ante la Administración y/o ante los Jueces o Tribunales, las responsabilidades en que puedan haber incurrido los servidores públicos en el ejercicio de sus funciones".

De allí que la propia Carta, en su *exposición de motivos*, recalca cómo la buena Administración es resultado de un conjunto de principios generales comunes en Iberoamérica:

"La buena Administración Pública, sea como principio, como obligación o como derecho fundamental, no es ciertamente una novedad de este tiempo. La Administración Pública siempre ha estado, está, y seguirá estando, presidida por el muy noble y superior principio de servir con objetividad al interés general. Ahora, con más medios materiales y más personal preparado, tal exigencia en el funcionamiento y estructura de la Administración Pública implica que el conjunto de derechos y deberes que definen la posición jurídica del ciudadano esté más claramente reconocido en el ordenamiento jurídico y, por ende, sea mejor conocido por todos los ciudadanos".

Puede entonces afirmarse, como tercera conclusión, que *la buena Administración forma parte de los principios generales del Derecho Administrativo en Iberoamérica.* Tales principios reconocen, así, la *"centralidad del ciudadano"* presente en el Derecho Administrativo, que lejos de ser un Derecho basado en la Administración, sus privilegios y prerrogativas, debe centrarse en el ciudadano y sus derechos humanos, asumiendo que el cometido final básico de la Administración Pública es el servicio al ciudadano.

Así, la idea del Derecho administrativo como derecho *"al servicio de la ciudadanía"*, puede decirse que responde a los principios del Derecho Administrativo del Estado democrático de Derecho que ha dominado la conformación de nuestra disciplina en las últimas décadas, y que incluso, ha encontrado consagración constitucional en muchos de nuestros países[6]. Sucede así, por ejemplo, con el artículo 141 de la Constitución de Venezuela, inspirado en el artículo 103.1 de la Constitución de España; la Constitución de Costa Rica, en sus artículos 139 y 140, y más recientemente, el artículo 138 de la Constitución de República Dominicana.

## II. EL CONTENIDO DE LA BUENA ADMINISTRACIÓN EN IBEROAMÉRICA

Las ponencias recogidas en el presente libro destacan la amplitud que tiene la buena Administración, en tanto concepto que engloba a un conjunto de principios generales de Derecho Administrativo relacionados con diversos derechos del ciudadano.

Nuevamente debemos destacar que la falta de recepción expresa de la buena Administración en ciertos ordenamientos no es impedimento para sistematizar transversalmente esos derechos en torno al concepto de buena Administración.

Así, al emplear el método comparado para analizar las distintas ponencias presentadas, junto al contenido de la *Carta,* se desprende que la buena Administración se relaciona con tres áreas específicas de la Administración Pública: *(i)* el procedimiento administrativo, *(ii)* el acto administrativo y *(iii)* el control de la actividad administrativa.

El factor de conexión entre esas áreas es la centralidad del ciudadano expresada en el concepto de buena Administración. Como se indica en la exposición de motivos de la *Carta:*

---

[6] Véase Brewer-Carías, Allan, "Del Derecho Administrativo al servicio de los ciudadanos en el Estado democrático de Derecho, al Derecho Administrativo al servicio de la burocracia en el estado totalitario: la mutación en el caso de Venezuela", Ponencia preparada para el XIV Congreso Internacional de Derecho Administrativo, sobre Puntos de encuentro: una mirada comparada al desarrollo y futuro del Derecho Administrativo al servicio de la ciudadanía, organizado por el Foro Internacional de Derecho Administrativo y la Facultad de Derecho, Universidad de Puerto Rico, octubre 2015.

"La buena Administración Pública, sea como principio, como obligación o como derecho fundamental, no es ciertamente una novedad de este tiempo. La Administración Pública siempre ha estado, está, y seguirá estando, presidida por el muy noble y superior principio de servir con objetividad al interés general. Ahora, con más medios materiales y más personal preparado, tal exigencia en el funcionamiento y estructura de la Administración Pública implica que el conjunto de derechos y deberes que definen la posición jurídica del ciudadano esté más claramente reconocido en el ordenamiento jurídico y, por ende, sea mejor conocido por todos los ciudadanos".

Tomando en cuenta ello, procederemos a sistematizar los aspectos generales comunes en las ponencias presentadas, en torno a estas tres áreas de la buena Administración.

## 1. *Buena administración y procedimiento administrativo*

Probablemente el área en la cual se evidencia con mayor claridad el sentido de la buena Administración es en el procedimiento administrativo. El estudio comparado del procedimiento administrativo en Latinoamérica permite demostrar cómo el procedimiento administrativo gira no solo en torno a principios que garantizan la legalidad administrativa, sino, además, principios que aseguran la participación del ciudadano. Así, la codificación del procedimiento administrativo en América Latina como manifestación del afianzamiento del principio de legalidad ha sido concebida teniendo en cuenta, básicamente, la debida protección de los ciudadanos, en el sentido que si bien las Leyes han prescrito normas y fases procedimentales que deben guiar la actuación de la Administración, ello se ha hecho con miras a establecer garantías jurídicas de los ciudadanos frente a la Administración. Garantías que, en definitiva, giran en torno al principio de participación[7].

La *Carta* resume lo anterior al realzar la importancia del *derecho de participación ciudadana en el procedimiento administrativo*:

"Derecho de participación en las actuaciones administrativas en que tengan interés, especialmente a través de audiencias y de informaciones públicas.

Los ciudadanos tendrán derecho a participar, a tenor de lo dispuesto en la Carta Iberoamericana de Participación Ciudadana en la Gestión Pública, en los procedimientos de elaboración de disposiciones de carácter general".

Un ámbito específico en el cual la participación ciudadana se vincula con la buena Administración, es en *el derecho a la participación en el procedimiento administrativo para dictar actos normativos o actos reglamentarios*. Frente a tradicional visión del procedimiento administrativo como cauce para dictar actos administrativos particulares, la promoción del derecho de participación ciudadana ha moldeado un procedimiento especial para el ejercicio de la potestad reglamentaria de la Administración.

En Argentina, Pérez Hualde formula la siguiente reflexión:

---

[7]     Véase a Brewer-Carías, Allan, *Tratado de Derecho Administrativo. Derecho Público en Iberoamérica*. Volumen IV. El procedimiento administrativo, *cit.*, pp. 763 y ss.

"Sostenemos que no hay que confundir la transparencia, que garantiza el derecho a conocer los procedimientos mediante los cuales se toman las decisiones con el acceso a los mecanismos de elaboración de esas decisiones. Este segundo aspecto garantiza con mayor eficacia el combate contra la corrupción en la medida en que ésta necesita del secreto y del monopolio de la decisión política que son su caldo de cultivo más propicio".

El derecho de participación del ciudadano en el procedimiento administrativo tiene una manifestación más concreta, relacionada con la *garantía del derecho a la defensa*. Bajo esta visión, la buena Administración se vincula con el derecho de los interesados en el procedimiento administrativo de formular alegatos y pruebas, con en el correlativo deber de la Administración de permitir tal participación, en especial, por medio de la previa audiencia.

En Chile, Claudio Moraga indica lo siguiente:

"Se reconoce el derecho de todos los interesados para ser escuchados en igualdad de condiciones; la ley les permite, en cualquier momento del procedimiento, aducir alegaciones, aportar documentos u otros elementos de juicio y alegar defectos de tramitación, especialmente los que supongan paralización, infracción de los plazos señalados o la omisión de trámites que pueden ser subsanados antes de la resolución definitiva del asunto. Dichas alegaciones podrán dar lugar, si hubiere razones para ello, a la exigencia de la correspondiente responsabilidad disciplinaria. Es que, solamente de esta manera se hace verdadera la posibilidad de hacer valer los distintos intereses en juego".

En resumen, desde la buena Administración, la participación del ciudadano en el procedimiento administrativo se manifiesta en tres derechos: *(i)* el derecho a la participación en el procedimiento como mecanismo de democratización de la actividad administrativa; *(ii)* el derecho a la defensa dentro del procedimiento administrativo, y *(iii)* el derecho a que los alegatos y pruebas promovidos en el procedimiento sean tomados en cuenta por el acto administrativo que decide el procedimiento. Por ello, a través de los principios generales del procedimiento administrativo, la buena Administración promueve la interdicción de la arbitrariedad, al suponer *"una valoración suficiente de los intereses públicos y privados que están presentes en la toma de cada decisión"* (Karlos Navarro).

La participación del ciudadano en la Administración Pública, como derecho de contenido específico respecto del derecho a la participación política (Meilán Gil) evidencia, de esa manera, la estrecha conexión de la buena Administración con la *gobernanza democrática*, medida a través del procedimiento administrativo. De lo cual emerge una nueva justificación del procedimiento administrativo, esto es, promover la participación ciudadana en la toma de decisiones, como mecanismo para favorecer la gobernanza democrática.

Sobre ello, Vanice Regina Lírio Do Valle explica, desde el Derecho Constitucional de Brasil, que la Administración tiene una *"dimensión participativa"* conforme con el *"principio democrático"*. Así, el ejercicio público del poder encuentra especial legitimación en la *"mayor apertura para participar en la elección del programa de acción del Estado"*. Aquí entra en juego el concepto de gobernanza, el cual descansa *"sobre la cooperación de los actores más que en la acción unilateral"*. La gobernanza reposa, así, en la idea según la cual *"los gobiernos son capaces de aumentar su capacidad de aprovechar la inteligencia colectiva de la sociedad"*.

Por ello, como bien resume Jaime Rodríguez-Arana Muñoz, la buena Administración implica superar el dogma de la acción unilateral de la Administración Pública, para promover una acción consensuada, basada en la promoción de la participación del ciudadano en asuntos y tareas propias de la Administración a través de la visión ampliada del procedimiento administrativo.

## 2. *Buena administración y acto administrativo*

La buena Administración también se vincula con el acto administrativo. Sin negar las implicaciones derivadas del principio de legalidad –como defensa de la libertad general del ciudadano- la buena Administración va más allá, pues *exige que las decisiones de la Administración reflejen la participación ciudadana en el proceso de toma decisiones*. La participación ciudadana en el procedimiento administrativo como componente de la buena Administración, debe ser así una *"participación útil"*, en el sentido que la Administración debe tomar en cuenta los alegatos y opiniones de los ciudadanos expresadas en el procedimiento, como concluye desde Venezuela José Ignacio Hernández G.

De allí que otro componente de la buena Administración sea *la motivación del acto administrativo, esto es, que "todas las actuaciones de la Administración Pública deberán estar amparadas en razonamientos inteligibles para todo ciudadano acreditándose la objetividad que preside su entero y completo quehacer"*, de acuerdo con la *Carta*.

La motivación del procedimiento administrativo es, así, principio general del Derecho Administrativo en Latinoamérica. De esa manera, la motivación no es solo el elemento formal del acto administrativo que exige la expresión, en el cuerpo del acto, de sus motivos de hecho y de derecho. Además, la motivación es una garantía al ejercicio del derecho a la defensa de los ciudadanos, particularmente ante decisiones que restrinjan el ejercicio de las libertades públicas; las medidas de policía; las medidas sancionatorias; los actos relativos a autorizaciones cuando establecen condiciones restrictivas o imponen sujeciones; las que retiren o abroguen una decisión creadora de determinados derechos, y las que priven un derecho o establezcan la caducidad, entre otras[8].

Por ello, desde Costa Rica, Ernesto Jinesta concluye que "con el propósito de garantizar la interdicción de la arbitrariedad y la transparencia *en el ámbito del procedimiento administrativo, las resoluciones administrativas deben ser suficientemente motivadas, de modo que la carencia o ausencia de motivación, entendida como un elemento formal del acto administrativo asociado al elemento material denominado "motivo", constituye un vicio grave del debido proceso y la defensa"*. En países como Ecuador –según explica Marco Elizalde– la motivación tiene incluso rango constitucional.

Todo lo anterior implica revalorizar a la motivación, como propone Jerry Mashaw. La motivación no solo debe valorarse, de esa manera, como un elemento formal del acto administrativo, sino como un principio general que afianza la defensa de los derechos del ciudadano frente a la Administración.

---

[21]    Véase a Brewer-Carías, Allan, *Tratado de Derecho Administrativo. Derecho Público en Iberoamérica*, Volumen IV, El procedimiento administrativo, *cit.*, pp. 867 y ss.

Para Mashaw:

"La motivación, por ello, afirma la centralidad del ciudadano en Repúblicas democráticas. Ella reconoce a las personas como agentes morales racionales que están facultados para evaluar y participar en un diálogo sobre políticas públicas sobre la base de una discusión racional. Ella afirma al individuo como un sujeto, más que como un objeto de la Ley. Esto no implica, por supuesto, que la explicación convencional de la motivación otorgada por las Cortes o la doctrina sea irrelevante. Lo que sugerimos, en realidad, es que hay una justificación más profunda de la motivación en una democracia, y que, por lo tanto, se justifica considerar al derecho a la motivación, más que contingente o secundario, como un derecho humano, La autoridad sin razones es, literalmente, deshumanizante. Esa autoridad sería, fundamentalmente, contradictoria con la promesa de la democracia, que es, en definitiva, el auto gobierno".

La importancia de la motivación se justifica, por ello, en el rol que ese requisito cumple desde una concepción democrática de Derecho Administrativo: la *Administración razonada,* a la que se refiere, desde Venezuela, José Ignacio Hernández G., es una pieza central de la gobernanza democrática (Vanice Regina Lírio Do Valle).

### 3. *Buena administración y control de la administración*

La buena Administración actúa como parámetro o estándar que facilita el control de la Administración. Así, en Chile, Claudio Moraga señala que la buena Administración *"es un parámetro, patrón o modelo que sirve para enjuiciar si una conducta administrativa fue lo que legal y/o razonablemente pudo exigirse a la organización administrativa y, por consiguiente, que es un comportamiento normal de la Administración, inserto en una realidad nacional, regional o local específica, considerando las posibilidades reales de acción según los medios, presupuesto y características propias de aquélla".* Por ello, la buena Administración cumple un rol importante en el control de la Administración, pues junto al control de legalidad, permite introducir el control de calidad de la actividad administrativa. Conviene diferenciar ambas vertientes del control.

De esa manera, el control de legalidad asegura el cumplimiento del principio de legalidad y del sometimiento pleno de la Administración a la Ley. Un aspecto característico de los principios generales del procedimiento administrativo en Latinoamérica, en este sentido, es el *control de la discrecionalidad.* Así, en el ejercicio de potestades discrecionales se impone el deber de la Administración de adecuarse a los fines de la norma y atender al principio de proporcionalidad respecto de los hechos o causa que originan al acto administrativo, todo ello, articulando un conjunto de principios derivados de la interdicción de la arbitrariedad, tales y como la racionalidad y la razonabilidad. Por ello, la interdicción de la arbitrariedad o la exigencia de la razonabilidad en la actuación de la Administración, como límite al ejercicio del poder discrecional, ha encontrado en América Latina, en muchos casos, consagración legislativa, positivizándose en esta forma los principios generales del Derecho[9].

---

[9]     Véase a Brewer-Carías, Allan, *Tratado de Derecho Administrativo. Derecho Público en Iberoamérica.* Volumen IV. El procedimiento administrativo, *cit.*, pp. 740 y ss.

Incluso, el principio de interdicción a la arbitrariedad tiene en algunos ordenamientos, como el español, rango constitucional. Desde Chile, Claudio Moraga así explica que la Constitución chilena *"prohíbe en la Administración las actuaciones arbitrarias"*, con lo que *impone a ésta el deber de actuar de manera razonable*.

De igual manera, la interdicción a la arbitrariedad y el control sobre la Administración Pública, se vinculan con el principio de motivación del acto administrativo. Como explica Jerry Mashaw, *"la "procedimentalización" de la racionalidad –la conversión de la exigencia de no-arbitrariedad por una exigencia de motivación comprensible– replantea la cuestión de en qué medida la acción de la Administración es razonable desde un sentido sustancial como exigencia de que la Administración demuestre un procedimiento racional"*. Esto quiere decir que, desde la buena Administración, al principio de interdicción a la arbitrariedad no puede valorarse solamente desde una perspectiva negativa (la prohibición de que la Administración actúe arbitrariamente) sino desde una perspectiva afirmativa (la Administración debe acreditar, con objetividad, la racionalidad de sus decisiones).

Por supuesto, el principio de interdicción de la arbitrariedad, como elemento de control sobre a Administración, basado en la buena Administración, está presente también en la *Carta Iberoamericana de los Derechos y Deberes del Ciudadano en Relación con la Administración Pública*, muy especialmente, a través del principio de objetividad:

"De acuerdo con el principio de objetividad, fundamento de los principios de imparcialidad e independencia, las autoridades y funcionarios, así como todas las personas al servicio de la Administración Pública, deberán abstenerse de toda actuación arbitraria o que ocasione trato preferente por cualquier motivo, actuando siempre en función del servicio objetivo al interés general, prohibiéndose la participación en cualquier asunto en el que él mismo, o personas o familiares próximos, tengan cualquier tipo de intereses o en los que pueda existir conflicto de intereses según el ordenamiento jurídico correspondiente".

Ahora bien, la aplicación práctica del control sobre la Administración Pública como mecanismo para prevenir su abuso, no puede circunscribirse al control de la legalidad, técnica particularmente útil en la actividad de limitación. Ciertamente, el acto administrativo sigue siendo pieza clave del Derecho Administrativo en Iberoamérica. Pero junto al acto administrativo -que es consecuencia de la actividad de limitación de la Administración- debe valorarse el rol de la interdicción de la arbitrariedad en la actividad prestacional de la Administración, que es una típica actividad no-coactiva que se traduce en un conjunto de prestaciones a cargo de la Administración.

Frente a la actividad prestacional de la Administración, por ello, cobra realce la otra modalidad de control, esto es, el control sobre la calidad de la actividad prestacional de la Administración. Como explica Ernesto Jiniesta desde el ordenamiento jurídico costarricense, se ha llegado a reconocer, con rango constitucional, el derecho ciudadano de acceso a los servicios públicos, o sea, de acceso a las prestaciones a cargo de la Administración Pública bajo parámetros de calidad adecuados.

De esa manera, el control sobre la actividad administrativa prestacional, desde la buena Administración, se vincula con la calidad de los servicios a cargo de la Administración. El control sobre la calidad exige, así, nuevos instrumentos de control. Por ello, como explica Meilán Gil, la figura del Defensor del Pueblo cumple un rol fundamental en la garantía de la buena Administración.

De acuerdo con Meilán Gil:

"El reconocimiento de la buena administración como derecho fundamental, tal como se realiza en la Carta europea, proporciona fundamento para justificar el alcance de la competencia del Defensor, aunque se limite a realizar advertencias, recomendaciones y sugerencias, además de informar anualmente al Parlamento. En ese sentido puede sugerir al órgano legislativo o a la Administración realizar modificaciones cuando llegue al convencimiento de que el empleo riguroso de la norma pueda provocar situaciones injustas o perjudiciales para los administrados".

Esto trae de vuelta la estrecha conexión entre buena Administración y gobernanza, pero ahora enfocado desde la actividad prestacional de la Administración. Siguiendo las reflexiones de Vanice Regina Lírio Do Valle, la gobernanza democrática requiere una participación activa de los ciudadanos en la actividad administrativa, la cual debe ser resultado del consenso, pues "*el funcionamiento de un Estado Democrático requiere los mecanismos que aseguran esta integración de la sociedad en el proceso política de toma de decisiones*", de forma tal que el Derecho Administrativo debe reconocer a la ciudadanía no solo como simple destinatario de la acción del Estado "*sino como su coautor, implementador y regulador*".

En la actividad prestacional de la Administración, la buena Administración deja atrás la visión del ciudadano como un mero receptor pasivo de prestaciones a cargo de la Administración, para afirmar la activa participación ciudadana en los procesos de diseño, planificación y control de tal actividad prestacional, todo lo cual coadyuvará a erradicar los vicios de corrupción y paternalismo presentes generalmente en la actividad administrativa prestacional.

## III. CONCLUSIONES FINALES

Las distintas ponencias que recogen en este volumen, demuestran que más allá de las naturales diferencias que puedan encontrarse las distintas Leyes que regulan a la Administración Pública, existen varios principios generales comunes que apuntan a un cambio de perspectiva del Derecho Administrativo en Iberoamérica. Conviene, a modo de conclusión, recapitular esos principios, de acuerdo con las distintas ponencias contenidas en el presente libro:

.- La *primera* conclusión apunta la necesidad de promover un cambio de paradigma en el Derecho Administrativo. La buena Administración, como principio y como derecho del ciudadano, requiere construir un Derecho Administrativo desde el ciudadano y sus derechos humanos, y no desde las prerrogativas y privilegios de la Administración Pública. Por ello, la buena Administración favorece el cambio de un sistema favorable a los privilegios y prerrogativas de la Administración, a un sistema que, junto a tales privilegios y prerrogativas, considera también los derechos de los ciudadanos frente a la Administración.

Tal es la esencia del principio de la legalidad y de las regulaciones jurídicas sobre la Administración Pública: el equilibrio que tiene que existir entre poderes y prerrogativas administrativas y los derechos de los ciudadanos[10].

Este cambio de paradigma es resumido por José Ignacio Hernández G., quien, desde Venezuela, afirma que el rol del principio de buena Administración debe apuntar a la necesidad de redefinir el Derecho Administrativo a partir de la idea de servicio de los ciudadanos, y de una Administración que se encarga de la promoción y tutela inmediata de los derechos humanos.

De similar manera, Andry Matilla, profesor de Universidad de La Habana, afirma que la buena Administración debe ser considerada *"un factor de promoción del cambio y la transformación de las relaciones entre la Administración Públicas y los ciudadanos, en pos de proveer, en lo administrativo, un ejercicio del poder público que se atenga en verdad y realmente alcance los fines existenciales de dicho poder".*

.- La *segunda* conclusión, derivada de la anterior, es la mayor importancia que debe reconocerse a los derechos humanos dentro del Derecho Administrativo. En palabras del profesor de Ecuador, Marco Elizaldo: la buena Administración *"es un derecho derivado de la dignidad de las personas y necesario para su pleno desenvolvimiento".* De allí que *"el derecho a la buena administración puede considerarse como un derecho derivado de la dignidad de las personas y necesario para su pleno desenvolvimiento".*

.- La *tercera* conclusión es que la buena Administración es también un estándar que permite concretar la subordinación de la Administración a la Ley. La buena Administración, como desde Chile apunta Claudio Moraga es *"un parámetro, patrón o modelo que sirve para enjuiciar si una conducta administrativa fue lo que legal y/o razonablemente pudo exigirse a la organización administrativa y, por consiguiente, que es un comportamiento normal de la Administración".* En tal sentido, como patrón o estándar, la buena Administración debe considerar muy especialmente el Derecho Internacional de los derechos humanos, pues como afirma Ernesto Jinesta desde Costa Rica, la buena Administración *"es aquella que observa, cabalmente, todas las obligaciones preexistentes de tipo legal, constitucional y las impuestas por el Derecho Internacional Público de los Derechos Humanos, que es previsible, según el principio de seguridad jurídica y que como fiel cumplidora de ese corpus iuris se legitima democráticamente frente a los administrados".*

.- La *cuarta* conclusión proyecta la relación entre buena Administración y el funcionario, desde la perspectiva de la ética. Así, en palabras del profesor español José Luis Meilán Gil, debe estrecharse la relación entre Derecho Administración y ética, en el sentido que el servicio objetivo al ciudadano requiere de la exigencia de adecuados códigos de conducta o de buenas prácticas *"con los que se orienta el comportamiento de autoridades públicas y se practica también en el ámbito privado".*

.- La *quinta* conclusión apunta a un cambio de percepción del rol que debe cumplir en la sociedad democrática la Administración Pública. Tradicionalmente, el Derecho Administrativo se articuló en torno a la actuación unilateral de la Administra-

---

[10]    Véase a Brewer-Carías, Allan, *Tratado de Derecho Administrativo. Derecho Público en Iberoamérica*. Volumen IV. El procedimiento administrativo, *cit.*, pp. 14 y ss.

ción, traducida en el acto administrativo. La buena Administración obliga a cambiar ese paradigma, para promover la participación ciudadana en la actividad administrativa, de manera tal que esa actividad – incluso, traducida por medio del acto administrativo– siempre sea el resultado de acuerdos o pactos con los ciudadanos.

No quiere decir ello, por supuesto, que deba abandonarse la figura del acto administrativo. Lo que quiere resaltarse es que la actividad administrativa debe ser el resultado de procesos democráticos de toma de decisiones, todo lo cual pasa por fomentar la descentralización, esto es, acercar el poder al ciudadano. Por ello, como desde Brasil concluye Vanice Regina Lírio Do Valle, la gobernabilidad marca otra manera de conducir las políticas públicas, las cuales deben apoyarse *"más en la cooperación de los actores que en el unilateralismo"*. La toma de decisiones de la buena Administración, por lo anterior, debe ser resultado de la gobernanza democrática.

.- La *sexta* conclusión apunta a la relación entre buena Administración y transparencia. La gobernanza democrática implica el consenso entre la Administración y los ciudadanos, todo lo cual precisa de una actuación administrativa tranparente. Miguel Cardoza, desde El Salvador, concluye por ello que *"la libertad de pensamiento y libertad de expresión son necesarias para que exista democracia; y la transparencia y acceso a la información efectivos, son condiciones necesarias para garantizar dichas libertades"*. La transparencia en el acceso y manejo de la información pública son, así, componentes importantes de la buena Administración.

.- La *séptima* conclusión resalta la relación entre buena Administración y democracia constitucional, tema en el cual el Secretario General del CLAD, Gregorio Montero, concluye afirmando que *"el Derecho a la buena Administración constituye el corolario del reconocimiento pleno de la relación del ciudadano con la Administración Pública en el marco del Estado Democrático de Derecho; sin una adecuada configuración de sus principios y contenidos no podemos hablar jamás de la concreción de las clausulas democrática y de derecho del Estado, lo que equivale a no poder hablar del Estado moderno, del Estado del siglo XXI"*.

.- La *octava* conclusión apunta a la conexión entre buena Administración y solución de conflictos. Karlos Navarro, desde la perspectiva del Derecho Administrativo de Nicaragua, señala que *"una Administración Pública sólida y estable minimiza notablemente los problemas políticos, en cuanto otorga una protección mínima a los ciudadanos, aunque sea a nivel administrativo, y permite un funcionamiento continuado de los servicios públicos, que, como cuestión eminentemente técnica, no se ve afectada, al menos en parte importante, por las disputas ideológicas y partidistas"*.

Desde esta posición, y a partir del estudio comparado del Derecho de Estados Unidos de Norteamérica y Europa, Jerry Mashaw afirma que *"la organización del poder del Estado mediante vías que producen un diálogo democrático auténtico y no alienado ha sido una aspiración de los teóricos americanos republicanos desde la Revolución Americana"*.

La buena Administración es, así, presupuesto del diálogo democrático y de la solución pacífica de controversias, que lejos de requerir soluciones impuestas por la Administración desde la valoración unilateral del interés general, promuevan decisiones consensuadas. Por ello, es muy pertinente la observación de Alejandro Pérez Hualde, desde Argentina: *"la falta de participación distancia a la ciudadanía de sus autoridades, descompromete a ambos y esto contribuye a que los representantes se sientan totalmente desligados de sus representados y más propensos a ser influenciados por la corrupción"*.

.- La *novena* y última conclusión, que resume todas las anteriores, apunta a la dualidad de la buena Administración, que es principio general del Derecho Administrativo y, a la vez, derecho de los ciudadanos frente a la Administración.

Más allá de las diferencias que pueden apreciarse en Iberoamérica, lo cierto es que la buena Administración es un principio general que encierra el concepto de una Administración centrada en el ciudadano y en la promoción de sus derechos fundamentales. A la vez, la buena Administración engloba a un conjunto de derechos ciudadanos que permiten concretar tal carácter vicarial de la Administración.

La buena Administración como derecho del ciudadano, o más bien, como conglomerado de derechos ciudadanos, recoge a derechos de amplia tradición en Iberoamérica, y que han sido sistematizados en la *Carta Iberoamericana de los Derechos y Deberes del Ciudadano en Relación con la Administración Pública*. Precisamente, esos derechos han sido resumidos en la ponencia de Jaime Rodríguez Arana-Muñoz, quien parte de la citada dualidad entre principios generales y derechos ciudadanos.

En resumen, esos principios – que envuelven derechos del ciudadano frente a la Administración– de acuerdo con el catálogo que presenta Rodríguez Arana-Muñoz, pueden clasificarse de la siguiente manera:

a. Hay, por un lado, derechos del ciudadano que apuntan a principios generales aplicables a la actividad administrativa. Es el caso del principio de juridicidad; el principio de servicio objetivo a los ciudadanos; el principio promocional de los poderes públicos y el principio de ejercicio normativo del poder.

b. Encontramos principios que resumen los derechos del ciudadano a relacionarse con una Administración que no solo considere todos los intereses en juego, sino que además exprese racionalmente los motivos por medio de los cuales logró armonizar esos intereses. Aquí encontramos el principio de racionalidad; el principio de celeridad; el principio de cooperación; el principio de igualdad de trato; el principio de eficacia; el principio de proporcionalidad; el principio de imparcialidad e independencia; el principio de relevancia, y el principio de coherencia.

c. La buena Administración también engloba a derechos que concretan el rol que el ciudadano debe desempeñar en la actividad administrativa. Es el caso del principio de buena fe y del principio de confianza legítima.

d. Dentro de los derechos que integran a la buena Administración, basados en el principio de transparencia y acceso a la información de interés general, Rodríguez-Arana Muñoz también engloba al principio de publicidad de las normas, de los procedimientos y del entero quehacer administrativo, así como el principio de seguridad jurídica.

e. La buena Administración también impone deberes concretos al funcionario, mediante el principio de asesoramiento; el principio de facilitación; el principio de protección de la intimidad y el principio de ética.

f. La buena Administración no solo requiere fomentar la participación ciudadana, sino que, de manera específica, exige promover la defensa del ciudadano frente a la Administración, por medio del principio de debido proceso.

g. La buena Administración también define derechos del ciudadano frente a toda actividad o inactividad que se aparta de la buena Administración como estándar. Aquí se incluye el principio de responsabilidad.

No se trata, como puede observarse, de principios generales que actualizan derechos nuevos del ciudadano frente a la Administración. Existen derechos muy tradicionales, como el derecho al debido proceso y a la proporcionalidad, mientras que otros derechos son más recientes, como la transparencia. Pero, en suma, se trata de principios comunes en el Derecho Administrativo Comparado.

Por ello, la novedad no reside en el listado de derechos, y ni siquiera, en su sistematización, incluso, como quedó recogido en la Carta. Por el contrario, la novedad de este catálogo de derechos reside en que todos ellos se encuentran unidos, transversalmente, por la buena Administración como principio general y derecho del ciudadano que resume, unitariamente, el cambio de paradigma del Derecho Administración, centrado en el ciudadano y en la promoción de sus derechos fundamentales, tanto aquellos relacionados con la actividad de limitación de la Administración, como aquellos relacionados con su actividad prestacional.

# ESTUDIOS PRELIMINARES

# LA ADMINISTRACIÓN MOTIVADA: LA UNIÓN EUROPEA, LOS ESTADOS UNIDOS Y EL PROYECTO DE GOBERNANZA DEMOCRÁTICA*

*JERRY L. MASHAW***

Existen grandes semejanzas entre el concepto de "buena Administración" en los Estados Unidos de Norteamérica ("EEUU") y en la Unión Europea ("U.E."). Junto a estas semejanzas hay considerables diferencias en cuanto a la comprensión del alcance de esos "derechos" o "expectativas", así como en el contexto institucional en el cual ellos se articulan y ejecutan. En el lado europeo del Atlántico, el artículo 41 de la Carta de los Derechos Fundamentales de la Unión Europea –incorporado como

\*      Traducido por José Ignacio Hernández G. Bajo el título "Reasoned Administration: The European Union, the United States, and the Project of Democratic Governance", el artículo fue inicialmente publicado en The George Washington Law Review, Volumen 76, 2007, pp. 99, y posteriormente publicado en Faculty Scholarship Series, de la Universidad de Yale, como Paper 1179, disponible en http://digitalcommons. law.yale.edu/fss_papers/1179? utmsource=digitalcom mons. law.yale.edu%2Ffss_papers%2F1179&utm_medium=PDF&utmcampaign=PDFCoverPages. Se publica gracias a la autorización de los editores y del autor, a quien agradecemos su colaboración en este proyecto.

A los fines de la mejor comprensión del lector iberoamericano, hemos traducido la expresión original "Reasoned Administration" como Administración motivada, pues el centro de atención del artículo del profesor Mashaw es lo que se conoce en Iberoamérica como la motivación del acto administrativo, que supone básicamente la expresión de los motivos del acto administrativo. Por ello, la expresión "reasons" o "reasongiving" se han traducido como "motivación", prefiriéndose ese término a la expresión –literal– de "razones". En todo caso, y como se admite en el Derecho Administrativo iberoamericano, las "razones" o el "derecho a conocer las razones del acto administrativo", son expresiones que pueden usarse como sinónimo de la "motivación" y del "derecho a conocer los motivos del acto administrativo". Hemos preferido como regla el uso de las expresiones "motivación" y "motivos". Por lo demás, se ha preservado el sistema de citas del trabajo original.

\*\*      Profesor Sterling de Derecho y Administración, Universidad de Yale. Muchas gracias a David Fontana and Kevin Stack por los comentarios a un borrador inicial y a Ruslan Dimitriev, Henry Lui, y Eugene Nardelli por su útil asistencia en la investigación. Una primera versión de este ensayo fue publicada en Le tutele procedimentali: profili di dirittocomparato, Alberto Massera editor, 2007.

artículo II-101 del (todavía no ratificado)***Tratado que establece la Constitución de Europa– provee una definición similar del "Derecho a la buena Administración":

Artículo 41

Derecho a una buena administración

1. Toda persona tiene derecho a que las instituciones y órganos de la Unión traten sus asuntos imparcial y equitativamente y dentro de un plazo razonable.

2. Este derecho incluye en particular: el derecho de toda persona a ser oída antes de que se tome en contra suya una medida individual que le afecte desfavorablemente, el derecho de toda persona a acceder al expediente que le afecte, dentro del respeto de los intereses legítimos de la confidencialidad y del secreto profesional y comercial, la obligación que incumbe a la administración de motivar sus decisiones.

3. Toda persona tiene derecho a la reparación por la Comunidad de los daños causados por sus instituciones o sus agentes en el ejercicio de sus funciones, de conformidad con los principios generales comunes a los Derechos de los Estados miembros.

4. Toda persona podrá dirigirse a las instituciones de la Unión en una de las lenguas de los Tratados y deberá recibir una contestación en esa misma lengua[1]

Estos principios de buena Administración seguramente son familiares para los abogados norteamericanos. El derecho a ser oído y a obtener decisiones justas e imparciales está reconocido en la cláusula del debido proceso de la Constitución de Estados Unidos y en distintas Leyes, incluyendo la Ley de Procedimientos Administrativos ("LPA")[2]. El derecho de acceso a información del Gobierno es garantizado por el artículo 3 de la Ley de Libertad de Información[3]. En adición, el derecho de formular peticiones administrativas, a obtener respuesta de tales peticiones y a conocer los motivos de las decisiones administrativas, está garantizado tanto en la LPA[4] como en distintas decisiones judiciales.

---

[***] Como es conocido, este Tratado no llegó a entrar en vigencia, vista las complicaciones políticas surgidas en la Unión Europea, en especial, como consecuencia del rechazo del Tratado en alguno de los referendos realizados. Finalmente, se optó por modificar los Tratados, en el *Tratado de Lisboa por el que se modifican el Tratado de la Unión Europea y el Tratado constitutivo de la Comunidad Europea, firmado en Lisboa el 13 de diciembre de 2007*. El Tratado de Lisboa no incorporó, sin embargo, un catálogo de derechos. Para la evolución de este punto en la Unión Europea y su situación actual, puede consultarse el trabajo del profesor Jaime Rodríguez-Arana, incluido en este trabajo (nota del traductor).

[1] *Carta de los Derechos Fundamentales de la Unión Europea*, artículo 41, 7 de diciembre de 2000. 2000 O.J. (C 364) 1, 18, disponible en://www.europarl.europa.eu/charter/pdf/text_en.pdf; véase el Tratado que establece la Constitución Europea, artículo II-101, de 29 de octubre de 2004. 2004 O.J. (C 310) 1, 50, disponible en http://eur-lex.europa.eu/JOHtml.do?uri=OJ:C: 2004:310:SOM:EN:HTML.

[2] Ley de Procedimientos Administrativos, ch. 324, 60 Stat. 237 (1946) (codificada con enmiendas en distintas secciones del 5 U.S.C.).

[3] Ley de Libertad de la Información, 5 U.S.C. § 552 (2000).

[4] Véase 5 U.S.C. § 555(e).

El derecho a obtener compensación por los daños causados por funcionarios públicos es definido ampliamente en el Derecho común de Estados Unidos, mientras que la responsabilidad de la Administración por daños está regulada en Leyes como la Ley Tucker[5] y en el artículo 6 de la Ley Federal de Reclamos por Daños[6].

No obstante, cuando estos principios se estudian en detalle, podemos encontrar diferencias importantes en la práctica de Estados Unidos y la Unión Europea. Aun cuando prolijamente adornado por distintas interpretaciones judiciales, los abogados norteamericanos generalmente invocan un texto: la Constitución, la LPA o alguna Ley más específica como fuente de un específico derecho de la buena Administración. En la Unión Europea, el Tratado que reconoce a muchos de esos derechos sigue sin estar ratificado, y ello puede permanecer así indefinidamente[7]. La "buena Administración" es, hasta ahora, un principio reconocido en decisiones judiciales[8] y códigos de conducta de las Administraciones.

Por su parte, el acceso a la información, en la Ley de Libertad de Información, es un derecho aplicable a todos los documentos del Gobierno[9], y no sólo, como en la Unión Europeo, de aquellos documentos relacionados con una persona que requiere información sobre sus expedientes[10]. Estos derechos en la Ley de Libertad de la Información son explicados con gran detalle y están garantizados por procedimientos de cumplimiento expeditos.

De otro lado, el derecho a la indemnización por la conducta indebida de funcionarios públicos, errores o negligencias, se origina en Estados Unidos como una excepción a la premisa de la inmunidad del Gobierno. La compensación es permitida sólo en el ámbito de las Leyes que expresamente dispensan a esa inmunidad frente a las demandas que puedan ser intentadas[11].

Explorar las muchas semejanzas y diferencias del "derecho a la buena Administración" en la Unión Europea y los Estados Unidos, ha sido el objetivo de muchos artículos, no el objetivo de este ensayo. Este artículo se enfoca, por ello, en el derecho a conocer los motivos de las decisiones de la Administración y en la práctica de la motivación de esas decisiones. Este es un tema común e importante tanto en el Derecho Administrativo de Estados Unidos como en el de la Unión Europea y, co-

---

[5]    28 U.S.C. § 1491 (2000).

[6]    Véase, por ejemplo, 28 U.S.C. §§ 1346, 2674, 2680.

[7]    Véase a Matthew Tempest, Q&A, *The Eu Constitution, Guardian Unlimited (London)*, 18 de junio de 2007, http://politics.guardian.co.uk/eu/story/02105890,00.html.

[8]    Klara Kanska sugiere que los derechos incluidos en el artículo 41 de la Carta de Derechos Fundamentales y el artículo II-101 del Tratado que establece la Constitución Europea son de cierta forma una compilación incompleta de diversos derechos desarrollados por el Tribunal de Justicia y los Tribunales de los Estados miembros. Klara Kanska, "Towards Administrative Human Rights in the EU: The Impact of the Charter of Fundamental Rights", *10 EUR. L.J. 296, 299–305 (2004)*; véase también a Lord Millet, "The Right to Good Administration in European Union Law", *47 PUB. L. 309, 313 (2002)* (este desarrollo jurisprudencial se refiere a los casos conjuntos 7/56 & 3/57-7/57, *Algera v. Common Assembly*, 1957 E.C.R. 39).

[9]    Véase 5 U.S.C. § 552.

[10]    Tratado que establece la Constitución Europea, artículo II-101(2)(b).

[11]    Véase, por ejemplo, *United States v. Mitchell*, 463 U.S. 206, 212 (1983).

mo señalaré, un tema poco tratado. Este artículo, por ello, pretende explicar por qué la motivación es una parte relevante de los sistemas administrativos; cómo funciona la motivación en el plano judicial y, lo más crucial, cuál es la justificación de la motivación: requerir los motivos de las decisiones o proveer el "derecho" a una Administración motivada. En el curso de este análisis, espero demostrar que las explicaciones generalmente dadas para justificar el derecho a explicar los motivos, tanto en Estados Unidos como en la Unión Europea, tienden a ignorar la función más fundamental de la motivación: la creación de una auténtica gobernanza democrática.

## I. LA MOTIVACIÓN COMO UNA PRÁCTICA SOCIAL

En un libro reciente, Charles Tilly ha explicado la justificación de la motivación[12]. De acuerdo con el punto de vista de Tilly, debido a una larga historia intelectual, la motivación se ha desarrollado en el contexto de relaciones humanas[13]. Los motivos son explicados para negociar, establecer, reparar, afirmar o negar relaciones[14]. De hecho, el tipo de relaciones que pueden existir, o que se sostiene que existen, determinan el tipo de motivos que son apropiados y, por ello, que son potencialmente aceptados o persuasivos[15]. Tilly demuestra con muchos ejemplos interesantes cómo los distintos motivos interactúan entre sí, para justificar nuestra conducta, dependiendo del tipo de relaciones involucradas y de si el propósito de nuestras actuaciones es establecer, afirmar negociar o reparar relaciones con otros[16].

Esta explicación de la motivación desde las relaciones humanas es perfectamente entendible y de hecho iluminadora, cuando se coloca en el contexto de las relaciones con los funcionarios públicos que deben explicar los motivos de sus decisiones. Cuando persiguen objetivos administrativos, los funcionarios tienen al menos tres tipos de relaciones: relaciones con otros funcionarios, con el público general afectado por las acciones administrativas y políticas, y con sujetos en particular que se ven especialmente afectados por órdenes administrativas o que son destinatarios de decisiones administrativas.

Consideremos el primer tipo de relaciones con los otros funcionarios. Ello puede incluir relaciones con superiores jerárquicos, contralores políticos (legisladores, parlamentarios, ministros o funcionarios de elección popular), contralores legales (Tribunales) y funcionarios coordinados (aquellos que actúan en el mismo nivel de la Administración o de otros órganos o entes). Respecto a las tres primeras de estas relaciones, los funcionarios tienen particulares justificaciones para explicar los motivos cuando ello sea requerido. Los funcionarios superiores, los contralores políticos y los Tribunales tienen el poder de cuestionar a los funcionarios que fallan en explicar debidamente sus motivos. Y los funcionarios que actúan bajo coordinación

---

[12]   Charles Tilly, *Why?* p. IX (2006).

[13]   Véase en general pp. 14-15.

[14]   Véase en general pp. 19-20.

[15]   Véase en general p. 15.

[16]   Véase en general a Tilly, citado en la nota 12 (quien explica cómo las razones o motivos funcionan en cuatro categorías: convencionales, narrativas, códigos y cuentas contables).

rara vez cooperarán (o lo harán bajo protesta) salvo que el funcionario explique suficientemente por qué debe hacerlo. Para estar seguro, el tipo de motivos o explicaciones que un funcionario da a otro pueden variar. Mientras que *"mi superior me ordenó actuar así"* puede ser suficiente para el Jefe de la oficina, ello puede no ser suficiente para complacer a la Comisión del Parlamento, a funcionarios de otras Administraciones, o al Tribunal que revisa la legalidad de la actuación del funcionario. Por ello, en cada caso los funcionarios tienen fuertes justificaciones para explicar los motivos de sus decisiones Ellos necesitan dar esas explicaciones, o al menos sus excusas, para tratar de mitigar las consecuencias del cuestionamiento de su conducta, o para solicitar la cooperación o aceptación de sus decisiones.

Para nuestros propósitos, podemos describir esos motivos de funcionario a funcionario como *verticales ascendentes* (para controlares burocráticos, políticos o legales) u *horizontales* (para funcionarios ubicados en el mismo nivel de coordinación). Esos motivos proceden de acuerdo con las relaciones de poder establecidas por la Ley y la costumbre entre funcionarios públicos. Esos motivos facilitan el control, la rendición de cuentas[\*\*\*] y la coordinación entre instituciones que se relacionan entre sí, en lo que podríamos denominar, preliminarmente, los acuerdos constitucionales sobre una política determinada, sea nacional o supranacional.

Las relaciones de poder entre funcionarios y el público en general, o entre funcionarios y particulares interesados, son muy diferentes. Actuando dentro de su jurisdicción o autoridad, los funcionarios públicos ejercen diversas potestades legales. Los interesados están sujetos o dependen de ellos, no al revés. La relación es, pues, *vertical descendiente.* ¿Por qué deben los funcionarios públicos explicar los motivos de sus decisiones a no funcionarios, más allá de simplemente dictar una orden? En cierto grado, la respuesta podrá ser similar a la sugerida para las relaciones con funcionarios del mismo nivel. Las explicaciones pueden ayudar a los funcionarios públicos a obtener la cooperación, evitando así demandas judiciales, que tienen sus inconvenientes incluso cuando resultan infundadas. El grado en el cual los funcionarios sienten la necesidad de requerir cooperación para el cumplimiento de sus decisiones o evitar reclamos puede incidir en el detalle y estilo de las motivaciones de sus decisiones. O, alternativamente, los contralores políticos y legales pueden exigir la motivación a favor de los ciudadanos más vulnerables, como vía para facilitar el control vertical y la supervisión. ¿Qué mejor manera tienen esos contralores para asegurar que los funcionarios que deben rendir cuenta ante ellos estén actuando debidamente, que requerir transparencia en el proceso de elaboración de las decisiones respecto a los particulares, que tienen un interés en cuestionar a los funcionarios por errores o conductas impropias?[17]

---

[\*\*\*]     En original, la frase es *"A right to reasons facilitates hierarchical, legal, and political accountability"*. La expresión en inglés "accountability" no tiene una traducción exacta al español, con lo cual hemos optado por emplear, en este párrafo, la expresión "rendición de cuentas" (Nota del traductor).

[17]     De hecho, alguna doctrina sobre teoría política positiva en los Estados Unidos, sugiere que esta función de monitoreo sobre derechos privativos es la mayor explicación para las garantías procedimentales como la LPA. Véase a Matthew D. McCubbins *et al.*, "Administrative Procedures as Instruments of Political Control", en *3 J. L. ECON. & ORG. 243*, pp. 244-46 (1987); Matthew D.

Estos tres tipos de relaciones, esto es, las relaciones verticales ascendentes, las relaciones horizontales y las relaciones verticales descendentes, permiten comprender por qué es tan necesario proveer el derecho a exponer los motivos de una decisión. De esa manera, la motivación facilita el control jerárquico, legal y político. Como veremos, muchas de las justificaciones de la motivación explicadas por los tribunales o por la doctrina, se basan precisamente en esta consecuencia, esto es, en el control sobre la decisión administrativa a través de su motivación. Así, la motivación se justifica ante la necesidad de mantener adecuadas relaciones institucionales en el orden legal, o con la intención de procurar el control sobre los funcionarios. Pero esta observación va más allá. Antes de analizar cuál ha sido el tratamiento de la jurisprudencia y doctrina sobre la motivación en Estados Unidos y en la Unión Europea, debemos considerar una explicación distinta sobre la motivación.

Esta nueva explicación niega que la motivación pueda ser comprendida únicamente en términos de sus consecuencias, o sea, como un elemento que facilita el control. Un buen ejemplo es el reciente ensayo de John Gardner sobre el concepto de responsabilidad[18]. Gardner no niega que la motivación se justifica en el marco de relaciones humanas o que en muchos casos ella justifica o excusa la conducta en contextos en los cuales podemos anticipar consecuencias no deseadas[19]. Pero, desde el punto de vista de Gardner, esta *"perspectiva relacional"* de la motivación no profundiza en su justificación[20]. Él contrasta esta visión del *"consecuencialismo hobbesiano"* con lo que él denomina la visión *"aristoteliana"*[21]. Desde esta perspectiva, adoptar una conducta racional supone motivar nuestras acciones, de forma tal que sin motivar nuestras acciones, nuestras vidas carecerían de sentido[22]. Desde el punto de vista de Gardner, *"deseamos tener adecuadas razones para justificar aquello que hicimos (o aquello que pensamos o sentimos)"*[23]. Las implicaciones de esta posición de Gardner es que mientras deseamos dar diferentes razones dependiendo del contexto social y las relaciones sociales, ciertamente no siempre estamos obligados a explicar las razones de nuestras propias decisiones[24]. Entonces, la *"perspectiva relacional"* de la motivación es, cuando mucho, incompleta. De hecho, para darle sentido racional a nuestras vidas, esta adaptación de nuestros motivos a particulares relaciones puede tener consecuencias infelices[25]. Nos hace aparecer incoherentes hacia nosotros mismos. Incluso, adaptar nuestras distintas motivaciones a distintos propósitos, especialmente si pensamos en términos de justificaciones o excusas, tiende a negar la

---

McCubbins *et al*., "Structure and Process, Politics and Policy: Administrative Arrangements and the Political Control of Agencies", en *75 VA. L. REV*, pp. 431, 442 (1989).

[18] John Gardner, "The Mark of Responsibility (With a Postscript on Accountability)", en *Public accountability: designs, dilemmas and experiences,* pp. 220, 221-222 (Michael W. Dowdle ed., 2006).

[19] Véase la obra antes citada.

[20] Véase en general la obra citada, p. 221.

[21] *Vid. ob. cit.*, pp. 221, 222.

[22] *Vid. ob. cit.*, p. 221.

[23] *Id.*

[24] Véase en general pp. 228-229.

[25] Véase en general pp. 229-230.

justificación de nuestras acciones hacia nosotros mismos. Y negar ello es negar, en cierto sentido, que somos personas racionales con planes de vida racionales. Asumiendo esta *visión aristoteliana*, debe entonces apuntarse que nosotros deseamos rendir debida cuenta de nuestras acciones ante nosotros mismos. Es este tipo de rendición de cuenta o motivaciones lo que afirma nuestra propia racionalidad y nuestro *status* de agentes moralmente responsables.

¿Pero qué tiene que ver esta justificación de la motivación con la Administración motivada o con el derecho a la motivación como parte del derecho a la "buena Administración"? Exactamente esto: sujetarse a una autoridad administrativa que es inmotivada, es ser tratado como un mero objeto de la Ley o del poder político, no como un sujeto con capacidad racional independiente. La *"coerción inmotivada"* (esto es, la coacción administrativa inmotivada) niega nuestra entidad moral y nuestra posición como ciudadanos que deben ser tratados como fines en sí mismos, y no como meros instrumentos para la realización de cometidos públicos.

Este tipo de explicación comienza a arrojar luces sobre por qué debemos pensar en la Administración racional o motivada como un derecho individual, y no sólo como un elemento contingente de la rendición de cuentas. Volveré sobre esta justificación de la motivación hacia el final de este ensayo, pero antes, debemos analizar a la justificación de la motivación más común en la jurisprudencia y doctrina administrativa en los Estados Unidos y la Unión Europea.

Como veremos, la justificación tradicional apunta a la descripción *"consecuencialista y relacional"* de Tilly, con muy poca atención en la explicación más fundamentada de Gardner[26]. Al hacer ello, la doctrina norteamericana y europea tiende a tratar el derecho a la motivación del acto administrativo como un derecho contingente, es decir, un derecho accesorio a otros derechos sustantivos o adjetivos o a acuerdos institucionales. Yo sostendré que esta aproximación falla en explicar no sólo por qué la motivación es inherente a la conducta humana, sino, además, por qué la motivación debe ser concebida como un importante e independiente derecho humano. Luego explicaré que esta aproximación más fundamental de la motivación tiene implicaciones importantes para el proyecto en desarrollo de la gobernanza democrática en Estados administrativos.

## II. MOTIVACIÓN Y DERECHO

### 1. *La motivación en el derecho administrativo de Estados Unidos*

El derecho a la motivación[***] en el Derecho Administrativo de Estados Unidos es entendido, convencionalmente, como accesorio a otros derechos o a las necesidades

---

[26]    Véase a Tilly, citado en la nota número 12, pp. 14-15. En general, véase a Gardner, citado en la nota 18.

[***]    El texto original en inglés alude a *"the right to reasons"*, que literalmente significa *"el derecho a las razones"*. Empero, como ya advertimos, optamos por aludir, como regla, a la motivación, es decir, el derecho a la motivación, que también podría denominarse el derecho a conocer los motivos (Nota del traductor).

del control judicial efectivo. En el mundo del Derecho Administrativo de Estados Unidos, los derechos a ser oído y la motivación están claramente divididos entre casos relacionados con reclamos individuales de derechos, por un lado, y casos en los cuales la acción administrativa se desarrolla en el marco de una Ley o regulación especial, por el otro.

El derecho individual a ser oído en el Derecho Administrativo de Estados Unidos está basado tanto en la cláusula del debido proceso de la Constitución como en Leyes especiales complementadas por la LPA. Se ha señalado que la Constitución no contiene una previsión específica al derecho a ser oído, incluyendo la motivación, lo cual viene a estar desarrollado en Leyes y regulaciones especiales[27]. De hecho, como asunto constitucional, las decisiones administrativas en casos particulares están protegidas por los derechos a ser oído y a la motivación. En todo caso, el derecho a la audiencia está limitado a los procedimientos administrativos que afectan intereses individuales que caen dentro de la definición envolvente de la Corte Suprema de "*vida, libertad y propiedad*" bajo la cláusula del debido proceso de las enmiendas cuarta y décimo cuarta de la Constitución[28]. Por supuesto, el Congreso puede, como en efecto lo hace, reconocer el derecho de audiencia en casos no garantizados por la Constitución. De esa manera, cuando una Ley requiere que las decisiones a ser tomadas se basen necesariamente en un procedimiento con audiencias, la LPA establece los requisitos básicos formales de tal audiencia[29]. Tanto en los casos en los cuales la audiencia al interesado es una consecuencia impuesta por la Constitución, como en aquellos casos en los cuales la audiencia es una exigencia establecida en la Ley especial bajo la aplicación supletoria de la LPA, la motivación es uno de los estándares básicos que deben considerarse.

En un artículo célebre[30], el Juez Henry Friendly identificó once aspectos que deben ser tenidos como esenciales para una audiencia justa: (1) un tribunal imparcial; (2) la notificación de la acción propuesta y sus fundamentos; (3) la oportunidad de presentar argumentos por los cuales la acción no debe ser adoptada; (4) el derecho a llamar testigos; (5) el derecho a conocer las evidencias en contra; (6) el derecho a obtener una decisión basada exclusivamente en la evidencia presentada; (7) el derecho a un abogado; (8) el derecho al expediente; (9) el acceso a la explicación formal de los motivos de la decisión; (10) la audiencia pública y (11) la revisión judicial de la decisión final[31].

---

[27]  Compárese la decisión *Londoner v. Denver*, 210 U.S. 373, 386 (1908) (esta decisión señala que un grupo reducido de interesados en un procedimiento fiscal sufrieron una violación a su derecho al debido procedimiento, cuando una autoridad local modificó sus deberes fiscales en áreas específicas, sin otorgar previamente una audiencia), con la decisión *Bi-Metallic Inv. Co. v. StateBd. of Equalization*, 239 U.S. 441, 445 (1915) (que afirma que los interesados no tienen el derecho constitucional a la previa audiencia ante una comisión tributaria local cuando los cambios en sus deberes fiscales resultan de un incremento general de los porcentajes aplicables a tributos sobre la propiedad).

[28]  Véase, por ejemplo, las decisions *Perry v. Sindermann*, 408 U.S. 593, 599 (1972) y *Bd. of Regents of State Coll. v. Roth*, 408 U.S. 564, 569-70 (1972).

[29]  5 U.S.C. § 554 (2000).

[30]  Henry Friendly, "Some Kind of Hearing", en *123 U. PA. L. Rev,* 1975, pp. 1267 y ss.

[31]  "Some Kind of Hearing", *cit.*, pp. 1279–1295.

Todas esas protecciones legales se orientan a asegurar que cuando los intereses individuales están en juego, los actos de la Administración sólo pueden basarse en evidencia sólida dentro de su propia autoridad, todo lo cual exige la motivación del acto administrativo. En uno de los casos más famosos del debido proceso en Estados Unidos, *Goldberg v. Kelly*[32], la Corte Suprema explicó el requisito de la motivación desde estos términos completamente instrumentales, relacionados con el derecho a la audiencia[33]. En dos cortos párrafos, la Corte señaló:

> "Finalmente, las conclusiones del decisor, incluso en cuanto a la selección del destinatario, debe descansar solamente en reglas legales y la evidencia producida en la audiencia. Para demostrar el cumplimiento de este requisito elemental, la decisión debe explicar las razones de su decisión e indicar la evidencia en la cual se basa, aunque su decisión no requiera ser una opinión completa o una indagación formal de los hechos y conclusiones de Ley[34]".

En resumen, la motivación se orienta a asegurar que la audiencia no sea una simple forma. Los motivos deben estar en relación con las Leyes interpretadas y con las pruebas valoradas, en tanto ello forme parte del expediente. Los motivos de Derecho y de hecho deben ayudar a asegurar que los derechos individuales a presentar alegatos y pruebas han sido respetados en la elaboración de la decisión final del caso.

Más allá de ello, lo cierto es que esos derechos de audiencia son vistos esencialmente en términos instrumentales. Así, el caso líder del debido proceso en Estados Unidos *Mathews v. Eldridge*[35], estableció una fórmula de balance para determinar cuándo un procedimiento específico debe ser tramitado mediante audiencia[36]. De acuerdo con este caso:

> "Nuestra anterior decisión indicó que la identificación de los propósitos específicos del debido proceso generalmente requieren considerar tres factores distintos: primero, el interés privado que será afectado por la acción del funcionario; segundo, el riesgo de una privación errada de ese interés por el procedimiento empleado, y el probable valor, si lo hay, de alguna garantía procedimental adicional; y finalmente, el interés de la Administración, incluyendo la función cuyo ejercicio está involucrado y las cargas administrativas y fiscales que el procedimiento sustituto adicional requeriría[37].

De esa manera, los requerimientos de la protección procesal del debido proceso, incluyendo las exigencias de la motivación, están determinados por el balance entre la importancia de los derechos individuales y la contribución esperada de cualquier procedimiento para la adecuada protección de esos derechos, en contraposición con los intereses de la Administración traducidos en la garantía de los principios de eficiencia y eficacia. De esa manera, el derecho a la motivación en casos que involucran intereses individuales depende de *(i)* el *status* legal de ese interés (esto es, si califican como un derecho sustantivo protegido por la Constitución o por el Derecho

---

[32]    *Goldberg v. Kelly*, 397 U.S. 254 (1970).
[33]    Véase la decisión citada en la nota previa, en el número 271.
[34]    Sentencia citada (se omite la referencia).
[35]    Mathews v. Eldridge, 424 U.S. 319 (1976).
[36]    Véase la decisión citada en la nota previa, en el número 334-335.
[37]    Sentencia citada (se omite la referencia).

común) y *(ii)* los beneficios derivados del reconocimiento de garantías procedimentales, incluyendo el derecho a conocer los motivos de la decisión. O al menos, ese es el deber ser.

Ahora bien, es posible encontrar, en la jurisprudencia de Estados Unidos una visión más amplia de la motivación, en la cual ésta no se limita a un aspecto accesorio del derecho a la audiencia en el procedimiento administrativo. Esta visión más amplia se relaciona con el principio general derivado de la LPA[38], conforme al cual el acto administrativo debe ser revisado a fin de verificar si se trata de una decisión "arbitraria, caprichosa, un abuso de discrecionalidad, o que en general, no sea acorde con la Ley"[39].

Para ejercer este control, el Tribunal debe conocer cuál fue el basamento de la decisión de la Administración: como la Corte Suprema estableció en otro caso paradigmático, *Citizens to Preserve Overton Park, Inc. v. Volpe*[40], *"para ejercer ese control el Tribunal debe consideración si el acto está basado en la consideración de los hechos relevantes o si el acto fue consecuencia de un claro error de juzgamiento"*[41]. El problema en el caso *Overton Park* fue que el Secretario de Transporte, adoptando una decisión sobre la ubicación de una autopista interestatal, no explicó los fundamentos de su decisión[42]. La Corte Suprema reconoció que no existía ninguna provisión constitucional o legal para que este tipo de decisiones fuese motivada[43]. Pese a ello, la Corte declinó aceptar una revisión de tales motivos basada en declaraciones juradas del Secretario y otros funcionarios relacionadas con los motivos de la decisión[44]. En términos de la Corte, *"estas declaraciones juradas son explicaciones 'post hoc', que generalmente se han considerado como fundamentos no adecuados para una revisión"*[45].

Bajo estas circunstancias, la Corte sintió la necesidad de reenviar la decisión a la Corte de Distrito para un pleno requerimiento de los motivos de la decisión, incluyendo, de ser necesario, la citación del Secretario y de otros funcionarios para testificar su razonamiento[46]. La Corte concluyó con esta sugerencia:

> "La Corte de Distrito no está obligada, sin embargo, a hacer tal requerimiento. Puede suceder que el Secretario pueda preparar investigaciones formales (…) que provean una explicación adecuada de su decisión. Esa explicación será, hasta cierto punto, una *"motivación post hoc"* y como tal debe ser críticamente evaluada.

---

[38]  Véase 5 U.S.C. § 701 (2000).

[39]  *Cfr.*: § 706(2)(A).

[40]  *Citizens to Preserve Overton Park, Inc. v. Volpe*, 401 U.S. 402 (1971).

[41]  Véase la decisión citada en la nota previa, número 416.

[42]  Número 408.

[43]  Número 409.

[44]  Número 419.

[45]  Sentencia citada (se omite la referencia).

[46]  Número 420.

Si la Corte de Distrito decide que una explicación adicional es necesaria, esa Corte puede considerar cuál método será el más expedito para una revisión exhaustiva lo más pronto posible"[47].

Desde el punto de vista de la motivación, los motivos son necesarios cada vez que una decisión administrativa se somete a control judicial. Más todavía, por cuanto la decisión judicial se orienta a determinar los motivos verdaderos de la acción administrativa, tales motivos – cuando sea posible– deben derivarse de la motivación expuesta tanto en los fundamentos de hecho como de Derecho de la decisión administrativa.

Y, desde un punto de vista práctico, todo funcionario que no desee pasar su tiempo en las Cortes declarando sobre las decisiones que ha dictado, debe procurar incluir la motivación al adoptar la decisión. En tales casos, otra decisión conocida, *United States v. Morgan*[48], establece que la revisión judicial no debe requerir averiguaciones adicionales sobre el proceso mental de los decisores administrativos (en ausencia de pruebas especiales de corrupción o mala fe)[49].

La jurisprudencia de Estados Unidos de Norteamérica sobre la elaboración de reglas generales se ha basado en esta noción de la motivación como un requisito del control judicial. La Sección 533 de la LPA contiene requerimientos generales que exigen que en la adopción de decisiones de regulación con efectos vinculantes para los particulares, la Administración debe dar cuenta de su propuesta, otorgando a las partes interesadas la oportunidad para formular comentarios, debiendo formular *"una declaración general concisa de sus fundamentos y propósitos"* en la orden que contiene la regla o regulación[50].

Esta exigencia fue poco aplicada hasta la década de los sesenta e inicios de los setenta del pasado siglo, cuando el Congreso aprobó una serie de Leyes de salud, seguridad y protección ambiental[51]. Estas nuevas Leyes otorgaron a las Administraciones federales amplia discrecionalidad para desarrollar regulaciones generales en prácticamente cualquier industria y ocupación en los Estados Unidos. Cabía esperar cierta resistencia a este relativamente nuevo ejercicio de las potestades federales y los litigios sobre esta actividad normativa avanzaron a buen ritmo. En uno de los primeros casos que se presentaron ante la Corte de Apelaciones del Distrito de Columbia (la Corte que revisó la mayor parte de esa actividad normativa) el Juez Mc-Gowan advirtió los riesgos de una *"lectura excesivamente literal"* del requerimiento de la LPA sobre una "declaración general concisa":

---

[47]     Números 420-421.

[48]     *United States v. Morgan*, 313 U.S. 409 (1941).

[49]     Decisión citada, número 422.

[50]     5 U.S.C. § 553(b)-(c) (2000).

[51]     Véase, por ejemplo, la Ley del Transporte Nacional y Seguridad de los Vehículos Automotores de 1966 (Pub. L. número 89-563, 80 Stat. 718, re-codificada en el 49 U.S.C. §§ 30101-30170 (2000)); la Ley de Seguridad y Salud Ocupacional de 1970 (Pub. L. número 91-596, 84 Stat. 1590, codificada como enmienda en el 29 U.S.C. §§ 651-678 (2000), y la Ley de Políticas Nacional Ambientales de 1969 (Pub. L. número 91-190, 83 Stat. 852 (1970, codificada como enmienda en el 42 U.S.C. §§ 4321-4347 (2000).

"Estos adjetivos deben adecuarse a la realidad del escrutinio judicial, que no contempla que la Corte, por sí misma pueda, mediante una laboriosa revisión del expediente, formular en primer lugar las razones significativas de la Administración y determinar la racionalidad de su decisión. Nosotros no esperamos que la Administración discuta cada aspecto de hecho de o de opinión incluidos en las observaciones formuladas en el proceso de elaboración de la regulación. Nosotros esperamos que, si el control judicial que el Congreso ha considerado que es importante asegurar es tan significativo, la *declaración general concisa* de (…) los fundamentos y propósitos ordenada por (la LPA) será suficiente para valorar los aspectos principales ventilados en el procedimiento y la manera en cual la Administración reaccionó ante ellos"[52].

Desde la decisión *Auto Parts,* el enfoque sobre los motivos de la Administración en la regulación se ha convertido en el sello del control judicial de la actividad normativa bajo la LPA. Las Cortes rutinariamente devuelven decisiones a las Administraciones sobre la base de que las razones expuestas son inadecuadas para explicar aspectos o temas críticos que la Administración estaba obligada a considerar[53]. De hecho, una de los casos más famosos de la Corte Suprema sobre el denominado *"estándar del análisis exhaustivo"*[***] del control judicial, *Motor Vehicle Manufacturers Ass'n v. State Farm Mutual Automobile Insurance Co.,* anuló la revocatoria de una regulación por la Administración Nacional de Seguridad del Tráfico Vial, por no haber considerado la Administración modificar la regulación antes que revocarla[54]. En palabras de la Corte, *"no habiendo analizado esa posibilidad, la Administración no produjo ninguna motivación"*[55]. Basta la falta de análisis adecuado para determinar que la decisión de la Administración es arbitraria bajo la LPA[56].

La exigencia de que la Administración exponga razones comprensibles y relativamente completas en la elaboración de normas y decisiones en procedimientos individuales cumple una función más allá de facilitar el control judicial. Así, esa exigencia incrementa el derecho de participación de los participantes en los procedimientos informales de consulta de las normas para forzar a las agencias a considerar problemas y tópicos que pueden surgir al elevar comentarios a las propuestas de la Administración. Por ello, la exigencia de motivación es, además, desde un sentido práctico, una exigencia asociada a la responsabilidad hacia las propuestas presentadas por las partes afectadas. Adicionalmente, esta exigencia refuerza los derechos de participación reconocidos por la LPA. Así, la exigencia judicial de la motivación para facilitar el control judicial refuerza los derechos de participación relativos a las regulaciones generales, en el mismo sentido que la motivación protege a los derechos de participación individuales relativos a decisiones individuales.

---

[52]   Auto. *Parts & Accessories Ass'n v. Boyd*, 407 F.2d 330, 338 (D.C. Cir. 1968).

[53]   Véase, por ejemplo, la decisión Motor Vehicle Mfr. Ass'n v. State Farm Mut. Auto. Ins. Co., 463 U.S. 29 (1983).

[***]   El texto original alude al estándar del "hard look". En el Derecho de Estados Unidos de Norteamérica se entiende que el control judicial de la Administración puede ser exhaustivo, en contraposición a un control que asuma la deferencia hacia ciertos juicios o interpretaciones de la Administración. Puede verse al respecto a Edley, Christopher, *Administrative Law,* Yale, 1990, pp. 167 y ss. (nota del traductor*).*

[54]   Véase el número 51.

[55]   Véase el número 50.

[56]   Véase números 50-51.

La motivación, como exigencia del Derecho Administrativo en los Estados Unidos, es por ello un objetivo común pero contingente. En relación con la decisión de casos individuales, la motivación es accesoria a los requisitos del previo procedimiento, que es a su vez una función del derecho a defender ciertas situaciones subjetivas reconocidas en la Ley. Con respecto a las regulaciones generales o normas administrativas, la motivación es exigida para facilitar el control judicial. Protege además la revisión judicial en un sistema constitucional basado en la separación de poderes. Permite así el control judicial de la razonabilidad en la escogencia de políticas públicas, lo que es una práctica problemática por el uso agresivo de la Corte Suprema del *"derecho sustantivo al debido proceso"* para detener la legislación del *New Deal* en la década de los treinta del pasado siglo, mientras que eximía al Poder Judicial de la responsabilidad por proveer una indagación ulterior de la motivación de la Administración Pública. La exigencia judicial a favor de la motivación se ha convertido en una legítima versión procesal de las otrora ilegítimas exigencias sustantivas de *razonabilidad*, determinada judicialmente.

La "procedimentalización" de la racionalidad –esto es, la conversión de la exigencia de no-arbitrariedad por una exigencia de motivación comprensible– replantea la cuestión de en qué medida la acción de la Administración es razonable desde un sentido sustancial como exigencia de que la Administración demuestre un procedimiento racional en la toma de decisiones. La exigencia de razones e incluso de más razones, al menos retóricamente, mantiene a la Corte dentro de su dominio propio. La Administración puede tener discrecionalidad en la escogencia de políticas públicas, siempre y cuando explique cómo el ejercicio de esa discrecionalidad está fundado en su competencia legal y en los hechos técnicos que se han presentado a lo largo del proceso de elaboración de normas. Que esta postura judicial "restringida" pueda de hecho desarticular o impedir seriamente la actividad regulatoria es simplemente una consecuencia no deseada e irónica de preservar la visión norteamericana de la función judicial dentro de su estructura legal y constitucional[57].

## 2. *La motivación en el Derecho de la Unión Europea*

La obligación de la Administración de motivar sus decisiones, de acuerdo con la Carta Europea de los Derechos Fundamentales y la propuesta de Constitución Europea, ha sido desarrollada en el Código Europeo de Buena Conducta Administrativa (CBCA)[58]. El CBCA amplía y detalla las obligaciones previstas en la Carta[59]. De conformidad con el artículo 18 del CBCA, la exigencia de motivación aplica a decisiones que *"puedan afectar negativamente los derechos e intereses de los particulares"*[60]. En adición, las decisiones no pueden estar basadas en *"breves y vagas consi-*

---

[57]  Véase, por ejemplo, a Jerry L. Mashaw y David L. Harfst, "Regulation and Legal Culture: The Case of Motor Vehicle Safety", en *4 Yale J. on Reg. 257*, 1987, pp. 305 y ss.

[58]  Defensor del Pueblo Europeo, Código Europeo de Buena Conducta Administrativa, en la p. 16 (5 de enero de 2005). Disponible en: http://www.euro-ombudsman.eu.int/code/pdf/en/code 2005 en.pdf. (actualmente puede ser visto es: http://www.ombudsman.europa.eu/resources /code.faces#/page/1. Nota del traductor).

[59]  *Cit.*, en p. 7.

[60]  *Cit.*, en p. 16.

*deraciones o que no contienen un análisis razonado"*[61]; este requisito sugiere que el derecho a obtener motivaciones está contemplado para las situaciones descritas en la sección anterior, relacionada con procedimientos individuales, más que para procedimientos de formación de normas administrativas o regulación. Sin embargo, el artículo 253 del Tratado Constitutivo de la Comunidad Europea (el Tratado CE) exige lo siguiente[***]:

> "Los reglamentos, las directivas y las decisiones adoptadas conjuntamente por el Parlamento Europeo y el Consejo, así como los reglamentos, las directivas y las decisiones adoptados por el Consejo o la Comisión deberán ser motivados y se referirán a las propuestas o dictámenes preceptivamente recabados en aplicación del presente Tratado"[62].

Al igual que en Estados Unidos de Norteamérica, la jurisprudencia y doctrina sugieren un basamento casi exclusivamente instrumental para estas exigencias de motivación: la necesidad de permitir el control judicial del proceso de formación de normas y regulaciones, y la necesidad de favorecer la capacidad de los particulares de recurrir las decisiones individuales contrarias a sus intereses[63].

De hecho, dos décadas atrás, la Tribunal de Justicia de las Comunidades Europeas (TJCCEE)[***], al unir estas dos justificaciones instrumentales en el caso *Union Na-*

---

[61]    *Cit.*

[***]    El Tratado CE estuvo vigente hasta el 1 de diciembre de 2009, cuando entró en vigor el llamado "Tratado de Lisboa", que modificó el Tratado de la Unión Europea y el Tratado CE. De esa manera, el Tratado CE pasó a denominarse "Tratado de Funcionamiento de la Unión Europa". La norma equivalente al artículo 253 del Tratado CE es el artículo 296 del Tratado de Funcionamiento de la Unión Europea, de acuerdo con el cual: "Cuando los Tratados no establezcan el tipo de acto que deba adoptarse, las instituciones decidirán en cada caso conforme a los procedimientos aplicables y al principio de proporcionalidad. Los actos jurídicos deberán estar motivados y se referirán a las propuestas, iniciativas, recomendaciones, peticiones o dictámenes previstos por los Tratados. Cuando se les presente un proyecto de acto legislativo, el Parlamento Europeo y el Consejo se abstendrán de adoptar actos no previstos por el procedimiento legislativo aplicable al ámbito de que se trate". Como se observa, se mantiene en esencia la regla del artículo 253 citado por el profesor Mashaw, al disponerse que "*los actos jurídicos deberán estar motivados y se referirán a las propuestas, iniciativas, recomendaciones, peticiones o dictámenes previstos por los Tratados*". Nota del traductor.

[62]    Tratado Constitutivo de la Comunidad Europea 26 de febrero de 2001. O.J. (C 325) 135 (de aquí en adelante el Tratado CE).

[63]    Señala Klara Kanska: "De acuerdo con los antecedentes de las Cortes, el deber de la motivación pública tiene dos objetivos: es necesario a fin de asegurar que el ciudadano tenga la oportunidad de considerar si es razonable cuestionar la medida dictada, y permite asegurar que la Corte pueda ejercer sus poderes para revisar la legalidad de la medida" (Kanska, citada en la nota número 8, p. 320 (se omiten las notas al pie). Bo Vesterdorf replica este punto de vista: "La explicación de los motivos (…) debe proveer información a todas las personas interesadas en la medida y en definitiva, los motivos deben ser suficientes para permitir a las Cortes Comunitarias determinar si la medida de la Comunidad ha sido adoptada *ultra vires*". Bo Vesterdorf, "Transparency-Not Just a Vogue Word", en *22 Fordham Int'l L.J. 902*, 904 (1999).

[***]    El TJCCEE pasó a denominarse "Tribunal de Justicia de la Unión Europea" (TJUE) a partir de 2009, con el "Tratado de Lisboa" (Nota del traductor).

*tionale Des Entraineurs et Cadres Techniques Professionneles du Football (UNEC-TEF) v. Heylens*[64], sostuvo lo siguiente:

"La efectividad del control judicial, que debe extenderse a la legalidad de los motivos de la decisión recurrida, presupone en general que el Tribunal que conoce de la causa pueda requerir a la autoridad competente la explicación de esos motivos. Pero cuando, como sucede en el presente caso, lo más relevante es alcanzar la efectiva protección de los derechos fundamentales (el derecho al libre tránsito) reconocidos por el Tratado, el Tribunal debe estar en capacidad de defender ese derecho bajo las mejores condiciones posibles y tiene la posibilidad de decidir si existe algún fundamento a la petición realizada a las cortes. Consecuentemente, en estas circunstancias la autoridad competente está en el deber de informar al Tribunal de las razones en la cual su negativa se basa, tanto en la decisión como en una comunicación posterior emitida a su solicitud"[65].

De muchas formas, esta aproximación directa se basa en lo que podríamos denominar la *"doble instrumentalidad"* de la jurisprudencia norteamericana del debido proceso. El derecho a la defensa (o a la audiencia, en la terminología norteamericana) es esencial cuando los derechos fundamentales están en juego, y la motivación de las normas administrativas es crítica para el ejercicio adecuado del derecho a la defensa. En un reciente artículo, Lord Millet explica que la génesis de la motivación en la U.E. derivó o se inspiró en las Leyes administrativas de los Estados miembros[66]. En Francia, por ejemplo, los funcionarios generalmente tienen un amplio poder discrecional al dictar decisiones, con lo cual ellos deben cuidar y razonar el procedimiento de formación de normas, lo que de acuerdo con Millet *"sería inejecutable en ausencia de (adicionales) deberes de motivación"*[67]. Millet enfatiza por ello la contribución de la motivación al control judicial de razonabilidad[68]. Pero la exigencia de una Administración razonada es común en los sistemas administrativos de muchos Estados miembros[69]. Y otros autores igualmente enfatizan su contribución en el derecho a la defensa y la transparencia[70]. Debido a que la motivación contribu-

---

[64]     Caso 222/86, *Union Nationale des Entra´ineurset Cadres Techniques ProfessionnelsduFootball (UNECTEF) v. Heylens*, 1987 E.C.R. 4097.

[65]     *Cit.*, en el número 4117.

[66]     Millet, citado en la nota de pie número 8, p. 311.

[67]     Véase a Millet, nota al pie número 8, p. 314.

[68]     *Ob.cit.*

[69]     El Dr. Juli Ponce otorga los siguientes ejemplos: "La Constitución italiana de 1947 estableció que las agencias italianas deben estar organizadas para garantizar la imparcialidad y el *buonandanento*. Las últimas palabras han sido consideradas por muchos autores italianos como un deber de buena Administración (*buonaamministrazione*) (…) la vigente Constitución de España de 1978 es especialmente interesante. Ella establece en sus artículos 31 y 103 que la Administración Pública debe obrar con objetividad e imparcialidad, de acuerdo con los principios de efectividad, eficiencia, economía y coordinación; también establece la interdicción de la arbitrariedad". Véase a Juli Ponce, "Good Administration and Administrative Procedures", en *12 Ind. J. Global Legal Stud. 551, 556* (2005) (se omiten las notas al pie). Similares conclusiones pueden encontrarse en otros países.

[70]     Por ejemplo, Bo Vesterdorf señala: "La motivación inadecuada implica una *transparencia insuficiente*, por cuanto la consecuencia es, primero, que las partes interesadas por la medida no podrán determinar si esa medida fue dictada sobre bases legales razonables o si puede ser cuestionada antes las Cortes, y en segundo lugar, que las Cortes no podrán examinar si los argumen-

ye a la transparencia en el procedimiento de formación de normas, en ese mismo sentido facilita la supervisión y rendición de cuenta de los actores políticos y del público en general, y no sólo frente a los Tribunales y litigantes.

Aun cuando no es posible aquí hacer una comparación detallada entre la jurisprudencia de Estados Unidos y de la Unión Europea (tanto del Tribunal como de la Corte de Primera Instancia) relacionada con la exigencia de la motivación, los casos revelan muchas similitudes[71]. Como en Estados Unidos de Norteamérica, la motivación no necesita cubrir cada detalle del procedimiento pero debe ser suficiente para demostrar cómo los aspectos principales de hecho y de Derecho fueron tenidos en cuenta[72].

Y como sus colegas americanos, los jueces de Estados Unidos han propendido a *"procedimentalizar la racionalidad"*, o sea, a exigir una mayor atención a los fundamentos de las decisiones, precisamente cuando ellas caen especialmente dentro

---

tos de un tema determinado están bien fundamentados o no". Vesterdorf, citado en la nota al pie número 63, p. 906 (énfasis añadido); véase también a Kanska, citada en la nota de pie número 8, en p. 320 (afirmando que *"la motivación en las decisiones promueve la transparencia de la actividad administrativa"*).

[71]   Una detallada comparación entre la jurisprudencia de EEUU y de la U.E. desde 1992 puede ser vista en Martin Shapiro, "The Giving Reasons Requirement", reproducido en Martin Shapiro y Alec Stone Sweet, *On Law, Politics And Judicialization*, 2002, pp. 228, 228-257.

[72]   El TJCCEE no exige que las instituciones europeas discutan cada aspecto de Derecho o de hecho "que pueda surgir durante el procedimiento administrativo"; sin embargo, "los motivos en los que se basa una decisión que afecta restrictivamente a una persona deben permitir a la Corte ejercer su poder de revisión de la legalidad de la decisión". Casos conjuntos números 43 y 63/82, VBVB & VBBB v. Comm'n, en 1984 E.C.R. 19, 58-59, 1 C.M.L.R. 27, 81 (1985); véase el caso número 322/81, NV Nederlandsche Banden-Industrie Michelin v. Comm'n, 1983 E.C.R. 3461, 3500, 1 C.M.L.R. 282, 319 (1985), citada en Julian M. Joshua, "The Right to Be Heard in EEC Competition Procedures", en 15 FordhamInt'l. L.J. 16, 34 (1991); véase también a Francesca Bignami, "Creating European Rights: National Values and Supranational Interests", en 11 Colum. J. Eur. L. 241, 345 (2005) ("conocer los fundamentos de una decisión de la Comisión es una cosa, pero obtener una respuesta cada objeción de Derecho, de discrecionalidad o de Derecho es otra cosa. Las Cortes Europeas requieren solo que la motivación sea suficientemente completa para permitir a las partes determinar cuándo la Administración ha actuado conforme a Derecho o cuándo las partes pueden ir a la Corte a reclamar su derecho a un Gobierno de Leyes, no de hombres"). Un principio similar aparece en la práctica de los Estados miembros de la U.E. Por ejemplo, Julian Joshua cita diversos casos británicos en este sentido. Véase R v. Sec'y of State for the Home Dep't, ex parte Swati, [1986] 1 All E.R. 717 (A.C.); Greater London Council v. Sec'y of State for the Env't, [1985] 52 P. & C.R. 158 (A.C.); Norwest Holst Ltd. v. Dep't of Trade, [1978] 3 All E.R. 280, 296 (A.C.); Elliott v. Southwark London Borough Council, [1976] 1 W.L.R. 499, 508 (A.C.); Metro.Prop. Holdings Ltd. v. Laufer, [1975] 29 P. & C.R. 172 (Q.B.); Howard v. Borneman, [1974] All E.R. 862 (A.C.). En adición, Joshua señala, "cuando existe el deber de motivar, los motivos deben ser entendibles y adecuados y relacionarse con los principales puntos en discusión, pero ellos no tienen que expresarse a través de una explicación detallada por parte del autor de la decisión, ni recoger todas las pruebas aportadas o las peticiones realizadas". Joshua, antes citado, en p. 88. El TJCCEE acogió este principio en el caso T-323/99, Industrie NavaliMeccanicheAffiniSpA (INMA) & Italia InvestimentiSpA (Itainvest) v. Commission, 2002 E.C.R. II-545, encontrando innecesario la explicación "de todos los hechos relevantes y puntos de Derecho, desde que lo importante de determinar es si la motivación reúne los requisitos del artículo 253 del TCE, lo que debe ser analizado no sólo con su texto sino también con su contexto y las Leyes que rigen la materia en cuestión" (citando el caso número C-56/93, Belgium v. Comm'n, 1996 E.C.R. I-723).

del ámbito de la experiencia técnica de las autoridades administrativas. En este sentido, los jueces pueden esperar asegurar la conformidad con la Ley sin invadir la discrecionalidad política reservada a la Administración[73]. Por ello, parece justo decir que, tanto en la jurisprudencia de Estados Unidos como de la Unión Europea, el derecho a recibir razones es una especie de derecho reconocido en función a la protección de otros derechos. De esa manera, facilita decidir los cuestionamientos a las decisiones oficiales, protege derechos frente a decisiones individuales y promueve el control de actividades de instituciones políticas y legales.

Y los motivos, en ambos sistemas, tienen un valor importante en mantener el vigor del control judicial entre los límites difusos de la Ley y la política. Desde esta perspectiva, el valor fundamental de la motivación es la rendición de cuentas legal y política. La exigencia de que la Administración motive sus decisiones es simplemente un instrumento crucial, más que un fin en sí mismo.

## III. UNA NUEVA APROXIMACIÓN A LA MOTIVACIÓN

Como sugerimos anteriormente en este ensayo, la motivación se relaciona mucho más con la buena Administración que lo que sugieren las aproximaciones instrumentales antes comentadas. De hecho, hay elementos que permiten determinar que esto es cierto tanto en la Unión Europea como en Estados Unidos. El artículo 253 del Tratado de la CE[***] exige la motivación para actos generales[74], aun cuando no hay un derecho a la revisión judicial de todas decisiones generales en la Unión Europea[75] y

---

[73]  Jürgen Schwarze comenta que "el control riguroso del procedimiento administrativo está específicamente orientado a contrabalancear los poderes discrecionales de gran alcance del Poder Ejecutivo". Jurgen Schwarze, "Judicial Review of European Administrative Procedure", en *68 Law. &Contemp. Probs. 85, 105 (2004)*.

[***]  Como ya explicamos, la norma equivalente al artículo 253 del Tratado CE es el artículo 296 del Tratado de Funcionamiento de la Unión Europea.

[74]  Tratado CE, artículo 253, ver nota de pie número 62; véase Kanska, nota de pie número 8, pp. 319-20; véase también Vesterdorf, citado en la nota de pie número 63, p. 903 (enfatizando el requisito de motivación contenido en el anterior artículo 190 del Tratado –equivalente al artículo 253). La motivación en el contexto europeo se ha influenciado igualmente, de manera substancial, por la Convención Europea para la Protección de los Derechos Humanos y las Libertades Fundamentales, del 4 de noviembre de 1950 (Europ. T.S. N° 5, 213 U.N.T.S. 221). Puede verse a David Dyzenhaus y Michael Taggart, "Reasoned Decisions and Legal Theory", en *Common Law Theory 134, 144-45* (editado por Douglas E. Edlin, en publicación en octubre 2007). Dyzenhaus y Taggart también demuestran que esta influencia ha empujado al Reino Unido en el sentido de exigir de manera general la motivación, pese a que se trataba de un requisito ausente en las jurisdicciones de Derecho Común fuera de Australia hasta entrado el siglo XX. *Cit.*, p. 145.

[75]  Véase el caso 25/62, *Plaumann v. Comm'n*, 1963 E.C.R. 95, 1964 C.M.L.R. 29, 35-37. A pesar que la decisión Plaumann ha sido muy criticada, el Tribunal ha reafirmado su posición en la revisión de órdenes generales de la Comunidad. Véase a Cornelia Koch, "Commission of the European Communities v. Je'go-Qu'ere' & Cie SA., Case C-263/02", en *98 Mm. J. Int'l L. 814, 818–19 (2004)*. En muchos casos, el recurrente podrá cuestionar las medidas locales que implementan una regulación comunitaria en las Cortes locales, considerando que la regulación implementada es en sí misma ilegal. *Cit.*, p. 816. Tal decisión podría ser un antecedente para el Tribunal a fin de considerar la legalidad de la norma comunitaria. El Tribunal, sin embargo, ha declinado aceptar apelaciones basadas en el reclamo de que no existe posibilidad de revisión en el orden local y que, por ello, podría materializarse una denegación de justicia. Véase a Femke de Lange, "Case

de las decisiones individuales que no afectan el derecho individual a la defensa. De manera similar ha sido interpretado el § 555(e) de la LPA por la Corte Suprema de Estados Unidos, aun cuando en una opinión concurrente, en cuanto a la exigencia de motivos en ciertos casos en los que no aplica el derecho a la audiencia o a la revisión judicial[76]. ¿Qué más podría considerarse al exigir la motivación de los actos administrativos?

Desde una perspectiva abstracta, solo esto: la motivación es fundamental para la legitimidad moral y política de las órdenes legales en Estados Unidos y la Unión Europea. Para ser exactos, los Estados Unidos no sufren el mismo déficit democrático que existe en la Unión Europea. Por ello, podría ser preliminarmente posible argüir que la legitimidad de las decisiones administrativas en los Estados Unidos es una función *(i)* de la rendición de cuentas electoral ante el Congreso, que crea, estructura, financia y controla organizaciones administrativas y *(ii)* del Presidente electo, quien designa y remueve a los altos funcionarios de la Administración. Desde este punto de vista, la legitimidad democrática reside en controlar que el ejercicio de la autoridad administrativa se vincule al mandato de instituciones electas democráticamente. Pero esta conexión electoral es notablemente débil. Los funcionarios tienen una gran discrecionalidad, y el ejercicio de esa autoridad no puede ser explicada y legitimada, en un sentido práctico, como la expresión directa de la voluntad de los representantes populares[77].

Como Max Weber notó tiempo atrás, la legitimidad de la acción burocrática reside en su promesa de ejercer el poder sobre la base de la razón[78]. La legitimidad administrativa fluye primariamente en la confianza sobre el conocimiento especializado que los funcionarios pueden aportar en decisiones críticas de políticas públicas. Y la única evidencia de que este conocimiento especializado ha sido en efecto utilizado reside en las explicaciones y razones dadas por los funcionarios a sus decisiones, o sea, en la motivación. El argumento según el cual *"la Ley me permite hacerlo"* es muchas veces una explicación adecuada para una decisión ministerial, por ejemplo, un acto no discrecional.

Pero, en la gran mayoría de los casos, la aceptación o legitimidad de una decisión administrativa dependerá no solo de la autoridad o jurisdicción derivada de una Ley o Tratado, sino de las razones otorgadas en el ejercicio de esa autoridad o jurisdicción en un determinado sentido –sea en decisiones individuales o en la promulgación de normas–.

---

Note, European Court of Justice, Unión de Pequeños Agricultores v. Council", en *12 Reciel 115, 118 (2003)*.

[76] Heckler v. Chaney, 470 U.S. 821, 841–42 (1985) (con voto concurrente de J. Marshall, J.).

[77] Véase a Edward L. Rubin, "Getting Past Democracy", en *149 U. Pa. L. Rev. 711, 728, 782* (2001). Para una investigación más detallada de la comparación entre la democracia americana y europea y el modelo federal suizo, véase en general a Thomas D. Zweifel, "Democratic Deficits in Comparison: Best (and Worst) Practices in European, US and Swiss Merger Regulation", en *41 J. Common Market Stud. 541* (2003) (comparando el principio de "rendición de cuentas e independencia en la regulación de fusiones dentro de la regulación europea y las regulaciones americanas y suizas).

[78] Jerry L. Mashaw, "Small Things Like Reasons Are Put in a Jar: Reason and Legitimacy in theAdministrativeState", en *70 Fordham L. Rev. 17, 23* (2001) (citando a Max Weber, *Economía y Sociedad,* GuentherRoth & Claus Wittich eds., EphraimFischoff et al. trans., 1968, pp. 955-1.033

Hasta ahora, suena toda bien, pero, ¿por qué la motivación favorece a la legitimidad? La respuesta, creo, se remonta a la *visión aristoteliana* de responsabilidad, esto es, la capacidad humana tanto de obtener como de proveer razones a la conducta propia, que antes asocié con el concepto de responsabilidad de John Gardner.[79] Esa visión del razonamiento y de la motivación tiene una fuerza moral particular en políticas democráticas. Pues en una democracia, la unidad básica del valor social es el individuo: las personas son vistas desde una perspectiva kantiana como fines en sí mismos, y los gobiernos se legitiman democráticamente en la medida en que ellos procuren atender los intereses generales de los ciudadanos. Esos intereses son, por supuesto, expresados vaga e imperfectamente a través de procesos electorales e instituciones representativas, que por necesidad delegan una gran dosis de autoridad discrecional en funcionarios no electos. Pero en el marco de políticas en las cuales el individuo es la unidad básica de valor social, el principal motivo para aceptar la Ley o cualquier tipo de norma, como legítima, es que los motivos puedan ser explicados para fundamentar que la aplicación de la Ley se orienta a servir al interés colectivo. Ciertamente, puede haber muchas diferencias y disputas acerca de cuáles políticas públicas deben preferirse, y cuáles decisiones que afectan intereses individuales están justificadas. No obstante, una Ley o decisión con la cual podamos no estar de acuerdo, puede ser reconocida como aceptable o legítima solamente por cuanto puede ser explicada como una decisión plausible de una acción racional colectiva. La motivación, por ello, afirma la centralidad del ciudadano en Repúblicas democráticas. La motivación reconoce a las personas como agentes morales racionales que están facultados para evaluar y participar en un diálogo sobre políticas públicas sobre la base de una discusión racional. Lo anterior afirma al individuo como un sujeto, más que como un objeto de la Ley. Esto no implica, por supuesto, que la explicación convencional de la motivación otorgada por las Cortes o la doctrina sea irrelevante. Lo que sugerimos, en realidad, es que hay una justificación más profunda de la motivación en una democracia, y que, por lo tanto, se justifica considerar al derecho a la motivación, más que contingente o secundario, como un derecho humano.

La autoridad sin razones es, literalmente, deshumanizante. Esa autoridad sería, fundamentalmente, contradictoria con la promesa de la democracia, que es, en definitiva, el auto gobierno. Tal perspectiva de la motivación como un aspecto de la buena Administración es, creo, mucho más que una disertación académica o filosófica sobre las bases de una práctica común. Con independencia de que se considere a la motivación como algo instrumental a otros derechos; como una función básica de instituciones legales y políticas, o como un aspecto fundamental de la gobernanza democrática, ella tiene implicaciones en el logro y fortalecimiento de derechos en un orden legal democrático.

La primera implicación de lo anterior es que si la motivación, o el derecho a conocer los motivos, no es un derecho parasitario del derecho a la defensa, de derechos legamente reconocidos o de la revisión judicial, es por ello un derecho con contenido sustantivo propio que puede ser exigido más allá de estas justificaciones. Como he observado, los aspectos generales del derecho a la motivación están reconocidos en la amplia disposición del artículo 253 del Tratado CE y por la letra del § 555(e)

---

[79]   *Vid.* See Gardner, nota al pie 18.

de la LPA. Esta última norma no sólo prevé la motivación en relación con reglas generales, sino además exige la adecuada información sobre el rechazo total o parcial de cualquier petición o solicitud administrativa formulada por los interesados "*en conexión con un procedimiento de agencias administrativa*" incluyendo un pronunciamiento sobre los fundamentos de la negativa[80].

Sin embargo, estas amplias disposiciones no pueden ser interpretadas literalmente. El artículo 253 aplica a acción de instituciones de la U.E. que dictan decisiones con fuerza y efecto de Ley.[81] Lo propio ocurre en la LPA de Estados Unidos, en la cual la motivación solo es prevista en procedimientos de audiencias que afecten derechos individuales o para dictar regulaciones con efecto general.[82] Y, aun cuando es aplicada con más amplitud, el requisito de la norma §555(e) de la LPA sobre la motivación en relación con solicitudes, peticiones o requerimientos, aplica solo en la medida en que esas peticiones sean "*formuladas en relación cualquier procedimiento de agencias administrativas*".[83] Los "*procedimientos de agencias administrativas*" son definidos en la LPA solamente en referencia con los procedimientos para dictar decisiones reglamentarias, decisiones individuales y licencias[84]. Estas limitaciones no han sido cuestionadas. El Juez Marshall, por ejemplo, disintiendo en el caso *Board of Regents of State Colleges v. Roth*, sostuvo que "*desde mi punto de vista, todo ciudadano que aplica a un cargo público tiene derecho a éste salvo que el Gobierno pueda establecer alguna razón para denegar el empleo*"[85]. Marshall objetó la noción según la cual los solicitantes no tienen un derecho "legal" al cargo, bajo el argumento según el cual la cláusula del debido proceso de la enmienda catorce no es aplicable a esa situación[86]. El Juez Marshall parece asumir la posición según la cual la expresión "*vida, libertad y propiedad*" en la Constitución es simplemente una referencia extensible a cualquier interés legítimo[87]. Para él, la cláusula del debido proceso es "*nuestra principal garantía de justicia, nuestra protección contra toda acción de Gobierno arbitraria, caprichosa o irracional*"[88]. Y frente al argumento de que sería muy oneroso tener que motivar siempre las decisiones, Marshall responde: "*la respuesta corta a ese argumento es que no es oneroso tener que motivar todas las decisiones cuando los motivos existen*"[89].

---

[80]  5 U.S.C. § 555(e) (2000).

[81]  Véase el artículo 253 del Tratado, citado en la nota de pie 62. (el cual exige la motivación para "regulaciones, directivas y decisiones adoptadas conjuntamente por el Parlamento Europeo y el Consejo, y los actos adoptados por el Consejo o por la Comisión"). (El artículo 296 del Tratado de Funcionamiento de la Unión Europea, que sustituye, como vimos, al artículo 253, regula la motivación en un sentido mucho más amplio, al disponer que los "actos jurídicos" deberán ser motivados. Nota del traductor).

[82]  Véase 5 U.S.C. §§ 553-554.

[83]  *Cit.*, § 555(e).

[84]  84 Id. § 551(12).

[85]  85 Bd. of Regents of StateColl. v. Roth, 408 U.S. 564, 588 (1972) (con voto salvado de J. Marshall).

[86]  *Cit.*, en 588-89. 88

[87]  *Cit.*

[88]  *Cit.*, en 589.

[89]  *Cit.*, en 591.

La doctrina, incluyéndome, ha objetado la aproximación instrumental de la Corte Suprema acerca del de debido proceso y la motivación. En un tono más bien polémico escribí hace unos años que limitar la protección del debido proceso, incluyendo el derecho a la motivación, a situaciones en las cuales los derechos subjetivos estuviesen restringidos, derivaba en el inadecuado reconocimiento jurisprudencial del valor de los intereses individuales[90]. Como lo dije entonces y sigo sosteniendo:

"Tal aproximación es funcionalmente inadecuada para atender los problemas de la discrecionalidad gubernamental o burocrática que la cláusula del debido proceso estaba destinada a atender. (Otorgar audiencias solo para proteger derechos legales preexistentes) garantiza la protección jurídica o al menos el debido tratamiento procesal, cuando alguna protección legal previa existe, mientras que excluir la aplicación del debido proceso tiende a permitir la arbitrariedad oficial. Aun cuando muchos tienen un gusto por la ironía, pocos elegirían a Kafka o a Ionesco como redactores constitucionales".[91]

La posición actual en Estados Unidos es particularmente desventajosa para personas que son beneficiarios potenciales de la acción regulatoria del Estado en relación con otras personas, o personas que sufren indirectamente por actividades públicas que atañen a los derechos legales de terceros. En general, las personas que buscan el cumplimiento de las previsiones regulatorias ante las violaciones cometidas por terceros que afectan sus intereses, o que quisieran ser beneficiados por funciones que se abstienen de ejercer sus funciones, no tienen derecho ni a la audiencia previa[92] ni a la revisión judicial del acto denegatorio[93]. Y como sea que el derecho a la motivación es accesorio a los derechos de audiencia y a la revisión judicial, esos beneficiarios potenciales o afectados indirectos no tendrían, tampoco, derecho a la motivación.[94]

Exigencias generales, en los Estados Unidos, igualmente tienden a negar el control judicial a todo aquel que no ha sido directa y concretamente afectado por la actividad del Estado.[95] Esta negativa al control judicial, que es generalmente garantizado a las partes directas en procedimientos administrativos, termina reduciendo la capacidad de los beneficiarios futuros de asegurar el discurso racional de la Administración regulatoria en el desarrollo de sus políticas. Un análisis similar parece aplicar en el Derecho de la U.E.[96] Ciertamente, existe un lenguaje vago en ciertas decisiones

---

[90]  Jerry L. Mashaw, "Dignitary Process: A Political Psychology of Liberal Democratic Citizen ship", en *39 U. Fla. L. Rev. 433, 437*(1987).

[91]  *Cit.*

[92]  O'Bannon v. Town Court Nursing Ctr., 447 U.S. 773, 775 (1980).

[93]  Heckler v. Chaney, 470 U.S. 821, 832 (1985).

[94]  Para una revisión general de este punto, véase a Nina A. Mendelson, "Regulatory Beneficiaries and Informal Agency Policymaking", en *92 Cornell l. Rev. 397, 403-33* (2007).

[95]  Véase a *Lujan v. Defenders of Wildlife*, 504 U.S. 555, 562 (1992).

[96]  En concreto, la exigencia conforme a la cual los interesados deben tener un interés directo y personal en la decisión comunitaria, generalmente excluirá a los beneficiaros de regulaciones u otro régimen de protección, por cuanto ellos no estarán en capacidad de diferenciarse del público general o de una categoría muy amplia de beneficiarios que están igualmente protegidos. Para un caso reciente en el cual se excluyeron beneficiarios de la posibilidad de recurrir, *vid.* caso C-321/95P, *Greenpeace & Others v. Commission*, 1998 E.C.R. I-1651, 1998 3 C.M.L.R. 1, analizado en Nicole Gerard, "Case Note, Greenpeace & Others v. the Commission, C-321/95P", en 7

que sugieren que el "derecho a la buena Administración" implica una exigencia general hacia la capacidad de respuesta a las quejas y peticiones formuladas para que la Comisión ejerza sus poderes, incluyendo la exigencia de que la respuesta de la Comisión sea suficiente para facilitar a la corte la adecuada revisión judicial[97]. Una lectura más detenida, sin embargo, sugiere que esas obligaciones suponen ubicar la norma concreta del Tratado aplicable a la solicitud y que imponga la obligación a la Comisión de adoptar las medidas necesarias. Y aunque es posible percibir la disposición general de la jurisprudencia europea de adoptar un punto de vista más favorable sobre la revisión judicial de la inactividad de las autoridades competentes, las Cortes americanas han estado intentando, igualmente, dejar a un lado las preocupaciones procesales vigentes aplicables cuando Leyes especiales parecen imponer obligaciones más específicas en cabeza de los funciones públicos.[98]

Puede haber, por supuesto, buenas razones para limitar los derechos de audiencia y los derechos al control judicial. Todos esos derechos presentan riesgos al permitir oportunidades legales para el acoso sobre funcionarios o sobre sus subordinados. Las audiencias formales y la revisión judicial son igualmente costosas y exigen una gran inversión de tiempo. Pero, como el Juez Marshall sugirió, la motivación no implica necesariamente una recarga sobre la Administración o una oportunidad para el acoso a través de la confrontación legal[99]. Pueden hacerse, así, ajustes a estas necesidades prácticas. El artículo 18 del CBCA, por ejemplo, reconoce que el principio general según el cual las razones deben ser expuestas cada vez que una decisión afecta a los intereses de un particular, puede ceder cuando esa motivación individualizada genera cargas administrativas significativas[100]. Pero incluso así, el artículo 18 exige que cuando un gran número de personas son afectadas de manera similar por una decisión, el funcionario debe otorgar una declaración estandarizada de las razones con una explicación más detallada cuando así sea requerido por un interesado[101].

Estas cuestiones prácticas en la aplicación de las normas legales sugieren otra consecuencia de concebir a la motivación como un derecho general y fundamental más que como un derecho instrumental. El orden legal debe diferenciar el derecho a la motivación según se trate de un derecho directamente tutelable en función a su reconocimiento en la Constitución o la Ley, o de un derecho derivado de principios generales que será protegido a través de otros medios, como los controles internos sobre la conducta de los funcionarios.

Así, los Tribunales pueden declinar la protección judicial de los derechos asociados a la motivación a fin de mantener la debida separación entre la valoración judi-

---

[97] *Reciel 209, 209* (1998). Véase también la nota de pie 75 y texto que le acompaña (discutiendo cómo el Tribunal ha seguido la fórmula Plaumann, negando las impugnaciones individuales en materias de aplicación general).

Por ejemplo, caso T-54/99, *Max.mobilTelekommunikationServ. GmbH v. Comm'n*, 2002 E.C.R. II-313, II-333.

[98] Véase *Dunlop v. Bachowski*, 421 U.S. 560, 566 (1975).

[99] *Vid. Bd. of Regents of State Coll. v. Roth*, 408 U.S. 564, 591 (1972) (voto salvado de J. Marshall).

[100] *Vid*. Defensor del Pueblo europeo, nota de pie 58.

[101] *Cit.*

cial y la valoración administrativa, esto es, entre las restricciones legales y la discrecionalidad administrativa. Además, los Tribunales no pueden pretender intervenir en cada disputa entre los individuos y el Gobierno y mantener, al mismo tiempo, su propia legitimidad como Jueces. Sin embargo, una Administración responsable debe ir más allá de estas limitaciones, al tomar en cuenta la existencia de mecanismos internos de control. Códigos institucionales de conducta internos, y las funciones de control y publicidad de los órganos de auditoría, son dos mecanismos para el control interno y el cumplimiento del derecho a la buena Administración. El *Ombudsman* en la Unión Europea y las oficinas de Departamento de inspectores generales de la Oficina de Rendición de Cuentas del Gobierno en los Estados Unidos, son ejemplo de lo último. El CBCA para los funcionarios de la U.E es igualmente ejemplo de lo primero.

Quizás debido a la verdadera naturaleza de su orden legal, basado de manera preponderante en el consenso y en la coordinación progresiva de las normas legales, la Unión Europea puede estar algo más adelantada que Estados Unidos en el reconocimiento de la importancia de la protección del derecho a la motivación a través de estos principios generales basados en el control interno. Con limitadas excepciones (como la Oficina de Defensa del Contribuyente en el Servicio de Rentas Internas), los Estados Unidos nunca ha creado oficinas de *ombudsman* para Agencias Federales administrativas o Departamentos, y la actividad de las oficinas de inspectores generales y de la Oficina de Rendición de Cuentas del Gobierno está orientada más a investigar casos de corrupción o fallas programáticas sistemáticas que a promover estándares de buena Administración regulando las relaciones entre los funcionarios y los ciudadanos. El interés de la Unión Europea en presionar a favor de la idea de buena Administración, incluyendo la motivación, mediante un conjunto de técnicas que son asumidas internamente por la Administración, antes que, impuestas por contralores externos, quizás refleje el desarrollo histórico del Derecho europeo administrativo, que no se ha basado tanto en la jurisprudencia como el Derecho Administrativo en los Estados Unidos.

Finalmente, asumir la Administración motivada como un derecho humano en una democracia y como una parte del proyecto dinámico de desarrollo de la gobernanza democrática, sugiere que la Administración motivada debe ser entendida como un objetivo y como un derecho. Es un objetivo que los americanos y europeos han compartido largamente. La organización del poder del Estado mediante vías que producen un diálogo democrático auténtico y no alienado ha sido una aspiración de los teóricos americanos republicanos desde la Revolución Americana. Ese mismo objetivo está profundamente arraigado en la teoría social europea que actualmente está representada prominentemente, quizás, por los trabajos de Jürgen Habermas[102]. La Administración motivada no es solo fundamental en nuestra comprensión de nosotros mismos como agentes morales independientes, sino además lo es para el futuro del proyecto democrático. Ciertamente, hay muchas visiones de la democracia; no todas son *"dialógicas"* en sus ambiciones, y aquellas que lo son quizás estén necesitando una aproximación propia del siglo XXI. Thomas Jefferson atinadamente concibió a la protección de la democracia desde la exigencia de que virtualmente todo el

---

[102]    Véase más abajo, nota número 104.

Gobierno sea dirigido desde un nivel especialmente local[103]. Si el localismo de Jefferson luce pintoresco en un mundo globalizado, las "situaciones ideales de discurso" de Jürgen Habermas podrían solamente ser realizadas en el mundo virtual de Internet[104].

Más allá, la protección de la entidad moral individual puede pensarse que será realizada más a través de los "controles y balances" de las instituciones democráticas al estilo de Madison que a través de la participación directa de los ciudadanos en los procesos de formación legislativa[105], y estas posibilidades apenas tocan la superficie de las variaciones que pueden ser encontradas en la teoría democrática[106].

No obstante, cuando funcionarios que no son electos, sean jueces o funcionarios administrativos, adoptan decisiones colectivas, las visiones de la democracia que reposan en la voluntad de los electores resultan irrelevantes. Nosotros debemos tener otra visión de la gobernanza democrática o considerar a esos procesos legislativos como democráticamente ilegítimos. La alternativa a las teorías basadas en la voluntad general son las teorías basadas en la razón pública. Cómo se entiende lo "racional", a través de qué instrumentos debe expresarse, cómo deben ser los sistemas de demanda de la rendición de cuenta racional, y otros interrogantes más, son aspectos controvertidos del diseño institucional. Pero esto queda claro: la Administración sin motivación no puede cumplir con el reto de defender su legitimidad democrática.

---

[103]    Véase la carta de Thomas Jefferson al Gobernador John Tyler (26 de mayo de 1810), incluida en *The Life and Selected Writings of Thomas Jefferson*, Adrienne Koch & William Peden eds., 1944, pp. 604-05; carta de Thomas Jefferson a Joseph C. Cabell (12 de febrero de 1816), *ob. cit.*, pp. 660-62.

[104]    Esta posibilidad es explorada por A. Michael Froomkin, "Habermas@Discourse.Net: Toward a Critical Theory of Cyberspace", en *116 HARV. L. REV. 749, 754, 796-97* (2003).

[105]    Ver Jim Rossi, "Participation Run Amok: The Costs of Mass Participation for Deliberative Agency Decisionmaking", en *92 NW. U. L. REV. 173, 192–94* (1997).

[106]    Para una visión general, entre otras, sobre la teoría democrática, *vid.* Ian Shaprio, *The State Of Democratic Theory*, 2003 (donde explora la teoría democrática en relación con la naturaleza del poder y la dominación).

# LA BUENA ADMINISTRACIÓN COMO INSTITUCIÓN JURÍDICA

*JOSÉ LUIS MEILÁN GIL**

## I. PLANTEAMIENTO

Se habla afortunadamente con frecuencia de la "buena administración". La expresión se ha introducido al máximo nivel del ordenamiento jurídico de la Unión Europea al figurar en la Carta europea de derechos fundamentales elevada al rango de tratado por el de Lisboa, figura, al menos como principio en ordenamientos jurídicos de los Estados miembros, y es citada en los fundamentos jurídicos de sentencias de tribunales ante los cuales puede ser invocada. No es solo una laudable preocupación doctrinal, ni un principio no exento de alegoría que trate de "dotar de alma a la Administración"[1] ni, por tanto, un asunto que resida completamente extra muros del Derecho[2].

Es una obviedad sostener que en este tema hay implicaciones varias: de carácter sociológico, económico, político, ético, además del jurídico. Sucede también, sin que sea ahora cuestión de medir en qué proporciones, con el propio Derecho. Desde siempre lo he considerado como un fenómeno cultural, tomando la expresión en un sentido amplio. No se entienden de un modo cabal sus categorías sin tener en cuenta el contexto, incluida la historia; pero al construirlas y explicarlas no deberían mezclarse las diferentes perspectivas.

La "buena administración" puede ser expuesta utilizando indiscriminadamente todas esas perspectivas y, es posible que con ello se preste un gran servicio a la sociedad, pero no tanto al Derecho administrativo que tiene sus propias reglas y ámbito

---

\*      Catedrático de Derecho Administrativo Miembro de la Real Academia Gallega de Jurisprudencia y Legislación Ex Consejero de Estado.

1      J. Tornos Mas, "El principio de la buena administración o el intento de dotar de alma a la Administración", *Derechos fundamentales y otros estudios en homenaje al prof. Dr. Lorenzo Martín Retortillo*, vol. I, Gobierno de Aragón, Cortes de Aragón, 2008, pp. 829 y ss.

2      A su exposición, análisis y divulgación se ha dedicado con particular empeño el profesor J. Rodríguez-Arana Muñoz, expresión de un autocalificado "pensamiento abierto, plural, dinámico y complementario" del que pueden citarse *El Buen Gobierno y la Buena Administración de Instituciones Públicas*, Thomson-Aranzadi, Cizur Menor, 2006 y *Dereito fundamental á Boa Administraçao Pública*, Forum, Belo Horizonte, 2012.

como ciencia. Sucede en este caso como con otros asuntos de gran actualidad como la corrupción. Por ello aquí se pregunta qué es o puede suponer la "buena administración" para el Derecho administrativo. Desde el Derecho no se asegura aquella en su integridad. La tarea de administrar se lleva a cabo por personas. Ni siquiera la tipificación de delitos y las correspondientes penas, ni de las infracciones y sanciones bastan, aunque puedan ayudar, a que los comportamientos correspondan al arquetipo de la "buena administración"; ni se asegura plenamente con el cumplimiento de lo establecido en el ordenamiento jurídico, trátese de preceptos o principios. La "buena cara" que pone un funcionario en su atención al ciudadano forma parte de la "buena administración", y tendrá su raíz en convicciones de educación o de ética que, se corresponden con el carácter de servidor público que, por otra parte, tiene su anclaje en la Constitución y en las leyes.

Se pretende, por tanto, abordar la "buena administración" desde la perspectiva del Derecho administrativo. Qué sentido tiene; cuál es su ámbito; qué consecuencias se derivan de su reconocimiento jurídico. Esa inserción en el Derecho proporciona una indudable garantía para que sea efectiva, más allá de proclamas y buenos deseos. Por seguir con el ejemplo de la corrupción, en el ámbito contractual de la Administración el Derecho puede combatirla regulando de una manera adecuada el *iter* que conduce hasta la selección del contratista y la adjudicación del contrato y, en favor de los mismos principios de igualdad, no discriminación y transparencia, impidiendo la prerrogativa de la Administración para la modificación del contrato[3].

Dentro del ámbito de la "buena administración" en la Unión Europea lo decisivo para reconocer el derecho de los interesados a tener acceso a los documentos que posean la Comisión y el Consejo, antes de elevarlo al nivel de fundamental, no fue un Código de buena conducta[4], sino la Decisión adoptada posteriormente[5]. La intención moralizadora de obligar a resolver expresamente, por ejemplo, resulta insuficiente desde una buena administración; debería generar, cuando menos, responsabilidad del funcionario.[6] Todo ayuda, pero convertir la "buena administración", con lo que ello comporta, en un derecho colabora a que sea efectiva.

El propio enunciado de la "buena administración" proporciona un cierto equívoco, según que se exprese ortográficamente con minúsculas o con mayúsculas, que remite a la propia concepción del Derecho administrativo, dentro de lo que puede considerarse Derecho del Estado, al que pertenece también el Derecho constitucional.

---

[3]   *Cfr*. J. L. Meilán Gil, "Las prerrogativas de la Administración en los contratos administrativos: propuesta de revisión", *RAP,* 191, 2013.

[4]   Sobre el *soft law* que preparó el acuerdo de Niza *Cfr*. B. Tomás Mallén, *El derecho fundamental a una buena administración,* INAP, Madrid, 2004, pp. 89 y ss. El Código de buena conducta administrativa de 2001, del Defensor del Pueblo europeo tenía como objetivo "concretar en la práctica lo que significa el derecho a una buena administración establecido en la Carta".

[5]   *Cfr*. STJE 2007/730 de 27 de noviembre, asunto Athanasios Pitsionis /BCE. El Código de conducta sobre principios para acceso de documentos en su poder preveía que el público tendrá el mayor acceso a los documentos que posean la Comisión y el Consejo. La Decisión es 93/731. Su vulneración fue el objeto del recurso.

[6]   El Real Decreto-Ley 4/2012 considera el silencio administrativo en él contemplado como falta muy grave del funcionario. *Cfr*. J. L. Meilan Gil "El silencio de la Administración", *Anuario da Facultade de Dereito. Universidade da Coruña,* 2012.

No parece necesario insistir en que el Derecho administrativo ha de hundir sus raíces en la Constitución, lo que me ha permitido hablar tempranamente de un Derecho administrativo constitucional, no solo como "Derecho constitucional concretizado", sino también por su virtud constitucionalizante[7]; pero quizá no sea superfluo aludir a que la "buena administración" se comprende mejor desde una concepción del Derecho administrativo que no se construya como el Derecho de la Administración, como ha venido sosteniendo una dominante dirección doctrinal[8] y que se encuentra también en la brillante idea de "un derecho *del* poder *para* la libertad. Y esto, se dice, porque hace posible ésta mediante el condicionamiento o limitación de aquél"[9]. Responden a la construcción propia del Estado liberal – Hauriou es una muestra– con una clara y plausible intención de someter el Poder a control – el recurso por *éxces du pouvoir* es significativo– y, como habrá ocasión de subrayar, en esas construcciones queda oscurecido el carácter servicial de la Administración, forzada la inclusión de las prestaciones propias del Estado social, difuminado el fundamento de los derechos fundamentales y la libertades públicas reconocidos constitucionalmente, y no consideradas las consecuencias de la definición constitucional del Estado como democrático. Resulta reduccionista ante la asunción del Estado social y democrático de Derecho que no es del caso desarrollar[10].

En 1967, por el contrario, puse el acento en la toma en consideración de los intereses colectivos y hablé de su "regulación y gestión subordinada"[11], expresión, que, salvo el cambio de intereses colectivos por generales, ha quedado en el artículo 103 de la CE, en cuya redacción intervine, que no figuraba en el anteproyecto: "La Administración sirve con objetividad los intereses generales..."[12]. La Administración está sometida al Derecho, no solo a la ley como ha sostenido una tradicional concepción del Derecho administrativo. Es poder, pero vicarial; sirve, pero no determina los intereses generales, ni es titular de ellos.

---

[7]  *Cfr.* J. L. Meilán Gil, *Categorías jurídicas en el Derecho administrativo*, Iustel, Madrid, 2011, pp. 22-23

[8]  Derecho propio y específico de las Administraciones Públicas en cuanto persona. Un Derecho estatutario hecho de un equilibrio entre privilegios y garantías. E. García De Enterría, *Curso de Derecho administrativo*, 6ª ed. t.I, Civitas, Madrid, 1993, pp. 38 y ss.

[9]  F. González Navarro, *Derecho administrativo español*, Eunsa, Pamplona, 2ª ed. 1993, p. 424.

[10]  La originalidad de ese enunciado constitucional "no radica en los términos que contiene tomados cada uno de ellos aisladamente...ni tampoco en una simple agregación o yuxtaposición...sino... en la integración de los tres términos en una totalidad conceptual...vinculados entre sí" *Cfr.* M. García Pelayo, "El Estado social y democrático de Derecho en la Constitución española", *Obras Completas*, Centro de Estudios Políticos y Constitucionales, Madrid, 2009, pp. 1663-64. Sobre la superación del postulado clásico además de la bibliografía citada en nota anterior y posterior *Cfr.* J.L. Meilán Gil, *Contestación* al discurso de J. L. Carro Fernández-Valmayor, *Ley y Administración Pública. Un ensayo dogmático sobre la potestad administrativa de la Administración*, Real Academia Gallega de Jurisprudencia y Legislación, 2012.

[11]  *Cfr.* J.L. Meilán Gil, *El proceso de la definición del Derecho administrativo*, ENAP, Madrid, 1967, pp. 84-85

[12]  *Cfr.* J.L. Meilán Gil, *Categorías*...pp. 182-183.

Su fin es hacerlos efectivos[13] o garantizar su efectividad en el caso de los derechos fundamentales reconocidos en la Constitución, que son el "núcleo duro", irreductible, de los intereses generales[14].

Sostenía entonces un concepto material, *ratione materiae,* para referirme a lo administrativo, más que a un criterio formal o personal de la Administración y a los ejemplos puestos entonces pueden añadirse hoy que puede hablarse de Derecho administrativo, aunque el poder de donde emane la actividad sea diferente de la Administración Pública (legislativo, judicial...). Para acoger esta realidad algún autor ha debido modificar su definición inicial[15]. Es, de otra parte, la que domina en el Derecho comunitario a la hora de definir quién es poder adjudicador en los contratos públicos[16] y se constata en el Texto refundido de los contratos del sector público que engloba entidades que no son Administraciones públicas, por citar solo un ejemplo.

En hacer efectivos los intereses generales que le vienen predeterminados a la Administración, por iniciativa del Gobierno y el aval del Parlamento radica la "buena administración"[17]. No es un estándar uniforme y fijo, acentuada esa posible variación por la alternancia en el Poder propia de un Estado democrático y en el caso de los derechos fundamentales vinculada a la voluntad constituyente. Desde esa perspectiva la "buena administración" no responde a bienintencionados principios de Ciencia de la Administración, sino a postulados con fuerza jurídica en un Derecho administrativo acorde con el progreso tecnológico y los requerimientos de la profundización democrática.

Desde la concepción del Derecho administrativo antes adelantada, con referencia al servicio a los intereses generales, en los que se incluyen los derechos fundamentales de la persona, se comprende mejor la "buena administración". Es un servicio a los ciudadanos, no el magnánimo ejercicio de una prerrogativa en relación con los "administrados", expresión que he evitado siempre. En último término, ese carácter servicial, orgullo de una plausible tradición que no debería desaparecer o infravalorarse, la del *civil Service* o de los servidores públicos, ínsita en la idea del servicio público prestacional, responde en los constitucionalismos actuales de Estados democráticos a la importancia de la dignidad de la persona y los derechos inviolables que le son inherentes...fundamento del orden político y de la paz social, en la expresión del artículo 10 de la CE, una norma jurídica y no un ramillete de proclamas políticas o de exhortaciones éticas.

---

[13] En ese sentido STS de 27 de marzo de 1986, citada en mi *Prólogo* al libro de J. Rodríguez-Arana *La suspensión del acto administrativo en vía de recurso,* Montecorvo, Madrid, 1986. El fundamento constitucional se encuentra en el citado artículo 103 que alude al principio de eficacia.

[14] De su efectividad habla el artículo 9,2 de la CE. *Cfr.* J.L. Meilán Gil, "Administración Pública, intereses generales e interés público", en *Categorías...*pp. 184 y ss.

[15] *Cfr.* F. Garrido Falla, *Tratado de Derecho administrativo,* vol. I. 11ª ed. Tecnos, Madrid, 1989, p. 113.

[16] STJCE de 20 de septiembre de 1998, asunto 31/87, Gebroeders Beentjes BV/ Estado de los Países Bajos, que tomó para ello como punto de partida que la noción de Estado debe ser objeto de una interpretación funcional.

[17] Por esa tesis se pronuncia J. Ponce Solé, *Deber de buena administración y derecho al procedimiento debido*, Lex Nova, Valladolid, 2001, pp. 156 y ss con cita en el mismo sentido de Bassols Coma. Para Tornos, *op. cit.* p. 829 la buena administración "exige algo más que el servir de forma objetiva a los intereses generales".

Desde esa perspectiva se comprende que el acto administrativo como imposición unilateral, resultado del ejercicio de una potestad, ceda posiciones no solo en favor de la prioridad de los derechos fundamentales, sino en el terreno de autorizaciones previas[18] La pérdida de poder no tiene por qué suponer una apropiación de competencias públicas por la sociedad[19], sino el reconocimiento del protagonismo de la sociedad[20] que implica un cambio en la manera de ejercer la Administración pública su función, de acuerdo con un Estado no solo de Derecho y social, sino también democrático y de derechos fundamentales que se imponen a los poderes públicos incluido el legislativo[21].

El adjetivo "buena" referido a la administración como actividad, más que como estructura y organización, posee consciente o inconscientemente una connotación ética[22]. En esa dirección podría llegar a concluirse que lo ético en la Administración pública coincide con el cumplimiento del fin que justifica su existencia, en la realización del Derecho, teniendo en cuenta que se trata de una actividad humana. Solo las personas son responsables éticamente. Derecho y ética no se confunden. Aun no siendo coincidentes, no son completamente ajenos, sin caer en extremos de teocracia jurídica o de relativismo positivista, que de todo ha habido en la historia o de un modo menos contundente, sin utilizar lo moral para explicar actuaciones que pueden ser explicadas por lo jurídico, como se ha hecho en relación con la desviación de poder.

Aunque la realización del Derecho que concierne a la Administración no agote el alcance de la dimensión ética de la actuación de sus autores, en gran medida el comportamiento conforme a Derecho es síntoma de comportamiento ético. Forma parte de la profesionalidad exigida a los servidores públicos y de ahí la importancia de una continua formación. Pero "la buena administración", no queda reducida al buen comportamiento de las personas; es también aplicable a la Administración como organización a la que es muy forzado atribuir una calificación ética, aunque puede hablarse de estructuras "inmorales".

El Derecho, en su conjunto, tiene sus limitaciones. Puede y debe orientar y dirigir y estimular el buen hacer y también castigar y disuadir, por tanto, de comportamientos indebidos, así como disponer de modo que sean difíciles de llevarse a cabo, haciendo trasparente la actuación pública. Las claves para una actuación ética en la Administración Pública habrá que encontrarlas no pocas veces fuera de ese ámbito. Y en todo caso, es indispensable la colaboración de una conciencia social que estimule la "buena administración".

---

[18]    *Cfr.* J. L. Meilán Gil, "Sobre la revisión del carácter instrumental del acto administrativo", *Revista andaluza de Administración Pública*, 84, 2012.

[19]    En sentido opuesto, J. Esteve Pardo, *La nueva relación entre Estado y Sociedad: aproximación al trasfondo de la crisis*, Marcial Pons, Madrid, 2013.

[20]    La protección del medio ambiente ofrece testimonios varios. Por ejemplo, Reglamento 66/2010 del Parlamento y Consejo de la U E sobre el uso voluntario de la etiqueta ecológica.

[21]    Sobre la introducción de los derechos fundamentales de la persona en el ordenamiento jurídico español, por una enmienda de mi autoría a la Ley para la reforma política de 1977, *cfr.* J. L. Meilán Gil, *Categorías jurídicas...*pp. 184-186.

[22]    Amplia y brillantemente en J. Rodríguez-Arana, *La dimensión ética de la función pública*, INAP, Madrid, 2013. Romeu Felipe Bacellar Filho, *Relexoes sobre Direito administrativo*. Forum, Belo Horizonte, 2009.

Con frecuencia la buena administración es acompañada por el buen gobierno y en ocasiones se identifican. En ese sentido se habla de Administración Bush o Administración Obama. A estas alturas de la historia pueden deslindarse ambos conceptos. Las políticas públicas son definidas por el Gobierno o a su iniciativa, incluso ocupando el espacio de la ley cuando tiene mayoría absoluta en el Parlamento y opera mediante Decretos-Leyes. A la Administración incumbe ejecutarlas, aunque también el propio Gobierno puede administrar.

La "buena administración" implica que la Administración realice su cometido de modo adecuado a la política diseñada. El gobierno puede acordar una política de obras públicas. La ejecución se concretará en la suscripción de contratos entre la Administración y los particulares. Una defectuosa preparación de los pliegos de cláusulas administrativas revelaría una mala administración. La contratación pública se convierte en un medio para la realización de políticas públicas[23], como es ya paradigmático en la UE para hacer efectivo la sostenibilidad del medio ambiente como reconocimiento de la solidaridad intergeneracional, que ha propiciado la expresión de *Green public procurement*[24] u otros objetivos políticos o sociales[25].

El deslinde de gobierno y administración no siempre es fácil. El artículo 97 de la CE expresa, no obstante, con claridad que "el Gobierno dirige la política interior y exterior, la Administración civil y militar". La Administración no formula las políticas públicas y se desnaturaliza su función si se politiza contaminándose de la alternancia en el Gobierno, porque sería proclive a no actuar con la imparcialidad constitucionalmente requerida (artículo 103,3 de la CE).

Aunque sea relativamente reciente la utilización de la "buena administración" cuenta detrás con una larga historia.

## II. LA IDEA DE BUEN GOBIERNO

### 1. *La justificación del poder público*

La justificación del poder público se ha formulado de varias maneras y con diferentes nombres a lo largo de la historia, a la que va asociada una amplia lista de ilustres pensadores de cita innecesaria. Tiene que ver con los fines que se propone la organización política. Dicho de una manera rápida, con técnica impresionista, el ejercicio del poder público se justifica por y para la procura del bien común, el *vive-*

---

[23]   *Cfr.* J. L. Meilán Gil, "Las prerrogativas...

[24]   *Cfr.* J. Pernas García, *Contratación pública verde,* la Ley, Madrid, 2011. Se trata, en definitiva, de "todos –con una proyección de futuro– tienen el derecho a disfrutar de un medio ambiente adecuado para el desarrollo de la persona, así como el deber de conservarlo" (artículo 45 de la CE).

[25]   *Cfr.* J. Pernas García (Coord.) *Contratación pública estratégica,* Thomson Reuter Aranzadi, 2013. En ese sentido J. M. Gimeno Feliu, "La ley de contratos del sector público ¿una herramienta eficaz para garantizar la integridad? Mecanismos de control de la contratación administrativa en la contratación administrativa", *REDA,* 147, 2010 en donde se habla de la contratación como herramienta al servicio de los poderes públicos para el cumplimiento de sus fines o sus políticas públicas.

*re bene* de los miembros de la sociedad política en expresiones clásicas de Aristóteles"*(eudamonia)* y Tomás de Aquino*(virtus)*[26], la felicidad de los súbditos y el bienestar en la época de la Ilustración[27] y el Despotismo ilustrado –"Mi dolor, dirá el emperador José II– es no poder hacer a todo el mundo feliz–, en la Declaración de independencia de los EEUU – *the pursuit of happiness*, como un derecho– o como proclamó la Constitución de Cádiz en su artículo 13: "El objeto del Gobierno es la felicidad de la Nación, puesto que el fin de toda sociedad política no es otro que el bien estar de los individuos que la componen".

Algunas de las expresiones recordadas revelan que lo que hoy se entiende por gobierno, administración y ética aparecen mezcladas en la fundamentación y ejercicio del Poder público. La evolución histórica puede ser examinada como un proceso de diferenciación de esos ámbitos del quehacer humano.

En ese sentido, principios para el buen manejo de la *res pública* se encuentran, por ejemplo, en Aristóteles (*La Política*), en Cicerón (*De legibus*), en Santo Tomás (*De Regimine Principis*). Esa corriente se desplaza a lo que podría denominarse filosofía política: son los consejos al Príncipe para el buen gobierno, criterios de experiencia o de moral en el gobierno del país y, simultáneamente, límites del poder. Así el *Defensor civitatis* de Marsilio de Padua o las obras de Maquiavelo (*Discursos sobre las décadas de Tito Livio)* y el celebérrimo *El Príncipe*, anotado por Napoleón Bonaparte[28], o el menos conocido *Norte de Príncipes* de Antonio Pérez[29].

El absolutismo del Antiguo Régimen se sintetizaba por los revolucionarios franceses y tratadistas del Derecho público coetáneos y posteriores en el axioma *Rex, legibus solutus*, aunque en expresión de Vázquez de Menchaca estaba *legibus alligatus*. No es cuestión de ahondar en el análisis. Bastará reconocer en esa ligazón la vertiente moral inherente durante centurias a la concepción de la Monarquía.

En el ciclo de evolución del Estado, por lo que ahora interesa, una etapa se corresponde con la *gute Policey*, la *bonne police* como expresión de buen gobierno. En ella "se mezclan el aristotelismo tradicional y el espíritu de organización del Estado moderno"[30]. De ahí tomarán su nombre los heterogéneos escritos que tienen por objeto la gestión de los asuntos del Estado. También será denominada *cameralística*, por el carácter práctico, deducido de la actividad desarrollada en las distintas dependencias (camera, kammer).

La estrecha vinculación a la práctica y la falta de un método adecuado en el tratamiento y selección de las materias daban como resultado un fuerte carácter asistemático que se reflejaba en la mezcla de juicios de valor, descripciones, propuestas de reformas, con un carácter paternalista y hedonista en su orientación básica.

---

[26]    *Cfr.* S. Thomae Aquinitatis, In decem libros Aristotelis ad Nicomachum expositio, Marietti, 1964, I lectio I,4 y In octo libros Politicorum Aristotelis expositio, Marietti, 1996, I lectio, 11 y 31.

[27]    *Cfr.* J. L. Meilán Gil, J.L. *Categorías jurídicas en el Derecho administrativo*, Iustel, Madrid, 2011, pp. 177-180.

[28]    Espasa-Calpe, Madrid, 13ª ed, 1973.

[29]    *Norte de Príncipes, Virreyes, Presidentes, Gobernadores y Advertencias políticas sobre lo público y particular de una Monarquía*, Espasa-Calpe, Madrid, 1969.

[30]    *Cfr.* Micael Stolleis, *Histoire du Droit Publique en Alemagne. Droit publique impériale et science de la police*.1600-1800, pp. 509 y 546.

Existían reglamentos de administración y textos jurídicos, pero también la ética estaba presente en catálogos de las "virtudes del buen funcionario". Para el buen gobierno el Príncipe precisaba de servidores que, además de ser experimentados y hábiles, debían ser leales y piadosos, de acuerdo con el pensamiento de la época.

Se imponía una labor de sistematización, a la que están vinculados los nombres de Delamare (*Traité de la Police*) y de von Justi (*Grundsatze des Polizeitwisenschaft*)[31]. El estudio científico se mezcla con consideraciones acerca de la conveniencia o no de la intervención del Estado en una determinada materia. Es sintomático el contenido de la obra dedicada a la agricultura, al comercio y manufacturas y las costumbres que deben seguir los súbditos y todo para procurar la felicidad pública; pero se establece ya entonces la relación entre los fines del Estado y los medios para conseguirlos y siempre teniendo en cuenta la realidad práctica circundante.

La transición de la ciencia cameral a la Ciencia de la Administración del siglo XIX está marcada por la obra de von Mohl (1799-1875), que establece la diferencia entre Derecho, Constitución y Administración. Un paso decisivo lo da Lorenz von Stein (1815-1890) con su monumental *Verwaltungslehere* que intenta reducir el caos cameralista a sistema[32]. Es posible porque existe una idea de la Administración, que da unidad a la actividad del Estado. La Administración es la medida de la fuerza y de la acción del Estado. Es la Constitución en su realización dinámica; la Administración como "Constitución en acción".[33]

Merece la pena detenerse brevemente en el planteamiento de von Stein por la significación de su intento y la deriva que va a tener el estudio de la Administración. En él la consideración jurídica de la Administración, lo que hoy se llama Derecho administrativo, no es algo independiente de la Ciencia de la Administración: ésta es una ciencia unitaria que tiene por objeto la Administración globalmente considerada, no exclusivamente desde un punto de vista formal. Siguiendo la línea cameralista se fija en la actividad real del Estado, que se encuentra condicionada por una serie de datos económicos, históricos y sociológicos sin los cuales no se explica.

La profecía sobre el papel integrador de la Ciencia de la Administración resultó fallida en el tiempo. Lo que se impondrá será una consideración dominante de la aproximación jurídica a la Administración, la preocupación por el sometimiento de la Administración al Derecho, característico del Estado de Derecho, el *Rechstaat,* que liderará la figura de Otto Mayer. En los casos en los que se conserva el nombre de Ciencia de la Administración, como ha sucedido en España o Italia, se la ha concebido como "el pariente pobre del Derecho administrativo", una especie de cajón de sastre en el que se recogerían los desechos del estudio de la Administración, lo que no es susceptible de estudio jurídico, incluso cuando éste se ocupa de la organización.

---

[31]  Traducción al español desde el francés de Puig y Gelabert *Elementos generales de la Policía* (1784). Sobre la cuestión *cfr.* A. Gallego Anabitarte, *Formación y enseñanza del Derecho Público en España (1769-2000)*, pp. 76-85.

[32]  Una corriente mayoritaria considera a la Ciencia de la Policía como antecedente de la Ciencia de la Administración. En ese sentido, M. Baena del Alcázar, *Los estudios sobre la Administración en la España del siglo XVIII*, Instituto de Estudios Políticos, Madrid, 1968

[33]  *Cfr.* Harmut Maurer, *Derecho administrativo,* trad. española, Marcial Pons, Madrid, 2011.

Será preciso llegar al siglo XX para que se lance la idea de la "vuelta a von Stein (Smend, Forsthoff), de alguna manera similar a la "vuelta a Colmeiro" patrocinada en España por Jordana de Pozas en los años 40 del pasado siglo. Ese movimiento defiende, en definitiva, la consideración, junto al Derecho, de lo existente por debajo de las formas jurídicas, es decir, la realidad económica, sociológica que las normas jurídicas pretenden vaciar, la perspectiva histórica que evidencie su origen y evolución para lograr, en consecuencia, un criterio para determinar si es oportuno o inoportuno su mantenimiento.

El itinerario en los EEUU no es coincidente. Los cambios sociales que se operan a finales del siglo XIX y comienzos del XX influyen en la actividad y estructura del Estado. El aparato estatal aumenta, se complica, no puede manejarse de un modo propio de aficionados y de personas que cambian al compás de los vaivenes políticos, de acuerdo con el *spoil's system*. Además de ineficiencia, el turnismo político facilita la corrupción. Los primeros estudios no proceden de juristas, sino de especialistas en ciencias políticas. Un referente paradigmático es el artículo publicado en 1887 por Woodrow Wilson, más tarde Presidente, con el título "The Study of Administration". Su lema es "Public Administration out Politics".

Los estudios sobre la Administración pública están presididos por una idea de reforma. Se trata de hacer más efectiva la responsabilidad del Ejecutivo por su actividad de gobierno, de hacer más neutrales y más competentes a los funcionarios, de conseguir que la actuación administrativa se acerque al nivel de eficiencia de la empresa privada, de acuerdo con el protagonismo característico de la sociedad en ese país.

En todo caso, conviene retener que en los EEUU los estudios sobre la Administración Pública no corresponden al Derecho administrativo, sino a los cultivadores de la ciencia política. Aquel tiene una declarada orientación *garantista*: cuáles son los poderes de las agencias administrativas y sus límites; con qué medios se cuenta para mantenerlas dentro de sus límites.[34]

### 2. *Identificación entre gobierno y administración*

La diferenciación entre gobierno y administración queda difuminada durante el constitucionalismo basado en la separación de poderes, abanderada por los revolucionarios en Francia. La Administración queda embebida en el Poder ejecutivo y en la Europa post napoleónica, en virtud del principio monárquico, que supuso una transacción entre los principios revolucionarios y las Monarquías: el Rey como cabeza del Ejecutivo participará en el poder legislativo.

No hay en el plano científico una separación entre gobierno y administración, de lo que son muestra los pioneros del Derecho administrativo en España[35]. En Gómez de la Serna (1843) no se realiza esa distinción. La ejecución de las leyes se lleva acabo por dos medios: "uno es el de la acción y otro el de la decisión; esto hace que

---

[34]    *Cfr.* Schwartz, B. *Administrative Law,* Little, Brown and Company, Boston-Toronto, p. 3.

[35]    *Cfr.* Meilán Gil, J L, *Lectura de clásicos de Derecho administrativo.* Andavira, Santiago de Compostela, 2012, pp. 144 y 205, respectivamente.

el Poder Ejecutivo se ha dividido en Poder Administrativo o Ejecutivo y en Poder Judicial". Para Colmeiro (1876): "Administrar significa gobernar, en cuanto gobernación equivale al ejercicio del Poder ejecutivo".

Esos pioneros hablan de la ciencia administrativa al referirse a la Administración. En Javier de Burgos, la Administración, que acompaña al hombre antes de nacer y durante toda su vida hasta después de la muerte, es "más ciencia que Derecho" es "la más vasta y la más útil de las ciencias morales"[36]. Para Ortiz de Zúñiga, la economía política preparó el camino para el descubrimiento de la ciencia más importante aún conocida con el nombre de Administración. La ciencia de la administración sería la necesidad de las naciones modernas[37]. Posada Herrera hablará de que todo lo que tienda a destruir el principio de la sociedad y detener su progreso "será contrario a las reglas de la *buena administración*"[38] Los planes de estudio de las Universidades en el siglo XIX, reflejan la vinculación de la Administración a otras disciplinas académicas[39].

### 3. Diferenciación entre buen gobierno y buena administración[40]

Más que una separación orgánica entre Gobierno y Administración, tanto en la doctrina científica como en la legalidad constitucional, se ha ido abriendo paso una distinción funcional entre gobierno y administración.

En ese sentido, Posada Herrera (1842): "Las funciones del Gobierno son de una esfera más elevada que las de la Administración, son las que están atribuidas constitucionalmente al Poder real; la Administración tiene funciones que aunque menos importantes, no son menos provechosas al bienestar y felicidad del país".[41]

Según Otto Mayer, "para toda actividad que no sea ni justicia, ni legislación se introduce la palabra administración, no para remplazar al vocablo Gobierno (*Regierung*), sino para designar una nueva rama de la actividad, la cual desprendiéndose también del gobierno se ubica al lado de la justicia"[42].

---

[36]     *Cfr.* J. L. Meilán Gil, *Lecturas* 101-106. "Hacer bien es la incumbencia esencial, la suma de todas las atribuciones de la Administración", dice su Instrucción de 1833 a los Subdelegados de Fomento, *cit.* por A. Sánchez Blanco, "El derecho a una buena administración. Control de desviaciones" en *Derechos y garantías de l ciudadano. Estudios en homenaje al profesor Alfonso López Moreno,* Coord. F. López Menudo, Iustel, Madrid, 2011.

[37]     Para Gallego Anabitarte, refuerza su tesis de que empalma con el tradicional mando político, el económico y gubernativo *Formación...* p. 166.

[38]     *Lecciones de Administración*, ed. de 1978, p. 52, sin un significado específico de la expresión.

[39]     *Cfr.* J. L. Meilán Gil, *Los planes universitarios de enseñanza en la España contemporánea,* ENAP, Madrid, 1970. En el plan de 1850, por ejemplo, la sección de Administración era una de las cuatro que constituían la Facultad de Filosofía. En la ley Moyano forma ya parte de la Facultad de Derecho.

[40]     No se hará referencia al término *gobernanza* reiteradamente utilizado en la actualidad. Sobre ello *cfr.* J. L. Meilán Gil, *Aproximación al Derecho administrativo Global,* Editorial Derecho Global, Sevilla, 2011.

[41]     J. L. Meilán Gil, *Lecturas...* p. 161.

[42]     *Cfr. Le droit administratif allemand,* París, 1903. Para su comprensión es preciso tener en cuenta su concepción del acto administrativo como ejecución o aplicación de la ley de un modo paralelo

El gobierno consistiría en "la alta dirección, el impulso que parte del centro para hacer marchar los asuntos en el sentido de una buena política y el interés general".

En una línea equivalente se pronuncia Hauriou. La función administrativa consiste esencialmente "à faire les affaires courants du public" y la función de gobierno "à résoudre les affairs exceptionelles", que interesan a la unidad política y a velar por los "grands intérêts nationaux"[43]. La diferenciación no está explícitamente formulada, por ejemplo, en los EEUU. La CE, en cambio, como se recordó anteriormente, ofrece base para la distinción.

El anterior recorrido permite distinguir en la actualidad entre buen gobierno y buena administración. El buen gobierno es el que mejor responde a las aspiraciones de la sociedad. La prueba decisiva en un sistema democrático viene manifestada por el apoyo o respaldo que tenga en los electores. El juicio jurídico es inapropiado.

Se trata de opciones de carácter político, vinculadas a posiciones o concepciones ideológicas que responden al pluralismo inherente al sistema democrático. Se concretan en políticas públicas, que pueden ser objeto de análisis por los cultivadores de la ciencia política, por politólogos; no desde la ciencia jurídica, hecha la salvedad de comprobar el respeto a la Constitución. Desde aquel punto de vista pueden ser examinadas y propuestas las reformas en materia económica, de salud, de educación, de medio ambiente y tantos otros capítulos de la acción del Estado.

La buena administración tiene un ámbito acotado por esas políticas públicas, con el sometimiento pleno a la ley y al Derecho. En ese sentido podría sostenerse que toda reforma administrativa que tiende a hacer realidad el paradigma de la buena administración, ha de insertarse en el ordenamiento jurídico, desde el que puede razonarse la idoneidad de la organización, de las formas de actuación y la regulación del régimen de los agentes para la realización de las políticas públicas, sin que exista una mezcla inapropiada de aproximaciones científicas diferentes.

Adoptado, por ejemplo, el protagonismo del mercado en actividades que previamente eran de titularidad pública, aunque fueran gestionadas por particulares, y aceptada la creación de agencias reguladoras, un juicio sobre la buena administración no consiste tanto en valorar la orientación que presidió aquella decisión política cuanto en analizar si la organización administrativa levantada responde adecuadamente a la finalidad perseguida por la decisión política.

En ese sentido la función de las referidas Agencias tiene que ver con la singularidad de los sectores liberalizados, en algunos casos de gran complejidad técnica, como sucede en el de las telecomunicaciones o el energético. Esa circunstancia requiere una especialización en aras de que puedan cumplirse de un modo satisfactorio los fines señalados a las Agencias, que no se pueden lograr con una unificación de entidades, acordada desde una indiscriminada reducción del gasto público. La mala administración resultante proviene de una decisión equivocada, de un mal gobierno.

---

a la sentencia. *Cfr.* J. L. Meilán Gil, *Categorías jurídicas en el Derecho administrativo*, Iustel, Madrid, 2011.

43    *Cfr.* M. Hauriou, *Précis élémentaire de Droit administratif*, 5ª ed., puesta al día por André Hauriou, p. 11.

Apurando el ejemplo, existe consenso en que las agencias reguladoras tengan la necesaria independencia. Esa nota se extiende a lo que con diferentes finalidades puede llamarse Administración instrumental, entes instrumentales, cuyo análisis excede el propósito actual.[44] No resulta excesivo sostener que la razón de esa independencia radica en la necesidad de un distanciamiento del Gobierno en materias que, por una u otra razón, se considera que rebasan el ejercicio ordinario del poder gubernamental. Se trata de conseguir una "neutralización" del Gobierno, cualquiera que sea su coloración política, en determinados sectores: protección de datos personales, energía nuclear, radio y televisión públicas, Banco central, entre otros.

A veces, esa independencia no es una elección libremente adoptada por un Estado miembro de la Unión Europea, sino obligada o sugerida por ésta. Es el caso reciente, en el marco de las medidas requeridas para cumplir con el objetivo marcado de reducción del déficit público, la creación de una Unidad independiente con la finalidad de que siga o vigile el cumplimiento de los objetivos comprometidos por las Administraciones Públicas en cuanto a endeudamiento.

Una sentencia del Tribunal de Justicia de la Comunidad Europea de 16 de octubre de 2012 declaró que no era conforme con el derecho comunitario la Comisión austriaca de protección de datos personales por no cumplir con la obligación de actuar con la completa independencia que se exige a la autoridad para el control en materia de datos personales, porque su administrador es un funcionario federal sometido a supervisión jerárquica y la secretaría está integrada en la Cancillería federal.

## III. LA BUENA ADMINISTRACIÓN

### 1. *Administración pública y administración privada: excurso*

La Administración Pública, se ha adelantado, tiene como finalidad, como misión podría decirse, servir con eficacia los intereses generales. Desde esta función han de considerarse reformas que tiendan a mejorarla al servicio, en definitiva, de los ciudadanos. Es lo que distingue de las empresas privadas. Es prudente, por ello, alertar de afirmaciones que pueden resultar equívocas por su ambivalencia, en el sentido de que toda agregación social precisa una cierta administración.

El adjetivo público es determinante para entender de qué se habla. El modelo de la Administración pública no ha de buscarse en el sector privado, aunque algunas de sus técnicas puedan ser aprovechadas. Como se ha dicho con autoridad (Wolff)[45], la Administración pública, como la Administración privada es cuidado de asuntos, de negocios (*Geschäft*), pero la expresión es equívoca, porque la esencia de aquella no viene determinada por la consecución de ganancias. Aun cuando no se excluyan, su actividad es función (Amt) y no negocio *(Geschäft)*. Es el fin lo que diferencia unas y otras administraciones.

---

[44]     Cfr. J. L. Meilán Gil, *La Administración Pública en perspectiva,* Universidade da Coruña, 1996, pp. 511 y ss.

[45]     *Verwaltungsrecht,* 5ª ed. Munich y Berlin, 1963, p. 12.

La eficiencia no se mide por los mismos parámetros en la Administración pública y en la empresa privada. Eso no es óbice para que estudios y prácticas experimentadas en el sector privado puedan ser adaptados a la Administración Pública; pero el criterio de evaluación es obviamente diferente en uno y otro caso. El rendimiento de la eficiencia, la productividad, la organización racional del trabajo se mide en función de las peculiares misiones de una y otra, sin necesidad de identificarlas. En el fondo, puede existir un cierto posicionamiento ideológico, en el que no es necesario insistir, o un planteamiento táctico para hacer más viable la introducción de reformas. No es infrecuente que, frente a una impresión negativa del funcionamiento de la Administración pública, explicable por la conciencia que los ciudadanos tienen de sus derechos, se presente la eficiencia de la empresa privada.

## 2. La "buena administración", como principio jurídico

La buena administración ha sido – y es– utilizada por la doctrina científica, por los tribunales y por la legislación como principio jurídico. En ese sentido las normas de buena administración "deben dirigir toda la de la Administración Pública", en palabras de García Trevijano, que "no son iguales a la moderna ciencia de la administración.[46] Como "principio rector que impone un mandato de optimización" la califica Tornos Mas, "un nuevo instrumento dentro del proceso de continua perfección de los mecanismos de protección del ciudadano frente al poder público".[47]

En ocasiones se emplea para calificar como contrario a ella el comportamiento de la Administración, declarado judicialmente por no ser conforme a Derecho. Así se comprueba en un celebrado trabajo del profesor García de Enterría sobre "la interdicción de la arbitrariedad en la potestad reglamentaria" del año 1959, a propósito de una sentencia del Tribunal Supremo, principio que fue incorporado al artículo 9,3 de la Constitución[48]. Se hablaba del "deber de buena administración" (arbitrium boni administrationis). En análoga dirección me pronuncié a propósito de una sentencia del Tribunal Supremo que anuló la aprobación de un plan urbanístico utilizando el procedimiento de urgencia que restringe los elementos de defensa de los afectados: en "la exigencia del procedimiento ordinario – el procedimiento debido– frente al que habilita la urgencia hay algo más que una picajosidad. No solo se trata de que no disminuyan las garantías del ciudadano, sino también que se asegure la buena administración".[49]

En la doctrina científica se ha intentado también deducir el principio o deber de buena administración del artículo 103 de la Constitución que al hablar de objetividad y eficacia supondría su consagración implícita como marco de la actuación de la Administración[50].

---

[46]     Citado por J. Ponce Solé, Deber... p. 152

[47]     Cfr. "El principio…pp. 830 y 841.

[48]     Fue publicado en el N° 30 de la RAP, superando la inercia de la no revisión judicial de los reglamentos.

[49]     J.L. Meilán Gil, "La dimensión temporal de la Ordenación urbanística", Revista de Derecho urbanístico y Medio ambiente, N° 145, 1995, p. 933.

[50]     En ese sentido, M. Bassols Coma, cit. por J. Ponce Solé Deber...p. 154 que se adhiere a esa tesis.

Existen textos legislativos que se refieren explícitamente a la buena administración. Suelen citarse la Exposición de Motivos de la LJCA de 1956 en la que intervinieron ilustres profesores, Ballbé y González Pérez fundamentalmente: "las infracciones administrativas se muestran realmente no tan sólo como una lesión de las situaciones de los administrados, sino como entorpecimiento a la buena y recta administración".

El artículo 25,1 del Texto refundido de la Ley de contratos del sector público (Real Decreto legislativo 3/2011) dice que "podrán incluirse cualesquiera pactos, cláusulas y condiciones, siempre que no sean contrarios al interés público, al ordenamiento jurídico y a los principios de buena administración". En el mismo sentido el artículo 111,1 de la ley 33/2003 de 3 de noviembre de patrimonio de las Administraciones Públicas.

La Exposición de Motivos de la Ley 7/2007 de 12 de abril sobre el Estatuto básico del empleado público proclama que "las Administraciones y entidades públicas de todo tipo deben contar con los factores organizativos que permitan satisfacer el derecho de los ciudadanos a una buena administración, que se va consolidando en el espacio europeo".

En la jurisprudencia aparece esporádicamente la referencia a la buena administración como criterios o principios, a veces con alusión a la moderna doctrina científica,[51] junto con otros, como el de proporcionalidad.

### 3. La "buena administración" como derecho fundamental

La expresión "buena administración" ha dejado de ser una aspiración meramente programática e incluso un principio jurídico[52] para convertirse en un derecho fundamental, en el caso del artículo 41 de la Carta de derechos fundamentales de la Unión Europea, proclamada por el Consejo Europeo de Niza de 8/10 de diciembre de 2000[53].

En síntesis, consiste en que toda persona tiene derecho a que las instituciones, organismos y órganos de la UE "traten sus asuntos imparcial y equitativamente y dentro de un plazo razonable". Esta expresión permite un entendimiento no necesariamente ligado al sentido garantista que domina, sin embargo, en la concreción que de ese enunciado general se realiza en los apartados siguientes del artículo: derecho de toda persona a ser oída antes de que se adopte una medida individual que le afecte desfavorablemente, a acceder al expediente que le concierna, obligación de la Administración a motivar sus decisiones, posible reparación de daños.

---

[51]  *Cfr.* J. Ponce Solé, *Deber...* pp. 150-152.

[52]  Para Tornos, *op. cit.* p. 833 "la *buena administración* debe concebirse no tanto como un nuevo derecho de los ciudadanos, sino como un principio rector de la actuación de las administraciones públicas".

[53]  Sobre los precedentes de diferentes ordenamientos nacionales *cfr.* B. Tomás Mallén, *El derecho fundamental...* pp. 104 y ss. Las Constituciones de Portugal y Finlandia se refieren expresamente a la buena administración. En otros países, como sucede en el ordenamiento español, se reconoce elementos que integran el contenido del nuevo derecho fundamental: motivación, audiencia, plazo razonable para decidir...En ese sentido la Convención europea de derechos humanos puede considerarse como un precedente.

Se ha planteado la cuestión de elucidar en qué medida ese derecho fundamental obliga a los Estados miembros a la vista del artículo 51 de la misma Carta, según el cual sus disposiciones "están dirigidas a las instituciones, órganos y organismos de la Unión, respetando el principio de subsidiariedad, así como a los Estados miembros únicamente cando apliquen el Derecho de la Unión. Por consiguiente, éstos respetarán los derechos, observarán los principios y promoverán su aplicación, con arreglo a sus respectivas competencias".

Una primera interpretación consistiría en entender que el derecho fundamental de la Carta se refiere a actuaciones de los entes de la Unión Europea. En ese sentido podría esgrimirse una STJ (Sala Quinta) de 7 de noviembre de 2013 que entiende que no procede la petición de decisión prejudicial planteada por un tribunal italiano por haber sido formulada con un improcedente carácter consultivo y "cuando el Derecho nacional prevé ya la aplicación" en ese caso de la obligación de motivar el acto. El defecto formal de la petición parece cubrir la decisión del Tribunal. La remisión al Derecho del Estado miembro no es obstáculo, en mi opinión, sino todo lo contrario a que el supuesto ya previsto en el Derecho positivo del Estado miembro sea elevado a la categoría de derecho fundamental.

Después de la nueva redacción del artículo 6 del Tratado de la Unión acordado en Lisboa el 13 de diciembre de 2007 por la que la Carta de los Derechos Fundamentales de la Unión Europea "tendrá el mismo valor jurídico de los Tratados", puede entenderse despejada la duda expresada anteriormente. Al menos queda abierta la aceptación de la tesis sostenida[54]. La interpretación de la Carta se hace a la luz del CEDH y en ese sentido el artículo ahora citado dice que los derechos que garantiza el CEDH y los que son fruto de tradiciones constitucionales comunes de los Estados miembros formarán parte del Derecho de la Unión como principios generales; no solo se respetarán los derechos fundamentales tal y como se garantizan en el CEDH. Desde esta perspectiva habrá que interpretar el citado apartado 1 del artículo 51 de la Carta de derechos fundamentales de la UE en cuanto a la aplicación, así como el apartado 2 del mismo artículo relativo a su ejercicio en las condiciones y dentro de los límites determinados por los Tratados. El contenido del artículo 41 de la Carta de derechos fundamentales de la UE no está contradicho con los preceptos homólogos del Derecho español y, por eso puede defenderse su aplicación directa[55].

---

[54]     *Cfr.* Conclusiones del Abogado General en C-617/10 sobre su discusión teórica conectada con la constitucionalización del Derecho comunitario o Verfassungverbund. A. López Pina, "Hacia la constitucionalización del Derecho europeo", *Libro homenaje a Don Luis Díez-Picazo.*

[55]     En caso de contradicción no se está obligado a ello. *Cfr.* STJCE de 24 abril de 2012 en C-571/10. Ha de notarse que se refiere a derechos de carácter prestacional como sucede con los artículos 34 y 35 relativos, respectivamente, a seguridad social y ayuda social, protección de la salud "según el Derecho de la Unión y la legislación y prácticas nacionales" y otros incluidos bajo el epígrafe de Solidaridad. En el caso citado había contraposición entre la Directiva 2003/109 y el Derecho de un Estado miembro en relación con nacionales de terceros países residentes de larga duración.

En el fondo se encuentra la cuestión de distinguir con claridad y precisión jurídica los derechos fundamentales de los derechos que conllevan prestaciones sociales evaluables económica y presupuestariamente, aunque ambos estén reconocidos constitucionalmente, que de algún modo equivaldrían a los derechos humanos de la Declaración universal, positivizados en sendos pactos de 16 de diciembre de 1966: el Internacional de Derechos Civiles y Políticos y el de Derechos Económicos, Sociales y Culturales, que han dado pie a que se hable de derechos de varias gene-

El derecho a la buena administración se incorpora, como Estado miembro de la UE, al ordenamiento jurídico español que específicamente incorpora los derechos fundamentales a la Constitución y que se refuerza en su artículo 10.2 que dispone que las normas relativas a los derechos fundamentales "se interpretarán de conformidad con...los tratados y acuerdos internacionales sobre las mismas materias ratificados por España".

El avance es de una extraordinaria importancia. No es necesario insistir en la naturaleza y significación jurídica de esa institución. No solo son derechos subjetivos, sino que vinculan, en tanto Derecho objetivo, a todos los poderes del Estado como se reconoce en el artículo primero de la Ley fundamental de Bonn y en el 53 de la Constitución española.

El contenido descrito constituiría el núcleo fundamental del derecho del mismo nombre a la buena administración, que se sitúa en un nivel constitucional. Viene a otorgar ese rango a algunos de los supuestos contenidos en el derecho a la buena administración que eran ya reconocidos por el ordenamiento jurídico español. En ese sentido, por ejemplo, la motivación se enlaza con la caracterización del Estado como democrático de Derecho.

Alcanzaría también a reglamentos y disposiciones generales, tradicionalmente consideradas como campo propio de la discrecionalidad e incluso exentas de control jurisdiccional en algunas etapas del ordenamiento jurídico.

No existe un modelo único de buena administración, pero al menos el derecho fundamental indica que existe algo que es sustancial, que puede ser común a todas las Administraciones. La regulación de ese derecho fundamental es deudora de una arraigada concepción del Derecho administrativo, construido sobre la óptica del control de la Administración Pública, en garantía de los derechos de los ciudadanos, cuya relevancia es innecesario subrayar. Pero, incluso desde esa perspectiva, la consideración como fundamental del derecho a la buena administración permite avanzar en el aseguramiento de su realización.

La consideración de la Administración pública como servidora de los intereses generales conduce a dejar de considerarla como el "personaje poderoso que desciende del Olimpo" en frase de Hauriou[56], enjoyada de privilegios, como todavía se lee en leyes y libros científicos. La motivación como contenido del derecho fundamental a la "buena administración" deja de ser un mero elemento del acto. Resolver en un plazo razonable adquiere mayor fuerza jurídica desde su reconocimiento como derecho fundamental y obliga a un comportamiento diligente de la Administración. Con expresivas palabras se ha dicho en sede judicial que el silencio de la Administración "no es una autorización para no resolver cuando le venga en gana"[57]

En materia de silencio no basta que el remedio del incumplimiento sea la obligación de dictar un acto expreso, aunque sea confirmatorio del otorgamiento del derecho; existe una responsabilidad que merece la correspondiente sanción.

---

raciones. *Cfr.* J. L. Meilán Gil, *Una aproximación al Derecho administrativo global,* Gloval Law Press, Sevilla, 2011, pp. 33 y ss. Su análisis queda al margen del presente trabajo.

[56] *Cfr.* Précis...p. 3

[57] STS. de 17 de abril de 1990, ponente el profesor F. González Navarro.

La consideración de la "buena administración" como derecho fundamental tiene consecuencias jurídico-procesales propias. El artículo 53,2 de la CE dispone que cualquier ciudadano podrá recabar la tutela ante los Tribunales ordinarios por un procedimiento basado en los principios de preferencia y sumariedad y, en su caso, a través del recurso de amparo ante el Tribunal constitucional. Aquel procedimiento se regula en el título V de la LJCA, cuyo análisis no es del caso realizar ahora. La motivación del acto deja de ser un mero elemento de éste para constituirse en un derecho fundamental conectado con el también fundamental a la tutela judicial efectiva. Lo mismo sucede en el caso de la no resolución, "indebida dilación", especialmente importante en materia de silencio positivo, de modo que no corran los plazos para la interposición del recurso en tanto no se dicte la obligada resolución expresa, al menos cuando se trate de una relación bilateral entre el ciudadano y la Administración. Por qué el ciudadano que entiende que el silencio de la Administración es positivo tendría que interponer el recurso en el mismo plazo que en el caso del silencio negativo. Este se ha configurado tradicionalmente en favor del interesado, el no titular del derecho reconocido. Lo contrario que sucede en el caso del silencio positivo. En ese sentido habría que considerar la posibilidad de un recurso autónomo y directo contra ese amplio "silencio" de la Administración, si perdurase más allá del plazo de seis meses previsto en el artículo 46 de la LJCA o, incluso sustituir ese plazo legal que merma la defensa de los afectados por el silencio al privar de la motivación de la Administración, que también forma parte del contenido del derecho fundamental a la buena administración. En todo caso una razón más para reflexionar sobre la tradicional regulación del "silencio administrativo"[58].

Como derecho fundamental puede ser recurrido también ante el Tribunal Europeo de derechos humanos, en relación con el artículo 6 del Convenio Europeo del mismo nombre que se refiere al "derecho a un proceso equitativo", que concuerda con el citado 41 de la Carta Europea en cuanto al fondo, aunque éste se refiere a entes administrativos y no a tribunales[59]. El Tribunal de Luxemburgo se ha pronunciado sobre esta cuestión en numerosas sentencias[60]. Aunque el citado artículo habla de litigios sobre derechos y obligaciones de carácter civil o sobre el fundamento de acusaciones en materia penal también ha actuado sobre decisiones de órganos jurisdiccionales administrativos, sobre actos de autoridades administrativas, por falta de independencia del órgano juzgador[61] o, con mayor frecuencia, por superación del "plazo razonable" para decidir[62] o porque una decisión insuficientemente motivada puede llevar a una violación de la libertad de expresión[63]

---

[58]    Cfr. J.L. Meilán Gil, "Sobre la revisión del carácter instrumental del acto administrativo", *Revista Andaluza de Administración Pública*, 84, 2012.

[59]    *Vid.* supra la relación de la Carta y del CEDH.

[60]    De fácil comprobación, de las cuales se contiene referencias en V. Berger, *Jurisprudence de la Cour Europeen des droîts de l'homme*, 8ª ed., Sirey, París, 2002, pp. 149-332. También en B. Tomás Mallén, *El derecho*...pp. 265-270.

[61]    Cfr. STEDH, caso *Srameck v. Austria* (1984), falta de independencia que no inspira la confianza que debe exigirse en una sociedad democrática.

[62]    STEDH, caso *Erkner y Hofaver v Austria* (1987), superación de plazo razonable; STEDH de 21 de abril de 2009, caso *Kurty Firat v. Turquía*; STEDH de 21 de julio de 2009, caso *Leon y Ag-*

También el Tribunal de Justicia de las Comunidades, como es comprensible, ha resuelto asuntos en los que se hace referencia a la "buena administración", en estos precisos términos, o a alguno de los supuestos en que se concreta según el citado artículo 41 de la Carta de derechos fundamentales de la UE[64]. En ese sentido, por ejemplo, en una STJCE de 12 de junio de 2005 asunto Comisión/CEUA Santé Animal sobre uso de la progesterona, aunque no se estima el recurso, se afirma que la inactividad de la Comisión entre el 1 de enero de 2000 y 25 de julio de 2001 no constituye una violación manifiesta y grave del "principio de buena administración", como se pretendía, que genera responsabilidad de la Comunidad.

La STJCE 2007/730 de 27 de noviembre, asunto *Athanasios Pitsionas/BCE* relativo al acceso de los ciudadanos a los documentos puede servir de ejemplo de cómo juegan los distintos elementos de la "buena administración" en la jurisprudencia comunitaria. Se apela a ella con el recordatorio de la Sentencia del Tribunal de primera instancia de 20 de marzo de 2002, asunto *ABB A Brown Boveri/ Comisión*, T-31/99. Se alude al alcance de la motivación como muestra de la buena administración en STJCE de 6 de marzo de 2003 asunto *Interpor/ Comisión*, C-41/2000, con cita de otras. De paso, se recuerda que el principio de confianza legítima en la Administración, exige "concebir esperanzas fundadas" en la actuación de la Administración.

No siempre la "buena administración" aparece expresamente citada en la jurisprudencia, como ha quedado puesto de manifiesto, incluso en la del TJCE. No se alude a ella directamente como derecho fundamental, sino como principio de buena administración. Existe una inercia que todavía no se ha vencido, lo que también se comprueba en la jurisprudencia del Tribunal Supremo. Ha de descubrirse al amparo del derecho fundamental a la tutela judicial efectiva expresamente reconocido en el artículo 24 de la CE que garantiza, entre otras cosas, "un proceso sin dilaciones indebidas", o relacionada con el principio de la buena fe reconocido en el artículo 3 de la ley 30/1992 sobre régimen jurídico de las Administraciones Publicas y Procedimiento administrativo común o como falta de la motivación debida en relación con el principio constitucional de interdicción de la arbitrariedad.

Una STS de 16 de diciembre de 2010 (2010/ 9413) recuerda que una notificación correctamente practicada en el plano formal no siempre supone que se alcance la finalidad que le es propia. En esa línea la STS de 26 de noviembre de 2012 (2013/416) declara que antes de acudir a la notificación edictal o por comparecencia la Administración debe intentar la notificación en el domicilio idóneo, porque éste

---

*nieszka Kania* v. Polonia, paralización de medidas contaminantes; STEDH de 12 de mayo de 2009, caso *Zetal v Polonia,* orden de derribo.

El "plazo razonable" para decidir es "según las circunstancias y criterios consagrados por la jurisprudencia" STEDH 3097/96 caso *Frigdlender v. Francia.* Se vulnera cuando un tribunal administrativo de Atenas decide en 27 de octubre de 2008 un asunto iniciado en 20 de junio de 1990. STEDH de 18 de abril de 2013, caso *Fergadioti-Rizaki v. Grecia.*

63      STEDH de 17 de octubre 2001 caso *Association Ekin v. Francia*; STEDH de 27 de junio de 2006, caso Saygill y Seyman v. Turquía; STEDH de 20 de octubre de 2009, caso *Lombardi Vallauri v. Italia*; STEDH de 21 de marzo de 2010, caso *Grosaru v. Rumanía.*

64      Sobre la jurisprudencia anterior a la Carta de Niza y los primeros años después de ésta *cfr.* B. TOMÁS MALLÉN*El derecho...*pp. 243-264.

conste en el expediente, porque su localización resulta extraordinariamente sencilla normalmente accediendo a oficinas o registros públicos.[65]

Van apareciendo sentencias que expresamente se refieren al artículo 41 de la Carta europea aunque no de forma autónoma sino más bien como una confirmación del fundamento jurídico de la decisión.[66] A título de ejemplo, STS de 2 de diciembre de 2011 (2012/2385) sobre confidencialidad, privacidad y seguridad; STS de 28 de septiembre de 2012 (2012/9507) sobre motivación. Expresiva es la STSJ de Valencia 40/2012 de 16 de enero: "Por añadidura, es evidente que se ha resentido así mismo el principio de celeridad en la actuación administrativa que tiene su formulación más clara en el derecho a una resolución dentro de un plazo razonable como parte integrante del más amplio derecho a una buena administración (artículo 41) en conexión con el artículo 2 de la ley orgánica 1/2008 de 30 de julio por el que se autoriza la ratificación por España del Tratado de Lisboa de 13 de diciembre de 2007".

Ese reconocimiento de la "buena administración" como un derecho fundamental de la persona hace más fácil entender los esfuerzos por que se le reconozca eficacia jurídica[67]. No se trata de una proposición moral, un *plus*, que completara el cumplimiento de la legalidad. Operaría al margen del Derecho; de alguna manera se volvería a una situación histórica superada, de "moralidad administrativa" que todavía se encuentra en Hauriou: un recurso para superar las limitaciones del recurso por exceso de poder, vinculado a la ley, una autolimitación de la Administración para conseguir una razonable buena administración. Esa orientación quedaría reflejada en la explicación de la desviación de poder hoy superada. Bastará con recordar el carácter objetivo de aquella: "el ejercicio de potestades administrativas para fines distintos de los fijados por el ordenamiento jurídico" (artículo 70 LJCA). En todo caso es una cuestión jurídica, con independencia de su apreciación moral.

Sucede que en algún ordenamiento como la Constitución de Brasil de 1988 declara en su artículo 37 que la Administración Pública, en todas sus manifestaciones obedecerá, entre otros principios al de "moralidade". Y el artículo 5, inciso LXXIII reconoce la acción popular que pretenda la anulación actos lesivos a la "moralidade administrativa".

La tesis que aquí se viene defendiendo coincide con solvente doctrina brasileira que ha debido enfrentarse necesariamente con esos preceptos constitucionales. "A moralidade administrativa nao pode ser dissociada da legalidade"[68], del Derecho y no solo de la ley, podría entenderse (artículo 103, 1 CE).

Desde esta perspectiva puede sostenerse la posibilidad de impugnar actos que vulneren principios ínsitos en el interés general.[69]

---

[65]   En el mismo sentido STC 7/2006 de 13 de marzo; 2/2008 de 14 de enero y otras.

[66]   *Cfr.* Las obras citadas de J. Ponce Solé, B. Tomás Mallén, Tornos Más.

[67]   En ese sentido, J. Ponce Solé, *Deber de ...*.

[68]   *Cfr.* Márcio Cammarosano, *O principio constitucional da moralidade e ó exercicio da funçao administrativa, Prefácio* de Celso Antonio Bandeira De Mello, Forum, Belo Horizonte, 2006, p. 102, con referencias a su maestro y Juárez Freitas entre otros.

[69]   *Cfr.* Odete Medaur, *Direito administrativo moderno,* 13ª ed. Editora Revista dos Tribunais, Sao Paulo, 2009, pp. 129-130. El principio de moralidade administrativa é de difícil expressao verbal. Es preciso relacionarlo con el contexto. La compra de vehículos oficiales puede ser legal,

Desde una perspectiva jurídica se ha planteado la cuestión en el análisis de la potestad discrecional tal como se ha considerado tradicionalmente, de la que he discrepado de modo reiterado, entendida como la libertad de elección por la Administración de una entre varias soluciones "igualmente justas".

Desde el punto de vista del interés general, al que la Administración pública debe servir por imperativo constitucional, sólo existe una. Con razón en la jurisprudencia se ha preguntado "si en un Estado de Derecho puede admitirse la existencia *a priori* de algo indiferente jurídicamente"[70]. Aceptando aquel punto de vista se ha sostenido que el empleo de criterios extrajurídicos para determinar lo que es de interés general es "une condition de bonne administration pour le pouvoir éxecutif[71]. No interesa ahora desarrollar esa posición; bastará subrayar el esfuerzo por la consideración jurídica de la "buena administración" para el eventual control judicial, que no ha de limitarse a impedir la arbitrariedad. Quizá no sea necesario acudir al par conceptual potestad reglada-potestad discrecional. La potestad se encuentra vinculada al fin que la justifica, en el cómo, el cuándo, el cuánto. La Administración no es neutral o indiferente al interés general que la ley o el gobierno ha concretado y que ha de servir.

No se trata de que el juez substituya a la Administración, ni que ésta tenga la libertad de quien determina las políticas públicas, sino de pronunciarse en Derecho a partir de lo que conste en los autos del proceso para decidir en cada caso concreto lo que es justo, no lo que es políticamente más conveniente, para la realización del interés general. No faltan ejemplos de lo que podría dominarse la tutela del servicio al interés general[72]: en materia de urbanismo, de transportes, instalación de farmacias (*"lo decisivo es que la nueva instalación suponga un mejor servicio a un núcleo de población con independencia de las características, físicas o materiales sobre las que se asienta la población)[73],* justificación o motivación de la creación de una empresa pública, servicios esenciales y derecho de huelga, oferta económicamente más ventajosa en los contratos, opción más recomendable para la ocupación de terrenos para carreteras en materia de expropiación forzosa...

---

pero resulta "inmoral" en una etapa de crisis económica. Entiendo que puede subsumirse en un principio general y en todo caso con el sometimiento de la potestad al fin que la justifica (artículo 106,1 CE)

[70] STS de 13 de junio de 2000 *apud* J. L. Meilán Gil, *La estructura de los contratos públicos,* Iustel, 2008, pp. 231-232 donde se expone la diferencia entre potestad discrecional y concepto jurídico indeterminado como expresiones de un proceso volitivo y de conocimiento, respectivamente. Sobre el llamado "neutralismo" de la Administración ha escrito luminosas páginas F. López Menudo, *La vieja cláusula "sin perjuicio de tercero" y la Administración del porvenir*, Comares, Granada, 2013, pp. 58 y ss.

[71] Cfr. J. Ponce Sole, *Deber...* la cita es de G. Isaac, *La procédure administrative non contentieuse,* LGDJ, París, 1968, tesis a la que se adhiere: pp. 128-129, 702 y ss. con el condicionamiento de los límites a que está sometida la revisión judicial.

[72] *Cfr.* J. L. Meilán Gil, *Categorías...*pp. 81-82.

[73] *Ibíd.* El asunto, en que intervine profesionalmente, se refería a la instalación de farmacia en un Municipio de Galicia adaptando el concepto de "núcleo de población" a la realidad del asentamiento de la población.

## 4. *La insuficiencia de la perspectiva garantista de la buena administración*

Un gran avance se ha dado para hacer realidad la aspiración social de una buena administración con el refuerzo de los medios jurídicos expuestos. La Administración, en ese sentido, responde a la exigencia constitucional de servir los intereses generales con "objetividad", además de poder ser controlada la actuación por el sometimiento de esta a los fines que la justifican. Pero también se le exige que actúe de acuerdo con el principio de eficacia (artículo 103,1 de la CE). De una manera general se habla también de criterios de eficiencia y economía en la programación y ejecución del gasto público (artículo 31 de la CE). Criterios, que al estar previstos constitucionalmente tienen naturaleza normativa. Inciden en la actuación de la Administración, no solo en la susceptible de control judicial, sino también, por ejemplo y muy significativamente, en los procedimientos utilizados. La actuación puede adecuarse a ellos con toda corrección y, no obstante, puede quedar una razonable insatisfacción de que no se realice una "buena administración". Es el procedimiento seguido el causante de una ineficiencia.

La buena administración, no solo es un actuar, tal como se deduce del artículo 41 de la Carta de derechos fundamentales de la UE; es también estructuras y organización. Una organización administrativa adecuada para la realización de los intereses generales es síntoma de buena administración. De otra parte, una inadecuada configuración de los procedimientos de actuación puede dañar la finalidad garantista de la actuación administrativa. Salvar esos obstáculos pasa por una revisión del Derecho administrativo para que la "buena administración" sea algo más que una laudable aspiración.

La organización de la Administración Pública, salvo la relativa a los elementos fundamentales de la estructura del Estado de acuerdo con la correspondiente configuración constitucional, quedó durante muchos años fuera de la atención científica del Derecho administrativo, condicionado por una concepción estricta del método jurídico. No es del caso extenderse sobre ello y de la recuperación de su estudio dentro del Derecho administrativo, sobre lo que me referí en 1971. Incluso aunque se configure el Derecho administrativo como un sistema de garantías la organización de la Administración Pública no queda marginada. Esa vertiente organizativa puede ser considerada como una garantía para el particular. El acceso a la vía de recurso no es el todo. La razón a destiempo puede ser inútil y, lo que es peor, puede desacreditar la misma institución del recurso. La organización no es sólo una cuestión doméstica de la Administración Pública; trasciende hacia el ámbito propio del particular. La reconocida potestad doméstica de la Administración queda en entredicho en los casos de desviación de poder instados por funcionarios afectados. Y también "una deficiente disposición de las estructuras orgánicas o de los procedimientos dificulta indudablemente la actuación justa del funcionario, en su misión de aplicación de la norma".

En ese sentido llegué a afirmar que, "bajo algún aspecto el Derecho administrativo es un Derecho de organización de la convivencia". Más aún, "la organización se traduce en normas jurídicas que revelan una determinada concepción del Estado"[74].

Contra el desenfoque metodológico de construir el Derecho administrativo desde la óptica del control de la Administración Pública, en la que tanto ha influido la aproximación pretoriana en Francia, me pronuncié tempranamente[75]; ha sido calificado no hace mucho de "estrabismo del Derecho administrativo"[76].

La vinculación, y mucho menos la identificación, de Derecho administrativo y materia contenciosa no corresponde a la realidad. Aquel no se agota en el ámbito de los recursos. La preocupación por la urgencia de lo patológico no debe impedir, podría decirse, la atención a la fisiología. El Derecho administrativo es algo más que un sistema de garantías, por muy importante que éste sea. No puede reducirse a combatir la arbitrariedad, la actuación *ultra vires*. Es cauce para la satisfacción de los intereses generales, que son de los ciudadanos, y justifica la misión servicial de la Administración Pública.

Esta orientación está vigorosamente subrayada en la actualidad por una importante corriente doctrinal[77] y se ha puesto de manifiesto de un modo significativo en relación con el procedimiento administrativo[78]. No es la mera antesala del contencioso, el ámbito de una justicia parcial o provisional, una garantía del particular o, para la Administración pública la ocasión de revisar sus resoluciones al resolver recursos presentados ante ella, en definitiva, el modo de preparar el acto definitivo que pueda ser impugnado ante la jurisdicción contenciosa.

La finalidad del procedimiento no se limita a procurar seguridad jurídica, evitar la arbitrariedad de la Administración, que no es poco. Los ciudadanos aspiran a que el ejercicio de sus derechos y actividades no se entorpezca por la observancia de un procedimiento inadecuadamente formulado. No debe constituir una carrera de obstáculos a salvar; es un medio para hacer realidad la "buena administración", como un deber que enlaza con el derecho al procedimiento administrativo debido.

Desde esa perspectiva ha de contemplarse el nuevo modo de administrar que se sintetiza en el *e-government* o Administración electrónica, en la era de Internet, símbolo de esta sociedad del conocimiento y la información: nuevos modos de notificación, de identificación, de archivo y también procura de la seguridad jurídica, la neutralidad tecnológica, respeto al derecho de protección de datos de carácter personal. Toda una revolución que precisa una cultura democrática de manera que la Administración no se convierta en el nuevo Leviatán y, a veces, ocurre.

---

[74]     *Cfr.* J. L. Meilán Gil. *Prólogo* A. Gallego Anabitarte. *Derecho general de organización,* IEA, Madrid, 1971. A título de ejemplo *cfr.* Giannini, M. S, *Diritto amministrativo,* Milán, Giuffré, 1988 que dedica la parte segunda a la Teoria dell'Organizzazione.

[75]     *Cfr.* J. L. Meilán Gil, *El proceso de la definición del Derecho administrativo,* ENAP, Madrid, 1967.

[76]     S. Cassese, "El estado presente del Derecho administrativo italiano", *RAP,* 183, 2010.

[77]     Cfr. E. Schmidt-Assmann. *La teoría general del Derecho administrativo como sistema.* INAP-Pons, Madrid, 2003.

[78]     *Cfr.* J. Barnés. *La transformación del procedimiento administrativo,* Global Law Press, Sevilla, 2008. Ponce Solé, *Deber de buena administración...* A. Sánchez Blanco, "El derecho ...

A esa preocupación, no meramente garantista, responden los diversos programas de reforma administrativa. Preocupación paradigmática como intento de renovación del "Estado administrativo" anterior a la CE de 1978. A eso obedeció la creación de la Secretaría General Técnica de la Presidencia del Gobierno, cuyo primer titular, el profesor López Rodó impulsó reformas legales sobre procedimiento administrativo, funcionarios – incluida su selección y formación– , organismos autónomos y empresas públicas, generalización de órganos *on line* y *staff*[79]. Para lo que aquí se está tratando convendrá recordar que en la ley de Procedimiento de 17 de julio de 1958 se decía que "la actuación administrativa se desarrollará con arreglo a normas de economía, celeridad y eficacia y se hablaba de tareas de normalización y racionalización (artículo 29) que se desarrollaban en artículos posteriores.[80]

El último intento es el informe CORA (Comisión para la reforma de las Administraciones Públicas, 2013) que se inserta en el conjunto de reformas emprendidas por el Gobierno con ocasión de la crisis financiera y económica. No es del caso analizar su contenido, sino tomar conciencia de lo que se viene sosteniendo. En su preámbulo se manifiesta que "se puede afirmar sin reservas que España tiene una buena administración". Pero se reconoce que "también existen ineficiencias y redundancias competenciales que deben corregirse". Quizá la más relevante novedad proviene de la configuración constitucional del Estado, como Estado compuesto o autonómico. De ahí la relevancia que se da a las duplicidades administrativas, tanto orgánicas como de competencias.

Por supuesto perviven cuestiones tradicionales sobre simplificación administrativa, o Administración institucional, obviamente replanteadas como sucede con la gestión de servicios y medios comunes.

### 5. *Eficacia jurídica de principios programáticos*

Una aplicación de la orientación expuesta del Derecho administrativo es el reconocimiento de la efectiva operatividad de principios que se contienen en leyes con carácter formalmente programáticos. Podría decirse también que supone la integración de principios de la Ciencia de la Administración en el ordenamiento jurídico. Es el caso de eficacia, eficiencia, economía, proporcionalidad, transparencia, accesibilidad, simplicidad, que se erigen en criterios de actuación en diversos sectores[81]. Un ejemplo relativamente reciente valdrá para esta exposición.

La ley 2/2012 de 27 de abril de estabilidad presupuestaria y sostenibilidad financiera, consecuencia de la modificación del artículo 135 de la CE por exigencias de la UE, contiene principios de estabilidad presupuestaria, sostenibilidad financiera, transparencia, eficiencia en la asignación y utilización de los recursos públicos, además de responsabilidad y lealtad constitucional. Obligan a las Administraciones

---

[79]   Cfr. L. López Rodó, *La Administración Pública y las transformaciones socioeconómicas*, EN-AP, Madrid, 1963.

[80]   Cfr. A. Sánchez Blanco, "El derecho ...*cit.*

[81]   En materia medioambiental están consagrados el principio de precaución, la actuación de acuerdo al mejor conocimiento científico posible que recoge la ley 21/2013 de 9 de diciembre de evaluación ambiental.

con efectos jurídicos reconocidos en la ley, no solo porque pautan la actuación de la Administración, sino también por las medidas que pueden adoptarse en caso de incumplimiento: necesidad de autorización, e incluso su negación, para las operaciones de endeudamiento de las Comunidades Autónomas o Corporaciones locales, pudiendo llegar a la disolución de los órganos de gobierno de estas últimas.

Uno de los retos del Derecho administrativo actual es, precisamente, hacer operativos para la revisión judicial muchos de esos principios que vinculan a la potestad de la Administración en su actuación servicial de los intereses generales. Si una ley de dependencia, para hacer frente a una necesidad creciente por, entre otras causas, el aumento de la edad de vida de los ciudadanos, dice que la atención sea integral, su desarrollo reglamentario no puede ignorarlo.

No es una tarea fácil, pero ha de intentarse sin escudarse en una superada concepción de la discrecionalidad y en la impotencia judicial para sustituir la decisión de la Administración, colocándose en el lugar del juez.

El principio de eficiencia obliga a optimizar los recursos públicos, que provienen de los ciudadanos, de lo que habla el artículo 31 de la CE citado anteriormente. Quizá sea más propio que el de eficacia que se recoge en el citado artículo 103,1 de la CE, y reconoce el TC (STC 22/1984) como pauta de actuación de la Administración. Principio que ha de operar "en la resolución de los conflictos sociales y la satisfacción de las necesidades de la colectividad (STC 178/1989). Afecta al buen gobierno, al diseño de las políticas públicas, pero también a la buena administración. Ha de tenerse en cuenta, por ejemplo, para decidir la "oferta económicamente más ventajosa" en los contratos del sector público cuya valoración no queda reducida al momento en que se realiza la adjudicación del contrato[82]. Tiene incidencia en el campo, especialmente sensible, de las prestaciones y servicios sociales, y plantea la cuestión de la participación de la sociedad en lo que es actividad de la Administración.

Participación y democracia van unidas, se corresponden esencialmente. De democracia participativa hablaba la *non nata* Constitución europea. Como derecho fundamental se reconoce en la CE (artículo 23,1) el que tienen los ciudadanos a participar en los asuntos públicos, aunque no todo derecho de participación tiene ese carácter (ATC 942/85 de 18 de diciembre). Ello permite concluir, desde una interpretación positiva, la existencia de derechos de participación en ámbitos propios de la Administración, distintos de la participación política. De hecho, la participación de la sociedad en la realización de los intereses generales que la Administración sirve ha crecido por imperativos democráticos y ha influido en la construcción misma del Derecho administrativo.

Existen funciones en que esa participación es clara: en los procedimientos administrativos, en la programación y planificación, en la elaboración de las normas en que se concretan, en definitiva, las políticas públicas. Esa participación se reclama en ámbitos como medio ambiente, por influjo del Derecho comunitario, urbanismo, aspectos de la Administración local, entre otros.

---

[82]     *Cfr*. J. Pernas, *Contratación pública* ... con prólogo de J.L. Meilán

La participación de la sociedad se ha revelado de gran importancia en relación con las prestaciones y servicios sociales, reclamados para una calidad de vida exigible en esta altura de los tiempos, en cuya materia es preciso un replanteamiento doctrinal.

Es un dato reconocido la voluntad de los revolucionarios franceses de acabar con los estamentos y organismos intermedios existentes en el Antiguo Régimen. El nuevo Estado no asumió actividades educativas y asistenciales, en gran mayoría desarrolladas en Europa por la Iglesia. Un paso importante en la evolución de la historia ha sido la asunción por el Estado de responsabilidad en estas y análogas materias, reconocidas en prestaciones que han dado lugar al "Estado de bienestar"[83]. Las dificultades por las que atraviesa son, en buena parte, consecuencia de su éxito. Un número creciente de personas y un ámbito mayor de cobertura presionan contra la carga financiera que supone para el Estado.

Hay una imbricación recíproca de acción estatal y vida social. El Estado, al asumir la obligación de hacer real y efectivo el bienestar, es un Estado garante, lo que conlleva la realización directa de prestaciones, pero también el reconocimiento de que desde la sociedad se contribuya libremente a esa realización.[84] Existe, como ha dicho el Tribunal Constitucional una "interpenetración entre Estado y sociedad", para concluir lapidariamente: "La configuración del Estado como social y de Derecho viene así a culminar una evolución en la que la consecución de los fines de interés general no es absorbida por el Estado, sino que se armoniza en una acción mutua Estado-sociedad".

La crisis actual ha puesto en evidencia esa necesidad. No se trata de minorar las conquistas sociales, sino de garantizar su mantenimiento y mejora. Es preciso para ello superar una concepción ideológica sustentadora del monopolio del Estado en la materia, en cuya base sigue existiendo la contraposición hegeliana entre lo público, caracterizado por la razón, y lo privado o particular, dominado por el beneficio. Habría que hablar de sistema: de salud, de asistencia social y dependencia, de educación. Lo definitivo es que el sistema sea universal y de la mejor calidad. Es lo que el Estado ha de garantizar, sin excluir la participación de la sociedad; más aún puede necesitar de ella para cumplir su función.

La participación de la sociedad en estos ámbitos se constata en la existencia de numerosas organizaciones sin fines de lucro, bajo formas jurídicas distintas, que se sitúan, para decirlo de un modo gráfico, entre el Estado y el mercado, lo que se ha denominado el *tercer sector.*: promovidas por la Iglesia, Fundaciones, Corporaciones y, en general, organizaciones no gubernamentales, fruto de la libertad de asociación, y que responden al principio de solidaridad.

---

[83] No es cuestión de desarrollar lo que corresponde al Estado social, la aportación de E. Forsthoff, *Rechstfragen der leistenden Verwaltung* Stuttgart, 1950; *Tratado de Derecho administrativo*, trad. Española, IEP, Madrid, 1958; *Problemas actuales del Estado social de Derecho en Alemania,* ENAP, 1966. H.J. Wolff, Verwaltungsrecht, I, 5ª ed. Munich y Berlín, 1963 pp. 45-46. Sobre la actividad empresarial del Estado J.L. Meilán, *Empresas públicas y turismo*, ENAP, Madrid, 1967 con bibliografía española y europea. Una magnífica aproximación desde la perspectiva aquí considerada en J. Mª Rodríguez De Santiago, *La administración del Estado social*, Marcial Pons, Madrid, 2007. Sobre una cuestión que se ha planteado con especial relevancia por la crisis económica *cfr.* J. Ponce Solé, *El derecho y la (ir)reversibilidad limitada de los derechos sociales de los ciudadanos*, INAP, Madrid, 2013.

[84] *Cfr.* J. L. Meilán Gil, "Sobre la revisión del Derecho administrativo", *FIDA,* Santo Domingo, 2012.

En esa línea se encuentra la ley 5/2011 de Economía social, que se hace eco de iniciativas comunitarias. Constituye un marco jurídico común para las actividades desarrolladas en el ámbito privado con independencia respecto de los poderes públicos bajo principios del interés general económico o social, o de ambos (artículo 2), de promoción de la solidaridad que favorezca, entre otros objetivos, la cohesión social y la inserción de personas con riesgo de exclusión social.

Una apelación a ellas y a las familias, se realiza en la ley sobre dependencia, cuya programada cobertura económica es insuficiente y se ha reducido como consecuencia de ajustes presupuestarios. Las cifras de las prestaciones sociales desde la vertiente de esas organizaciones revelan dramáticamente su justificación en la actual coyuntura de crisis y elevado número de parados.

### 6. El Defensor del Pueblo y la mala administración

Existen organismos que, sin formar parte de ninguno de los poderes del Estado tienen que ver con prácticas y actuaciones que suponen una mala administración e inversamente, por tanto, con la buena administración. Su gran fuerza proviene de su independencia, como muestra de un modo paradigmático la historia del Ombudsman sueco, que ha sido la referencia de los demás que con diferentes nombres se han creado en otros países.

En España se introdujo en el artículo 54 de la CE, con el nombre de Defensor del Pueblo, "como alto comisionado de las Cortes Generales" que lo nombra por amplio consenso y con quienes se relaciona[85].

Con el nombre de Defensor del pueblo europeo consta en el artículo 228 del Tratado de funcionamiento de la Unión Europea y es nombrado por el Parlamento europeo. La experiencia acumulada por entes de la misma naturaleza manifiesta una posición equilibrada en cuanto a su función que se refiere a casos de mala administración por parte de las instituciones, órganos u organismos de la UE, con exclusión de los Tribunales de Justicia en el ejercicio de sus funciones jurisdiccionales. La explicación del Ombudsman sueco tiene que ver en su inicio con la inexistencia de un sistema contencioso-administrativo y, por ello, de difícil trasplante a los países que lo tienen y en todo caso no conciliable con la independencia de los jueces. Así se comprende que el Defensor del Pueblo pueda conocer de las quejas de cualquier ciudadano europeo salvo de que los hechos alegados sean o hayan sido objeto de un procedimiento jurisdiccional. El Defensor las pone en conocimiento de la institución, órgano u organismo afectado, que tiene un plazo de tres meses para responder y aquel enviará informe correspondiente al Parlamento[86].

En el caso español la función principal del Defensor del Pueblo es la defensa de las libertades y derechos fundamentales reconocidos en la Constitución "a cuyo efecto podrá supervisar la actuación de la Administración, dando cuenta a las Cortes Generales". La ley 3/1981 de 6 de abril que regula la institución concreta que de oficio o a petición de parte puede llevar a cabo cualquier investigación conducente

---

[85]  Esa definición proviene de Gran Bretaña donde había sido embajador el ponente constitucional que la sugirió.

[86]  Cfr. B. Tomás Mallén, El Derecho...pp. 221 y ss.

al esclarecimiento de los actos y resoluciones de la Administración y de sus agentes en relación con los ciudadanos, a la luz de lo dispuesto en el artículo 103.1 de la CE y el respeto de los derechos fundamentales.

De acuerdo con ello podría interpretarse que la investigación puede referirse a la comprobación de si la Administración actúa sin objetividad, sin acuerdo con principios de eficacia, sin sometimiento pleno a la ley y al Derecho, cometido en último término de los Tribunales como dice el artículo 106 o solo en cuanto se refiera al no respeto de los derechos fundamentales.

El reconocimiento de la buena administración como derecho fundamental, tal como se realiza en la Carta europea, proporciona fundamento para justificar el alcance de la competencia del Defensor, aunque se limite a realizar advertencias, recomendaciones y sugerencias, además de informar anualmente al Parlamento. En ese sentido puede sugerir al órgano legislativo o a la Administración realizar modificaciones cuando llegue al convencimiento de que el empleo riguroso de la norma pueda provocar situaciones injustas o perjudiciales para los administrados.

Cuando entienda que una ley vulnere un derecho fundamental puede interponer un recurso de inconstitucionalidad. Esa facultad tiene un especial significado e importancia dado que la legitimación para interponerlo queda de hecho limitada a dos grandes partidos que pueden estar de acuerdo, por razones políticas, en no interponerlo.

## 7. Actualidad de la transparencia para la buena administración

El artículo 103 de la CE establece que la Administración Pública actuará con objetividad en su servicio a los intereses generales. Es más que la interdicción de la arbitrariedad. Responde a la obligación de "mantener los servicios públicos a cubierto de toda colisión entre intereses particulares e intereses generales" (STC 77/1985 de 27 de junio). Con toda lógica se acompaña con la transparencia (ley de organización y funcionamiento de la Administración General del Estado, artículo 3, 2, g), relacionada con la necesidad de rendir cuentas de la gestión ante los ciudadanos.

La transparencia va más allá de la obligación de motivar la actuación, y de la información y publicidad, aunque las englobe. Se ha dicho que es el derecho de los ciudadanos de conocer y "entender" la actividad administrativa.[87] Un conocimiento o entendimiento que se adquiera de un modo fácil, sin que sea el resultado de un esfuerzo que requiera la especialización del ciudadano interesado. No es mera información, sino información de tal calidad que cumpla con las condiciones que acaban de exponerse. Un exceso de información puede incluso dificultar la transparencia. La información, que desempeña un papel fundamental en la Administración Pública de un sistema democrático, puede hacer opaca la actuación de aquella si se presenta de un modo sesgado o, todavía peor, cuando es manipulada desde instrumentos de opinión pública controlados por la Administración.

La transparencia hace más difícil que aparezca ese elemento corrosivo de la democracia que es la corrupción. De ahí la importancia que se le está dando en los or-

---

[87]  Cfr. M. R. Spasiano, "Transparency and quality of administrative action", en M. Pilade Chiti (ed.) General Principles of administrative action, Bolonia University Press, 2006.

denamientos jurídicos de una manera general y frontal superando regulaciones sectoriales. Es lo que pretende la ley 19/2013 de 9 de diciembre de Transparencia, Acceso a la Información Pública y Buen Gobierno, en cuya elaboración se ofreció una audiencia a los ciudadanos para que pudieran remitir sugerencias. Existen referencias en determinadas materias: contratos públicos, subvenciones, presupuestos, actividades de altos cargos, acceso a los expedientes en los correspondientes procedimientos administrativos. Con esa ley se pretende generalizar ampliar y profundizar la transparencia, así como concretar las consecuencias jurídicas de su no observancia.

Desde este punto de vista se lleva a cabo el encuentro enunciado anteriormente entre Ciencia de la Administración y Derecho administrativo. "En lo que respeta al buen gobierno la Ley supone un avance de extraordinaria importancia. Principios meramente programáticos y sin fuerza jurídica se incorporan a una norma con rango de ley y pasan a informar la interpretación y aplicación de un régimen sancionador al que se encuentran sujetos todos los responsables públicos", que "por las funciones que realizan deben ser un modelo de ejemplaridad en su conducta". En ese sentido se incorporan a la ley "principios éticos", así denominados, que adquieren la virtualidad de preceptos jurídicos.

La exposición de motivos, subraya con cierta solemnidad, el propósito último de la ley: "La transparencia, el acceso a la información pública y las normas de buen gobierno deben ser los ejes fundamentales de toda acción política. Sólo cuando la acción de los responsables públicos se somete a escrutinio, cuando los ciudadanos pueden conocer cómo se toman las decisiones que les afectan, cómo se manejan los fondos públicos o bajo qué criterios actúan nuestras instituciones podremos hablar del inicio de un proceso en el que los poderes públicos comienzan a responder a una sociedad que es crítica, exigente y que demanda participación de los poderes públicos".

El ámbito de la ley rebasa el de las Administraciones Públicas en sentido orgánico, que incluye a Universidades, y abarca a poderes públicos como el Congreso de los Diputados y el Senado, y el Consejo General del Poder Judicial e instituciones análogas aunque "en relación con sus actividades sujetas al Derecho administrativo"[88]. Una vez más se constata la validez de la orientación *ratione materiae* que he venido defendiendo desde el principio. Bien es verdad que se ha ampliado el ámbito de la ley más allá de esa concepción de lo administrativo: partidos políticos, organizaciones sindicales y empresariales, entidades privadas que perciban en el período de un año ayudas o subvenciones públicas en cantidades significativas[89].

Están obligadas a publicar "de forma periódica y actualizada la información cuyo conocimiento sea relevante para garantizar la transparencia de su actividad relacionada con el funcionamiento y control de la actuación pública". El Portal de la Transparencia dependiente de la Presidencia del Gobierno pretende hacer fácil el acceso de los ciudadanos a la información.

Las Administraciones Públicas han de publicar los planes y programas con el suficiente detalle que permita la evaluación de su cumplimiento.

---

[88]   Corporaciones de Derecho público, Fundaciones, Casa del Rey.

[89]   Superiores a 100.000 euros o que el 40% del total de sus ingresos sea igual o superior a 5.000 euros.

Contra toda resolución expresa o presunta en materia de acceso a la información se podrá interponer una reclamación ante el Consejo de transparencia y buen gobierno con carácter potestativo previo al contencioso-administrativo. La resolución, calificada de presunta por dejar transcurrir el plazo de tres meses sin resolver expresamente, evidencia el carácter negativo del silencio al entender desestimada la petición del ciudadano.

Capítulo importante para comprobar la efectividad de tan saludables propósitos, es el concerniente a infracciones y sanciones. Se contienen en el título II de la ley que se refiere al buen gobierno y afecta solo a los miembros del Gobierno y altos cargos. Entre las primeras cobran especial relevancia las relativas a materia de gestión económico-presupuestaria, dada la importancia que ha cobrado la estabilidad financiera y los ajustes a que ha obligado su desvío por exigencias comunitarias. Como muy graves se tipifican los compromisos de gastos, reconocimiento de obligaciones y ordenación de pagos sin crédito suficiente para realizarlos o contraviniendo disposiciones de la legislación presupuestaria. Entre las sanciones figuran la destitución de cargos públicos o inhabilitación.

## IV. EPÍLOGO SOBRE ÉTICA Y ADMINISTRACIÓN

El Derecho administrativo, me gusta decir, es un Derecho de realización y suscribo la determinación constitucional de que la Administración sirve los intereses generales con *eficacia,* pero con sometimiento pleno al Derecho, sin que haya de entenderse éste como un positivismo que excluya principios, en una contraposición infranqueable entre el *sein* y el *sollen.*

No parece necesario extenderse en la relación y diferencia entre Ética y Derecho. Para una concepción positivista del Derecho resulta difícil explicar expresiones –preceptos jurídicos– en la Constitución o en las leyes que aluden a la moral o a la ética: el derecho al honor, la objeción de conciencia, el derecho de los padres a que sus hijos reciban la formación religiosa y moral que esté de acuerdo con sus propias convicciones…Hunden sus raíces más allá del Derecho positivo, como sucede con la dignidad de la persona humana," fundamento del orden político y de la paz social" (artículo 10,1 de la CE). Los derechos fundamentales reconocidos, no creados, por los ordenamientos positivos, se corresponden con los derechos humanos, objeto de Declaración universal, que han de ser presentados como "el lenguaje común y el sustrato ético de las relaciones internacionales"[90].

No resulta sorprendente que en la propia Constitución se aluda expresamente a la ética o a la moralidad de la actuación en el ámbito de la Administración Pública como ocurre en la Constitución de Brasil anteriormente referida. La Convención interamericana contra la corrupción, señala desde el preámbulo que esa actuación negativa va "contra la sociedad, el orden moral y la justicia" …La Declaración del milenio de NU del 2000 afirma de un modo categórico que la corrupción puede contemplarse "como un sistema de mala administración y una mala gestión".

---

[90] Discurso de Benedicto XVI ante la Asamblea de Naciones Unidas, 18 de abril de 2008.

En otras ocasiones esa finalidad se concreta en modalidades del denominado *soft law*, Códigos de Conducta o de Buenas prácticas con los que se orienta el comportamiento de autoridades públicas y se practica también en el ámbito privado. Ha surgido de un modo natural en procesos formales de integración, como la Unión Europea, o informales como sucede en la globalización[91].

La ética no se refiere propiamente a la Administración Pública como una abstracción, sino a la actuación de las personas que la integran, como se dijo al principio y a las personas que se relacionan con ella. Aunque la realización del Derecho que concierne a la Administración no agote el alcance de la dimensión ética de la actuación de sus autores, en gran medida el comportamiento conforme a Derecho es síntoma de comportamiento ético. La desviación de poder, en el mayor número de los casos, supone una conducta éticamente reprobable, aunque técnicamente no haya sido así calificada en un proceso. Algo parecido podría decirse de la arbitrariedad, motivación ausente o sesgada.

La corrupción, se corresponde con actuaciones de esa naturaleza, sean puniblemente castigadas o toleradas o silenciadas. En ella se da un conflicto de intereses, en cuanto un funcionario público que está vinculado por un deber de servicio al interés general lo subordina a un interés particular, suyo o de otra persona física o jurídica. Los contratos o el urbanismo son campos desgraciadamente típicos para actuaciones jurídica y éticamente reprobables.

El comportamiento ético, en el sentido que aquí se viene manejando, puede ser favorecido o perjudicado por el comportamiento que se lleva a cabo en el nivel propiamente político o de gobierno. Los procedimientos no reglados para el acceso a la función pública no favorecen el comportamiento ético. Los cambios en la función pública según los que se producen en el gobierno, hace posible la consideración del puesto como un botín, desde el que beneficiar al partido político que propició el nombramiento. Informaciones privilegiadas a la hora de concursos, por ejemplo, pueden ser una contraprestación o el espurio entendimiento de la fidelidad partidaria, aunque no se procuren beneficios personales directos.

En términos positivos, habría que concluir que un sistema de selección de los funcionarios basado en el mérito, la capacidad, la transparencia y seguridad jurídica, es una condición aconsejable para asegurar comportamientos éticos por supuesto la existencia de garantías para la imparcialidad dé el ejercicio de sus funciones (artículo 103,1, CE).

El contexto social en el que se desenvuelve la actividad de la Administración pública puede incidir también positiva o negativamente en el comportamiento ético de sus servidores. Existe consenso en considerar que en el meollo de la crisis financiera y económica actual se detecta un comportamiento reprobable desde el punto de vista ético. Esas conductas en el sector privado constituyen un mal ejemplo para la Administración Pública y sus agentes. El impacto negativo será menos probable si, como dice la Convención interamericana contra la corrupción, se han adoptado medidas que tengan en cuenta "la relación entre una remuneración equitativa y la probidad en el servicio".

---

[91]     *Cfr*. J. L Meilán Gil, "Sobre la revisión…; *Una aproximación al Derecho administrativo global*, Editorial Derecho Global, Sevilla, 2011.

La clave última del cumplimiento de la misión de servicio público de los funcionarios radica en convicciones éticas que tienen su explicación, más allá del Derecho y su cuidada observancia. Volvemos así a ponderaciones clásicas, trátese del imperativo ético o, más inteligible para una antropología realista, de la virtud que hace al hombre feliz, contento con lo que hace y por qué y para qué lo hace, consciente de la lealtad a una misión que vale la pena desarrollar.

# LA BUENA ADMINISTRACIÓN COMO PRINCIPIO Y COMO DERECHO FUNDAMENTAL EN EUROPA

*JAIME RODRÍGUEZ-ARANA**

## I. INTRODUCCIÓN

De un tiempo a esta parte, el término buena administración ha salpicado la vida de las empresas y de las instituciones públicas de manera creciente en un intento de mejorar el contenido de la propia actividad de conducción o manejo de estas instituciones, de estas corporaciones. A la altura del tiempo en el que estamos, en plena crisis económica y financiera de en el mundo occidental, no sabemos todavía si la emergencia de este concepto en los principales documentos de estrategia empresarial o pública está produciendo efectos sustanciales en la manera de dirigir.

En realidad, el tema es estructural y se refiere a la recuperación de la perspectiva ética, de servicio objetivo a la ciudadanía, que siempre ha caracterizado a las Administraciones públicas. Quizás tengamos que esperar algún tiempo para saber si estamos ante una moda pasajera o si, por el contrario, así lo esperamos, nos hallamos ante un aspecto permanente, material, que afecta al proceso dinámico del arte o de las técnicas de dirección gobierno en la Administración pública

En cualquier caso, lo que sí parece evidente, dada la grave situación de crisis económica, integral, que atravesamos, es que la forma de gobernar, de administrar las instituciones públicas, al menos en el mundo occidental, debe cambiar sustancialmente. La ineficiencia, ineficacia y, sobre todo, el sistemático olvido del servicio objetivo al interés general en que debe consistir la esencia de la administración pública, aconsejan nuevos cambios en la forma de comprender el sentido que tiene el gobierno y administración del interés general.

La buena Administración pública es un derecho de los ciudadanos, nada menos que un derecho fundamental, y, también, un principio de actuación administrativa. Los ciudadanos tienen derecho a exigir determinados patrones o estándares en el funcionamiento de la Administración. Y la Administración, está obligada, en toda democracia, a distinguirse en su actuación cotidiana por su servicio objetivo al interés general.

---

* Catedrático de Derecho Administrativo. Presidente de la sección española del Instituto Internacional de Ciencias Administrativas. Presidente del Foro Iberoamericano de Derecho Administrativo.

Las páginas que siguen se circunscriben a ambas perspectivas. Al derecho a la buena Administración pública y al principio de buena Administración pública. Estas dos consideraciones están muy vinculadas a la innovación en la Administración porque solo se podrán producir cambios relevantes si el ciudadano cada vez es más consciente de su papel en relación con la Administración y exige de verdad sus derechos y, por otra parte, si los organismos públicos actúan sobre la base de la buena Administración pública.

El principio, y obligación, de la buena Administración pública, vincula la forma en que se deben dirigir las instituciones públicas en una democracia avanzada. Dirigir en el marco de la buena Administración pública supone asumir con radicalidad que la Administración pública, existe y se justifica, en la medida en que sirve objetivamente al interés general.

Las instituciones públicas en la democracia no son de propiedad de sus dirigentes, son del pueblo que es el titular de la soberanía. El responsable tiene que saber, y practicar, que ha de rendir cuentas continuamente a la ciudadanía y que la búsqueda de la calidad en el servicio objetivo al interés general debe presidir toda su actuación.

Hoy es frecuente que las nuevas Constituciones en los diferentes países del globo incorporen como nuevo derecho fundamental el derecho a la buena Administración pública. Por una poderosa razón: porque la razón de ser del Estado y de la Administración es la persona, la protección y promoción de la dignidad humana y de todos sus derechos fundamentales.

En el presente, momento de profunda crisis en tantos sentidos, la indignación reinante también se canaliza hacia la exigencia de una buena Administración pública que trabaje sobre la realidad, desde la racionalidad y, centrada en el ser humano, actúe con mentalidad abierta, buscando el entendimiento haciendo gala de una profunda sensibilidad social.

En fin, a lo largo de estas páginas, se analizarán las implicaciones de la buena Administración pública en relación con algunos de los aspectos más destacados de la acción pública, tales como la centralidad del ser humano, la apertura a la realidad, la metodología del entendimiento, la participación cívica, la modernización permanente, la vinculación ética o la sensibilidad social.

Igualmente, estudiaremos con la brevedad del caso, las características más sobresalientes del derecho fundamental de la persona a la buena Administración, partiendo esencialmente del Ordenamiento europeo en materia de derechos fundamentales que es, en este momento, la principal Carta de los derechos humanos.

Un conocido autor y destacado asesor de diferentes programas de reformas de gobiernos y administraciones de todo el mundo como Crozier señaló recientemente que, a su juicio, la mayor parte de los procesos de reformas administrativas fallidos lo habían sido por el sistemático olvido de la opinión de los ciudadanos en relación con el enfoque y orientación de las más diversas políticas públicas.

El comentario, desde luego, no tiene desperdicio. Es decir, debe tenerse muy presente en materia de buena Administración pública porque forma parte de su esencia. ¿De qué serviría una Administración pública técnicamente perfectamente articulada, con procedimientos adecuadamente elaborados y con unos magníficos procesos de políticas públicas, si no estuviera conectado a la realidad, no potenciara la participación cívica, se olvidará de las condiciones sociales o usara a la ciudadanía como justificación para su crecimiento incontrolado?

La buena Administración pública, más en tiempos de crisis, ha de estar comprometida radicalmente con la mejora de las condiciones de vida de las personas, ha de estar orientada a facilitar la libertad solidaria de los ciudadanos. Para ello es menester que su trabajo se centre sobre los problemas reales de la gente y procuren buscar las soluciones escuchando a los sectores implicados.

La buena Administración pública tiene mucho que ver con la adecuada preparación de las personas que dirigen en los organismos públicos. Deben tener mentalidad abierta, metodología del entendimiento y sensibilidad social. Deben trabajar sobre la realidad, utilizar la razón y contemplar los problemas colectivos desde perspectivas de equilibrio para ser capaces de entender dichos problemas y contemplar la pluralidad de enfoques y dimensiones que encierran situando en el centro al ser humano y sus derechos inviolables.

La dimensión ética incorpora un componente esencial a la buena Administración: el servicio objetivo al interés que ha de caracterizar, siempre y en todo caso, la acción administrativa y la impronta directiva de los responsables.

En este tiempo de crisis la perspectiva finalista del poder ha hecho acto de presencia con inusitada fuerza. El poder, en esta orientación tan presente en nuestros países, ya no es un medio para la mejora de las condiciones de vida de las personas. Es, desde la perspectiva tecno estructural, ocasión y forma de enriquecimiento y de influencia creciente de los dirigentes.

Además, desde la dimensión estática del Estado del bienestar muchas Administraciones públicas, especialmente en el denominado mundo occidental, han estado tomadas por personajes dispuestos, como sea, a mantenerse en el poder. Para ello no han dudado en poner en marcha esa fabulosa maquinaria de subvenciones, subsidios y dádivas de toda especie con el fin de mantener bajo control a la ciudadanía.

## II. EL PRINCIPIO DE LA BUENA ADMINISTRACIÓN

Una buena Administración pública es aquella que cumple con las funciones que le son propias en democracia. Es decir, una Administración pública que sirve objetivamente a la ciudadanía, que realiza su trabajo con racionalidad, justificando sus actuaciones y que se oriente continuamente al interés general. Un interés general que en el Estado social y democrático de Derecho reside en la mejora permanente e integral de las condiciones de vida de las personas.

Ni que decir tiene que la Administración pública podrá cumplir cabalmente las funciones que le son propias en democracia si las personas que en ella laboran lo hacer desde el compromiso al servicio objetivo al interés general.

Estas notas o características a las que hemos hecho referencia, no son novedosas ni han sido puestas de manifiesto por primera vez en este tiempo. Si ahora subrayamos la importancia de la buena Administración pública es por contraste.

Porque en estos años del modelo estático del Estado del bienestar, la Administración ni ha servido al pueblo, ni lo ha hecho objetivamente, ni, evidentemente, ha tendido al interés general.

Sencillamente, la Administración fue tomada, durante el apogeo del Estado del bienestar que denomino estático, por los grupos políticos y a ella ha servido casi en exclusiva. En lugar de explicar y justificar sus decisiones, se encerró en una torre de marfil, y decidió cerrarse a la sociedad consciente de que los partidos controlaban el resto de los poderes para acampar, más o menos, en la impunidad.

En este contexto, la Administración pública creció y creció y a su amparo surgieron todo tipo de estructuras públicas, las más de las veces sometidas al derecho privado, para dar cobijo a la legión de personal de procedencia política que había que colocar para retribuir servicios prestados. Las manifestaciones de la mala Administración pública no se hicieron esperar.

La forma ordinaria de financiación de los servicios públicos fue el recurso al endeudamiento. En lugar de atender a las necesidades colectivas de los ciudadanos, se atendió a las necesidades del mantenimiento en el poder. La negligencia, la ausencia de criterios éticos y la conversión del aparato administrativo en una colosal maquinaria de laminación del adversario y de control social, reclamaron la vuelta a la buena Administración pública.

Efectivamente, cíclicamente el aparato administrativo se desvía de sus fines y es necesario poner en marcha una nueva reforma. Por eso, desde el principio de la Administración pública, su reforma ha sido, es, y seguirá siendo, una cuestión esencial, un asunto que acompaña inexorablemente su existencia.

La razón principal se puede encontrar en la necesidad de embridar la tendencia endogámica de la propia Administración pública, y sobre todo, de las personas que en ella laboran. En este sentido, la reforma de la Administración pública en la democracia constituye un trabajo permanente porque es permanente su adecuación a las necesidades colectivas de los ciudadanos y muy especialmente a la generación de las mejores condiciones vitales que permitan el ejercicio de la libertad solidaria de las personas.

Desde esta perspectiva, las reformas administrativas deben levantarse en función de las necesidades públicas de las personas y no en función de los intereses burocráticos o tecnocráticos de las Administraciones públicas. ¿Por qué? Porque, como bien sabemos, corresponde a los poderes públicos promover las condiciones para que la libertad y la igualdad del individuo y de los grupos en que se integra sean reales y efectivas y remover los obstáculos que impiden o dificulten su plenitud y facilitar la participación de todos los ciudadanos en la vida política, económica, cultural y social.

La ingente tarea que supone construir una buena Administración pública este aspecto de la vida pública requiere profundizar en una idea sustancia: asegurar las libertades reales de la gente. Desde esta perspectiva, la Administración pública aparece como uno de los elementos clave para asegurar que las aspiraciones colectivas de los ciudadanos puedan hacerse realidad.

Por lo tanto, la Administración pública nunca podrán ser un aparato que se cierre a la creatividad, o la impida con cualquier tipo de trabas, ni tampoco podrá dejar -especialmente a los más débiles- al arbitrio de intereses egoístas.

La buena Administración pública se realiza desde esta consideración abierta, plural, dinámica y complementaria de los intereses generales, del bienestar integral de los ciudadanos.

En efecto, el pensamiento compatible hace posible que al tiempo que se hace una política de impulso de la sociedad civil, no haya compuertas que limiten una acción de la Administración pública que asegure la libertad de disfrutar, por ejemplo, de una justa y digna jubilación de nuestros mayores, que limiten la libertad de disponer de un sistema de salud para todos, que recorten la libertad de que todos tengan acceso a la educación en todos sus niveles, o acceso a un puesto de trabajo, o sencillamente a disfrutar de la paz.

Por eso, la Administración pública debe ser un entorno de entendimiento, y un marco de humanización de la realidad que fomente la dignidad de la persona y el ejercicio de todos los derechos fundamentales de la persona, removiendo los obstáculos que impidan su efectivo cumplimiento.

Una Administración pública que se ajuste adecuadamente a las demandas democráticas ha de responder a una rica gama de criterios que podríamos calificar de internos, por cuanto miran a su propia articulación interior, a los procesos de tramitación, a su transparencia, a la claridad y simplificación de sus estructuras, a la objetividad de su actuación, etc. Pero por encima de todos los de esta índole o, más bien, dotándolos de sentido, debe prevalecer la finalidad de servicio al ciudadano a que vengo haciendo alusión.

En este sentido, no podemos dejar de subrayar insistentemente la centralidad de la persona para la buena Administración pública. Efectivamente, el ser humano, con el cúmulo de circunstancias que lo acompañan en su entorno social, es el auténtico sujeto de los derechos y libertades. A ese hombre, a esa mujer, con su determinada edad, su grado de cultura y de formación, mayor o menor, con su procedencia concreta y sus intereses particulares, propios, legítimos, es a quien la Administración pública sirve para que se pueda desarrollar en libertad solidaria.

En este sentido, el personal al servicio de la Administración pública, para poder desempeñar su tarea con talante de servicio y eficacia necesita, además de los medios y condiciones de trabajo adecuados, un constante esfuerzo en su competencia profesional para consolidar una Administración pública que no es una entidad abstracta. La integran personas tan reales como los ciudadanos a los que sirve.

La Administración pública, bajo las directrices del Gobierno, precisa de un razonable margen de autonomía para implementar las políticas públicas necesarias para la mejora de las condiciones de vida de los ciudadanos. En cambio, si, por el contrario, el Gobierno sucumbiera a la tentación de apoderarse de la Administración pública, sería imposible metafísicamente la existencia de una buena Administración.

Por otra parte, una Administración pública al margen del principio de juridicidad, que actuara sin normas de cobertura, en función de los caprichos y deseos de sus dirigentes, sería una mala Administración pública. El sometimiento de la Administración a la Ley y al Derecho es una de las mejores garantías para que la ciudadanía sepa que toda la actuación del complejo Gobierno-Administración: actos, silencios, omisiones, vías de hecho o inactividades, todo, puede ser controlada jurídicamente por los Jueces y Tribunales.

## III. PRINCIPALES CARACTERÍSTICAS DE LA BUENA ADMINISTRACIÓN PÚBLICA

Veamos a continuación, en términos generales, algunas de las principales características que distinguen, en un Estado social y democrático de Derecho, a una buena

Administración pública. Centralidad de la persona, apertura a la realidad, metodología de entendimiento, fomento de la participación, modernización tecnológica al servicio del ciudadano, vinculación ética y sensibilidad social.

## -CENTRALIDAD DE LA PERSONA

La centralidad de la persona es la primera y principal característica de una buena Administración pública. Hasta el punto de que si no existiera no podría hablarse de una Administración democrática porque lo que caracteriza a la Administración del Estado de Derecho, de la democracia, es precisamente el servicio a la ciudadanía, su tendencia a la mejora de las condiciones de vida de las personas.

En una democracia avanzada las personas ya no son sujetos inertes que, sin más, reciben bienes y servicios de los poderes públicos. Ahora, la cláusula del Estado social y democrático de Derecho trae consigo una nueva funcionalidad para los ciudadanos al convertirse en sujetos activos, protagonistas en la determinación del interés general y en la evaluación de las políticas públicas. Hasta el punto de que por el hecho de ser personas disponen de un derecho fundamental a que los asuntos de la comunidad, los asuntos que se refieren al interés general, deben ser gestionados y administrados de la mejor forma técnica posible. Es decir, para la mejora de las condiciones vitales de las personas, para que cada ser humano se pueda desarrollar en libertad solidaria.

## -APERTURA A LA REALIDAD

La apertura a la realidad, la aproximación abierta a las condiciones objetivas de cada situación, y la apertura a la experiencia son componentes esenciales, actitudes básicas para la buena Administración pública.

La apertura a la realidad implica que la Administración pública ha de atender a las circunstancias sociales, económicas, culturales y políticas que impregnan su actividad. La perspectiva ideológica, esa que parte de prejuicios teóricos diseñados para su proyección mecánica y unilateral y unilateral sobre la realidad, no tiene sentido. La experiencia de determinados modelos certifica su fracaso.

Administrar desde la realidad implica también acercarse concienzudamente a los diferentes aspectos que ofrece y tenerlos presentes desde esquemas de moderación y equilibrio con el fin de contemplar armónicamente todas y cada una de las dimensiones que componen la rica pluralidad de la realidad.

Desde la realidad es posible la disposición permanente de corregir y rectificar lo que la experiencia nos muestre como desviaciones de los objetivos propuestos o, más en el fondo, de las finalidades que hemos asignado a la acción pública. La buena Administración pública parte de la realidad pues sólo desde ella se puede mejorar el presente para construir un mejor futuro.

## -METODOLOGÍA DEL ENTENDIMIENTO

La buena Administración pública aspira a colocar en el centro del sistema a la persona y sus derechos fundamentales. Desde este punto de vista, es más sencillo y fácil llegar a acuerdos unos con otros porque de lo que se trata es de una acción pública de compromiso real con la mejora de las condiciones vitales de los ciudadanos.

En efecto. Cuando las personas son la referencia del sistema político, económico y social, aparece un nuevo marco en el que la mentalidad dialogante, la atención al contexto, el pensamiento reflexivo, la búsqueda continua de puntos de confluencia, la capacidad de conciliar y de sintetizar, sustituyen a las bipolarizaciones dogmáticas y simplificadoras, y dan cuerpo a un estilo que, como se aprecia fácilmente, busca, por encima de todo, mejorar las condiciones de vida de la gente.

El método del entendimiento supone que la confrontación no es lo sustantivo del procedimiento democrático. Ese lugar le corresponde al diálogo. La confrontación es un momento del diálogo, como el consenso, la transacción, el acuerdo, la negociación, el pacto o la refutación. Todos son pasajes, circunstancias, de un fluido que tiene como meta de su discurso el bien social, que es el bien de la gente, de las personas, de los individuos de carne y hueso. Si la administración del sector público, la buena Administración, discurre por estos derroteros las posibilidades de entendimiento de unos con otros son grandes.

La buena Administración pública se hace entender, necesita afirmar, explicar, aclarar, razonar. Por una razón elemental: porque el dueño y señor de la Administración pública es el pueblo, y a él los dirigentes deben rendir cuentas permanentemente de las decisiones que adoptan.

En el Estado de Derecho es fundamental que los administradores de la cosa pública se habitúen a la rendición de cuentas sobre sus decisiones y, sobre todo, a que el poder se ejerza desde la explicación, desde la razón, desde la luz, desde la transparencia, desde la motivación inherente a la posición que se tiene desde arriba.

-PROMOCIÓN DE LA PARTICIPACIÓN

La buena Administración pública significa, entre otras consideraciones, poner como centro del trabajo público la preocupación de los ciudadanos, de la gente: sus aspiraciones, sus expectativas, sus problemas, sus dificultades, sus ilusiones. Pero no de cualquier manera, contando con las personas, con los destinatarios del quehacer público que realizan las Administraciones públicas.

En efecto, la buena Administración supone la necesidad de contar con la presencia y participación real de la ciudadanía, de toda la ciudadanía, evitando que las fórmulas cerradas que proceden de las ideologías de este nombre expulsen de su consideración a determinados sectores sociales.

En este sentido, la buena Administración no puede atender tan sólo los intereses de un sector, de un grupo, de un segmento social, económico o institucional, ya que una condición de estos nuevos espacios es el equilibrio, entendiendo por tal, la moderación y atención a los intereses de todos. Preocuparse sólo por el interés de algunos, aunque se trate de grupos mayoritarios, significa prescindir de otros, y consecuentemente practicar un exclusivismo que es ajeno a la buena Administración pública.

Por eso, la determinación de los objetivos de las políticas públicas no puede hacerse realmente si no es desde la participación ciudadana. La participación ciudadana se configura como un objetivo público de primer orden ya que constituye la esencia de la democracia y, por ello, ocupa un lugar sobresaliente entre los parámetros centrales de la buena Administración pública.

Una actuación pública que no persiga, que no procure un grado más alto de participación ciudadana, no contribuye al enriquecimiento de la vida democrática y se hace, por lo tanto, en detrimento de los mismos ciudadanos a los que se pretende servir. Pero la participación no se formula solamente como objetivo político, sino que las nuevas políticas públicas reclaman la práctica de la participación como método.

Tratar de la participación como método es tratar de la apertura del gobierno y la administración pública que la quiere practicar hacia la sociedad. Una organización cerrada no puede pretender captar, representar o servir los intereses propios de la ciudadanía.

La condición de esa apertura es una actitud, una disposición, alejada de la suficiencia y de la prepotencia, propia tanto de las formulaciones ideológicas como de las tecnocráticas. Pero las actitudes y las disposiciones necesitan instrumentarse, traducirse en procesos y en instrumentos que las hagan reales. Y la primera instrumentación que exige una disposición abierta es la comunicativa, la comunicación.

La buena Administración pública exige receptividad: tener la sensibilidad suficiente para captar las preocupaciones e intereses de la sociedad en sus diversos sectores y grupos, en los individuos y colectividades que la integran. No se trata simplemente de apreciaciones globales, de percepciones intuitivas, ni siquiera simplemente de estudios o conclusiones sociométricos. Se precisa diálogo real. Y diálogo real significa interlocutores reales, concretos, que son los que encarnan las preocupaciones y las ilusiones concretas, las reales, las que pretendemos servir.

A mi juicio, una de las finalidades – si no la principal– que mejor define la buena Administración pública es la de la participación, la libre participación de la gente en los asuntos públicos.

En efecto, la referencia a la libertad, además de centrarnos de nuevo en la condición personal de la persona, nos remite a una condición irrenunciable de su participación, su carácter libre, pues sin libertad no hay participación. La participación no es un suceso, ni un proceso mecánico, ni una fórmula para la organización de la vida social. La participación, aunque sea también todo eso, es más: significa la integración del individuo en la vida social, la dimensión activa de su presencia en la sociedad, la posibilidad de desarrollo de las dimensiones sociales del individuo, el protagonismo singularizado de todos los hombres y mujeres.

En este sentido la participación no puede regularse con decretos ni con reglamentos. Sólo hay real participación – insisto– si hay participación libre. De la misma manera que la solidaridad no puede ser obligada. Esta relación de semejanza entre participación y solidaridad no es casual, por cuanto un modo efectivo de solidaridad, tal vez uno de los más efectivos, aunque no sea el más espectacular, sea la participación, entendida como la preocupación eficaz por los asuntos públicos, en cuanto son de todos y van más allá de nuestros exclusivos intereses individuales.

Ahora bien, al calificar la participación como libre, quiero referirme no sólo a que es optativa sino también a que, en los infinitos aspectos y modos en que la participación es posible, es cada vecino quien libremente regula la intensidad, la duración, el campo y la extensión de su participación.

La diversificación de intereses, impulsados por un clima de participación y compromiso cada vez mayores con los asuntos públicos, sobre todo – aunque no exclusivamente– , por parte de los jóvenes, ha culminado en el establecimiento de un denso tejido asociativo, con intereses, sensibilidades e incluso planteamientos políticos diversos.

En ese tejido deben buscarse – sin exclusiones preestablecidas– a los interlocutores: asociaciones y colegios profesionales, asociaciones de padres de alumnos, asociaciones de amas de casa, de mujeres, grupos juveniles; entidades deportivas y culturales, organizaciones no gubernamentales, grupos, entidades y asociaciones de la tercera edad, asociaciones parroquiales, grupos y asociaciones ecologistas, sectores industriales y empresariales, consumidores, asociaciones y movimientos vecinales, entidades educativas, órganos de la Administración particularmente dirigidos a la atención al público; comisiones de fiestas, medios de comunicación, sociedades gastronómicas, instituciones de recreo y tiempo libre, sociedades de caza y pesca; etc., etc., etc.

La capacidad para establecer un diálogo con el más amplio número de representantes sociales será un indicativo de su apertura real a la sociedad. En ese diálogo no debe olvidarse el objetivo principal que se persigue. No se trata de convencer, ni de transmitir, ni de comunicar algo, sino ante todo y, sobre todo, en primer lugar, de escuchar.

Escuchar es, en efecto, una característica de la buena Administración pública. En diálogo escuchar no comporta una disposición pasiva, sino al contrario, es una disposición activa, indagatoria, que busca el alcance de las palabras del interlocutor, comprender su manera de percibir la realidad, la conformación de sus preocupaciones y la proyección de sus ilusiones y objetivos.

El punto de partida es la correcta disposición de apertura. Sin ella el diálogo será aparente, sólo oiremos lo que queremos oír e interpretaremos de modo sesgado lo que se nos dice. La pretensión de centrarse en los intereses de la gente será ilusoria.

Ese diálogo debe caracterizarse además por su flexibilidad. Es decir, no se trata de un intercambio rígido y formalista; no es una encuesta, está abierto, y han de ponerse en juego los factores personales y ambientales necesarios para hacerlo más confiado y fructífero. En ese mismo sentido ha de tenerse en cuenta el talante personal del interlocutor y contar también con el propio, para que la condición de los interlocutores no sea un elemento de distorsión en la comunicación.

El diálogo debe conducirse sin limitación en los temas salvo que atente a la dignidad de la persona. También interesa conocer, cuando sea el caso el descontento que producimos, a quien y por qué. Y en medio de la multitud de propuestas de solución que se darán, habrá que resaltar que interesa considerarlas todas, pero de modo muy especial las que tengan como rasgo el equilibrio propio del centro, es decir, las que toman en consideración a todos los sectores afectados por el problema que se trate o la meta que se persiga, y no sólo al propio.

-VINCULACIÓN ÉTICA

En las formulaciones recientes sobre la buena Administración pública suele estar siempre presente la dimensión ética, seguramente porque se ha caído en la cuenta de que la buena Administración pública debe estar orientada al bienestar integral de los ciudadanos y debe facilitar, por tanto, a quienes son sus destinatarios su mejoramiento personal.

La importancia de la Ética en relación con la muy noble actividad pública continúa siendo en el presente uno de los aspectos más complejos de afrontar probablemente porque todavía el poder y el dinero son grandes ídolos a los que se adora con intensa devoción. El poder por el poder, sea financiero o político, explica sobradamente el sentido de la crisis en la que nos encontramos.

En efecto, la relación entre Ética y Administración pública en sentido amplio constituye un problema intelectual de primer orden, de gran calado. Desde los inicios mismos del pensamiento filosófico y a lo largo de toda la historia en Occidente ha sido abordado por tratadistas de gran talla, desde las perspectivas más diversas y con conclusiones bien dispares. Y por mucho que se haya pretendido traducir algunas de ellas en formulaciones políticas concretas, la experiencia histórica ha demostrado sobradamente que ninguna puede tomarse como una solución definitiva de tan difícil cuestión.

El centro de la Administración pública, repito, es la persona, el ciudadano. La persona, el ser humano, no puede ser entendido como un sujeto pasivo, inerme, puro receptor, destinatario inerte de las decisiones públicas

Definir a la persona como centro de la acción pública significa no sólo, ni principalmente, calificarla como centro de atención, sino, sobre todo, considerarla el protagonista por excelencia de la Administración pública. Aquí se encuentra una de las expresiones más acabadas de lo que entiendo por buena Administración pública en el marco democrático.

Afirmar que la libertad de los ciudadanos es el objetivo primero de la acción pública significa, pues, en primer lugar, perfeccionar, mejorar, los mecanismos constitucionales, políticos y jurídicos que definen el Estado de derecho como marco de libertades. Significa también crear las condiciones para que cada hombre y cada mujer encuentre a su alrededor el campo efectivo, la cancha, en la que jugar, libremente su papel activo, en el que desarrollar su opción personal, en la que realizar creativamente su aportación al desarrollo de la sociedad en la que está integrado.

Establecidas esas condiciones, el ejercicio real de la libertad depende inmediata y únicamente de los propios ciudadanos, de cada ciudadano. La buena Administración pública ha de mirar precisamente a la generación de este ambiente en el que cada ciudadano pueda ejercer su libertad de forma solidaria.

Para ello, los administradores de la cosa pública han de tener siempre bien presente que la acción pública ha de atender de manera preferente al bienestar integral de todos los ciudadanos.

El solar sobre el que es posible construir una buena Administración pública es, insistimos una vez más, el de la realidad del ser humano, una realidad no acabada, ni plenamente conocida, por cuanto es personalmente biográfica, y socialmente histórica, pero incoada y atisbada como una realidad entretejida de libertad y solidaridad, y destinada, por tanto, desde esa plataforma sustantiva, a protagonizar su existencia.

La buena Administración pública no puede reducirse, pues, a la simple articulación de procedimientos, con ser éste uno de sus aspectos más fundamentales. La administración buena Administración pública debe partir de la afirmación radical de la preeminencia de la persona, y de sus derechos, a la que los poderes públicos, despejada toda tentación de despotismo o de autoritarismo, deben subordinarse.

La afirmación de la prioridad del ser humano, de la sustancialidad de la persona es el elemento clave de la configuración ética de la buena Administración pública. Pero hablar de configuración ética no puede entenderse como la articulación de una propuesta ética concreta, definida, que venga a constituir una especie de credo o de código de principios dogmáticos desde los que se pretenda hacer una construcción política.

La buena Administración pública, por lo tanto, no puede fundarse, como algunos pretenden que se haga, en la propuesta de soluciones definitivas, perfectamente perfiladas en los gabinetes de los ideólogos que pretenden tener la clave para la interpretación de todo acontecimiento humano. La acción pública se ve orientada por grandes principios generales que en absoluto resuelven, que no dan la fórmula para la solución de problema concreto alguno.

Los grandes principios generales orientan en la búsqueda de soluciones, pueden ser elementos de contraste para un juicio sobre la validez de las soluciones propuestas, pero por sí mismos no resuelven nada, porque las soluciones a los problemas concretos van a depender del juicio prudencial de quienes han de decidir.

En efecto. La validez de la solución aportada vendrá contrastada por la experiencia. No basta comprobar que las soluciones aplicadas están en consonancia teórica con los grandes principios que defendemos. Es necesaria la prueba última de la contrastación empírica, la comprobación de que lo resuelto, lo ejecutado, produce los efectos deseados, o al menos efectos aceptables en la mejora de la situación que se deseaba resolver.

La buena Administración pública opera en un marco de moderación y de conocimiento de la realidad, tratando de mejorarla, lo que es compatible evidentemente con la rectificación sobre la marcha de los errores que se puedan cometer. Pretender que la Administración pública esté libre de tachas o errores es algo metafísicamente imposible que cuándo se cree firmemente se producen grandes desastres.

Podríamos decir que la apertura a la realidad, la aproximación abierta y franca a las condiciones objetivas de cada situación, y la apertura a la experiencia son componentes esenciales, actitudes básicas del talante ético desde el que debe construirse la buena Administración pública. En ellas se funda la disposición permanente de corregir y rectificar lo que la experiencia nos muestre como desviaciones de los objetivos propuestos o, más en el fondo, de las finalidades que hemos asignado a la acción pública.

Pensar la complejidad de la realidad y acercarse a ella desde el supuesto de la propia limitación, al tiempo que acaba con todo dogmatismo, rompe también cualquier tipo de prepotencia en el análisis o en el dictamen de soluciones, a la que el político pueda verse tentado.

El buen administrador público ha de tener claro que no es infalible, que sus opiniones, sus valoraciones están siempre mediatizadas por la información de que parte, que es siempre limitada, necesariamente incompleta.

La Administración pública radicalizada sólo se puede ejercer desde convicciones que se alejan del ejercicio crítico de la racionalidad, es decir desde el dogmatismo que fácilmente deviene fanatismo, del tipo que sea.

Sin embargo, toda acción pública es relativa. El único absoluto asumible es el hombre, cada hombre, cada mujer concretos, y su dignidad. Ahora bien, en qué cosas concretas se traduzcan aquí y ahora tal condición, las exigencias que se deriven de ellas, las concreciones que deban establecerse, dependen en gran medida de ese "aquí y ahora", que es por su naturaleza misma, variable.

La moderación, lejos de toda exaltación y prepotencia, implica una actitud de prudente distanciamiento, la asunción de la complejidad de lo real y de nuestra limitación. La complejidad de lo real no es una derivación del progreso humano, de los avances científicos y de la tecnología, por mucha complejidad que hayan añadido a nuestra existencia.

Con la actitud de equilibrio quiero referirme a la atención que el administrador público debe dirigir no a un sector, a un segmento de la población, a un grupo, por muy mayoritario que fuese, de ciudadanos, sino que el político debe tener presente la realidad social en todas sus dimensiones.

Se trata de administrar para todos, contando con los intereses y las necesidades de todos, y también y sobre todo con las de los que no las expresan, por cuanto entre ellos se encuentran posiblemente los que tienen más escasez de medios o menos sensibilidad para sentir como propios los asuntos que son de todos. Equilibrio, pues, como garantía, también, del buen gobierno y la buena administración.

El equilibrio es una exigencia y una condición de la buena Administración pública. El administrador público no está comprometido con un segmento, ni con una mayoría por amplia que fuese, sino que lo está con todos, aunque la base social que constituye su soporte serán necesariamente los sectores más dinámicos, activos y creativos del cuerpo social.

Al tratar acerca de las condiciones objetivas de las diversas situaciones a las que el administrador público se enfrenta, podría interpretarse que deben atender sólo a lo que podríamos llamar condiciones reales, prescindiendo de las referencias a la subjetividad, a las inclinaciones, a la conciencia de las gentes, al sentir social.

Nada más lejos de lo que debe ser. El sentir social, la conciencia social, debe ser un elemento de primer orden en la consideración del administrador público, si realmente se admite que la ciudadanía es el elemento fundamental en la articulación de la vida política. El sentir social forma parte de las condiciones objetivas, porque es un factor que actúa realmente, que gravita sobre las situaciones reales, y debe ser tenido en cuenta en su valoración.

Por ello, una buena Administración pública debe tener muy en cuenta la opinión pública. Sería suicida, pero sobre todo sería inadecuado e injusto, actuar de espaldas a ella. Pero la acción pública no puede plantearse como un seguidismo esclavizado de esa opinión. Negar una crisis que está instalada ya en la sociedad es, en este sentido, un grave error que tarde o temprano el pueblo cobra.

La atención a la opinión pública no significa sólo atención a la opinión mayoritaria, ni mucho menos. El buen administrador público debe tener particular sensibilidad para atender a las demandas de grupos y sectores minoritarios que manifiestan un especial compromiso ético-político en la solución de graves problemas que aquejan a nuestra sociedad, y trascendiéndola, al mundo entero, y que representan, en cierto modo, aquello que se denominaba conciencia crítica de la sociedad.

La conciencia ecológica, el antimilitarismo, el reparto de la riqueza, el compromiso con los desposeídos, la crítica de una sociedad consumista y competitiva, la reivindicación de la dignidad de la condición femenina, la denuncia de una sociedad hedonista y permisiva, etc., son tantas manifestaciones de una particular sensibilidad ética.

A veces, es cierto, estas tomas de postura se hacen con manifestaciones desmesuradas y reduccionistas o totalizantes, pero que nunca el administrador público debe dejar de tener presente, con el equilibrio y mesura que deben caracterizarle. Una respuesta cumplida a las demandas y expectativas de la sociedad de nuestro tiempo, requiere estar abierto también a las nuevas sensibilidades y hacer una ponderada valoración de sus diversas manifestaciones, sabiendo distinguir los compromisos auténticos de los oportunismos y de las estrategias de lucha partidista.

Las sociedades democráticas son fundamentalmente, esencialmente, sociedades plurales, hasta el punto de que un pluralismo disminuido o menoscabado puede ser interpretado como un síntoma de déficit democrático. La buena Administración pública ha de comprometerse con el pluralismo real, no con ese falso pluralismo de salón que no es más que una burda manipulación.

El pluralismo auténtico se traduce en diálogo. Cuando existe diversidad social, pero no hay diálogo, propiamente no deberíamos hablar de pluralismo sino de sectarismo. Aquí nos encontraríamos otra vez con la división maniquea del cuerpo social característica de todo comportamiento sectario.

Hoy, a pesar de la insistencia en la buena Administración pública, la proliferación de talantes autoritarios en la escena democrática constituye una no pequeña preocupación en la medida en que pareciera que la democracia es susceptible de un uso alternativo por estos nuevos autoritarismos que acechan por doquier.

Posiblemente en el diálogo es donde más pueden apreciarse las condiciones que caracterizan el talante de la buena Administración pública: moderación, respeto mutuo, conciencia de la propia limitación, atención a la realidad y a las opiniones ajenas, actitud de escucha, etc.

La disposición al diálogo no debe ser sólo una actitud de la buena Administración pública. El diálogo, como actitud socialmente generalizada, debe ser un objetivo público de primer orden.

Una sociedad democrática no es tanto una sociedad que vota, ni una sociedad partidista, con ser estos elementos factores vertebradores fundamentales en una democracia. Una sociedad democrática es ante todo una sociedad en la que se habla abiertamente, en la que se hace un ejercicio público de la racionalidad, en la que las visiones del mundo y los intereses individuales y de grupo se enriquecen mutuamente mediante el intercambio dialógico.

El diálogo auténtico entraña un enriquecimiento de la vida social y una auténtica integración, pues el diálogo supone la transformación de la tolerancia negativa, el mero soportar o aguantar al otro, al distinto, en tolerancia positiva, que significa apreciar al otro en cuanto que no nos limitamos simplemente a existir a su lado, sino que coexistimos con él.

-INNOVACIÓN Y SOCIEDAD DEL CONOCIMIENTO

En el ámbito de las nuevas tecnologías, en el ámbito de la sociedad de la información y del conocimiento, tenemos que ser conscientes de que hay que combinar y que hay que trabajar en alianza estratégica con los derechos fundamentales de las personas.

La buena Administración pública no puede olvidar que la sociedad del conocimiento ha de mejorar la calidad de la cultura cívica de las personas, pues de lo contrario estaremos desaprovechando una magnífica oportunidad para incidir positivamente en la mejora de las condiciones de vida de los ciudadanos.

En la nueva sociedad del conocimiento, se ha hablado mucho, se ha escrito mucho, sobre cómo tienen que concebirse las organizaciones. Por ejemplo, se ha señalado que deben ser de organizaciones inteligentes, flexibles, organizaciones humanas, abiertas, no rígidas, no herméticas, no verticales, no artificiales y no piramidales.

Me parece de gran interés la afirmación de Alejandro LLANO, que dice que la clave en estas organizaciones de la sociedad del conocimiento tiene mucho que ver con el proceso artesanal del aprendizaje. La formación no termina nunca, como sabemos muy bien, y el conocimiento es crecimiento, también como persona.

Los saberes que se producen a través de las nuevas tecnologías deben ayudar también a mejorar el trabajo diario de la organización y a mejorar también el trabajo de las personas que forman parte de la Administración pública, sin olvidar que hay una dimensión ética inherente a la propia Administración, tal y como analizamos en el epígrafe precedente.

En este marco, la buena Administración pública asume un papel básico y fundamental en la medida en que en una sociedad democrática la administración de lo público debe realizarse desde la condición central del ser humano y desde la convicción de que el poder público es una institución para mejorar las condiciones de vida de los ciudadanos.

Por supuesto que en la sociedad del conocimiento lo importante son las personas. Las personas no son mercancías, las personas tienen un potencial de libertad e inteligencia muy importante y los buenos administradores públicos tienen que ser capaces de hacer aflorar esas potencias, esa capacidad de aportación de ideas, esa capacidad de intercambio de ideas, esa capacidad de generar confianza para transformar la realidad.

En la sociedad del conocimiento, donde Internet, la red, tiene tanta importancia, tenemos que ser conscientes de que la clave está en concebir los conocimientos como capacidad para mejorar la vida de los hombres, no en acumular todo un conjunto de información que viene por la red y que no se sabe para qué sirve.

Sin embargo, comprobamos que para mucha gente ocurre eso que anunciaba Jeremy RIFKIN, 24 horas, 7 días a la semana. Estamos intentando los trabajadores vivan en mejores condiciones, en unas nuevas condiciones más humanas de trabajo, y estamos obligando, muchas veces, a que los empleados estén conectados al ordenador 24 horas los 7 días de la semana, sábados y domingos incluidos. O que, a través de los móviles, resulta que se puede tener a los trabajadores en un permanente sentido de dependencia que dañe incluso la vida de familia.

La sociedad del conocimiento nos facilita saber más para pensar mejor. Las organizaciones son, como señala LLANO, comunidades de aprendizaje, de investigación. En efecto, si en una organización hay un deseo de mejora, si continuamente se analizan los resultados: ¿por qué, las cosas salen bien?, ¿por qué salen mal?, y ¿qué cambios se deben procurar desde el trabajo en equipo, desde la escucha de los colaboradores?, entonces es más fácil saber lo que se debe hacer en cada momento.

Las transformaciones tecnológicas están determinando un nuevo tipo de sociedad, que abandona a marchas forzadas su carácter postindustrial para configurarse, como se ha dicho, como una sociedad del conocimiento y de la información. Ahora bien, esta sociedad del conocimiento y de la información tiene que ser también una sociedad humana, profundamente humana, en la cual resplandezcan los derechos fundamentales y la dignidad de las personas.

Pensamos en una sociedad donde resplandezcan los derechos fundamentales de los que menos tienen menos condiciones tienen de salir adelante. Y esta nueva sociedad que está emergiendo poco a poco, ofrece muchas potencialidades para mejorar la vida de los ciudadanos desde las vertientes pública y privada. Se habla de la nueva economía, de los nuevos canales comerciales, de la nueva democracia, más directa y más participativa, se habla también de nuevas formas de concebir y ejecutar las políticas públicas.

Desde la buena Administración pública hay que pensar que los poderes públicos tienen el gran desafío de mejorar las condiciones para el libre desarrollo solidario de los ciudadanos.

La importancia que las nuevas tecnologías de la información y la comunicación tienen en la mejora de las relaciones entre Administración pública y ciudadanos es evidente.

Solo hay que pensar en las posibilidades que las TICS ofrecen al ciudadano para acceder a la información pública, en las posibilidades que tiene la organización de informar con más transparencia a la población, en la posibilidad de hacer participar al ciudadano en la toma de decisiones o en la definición de sus necesidades colectivas. La simplificación que puede representar para la organización pública la puesta en común de recursos, evitando trámites e informaciones innecesarias y duplicaciones de tareas se impone por sí misma.

Las ventajas de las nuevas tecnologías son evidentes, sobre todo en orden a recuperar, en la práctica, esa idea central del pensamiento democrático de que las instituciones son de la propiedad ciudadana.

Las distintas Administraciones públicas, a lo largo y ancho del planeta, han avanzado sustancialmente en esta materia. Ahí están administración las ventanillas únicas que permiten la interconexión de registros, la ventanilla única empresarial que agiliza la creación de empresas, el portal de las Administraciones públicas, la Intranet administrativa, la regulación de la ley de firma electrónica, el documento nacional de identidad electrónico, la gestión telemática de determinados tramites administrativos, como las cotizaciones a la Seguridad Social, o la declaración y pago de impuestos...

Sin embargo, hay que reconocer que aun queda camino que recorrer en la implantación de una autentica Administración electrónica que garantice mayores cotas de eficacia, de eficiencia y de calidad de los servicios, así como más cercanía a los ciudadanos.

Para que la Administración pública on-line tenga sentido, el desarrollo al interior de la organización pública debe ir en paralelo al propio desarrollo tecnológico de la sociedad. Por ello no solo hay que hacer esfuerzos por implantar la e-Administración, sino que también hay que priorizar la extensión del uso de las nuevas tecnologías en la sociedad, minimizando la brecha social que se puede producir según se use o no la información.

Hemos de admitir que en muchos países del globo el acceso a Internet es escaso entre la población a pesar de los esfuerzos económicos que se están realizando por implantar el uso del ordenador a las escuelas, o por hacer más económico el acceso a Internet. Esta realidad, y la adopción de determinadas medidas, como mejorar la seguridad electrónica, garantizar la confidencialidad, son claves para que cobre sentido la Administración en línea.

Una nueva cultura, tecnológica y profundamente humanista a la vez, es la que impregna la buena Administración pública. Este ambiente debe presidir la propia organización, los métodos de trabajo, las gestiones administrativas, los procedimientos, la prestación de servicios públicos. Para que esta nueva cultura tecnológica y humana, radicalmente tecnológica y radicalmente humana, penetre verdaderamente es muy importante trabajar en el mundo de la educación y de la formación.

Por eso, en una institución como el Instituto Nacional de Administración Pública es esencial insistir y subrayar la formación de los funcionarios en el manejo de los nuevos instrumentos informáticos de gestión, sin perder de vista algo fundamental: que las TICS no son un fin en sí mismas, son un medio para conseguir una Administración pública más humana que facilite el libre ejercicio de los derechos fundamentales de las personas.

La buena Administración pública en la sociedad del conocimiento trae consigo seis formas de entender el trabajo que se realiza en las dependencias públicas que, de la mano de Alejandro LLANO, me parecen muy relevantes para comprender el sentido de la tarea administrativa.

Primera, trabajar es aprender. Dirigir es enseñar. Trabajar es aprender porque el aprendizaje es permanente y no se puede deslindar el trabajo del aprendizaje. En el puesto de trabajo aprendemos en convivencia con los demás colaboradores, colegas, por lo que el que dirige no se puede guardar para sí lo que ha aprendido de otros, sino que generosamente tiene que transmitirlo a los demás en un camino en el que se hace escuela y se descubren buenos directivos para lo público y para lo privado.

En segundo lugar, una organización inteligente es una comunidad de investigación y aprendizaje. Permanentemente hemos de buscar las causas de lo que sale bien, de lo que sale mal y tomar decisiones. Y a la hora de los diagnósticos, de los análisis, tenemos que contar con toda la organización, con todas las personas que trabajan, que están involucradas en los objetivos y en los resultados.

En tercer lugar, entender el conocimiento nos lleva a una nueva forma de entender la profesión que tiene mucho que ver con la orfebrería, tarea que está vinculada a la elaboración esmerada del trabajo, a la minuciosidad y laboriosidad propia del trabajo de los artesanos dedicados al montaje y tratamientos de las joyas y las piedras preciosas. Lo importante es el trabajo, lo bien que se haga el trabajo, produzca o no el resultado buscado. Si el fin opaco al medio, mal asunto, mal asunto.

En cuarto lugar, estas organizaciones propias de la buena Administración pública poseen una obvia dimensión ética. La persona en el centro, en el centro de trabajo, tiene que ser la característica que distinga el trabajo de las nuevas organizaciones de la sociedad del conocimiento. Si la persona es una mercancía de usar y tirar, mal, muy mal.

En quinto lugar, una organización inteligente también debe cultivar una profunda cultura corporativa, y si es una organización pública su talante y su estilo estará al servicio objetivo y permanente de los intereses generales. Intereses generales entendidos como la garantía de los derechos de las personas.

Y en sexto lugar, en las organizaciones inteligentes, la investigación y la gestión se identifican. ¿Por qué? Porque el aprendizaje no termina nunca, la formación no termina nunca y gestionar es aprender, y gestionar, como decía antes, es investigar. La buena Administración pública, en fin, no puede olvidar estos criterios tan importantes para realizar, en la sociedad del conocimiento, de la mejor forma posible, el servicio objetivo al interés general.

# -SENSIBILIDAD SOCIAL

Una de las características que mejor define a la buena Administración pública es la sensibilidad social. En efecto, la sensibilidad social, actitud solidaria, deriva del principio de la centralidad de la persona en la actuación de la Administración pública. Perspectiva que permite conducir la proa de la nave del aparato administrativo a la búsqueda las soluciones reales a las cuestiones colectivas y a orientar las decisiones en los ámbitos de la cooperación, de la convivencia, de la integración y de la confluencia de intereses. En este contexto, la persona y su dignidad son la clave y la fuerza que lleva a la gran tarea de humanizar desde la misma Administración.

La sensibilidad social supone, insisto, colocar a las personas en el centro de la actuación administrativa. Cuándo ello así acontece, la acción pública se dirige de manera comprometida a prestar servicios reales al pueblo, a atender los intereses reales de la gente, a escuchar de verdad a la ciudadanía. Ello implica necesariamente el entendimiento con los diferentes interlocutores para mejorar las condiciones de vida de los ciudadanos.

Ahora bien, esas prestaciones, esos servicios no son un fin sino un medio para alcanzar mayores cotas de bienestar general e integral para el pueblo. Son un medio para la mejora de las condiciones de ejercicio de la libertad solidaria de las personas, no un sistema de captación de voluntes.

En fin, las prestaciones sociales, las atenciones sanitarias, las políticas educativas, las actuaciones de promoción del empleo, son bienes de carácter básico que una buena Administración pública debe poner entre sus prioridades, de manera que la garantía de esos bienes se convierta en condición para que la sociedad libere energías que permitan su desarrollo y la conquista de nuevos espacios de libertad y de participación ciudadana.

Las prestaciones públicas constituyen el entramado básico del llamado Estado del bienestar, modelo que poco a poco va camino de su desaparición salvo que proyectemos el quehacer público desde la perspectiva dinámica del Estado del bienestar.

Por eso, ¿cómo es posible seguir defendiendo la subvención como fin, ¿cuándo es uno de los mayores atentados al progreso social? En efecto, cuándo el Estado de bienestar se toma como un fin en sí mismo, la Administración pública se reduce al papel de suministrador de servicios, con lo que el ámbito público se convierte en una rémora del desarrollo social, político, económico y cultural, en lugar de su catalizador o impulsor.

En este ambiente se dificulta, cuándo no se impide desde la raíz, el necesario equilibrio para la creación de una atmósfera adecuada para el libre desarrollo de las personas y de las asociaciones, levantándose una estructura estática y cerrada que priva al cuerpo social del dinamismo necesario para propiciar la libertad y la participación de la ciudadanía.

Las prestaciones, los derechos, tienen un carácter dinámico que no puede quedar a merced de mayorías clientelares, anquilosadas, sin proyecto vital más allá de la reivindicación del derecho adquirido o de la conservación de la posición. Cuándo ello acontece, se olvida que las prestaciones sociales se justifican en la medida que se incardinan en el bienestar general e integral de la gente, o, si se quiere, en la mejora de las condiciones de vida de los ciudadanos.

Nos puede servir como ejemplo la acción de la Administración pública en relación con los más desfavorecidos, entre los que contamos a los marginados, los pobres, los parados o los mayores. Las prestaciones públicas nunca pueden tener la condición de dádivas mecánicas. Más bien, la buena Administración pública debe propiciar con sus prestaciones el desarrollo, la manifestación, el afloramiento de las energías y las capacidades escondidas en esos amplios sectores sociales.

## IV. EL DERECHO FUNDAMENTAL A LA BUENA ADMINISTRACIÓN PÚBLICA

El Derecho Administrativo del Estado social y democrático de Derecho es un Derecho del poder público para la libertad solidaria, un Ordenamiento jurídico en el que las categorías e instituciones públicas han de estar, como bien sabemos, orientadas al servicio objetivo del interés general. Atrás quedaron, afortunadamente, consideraciones y exposiciones basadas en la idea de la autoridad o el poder como esquemas unilaterales desde los que plantear el sentido y la funcionalidad del Derecho Administrativo.

En este tiempo en que nos ha tocado vivir, toda la construcción ideológica montada a partir del privilegio o de la prerrogativa va siendo superada por una concepción más abierta y dinámica, más humana también, desde la que el Derecho Administrativo adquiere un compromiso especial con la mejora de las condiciones de vida de la población a partir de las distintas técnicas e instituciones que componen esta rama del Derecho Público.

El lugar que antaño ocupó el concepto de la potestad o del privilegio o la prerrogativa ahora lo ocupa por derecho propio la persona, e ser humano, que asume un papel central en todas las ciencias sociales, también obviamente en el derecho administrativo.

En efecto, la consideración central del ciudadano en las modernas construcciones del Derecho Administrativo y la Administración pública proporciona el argumento medular para comprender en su cabal sentido este nuevo derecho fundamental a la buena Administración pública establecido en el artículo 41 de la Carta Europea de los Derechos Fundamentales.

La persona, el ciudadano, el administrado o particular según la terminología jurídico administrativa al uso, ha dejado de ser un sujeto inerte, inerme e indefenso frente a un poder que intenta controlarlo, que le prescribía lo que era bueno o malo para él, al que estaba sometido y que infundía, gracias a sus fenomenales privilegios y prerrogativas, una suerte de amedrentamiento y temor que terminó por ponerlo de rodillas ante la todopoderosa maquinaria de dominación en que se constituyó tantas veces el Estado.

La perspectiva abierta y dinámica del poder, ordenado a la realización de la justicia, a dar a cada uno lo suyo, lo que se merece, ayuda sobremanera a entender que el principal atributo de la Administración pública sea, en efecto, un elemento esencial en orden a que la dirección de la cosa pública atienda preferentemente a la mejora permanente e integral de las condiciones de vida del pueblo en su conjunto, entendido como la generalidad de los ciudadanos.

Tratar sobre buena Administración pública constituye una tarea que ha de estar presidida por los valores cívicos, y correspondientes cualidades democráticas, que son exigibles a quien ejerce el poder en la administración pública a partir de la noción constitucional de servicio objetivo al interés general. Poder que debe moderado, equilibrado, realista, eficaz, eficiente, socialmente sensible, cooperativo y atento a la opinión pública.

Existen Administraciones públicas porque, con antelación, existen intereses comunes, generales, que atender convenientemente. Y existen asuntos de interés general como la sanidad o la educación, porque las personas en conjunto, e individualmente consideradas, precisan de ellos. Por tanto, es la persona y sus necesidades colectivas quienes explican la existencia de instituciones supraindividuales ordenadas y dirigidas a la mejor satisfacción de esos intereses comunitarios de forma y manera que su gestión y dirección se realicen al servicio del bienestar general, integral, de todos, no de una parte, por importante y relevante que esta sea.

La buena Administración pública parte del derecho ciudadano, fundamental para más señas, a que sus asuntos comunes y colectivos estén ordenados de forma y manera que a su través se mejoren las condiciones de vida de las personas. Las Administraciones públicas, desde esta perspectiva, han de estar conducidas y manejadas por una serie de criterios mínimos, llamados de buena administración.

La buena Administración pública es un derecho ciudadano de naturaleza fundamental. ¿Por qué se proclama como derecho fundamental por la Unión Europa? Por una gran razón que reposa sobre las más altas argumentaciones del pensamiento político: en la democracia, las instituciones políticas no son de propiedad de políticos o altos funcionarios, sino que son del dominio popular, de los ciudadanos, de las personas de carne y hueso que día a día, con su esfuerzo por encarnar los valores cívicos y las cualidades democráticas, dan buena cuenta del temple democrático en la cotidianeidad.

Por ello, si las instituciones públicas son de la soberanía popular, de dónde proceden todos los poderes del Estado, es claro que han de estar ordenadas al servicio objetivo del interés general.

Desde el punto de vista normativo, es menester reconocer que la existencia positiva de este derecho fundamental a la buena administración parte de la Recomendación núm. R (80) 2, adoptada por el Comité de Ministros del Consejo de Europa el 11 de marzo de 1980 relativa al ejercicio de poderes discrecionales por las Autoridades administrativas, así como de de la jurisprudencia del Tribunal de Justicia de las Comunidades Europeas y del Tribunal de Primera Instancia.

Entre el Consejo de Europa y la Jurisprudencia comunitaria, desde 1980, se fue construyendo, poco a poco, el derecho a la buena Administración pública, derecho que la Carta Europea de los Derechos Fundamentales de diciembre de 2000 recogería en el artículo 41. Más adelante, la nueva Carta Europea de los Derechos Fundamentales de 12 de diciembre de 2007, que sustituye a la anterior, recoge en los mismos términos el derecho fundamental a la buena administración pública.

Antes del comentario de este precepto, me parece pertinente señalar dos elementos de los que trae causa: la discrecionalidad y la jurisprudencia. En efecto, la discrecionalidad, se ha dicho con acierto, es el caballo de Troya del Derecho Público (HUBER) por la sencilla razón de que su uso objetivo nos sitúa al interior del Estado de Derecho y su ejercicio abusivo nos lleva al mundo de la arbitrariedad y del autoritarismo.

El ejercicio de la discrecionalidad administrativa en armonía con los principios de derecho es muy importante. Tanto como que un ejercicio destemplado, al margen de la motivación que le es inherente, deviene en abuso de poder, en arbitrariedad. Y, la arbitrariedad es la ausencia del derecho, la anulación de los derechos ciudadanos en relación con la administración.

Por lo que respecta a la jurisprudencia, debe tenerse en cuenta que normalmente los conceptos de elaboración jurisprudencial son conceptos construidos desde la realidad, algo que es en sí mismo relevante y que permite construir un nuevo derecho fundamental con la garantía del apoyo de la ciencia que estudia la solución justa a las controversias jurídicas.

El artículo 41 de la Carta constituye un precipitado de diferentes derechos ciudadanos que a lo largo del tiempo y a lo largo de los diferentes Ordenamientos han caracterizado la posición central que hoy tiene la ciudadanía en todo lo que se refiere al Derecho Administrativo.

Pues bien, dicho precepto dispone:

1.   Toda persona tiene derecho a que las instituciones y órganos de la Unión traten sus asuntos imparcial y equitativamente y dentro de un plazo razonable.

2.   Este derecho incluye en particular:

-el derecho de toda persona a ser oída antes de que se tome en contra suya una medida individual que le afecte desfavorablemente.

-el derecho de toda persona a acceder al expediente que le afecte, dentro del respeto a los intereses legítimos de la confidencialidad y del secreto profesional y comercial.

-la obligación que incumbe a la administración de motivar sus decisiones.

3.   Toda persona tiene derecho a la reparación por la Comunidad de los daños causados por sus instituciones o sus agentes en el ejercicio de sus funciones, de conformidad con los principios generales comunes a los Derechos de los Estados miembros.

4.   Toda persona podrá dirigirse a las instituciones de la Unión en una de las lenguas de los Tratados y deberá recibir una contestación en esa misma lengua".

Los ciudadanos europeos tenemos un derecho fundamental a que los asuntos públicos se traten imparcialmente, equitativamente y en un tiempo razonable. Es decir, las Instituciones comunitarias han de resolver los asuntos públicos objetivamente, han de procurar ser justas –equitativas– y, finalmente, han de tomar sus decisiones en tiempo razonable.

En otras palabras, no cabe la subjetividad, no es posible la inequidad y no se puede caer en la dilación indebida para resolver. En mi opinión, la referencia a la equidad como característica de las decisiones administrativas comunitarias no debe pasar por alto. Porque no es frecuente encontrar esta construcción en el Derecho Administrativo de los Estados miembros y porque, en efecto, la justicia constituye, a la hora del ejercicio del poder público, cualquiera que sea la institución pública en la que nos encontremos, la principal garantía de acierto.

La referencia la razonabilidad del plazo para resolver incorpora un elemento esencial: el tiempo. Si una resolución es imparcial, justa, pero se dicta con mucho retraso, es posible que no tenga sentido, que no sira para nada. El poder se mueve en las coordenadas del espacio y del tiempo y éste es un elemento esencial que el derecho comunitario destaca suficientemente. La razonabilidad se refiere al plazo de tiempo en el que la resolución pueda ser eficaz de manera que no se dilapide el legítimo derecho del ciudadano a que su petición, por ejemplo, se conteste en un plazo en que ya no sirva para nada.

El derecho a la buena Administración pública es un derecho fundamental de todo ciudadano comunitario a que las resoluciones que dicten las instituciones europeas sean imparciales, equitativas y razonables en cuanto al fondo y al momento en que se produzcan. Dicho derecho según el citado artículo 41 incorpora, a su vez, cuatro derechos.

El primero se refiere al derecho a que todo ciudadano comunitario tiene a ser oído antes de que se tome en contra suya una medida individual que le afecte desfavorablemente. Se trata de un derecho que está reconocido en la generalidad de las legislaciones administrativas de los Estados miembros como consecuencia de la naturaleza contradictoria que tienen los procedimientos administrativos en general, y en especial los procedimientos administrativos sancionadores o aquellos procedimientos de limitación de derechos. Es, por ello, un componente del derecho a la buena Administración pública que el derecho comunitario toma del Derecho Administrativo Interno.

El segundo derecho derivado de este derecho fundamental a la buena Administración pública se refiere, de acuerdo con el párrafo segundo del citado artículo 41 de la Carta de Derechos Fundamentales, al derecho de toda persona a acceder al expediente que le afecte, dentro del respeto de los intereses legítimos de la confidencialidad y del secreto profesional y comercial. Nos encontramos, de nuevo, con otro derecho de los ciudadanos en los procedimientos administrativos generales.

Claro está, existen límites derivados del derecho a la intimidad de otras personas, así como del secreto profesional y comercial. Es decir, un expediente en que consten estrategias empresariales no puede consultado por la competencia en ejercicio del derecho a consultar un expediente de contratación que le afecte en un determinado concurso.

El tercer derecho que incluye el derecho fundamental a la buena administración es el más importante: el derecho de los ciudadanos a que las decisiones administrativas de la Unión europea sean motivadas. Llama la atención que este derecho se refiera a todas las resoluciones europeas sin excepción. Me parece un gran acierto la letra y el espíritu de este precepto. Sobre todo, porque una de las condiciones del ejercicio del poder en las democracias es que sea argumentado, razonado, motivado.

El poder público que se basa en la razón ética es legítimo. El que no se justifica es sencillamente arbitrario. Por eso todas las manifestaciones del poder debieran, como regla motivarse. Su intensidad dependerá, claro está, de la naturaleza de los actos de poder. Si son reglados la motivación será menor. Pero si son discrecionales, la exigencia de motivación será mayor. Es tan importante la motivación de las resoluciones públicas que bien puede afirmarse que la temperatura democrática de una Administración es proporcional a la intensidad de la motivación de los actos y normas administrativos.

En una sentencia más reciente, de 15 de octubre de 2010, el Tribunal Supremo del Reino de España precisa el alcance de la motivación que exige nuestra Constitución señalando que tal operación jurídica "se traduce en la exigencia de que los actos administrativos contengan una referencia específica y concreta de lo hechos y los fundamentos de derecho que para el órgano administrativo que dicta la resolución han sido relevantes, que permita reconocer al administrado la razón fáctica y jurídica de la decisión administrativa, posibilitando el control judicial por los tribunales de lo contencioso administrativo". Además, tal obligación de la Administración "se engarza en el derecho de los ciudadanos a una buena administración, que es consustancial a las tradiciones constitucionales comunes de los Estados miembros de la Unión Europea, que ha logrado refrendo normativo como derecho fundamental en el artículo 41 de la Carta de los Derechos Fundamentales de la Unión Europea, proclamada por el Consejo de Niza de 8/10 de diciembre de 2000, al enunciar que este derecho incluye en particular la obligación que incumbe a la Administración de motivar sus decisiones".

En el apartado tercero del precepto se reconoce el derecho a la reparación de los daños ocasionados por la actuación u omisión de las instituciones comunitarias de acuerdo con los principios comunes generales a los derechos de los Estados miembros. La obligación de indemnizar en los supuestos de responsabilidad contractual y extracontractual de la Administración está, pues, recogida en la Carta. Lógicamente, el correlato es el derecho a la consiguiente reparación cuándo las instituciones comunitarias incurran en responsabilidad. La peculiaridad del reconocimiento de este derecho, también fundamental, derivado del fundamental a la buena administración, reside en que, por lo que se vislumbra, el régimen de funcionalidad de este derecho se establecerá desde los principios generales de la responsabilidad administrativa en derecho comunitario.

La cuestión del derecho a la indemnización cuando el Estado, como consecuencia del funcionamiento de sus servicios, haya provocado daños a los ciudadanos es un tema polémico. En realidad, una Administración que debe indemnizar con cantidades millonarias es una mala Administración por causar con frecuencia daños a los ciudadanos, por mucho que esté reconocido el derecho a la justa indemnización. Es mejor Administración aquella que indemniza menos porque ocasiona menos daños a los ciudadanos como consecuencia del funcionamiento de los servicios públicos en general.

El apartado cuarto del artículo 41 de la Carta de los Derechos Fundamentales de la Unión Europea dispone que toda persona podrá dirigirse a las instituciones de la Unión en una de las lenguas de los Tratados y deberá recibir una contestación en esa lengua.

Por su parte, la jurisprudencia ha ido, a golpe de sentencia, delineando y configurando con mayor nitidez el contenido de este derecho fundamental a la buena administración atendiendo a interpretaciones más favorables para el ciudadano europeo a partir de la idea de una excelente gestión y administración pública en beneficio del conjunto de la población de la Unión Europea.

Debe tenerse presente, también, que el artículo 41 del denominado Código Europeo de Buena Conducta Administrativa de 1995 es el antecedente del ya comentado artículo 41 de la carta de los Derechos Fundamentales. Es más, se trata de una fiel reproducción.

El artículo 41 de la Carta Europea de los Derechos Fundamentales de diciembre de 2007 es, ciertamente, la referencia normativa más importante que existe en el seno de la UE en la materia. Hasta el punto que el Código de Buena Conducta Administrativa de la UE, dirigido a las instituciones y a los órganos de la Unión Europea, aprobado por resolución del Parlamento Europeo de 6 de septiembre de 2001, es un instrumento de concreción precisamente del derecho fundamental a la buena administración.

En la introducción que hace el Defensor del Pueblo Europeo al Código el 5 de enero de 2005, en el epígrafe dedicado a la naturaleza jurídica se recuerda literalmente el contenido del citado artículo 41 de la Carta y se recuerda que el Defensor del Pueblo Europeo investiga posibles casos de mala administración en las actividades de las instituciones y órganos de la Unión.

La referencia a las instituciones y órganos de la Unión debe entenderse en sentido amplio puesto que las decisiones y las declaraciones de voluntad de las instituciones y los órganos se realizan, bien unilateralmente, bien colectivamente o multilateralmente, de forma y manera que la buena o la mala administración se refiere obviamente a os titulares o al titular de la potestad en cada caso.

Según el Código, y el propio Parlamento Europeo, que se han inspirado en el informe del Defensor del Pueblo Europeo de 1997, es mala administración la que se produce cuándo un organismo público no obra de conformidad con las normas o principios a los que debe obligatoriamente atenerse.

La propia Carta dispone en su artículo 43 que todo ciudadano de la UE o toda persona física o jurídica que resida o tenga su domicilio fiscal en un Estado miembro tiene derecho a someter al Defensor del Pueblo de la Unión los casos de mala administración en la acción de las instituciones u órganos comunitarios, con exclusión del Tribunal de Justicia y del Tribunal de Primera Instancia en el ejercicio de sus funciones jurisdiccionales.

Siendo el precepto impecable, tiene un pequeño problema, que es el referido al uso del término acción para significar las actuaciones que pueden ser objeto de reclamación por haber lesionado este derecho fundamental.

En lugar de acción, y para evitar problemas interpretativos, de manera que las omisiones y las inactividades también puedan desencadenar la reclamación ante el Defensor del Pueblo Europeo, debió haberse utilizado la expresión actuación, que incluye tanto decisiones expresas, como presuntas o inactividades, junto a vías de hecho.

También se recuerda en la introducción que estamos glosando, que el propio Parlamento de la UE, a través de una resolución contemporánea al mismo Código, entendió que para la determinación o comprobación de si se da un supuesto de mala administración es preceptiva la actuación del Defensor del Pueblo, dando con ello efecto al derecho de los ciudadanos a una buena administración tal y como está redactado en el artículo 41 de la Carta.

Es decir, el Defensor del Pueblo es quien en principio toma en consideración las reglas y principios establecidos en el Código al examinar los casos de mala administración.

Es tal la relevancia del derecho fundamental a la buena Administración pública, que el parlamento europeo solicitó a la Comisión Europea que le presentara un reglamento en el que se concretaran las obligaciones que para las instituciones y órganos de la UE se derivaran de este derecho ciudadano.

Tal reglamento, se dice en la introducción del defensor del Pueblo Europeo, sería de vital importancia pues subrayaría el carácter vinculante de las reglas y principios contenidos en el Código, que así se aplicarían de forma uniforme y consistente por todas las instituciones y órganos de la UE promoviendo así la transparencia.

Esta apreciación del Defensor del Pueblo Europeo acerca de la naturaleza jurídica del contenido del Código me parece fundamental. Por una razón sencilla, si las reglas y principios del Código, de eminente carácter ético no son de general observancia para todas las instituciones y órganos de la UE, entonces nos encontraríamos con unas consecuencias contradictorias en sí mismas.

En efecto, si el Código no tuviera consecuencias jurídicas, sus principios y normas de conducta serían meras guías voluntarias para el quehacer público en las instituciones y órganos de la UE, cuándo constituyen evidentes principios básicos y fundamentales de la propia actuación administrativa. Su lesión y conculcación, en la medida en que constituyen transgresiones de la esencia misma de la función pública, de la función de servicio objetivo al interés general, deben ser sancionadas.

Si la dimensión ética de la función pública no tiene relevancia jurídica, no podremos garantizar que el comportamiento de autoridades y funcionarios se ajuste y se oriente a las más elementales reglas y criterios del servicio público.

Mientras formalmente no se apruebe dicho reglamento, el Defensor del Pueblo Europeo sigue trabajando en orden a transformar el Código en Derecho Administrativo Europeo. Tal objetivo es de gran trascendencia pues de esta manera existiría un cuerpo normativo uniforme para todas las instituciones y órganos de la UE en lo que se refiere a los principios que rigen sus relaciones con los ciudadanos.

En este sentido, la elaboración en 2012, por parte del Defensor del Pueblo Europeo, de los principios de la función pública de la UE es una muy buena herramienta pues ayuda a dar mayor difusión y conocimiento a los principios básicos establecidos en el Código que se derivan del fundamental derecho a la buena administración establecido en el artículo 41 de la Carta Europea de los Derechos Fundamentales.

Por lo que se refiere al aludido Código Europeo de Buena Conducta, aprobado por el Parlamento Europeo en septiembre de 2001, poco tiempo después de la Carta Europea de los Derechos Fundamentales (diciembre de 2000 y después diciembre de 2007), es necesario señalar que es un instrumento magnífico para que el Defensor del Pueblo compruebe la existencia de casos de mala administración cuándo así se le solicite, cumpliendo cabalmente de esta manera la función de control externo de la actuación de las instituciones y órganos de la UE que tiene encomendad. En efecto, esta función la realiza el Defensor del pueblo de acuerdo con el artículo 195 del Tratado de la Constitución Europea y con el Estatuto del propio Defensor.

La virtualidad del Código es que permite a los ciudadanos de la UE conocer en la realidad práctica en qué consiste este derecho fundamental, que significa en concreto y en qué casos se lesiona por parte de las Autoridades de la unión.

Aunque el Defensor del Pueblo asegura, enero de 2005, que muchos países se han inspirado en el Código para redactar los Códigos nacionales y que se ha hecho una extensa e intensa labor de difusión, lo cierto y verdad es que la simple opinión que existe en la ciudadanía acerca de la UE y de sus instituciones es suficiente elocuente del conocimiento real que tienen los pueblos europeos de este derecho fundamental y de sus consecuencias.

El Código señala en su artículo 1 que las instituciones y órganos de la UE, obviamente representados o encarnados en personas individuales o colectivas, deben respetar los principios establecidos en el Código en sus relaciones con el público. Más que respetar, lo que deben es cumplir diligentemente las obligaciones y deberes que marca el Código, y que son corolarios necesarios del derecho fundamental a la buena administración que asiste a todo ciudadano de la UE.

El Código es de aplicación, artículo 2, a todos los funcionarios y agentes de la UE de acuerdo con el Estatuto de la función pública europea y el régimen jurídico aplicable a los agentes de la Unión. El Código utiliza el término funcionario para designar a los funcionarios de la UE en sentido estricto y a los agentes de la UE a los que es de aplicación. Funcionarios y agentes podríamos denominar al personal al servicio de la Administración pública de la UE.

Sin embargo, como precisa el precepto, el Código también se extiende, es lógico, a otras personas que trabajen para la Administración comunitaria como son los contratados en régimen de Derecho privado, expertos de Administraciones nacionales en comisión de servicios, así como becarios.

Es decir, las obligaciones y deberes que se derivan del derecho fundamental a la buena administración se refieren a todas las personas que de forma directa o indirecta laboran para la Administración comunitaria, incluso a becarios y expertos nacionales en comisión de servicios. Tal extensión de las obligaciones es coherente con el alcance y significado de estas obligaciones y deberes, que gravan la conducta de aquellas personas que reciben su retribución de los fondos públicos comunitarios, con independencia de su categoría profesional.

El Código precisa, en el artículo 2, que entiende por público, por ciudadano, por el sujeto con el que se relaciona la Administración pública comunitaria. Entiende por público a toda persona física o jurídica, independientemente de que residan o tengan su domicilio en un Estado miembro. Es decir, el autor del Código manifiesta un entendimiento muy amplio, como debe ser, del significado y alcance del término público. También en el artículo 2 precisa dos cuestiones terminológicas. Nos dice que por institución hay que entender institución y también órgano, y por funcionario, funcionario y agente de las Comunidades Europeas.

Por lo que se refiere al ámbito material de aplicación, el Código contiene los principios generales de buena administrativa aplicables a todas las relaciones entre las instituciones y el público en el artículo 3.

Capítulo aparte merecen los principios que rigen las relaciones entre los funcionarios y la institución, que se encuentran en el Estatuto de la función pública comunitaria. No se entiende bien la mención que el artículo realiza a que tales principios generales se pueden dispensar si existen disposiciones específicas en la materia. Pueden ser desarrollados, eso sí, pero inaplicables por existir normas específicas parece un tanto contradictorio.

¿Es qué estos principios pueden ponerse entre paréntesis o declararse inaplicables para casos específicos? ¿Es qué los principios de ausencia de discriminación, proporcionalidad, ausencia de abuso de poder, imparcialidad, independencia, objetividad, confianza legítima, coherencia, asistencia, justicia, imparcialidad, racionalidad, cortesía, respuesta, acuse de recibo, identificación del funcionario competente, audiencia, motivación, celeridad, acceso a la información…?

También el Código, como no podía ser de otra manera, prescribe el principio de juridicidad al disponer en su artículo 4 que el funcionario actuará de conformidad con la legislación y aplicará las normas y procedimientos establecidos en la legislación comunitaria.

En concreto, el funcionario velará porque las disposiciones que afecten a los derechos o intereses de los ciudadanos estén basadas en la ley y que su contenido cumpla la legislación. Se trata, pues, de la enunciación del principio de legalidad en su versión más formal. Salvo que interpretemos el término legislación en un sentido amplio, que no es fácil, tal y como está redactado, podríamos colegir que hay una referencia al derecho. El principio de juridicidad se refiere a la ley y al derecho.

En el artículo 5 empiezan las referencias a los principios generales de buena conducta administrativa, que constituyen un corolario necesario, no se puede perder de vista, del derecho fundamental a la buena administración del que disponen los ciudadanos de la UE.

El primero de estos principios generales es el de igualdad o, en términos negativos, ausencia de discriminación. El principio se plantea en el marco de la tramitación de las solicitudes del público y en el ámbito de la toma de decisiones. En ambos casos, el funcionario debe garantizar el principio de igualdad de trato, que implica que los ciudadanos que se encuentren en la misma situación procedimental serán tratados de igual manera, de manera similar dice el Código. En el caso de que se produzca alguna diferencia de trato, está deberá ser justificada, motivada convenientemente en función, dice el Código, de las características pertinentes objetivas del caso. Es decir, la motivación debe estar fundada sobre la realidad, sobre las características pertinentes del caso y, lo que es más importante, debe hacerse objetivamente.

El contenido del principio de ausencia de discriminación, en particular, implica que el funcionario evitará toda discriminación injustificada entre miembros del público por razones de nacionalidad, sexo, raza, color, origen étnico o social, características genéticas, lengua, religión o creencias, opiniones políticas o de cualquier tipo, pertenencia a una minoría nacional, propiedad, nacimiento, discapacidad, edad u orientación sexual. Estas listas tan largas deberían evitarse pues en el futuro no sería extraño que surja una nueva causa de discriminación por lo que es mejor usar fórmulas más amplias que den cabida a cualquier forma de discriminación por la causa que fuere.

Un principio general, también del Derecho, es el de proporcionalidad. El Código en su artículo 6 lo define así: al adoptar decisiones el funcionario garantizará que las medidas sean proporcionales al fin perseguido, evitando toda forma de restricción de los derechos de los ciudadanos, así como la imposición de cargas cuándo éstas y aquellas no sean razonables con respeto al objeto perseguido.

Además, al adoptar decisiones, el funcionario respetará el justo equilibrio entre los intereses individuales y el interés público general. Es decir, las decisiones deben estar en consonancia con el fin establecido en las normas que le sirven de cobertura y con el interés general concreto.

El interés general al que deben estar supeditadas todas las decisiones de los funcionarios tiene dos dimensiones. Por un lado, los principios y criterios del Estado social y democrático de Derecho que han de estar proyectados en las normas que sirven de cobertura a dichas medidas. Y, por otra, la realidad concreta en que se encarna el interés general porque el interés general solo tiene sentido para el Estado de Derecho si se nos presenta de forma concreta y con la motivación y justificación que sea menester según el grado de discrecionalidad ínsito en la potestad desde la que se dicta la decisión.

Igualmente, la referencia que hace al justo equilibrio entre el interés particular y el interés general debe entenderse como operación de contraste jurídico realizada sobre el caso concreto, sobre la realidad. En otras palabras, es muy adecuada esta expresión de justo equilibrio que utiliza el autor del Código en esta materia porque, en mi opinión, constituye un fiel reflejo de una de las características que mejor define el sentido de las ciencias sociales en este tiempo: el pensamiento compatible o complementario.

El poder en el Estado de Derecho sólo tiene sentido se ejerce al servicio objetivo del interés general. Por eso, el artículo 7 se refiere al principio de ausencia de abuso de poder. Precisamente porque el poder público es una institución que se justifica en la medida en que se dirige a posibilitar el libre y solidario desarrollo de las personas.

La persona es el centro y la raíz del Estado y los poderes públicos que las normas atribuyen a los titulares, individuales o colectivos, se justifican en la medida en que su ejercicio vaya dirigido a la mejora de las condiciones de vida de los ciudadanos, no de las condiciones de vida de los gobernantes. Por eso el artículo 7 dispone con toda claridad que los poderes se ejercerán únicamente de acuerdo con la finalidad para la que han sido otorgados por las disposiciones pertinentes, evitando el uso de dichas potestades para objetivos sin fundamento legal o que no estén motivados por un interés público.

Es decir, el poder debe ejercerse en función del fin previsto en la norma, que no puede ser otro que, de interés general, obviamente, y también por razones de interés público explícitas, que obviamente habrán de argumentarse convenientemente. Insisto, en los casos en que el poder se funde sobre razones de interés general, éste ha de estar perfectamente delimitado en la realidad y argumentado en lo concreto suficientemente.

La imparcialidad y la independencia son también dos principios básicos que deben distinguir la actuación de los funcionarios comunitarios y, por ende, a las mismas instituciones europeas.

En virtud de la imparcialidad, dice el artículo 8 que el funcionario se abstendrá de toda acción arbitraria que afecte adversamente a los ciudadanos, así como de cualquier trato preferente por cualesquiera motivos. En mi opinión, una interpretación literal, pegada a la letra de este parágrafo del precepto, nos llevaría a una conclusión absurda: que una acción arbitraria que no afecte negativamente a los ciudadanos de la Unión podría ser posible.

Una acción arbitraria es una acción irracional y, como ya sabemos, el quehacer administrativo de la unión europea, por mor del artículo 41 de la Carta, debe estar motivado. Y una acción motivada excluye radicalmente la arbitrariedad que es, insisto, contraria a la misma Carta y, por tanto, como más adelante comentaremos, al artículo 18 del Código. La imparcialidad exige que no se tome partido a favor de ninguna persona, física o jurídica, porque todas son iguales ante la ley y hacia todas se debe ofrecer el mismo y correcto trato.

A la independencia de los funcionarios se refiere el artículo 8 en su último parágrafo en estos términos: "la conducta del funcionario nunca estará guida por intereses personales, familiares o nacionales, ni por presiones políticas. El funcionario no
participará en una decisión en la que el mismo, o un familiar cercano, tenga intereses económicos".

El funcionario sólo debe guiarse por razones de interés general. Además, cuándo
advierta que una determinada decisión a la que está llamado a participar colisiona
con asuntos personales o familiares, deberá abstenerse.

Corolario necesario del derecho a una buena Administración pública es el principio de objetividad. La subjetividad suele estar en la base de la mala administración,
de las decisiones arbitrarias, que son todas aquellas en las que existe una ausencia de
racionalidad. El principio de objetividad en el Código está redactado, artículo 9, en
términos de principio de relevancia, que es una consecuencia concreta de la objetividad: "al adoptar sus decisiones, el funcionario tendrá en cuenta los factores relevantes y otorgará a cada uno de los mismos su propia importancia en la decisión,
excluyendo de su consideración todo elemento irrelevante".

Si entendemos que la objetividad supone racionalidad porque lo objetivo es lo que
se puede argumentar desde la lógica, lo que se puede fundar desde las más elementales reglas de la razón, el principio de relevancia reclama al funcionario que identifique el o los asuntos relevantes en cada decisión, resolviendo desde esos parámetros
y excluyendo las cuestiones accesorias o tangenciales.

Este principio tiene mucha importancia porque hasta ahora en muchos casos los
funcionarios resolvían o dictaban medidas o decisiones administrativas en las que
por razones, subjetivas, o por sinrazones, basándose en argumentos peregrinos o
accesorios.

Los precedentes administrativos siempre han sido muy importantes en la praxis
administrativa, así como el principio de confianza legítima, corolario necesario del
principio de buena fe proyectado sobre el derecho administrativo. Es lógico que
haya una cierta continuidad en las políticas públicas y que los criterios de regularidad y, valga la reiteración, y de continuidad sigan fundando el régimen de los servicios públicos, así como de los llamados servicios de interés general.

Las decisiones administrativas gozan de la presunción de legitimidad, que exige,
cuándos e dictan al amparo de potestades discrecionales una debida justificación. En
otras palabras, que las expresiones de voluntad de la Administración, también de la
comunitaria, generan razonables expectativas que, salvo por acreditadas razones de
interés general, habrán de ser cumplidas por los funcionarios.

El artículo 10 del Código se ocupa de este tema al señalar que el funcionario será
coherente en su propia práctica administrativa, así como en la actuación administrativa de la institución, lo que implica que el funcionario debe respetar el precedente
administrativo existente en la institución, salvo que existan razones fundadas, en
cuyo caso deberá, dice el artículo glosado, expresar ese fundamento por escrito.

Coherencia, precedente administrativo, racionalidad, son términos relacionados
con el quehacer de las Administraciones públicas, que en sus actuaciones no disponen, ni mucho menos, de la autonomía de las personas físicas, pues están vinculadas
a las normas y a los procedimientos.

El principio de confianza legítima está contemplado también en este precepto, concretamente en el párrafo segundo: el funcionario respetará las legítimas y razonables expectativas de sus actuaciones ante los ciudadanos. El límite de este principio se encuentra en la legitimidad y la racionalidad de las expectativas generadas. Si éstas fueran ilegales o arbitrarias, nos encontraríamos con una grave lesión de este principio, que el Código denomina "legítimas expectativas, consistencia y asesoramiento".

En los dos primeros párrafos de este precepto, el Código se refiere a la confianza legítima y en el tercero al principio de asesoramiento, que es un principio que se deriva de la centralidad del ser humano y, por ende, del derecho fundamental a la buena administración: si fuera necesario, el funcionario asesorará a los ciudadanos acerca de cómo debe presentarse un asunto de su competencia, así como sobre el modo en que se debe actuar mientras se trate ese asunto.

Consecuencia de la equidad que el artículo 41 de la Carta exige a los funcionarios y a las instituciones en el principio de justicia, establecido en el artículo 11: "el funcionario actuará de manera imparcial, justa y razonable". Imparcialidad, justicia y racionalidad, tres principios que conforman el alma de la Administración. Están indeleblemente unidos entre sí.

La buena Administración pública exige un trato cortés, educado, de los funcionarios a los ciudadanos, y viceversa también evidentemente. El artículo 12 trata este principio denominado de cortesía, principio que es tratado en un sentido muy amplio, pues bajo la rúbrica general de cortesía, se hace referencia a la diligencia, a la corrección y a la accesibilidad a los ciudadanos. Quizás fuera más adecuado referirse al principio de servicio al ciudadano, que es más general. La referencia a la diligencia alude a trabajo bien hecho, a trabajo realizado con profesionalidad, lo que nos llevaría también a enunciar, cosa que el Código no hace, a este principio, que es desde luego un principio de ética muy importante, tanto que es capital y central para comprender el sentido y alcance del sentido ético del quehacer administrativo de los funcionarios de la UE.

En este punto, el autor del Código ubica el deber de respuesta, que es una obligación, legal por supuesto, pero que tiene un fuerte contenido ético. Así, podemos leer en el párrafo primero de este artículo que, al responder a la correspondencia, llamadas telefónicas y correo electrónico, el funcionario tratará en la mayor medida posible de ser servicial y responderá a las preguntas que se le plantean de la manera más completa y exacta posible.

En efecto, el principio de servicio imprime una forma de trabajar de los funcionarios a disposición de los ciudadanos, por lo que su entero quehacer administrativo debe estar presidido por este principio, de manera que, en sus relaciones con los ciudadanos, también cómo es lógico con sus subordinados, siempre debe conducirse con este sentido de servicio permanente.

Una consecuencia del principio de servicio es que al ciudadano deben ahorrársele todos los trámites innecesarios. El párrafo segundo del artículo 12 dispone que si el funcionario advierte que un asunto sometido a su consideración no es de su competencia, deberá orientar al ciudadano en cuestión al funcionario realmente competente. Sin embargo, sería más sencillo para el ciudadano, que fuera el propio funcionario el que internamente remita el asunto al competente haciéndoselo saber así al ciudadano solicitante. Esta solución me parece más coherente con el principio de servicio porque indicar al ciudadano a quien debe dirigirse supone tantas veces continuar un peregrinaje administrativo, a veces sin fin.

¿Y si el funcionario comete un error que afecta negativamente a los derechos o intereses legítimos de un ciudadano? El párrafo tercero del artículo 12 viene a dar por bueno ese inteligente dicho que reza así: rectificar es de sabios. En estos casos, el artículo señala que el funcionario presentará sus excusas, tratará de corregir los efectos negativos resultantes de su error de la forma más rápida posible e informará al interesado de las posibilidades de recurso de conformidad con el artículo 19 del código.

En consonancia con el artículo 41 de la Carta, el Código garantiza que los ciudadanos que se dirijan a las instituciones comunitarias en una de las lenguas del Tratado recibirán una respuesta en dicha lengua (artículo 13). En este mismo sentido, de facilitar a los ciudadanos los trámites ante la UE, el artículo 14 del Código dispone que de toda reclamación o petición de los ciudadanos ante las instituciones de la UE se entregará a dichos ciudadanos un acude de recibo en un plazo máximo de dos semanas, salvo que en este plazo se pueda enviar una contestación pertinente o salvo en los casos en los que las reclamaciones o peticiones resulten impertinentes, bien por su número excesivo o por ser repetitivas o absurdas.

El acuse de recibo, señala el párrafo segundo de este precepto, especificará el nombre y número de teléfono del funcionario competente para tramitar el asunto así como del servicio al que dicho funcionario pertenece. Tal disposición permite que el derecho que asiste a todo ciudadano a conocer el estado de los procedimientos administrativos en que sea interesado sea efectivo, pues de esta manera los ciudadanos pueden relacionarse con el funcionario responsable y preguntar sobre el curso de sus reclamaciones o pedidos.

El principio de servicio al ciudadano y de facilitación de los trámites se concreta en el artículo 15 del Código, en el que se establece que, si un escrito o reclamación es dirigida a una institución que no sea competente para su tramitación, dicha unidad deberá ponerla en conocimiento del órgano competente advirtiendo de tal circunstancia al ciudadano solicitante indicándole además la identidad y el teléfono del funcionario competente al que se ha hecho llegar el expediente. Una vez que el funcionario competente empiece la instrucción del expediente deberá, en caso de existir errores u omisiones en la solicitud, comunicarlo al interesado facilitándole que pueda subsanar dichos errores u omisiones.

El derecho de audiencia y de hacer observaciones durante el procedimiento se encuentra reconocido en el artículo 16 del Código. El funcionario deberá garantizar este derecho, facilitando, además, que se respeten los derechos de defensa del interesado porque en el procedimiento administrativo, como señalamos con anterioridad, rige el derecho a la tutela administrativa efectiva.

El derecho de audiencia se complementa, como corolario necesario, con el derecho que asiste a todo ciudadano interesado en el procedimiento administrativo, siempre que la decisión afecte a sus derechos e intereses, de hacer observaciones y comentarios por escrito y, de ser necesario, a formular observaciones orales con anterioridad a la adopción de la decisión administrativa.

El derecho a la buena Administración pública del artículo 41 de la Carta Europea de los Derechos Fundamentales incluye el derecho a que las decisiones se adopten en plazo razonable. Por eso, el artículo 17 del Código reconoce este derecho a la decisión en plazo razonable, sin demoras y, en caso de ser necesario, antes de un período de dos años a contar desde el momento en el que conste la recepción del escrito de solicitud.

Este mismo derecho, sigue diciendo el precepto, se aplica también a la respuesta a cartas de los ciudadanos dirigidas a las instituciones comunitarias, así como a las respuestas a notas administrativas que el funcionario haya enviado a sus superiores jerárquicos solicitando instrucciones relativas a las decisiones que deban adoptar. En el parágrafo segundo del artículo se contemplan los casos de expedientes complejos en los que no sea posible resolver en el plazo anteriormente indicado. En estos casos, el Código dispone que el funcionario competente informe al ciudadano autor del escrito en el más breve plazo de tiempo posible, significando que en estos casos la decisión administrativa deberá comunicarse a dicho ciudadano en el plazo más breve posible.

El derecho a la buena Administración pública del artículo 41 de la Carta incluye la obligación para los funcionarios de motivar sus decisiones. Este derecho-deber a la motivación de las decisiones, uno de los más importantes como señalamos con anterioridad, está regulado en el artículo 18.

En este precepto se señala que toda decisión de las instituciones de la UE que pueda afectar desfavorablemente a los derechos e intereses de los ciudadanos deberá indicar los motivos en que esté basada, exponiendo claramente los hechos pertinentes y el fundamento jurídico de la decisión. En este sentido, el funcionario, según dispone el párrafo segundo del artículo, evitará adoptar decisiones basadas en motivos breves o genéricos que no contengan un razonamiento concreto.

Es decir, la motivación de ser clara, concreta y con expresa referencia al supuesto individual al que se refiere. Cuándo las decisiones afecten a un número elevado de ciudadanos, según el parágrafo tercero del artículo 18, y no sea, por tanto, posible comunicar detalladamente los motivos de la decisión, se procederá a partir de respuestas normalizadas, aunque el funcionario, en un momento posterior, facilitará al ciudadano que expresamente lo solicite una motivación individual.

El principio de servicio a los ciudadanos incluye, es lógico, que se les facilita la información relativa a los recursos y reclamaciones, con mención de las autoridades ante las que se deben presentar, así como los plazos para hacerlo, que están a su disposición frente a las resoluciones administrativas que afecten desfavorablemente a los derechos e intereses de los ciudadanos, tal y como dispone el artículo 19 del Código.

Las notificaciones de las decisiones que afecten desfavorablemente a los derechos e intereses de los ciudadanos deberán ser comunicadas por inmediatamente a su adopción, absteniéndose el funcionario de comunicar dichas resoluciones a otras fuentes antes que, al ciudadano afectado, tal y como prescribe el artículo 20.

El artículo 21 establece el principio del respeto a la vida privada y a la integridad de las personas, a la protección de los datos personales con ocasión de los procedimientos y decisiones administrativas, materia en la que se han de observar las normas comunitarias dictadas al efecto, evitando el funcionario especialmente el tratamiento de datos personales con fines no justificados o la transmisión de tales datos a personas no autorizadas.

El acceso a la información es otra manifestación del principio y del derecho a la buena administración. Tal materia ocupa el artículo 22 del código, que impone a los funcionarios el deber de facilitar a los ciudadanos la información que soliciten, incluida la información acerca de cómo iniciar un procedimiento en el ámbito de su competencia.

Por supuesto, la información suministrada por el funcionario debe ser clara y comprensible. Si la información se solicita oralmente y es demasiado complicada o demasiado extensa, el funcionario, párrafo segundo del artículo 22, indicará a la persona afectada que formule la petición por escrito. En caso de que la materia objeto de la información sea confidencial, el funcionario, párrafo tercero, deberá indicar al peticionario los motivos por los que no puede comunicar dicha información. Cuándo se soliciten informaciones de las que no sea competente el funcionario que reciba tales peticiones, deberá indicar al solicitante de las mismas el nombre y teléfono del funcionario competente y, si fuera el caso, los datos de la institución competente o responsable para tratar dicha información (párrafo cuarto).

Finalmente, el funcionario, dependiendo del tema de la solicitud, dirigirá a la persona solicitante de la información al servicio de información al público de la institución competente (párrafo quinto). El principio de servicio y de facilitación aconsejaría en este supuesto que sea el propio funcionario el que internamente haga llegar la solicitud de información a dónde corresponda, comunicando dicha circunstancia al solicitante.

En el mismo sentido, el artículo 23 se refiere al acceso de los ciudadanos a los documentos y archivos administrativos, señalando que, en estos casos, dichas solicitudes se tratarán de acuerdo con el derecho comunitario.

El derecho de acceso a la información sólo será efectivo si los archivos en los que obran las informaciones están ordenados y bien tratados. Por eso el artículo 24 manda a los departamentos de las instituciones a mantener los adecuados archivos de correspondencia de entrada y salida de los documentos que reciban y de las medidas que se adopten.

Finalmente, cada institución procurará informar a los ciudadanos de sus derechos y, cuándo sea posible, lo hará electrónicamente, publicándolo en su página web. Además, la propia Comisión europea, en nombre de todas las instituciones de la UE publicará y distribuirá el Código entre los ciudadanos en forma de folleto (artículo 25).

El Defensor del Pueblo Europeo es la institución competente para conocer de las reclamaciones frente a lesiones o incumplimientos establecidos en este Código dice el artículo 26, por lo que adquiere una gran relevancia en orden a la garantía del derecho a la buena administración y a la preservación de los principios éticos de la función pública en Europa.

Una cuestión central en la materia es la referente a la autoridad que ha de investigar las denuncias de mala administración de las instituciones europeas. Pues bien, de acuerdo con el artículo 195 del Tratado de Roma y del Estatuto del Defensor del Pueblo, resulta que esta tarea es de competencia del propio Defensor del Pueblo. Una definición de mala administración nos la ofrece el informe del Defensor del año 1997: "se produce mala administración cuándo un organismo no obra de acuerdo con las normas o principios a los que debe estar sujeto".

Definición que es demasiado general e imprecisa, por lo que habrá de estarse a los parámetros jurídicos señalados en el artículo 41 de la Carta, de manera que habrá de observarse, además de la lesión de las normas del servicio de los principios generales que presiden la actividad de las instituciones públicas, sí efectivamente se contraviene la equidad, la imparcialidad, la racionalidad en los plazos, la contradicción, la motivación, la reparación o el uso de las lenguas oficiales.

En fin, el reconocimiento a nivel europeo del derecho fundamental a la buena Administración pública constituye, además, un permanente recordatorio a las Administraciones públicas, de que su actuación ha de realizarse con arreglo a unos determinados cánones o estándares que tienen como elemento medular la posición central del ciudadano. Posición central del ciudadano que ayudará a ir eliminando de la praxis administrativa toda esa panoplia de vicios y disfunciones que conforman la llamada mala administración.

## V. PRINCIPIOS DE LA BUENA ADMINISTRACIÓN Y DERECHOS CONCRETOS QUE COMPONEN EL DERECHO FUNDAMENTAL

La centralidad del ciudadano para la Administración pública, y su posición estelar en el nuevo Derecho Administrativo, ha permitido que en la Unión Europea la Carta Europea de los Derechos Fundamentales haya reconocido el derecho fundamental de los ciudadanos europeos a la buena Administración pública.

Este derecho, como hemos señalado, se concreta en una determinada manera de administrar lo público caracterizada por la equidad, la objetividad y los plazos razonables. En este marco, en el seno del procedimiento administrativo, la proyección de este derecho ciudadano básico, de naturaleza fundamental, supone la existencia de un elenco de principios generales y de un repertorio de derechos ciudadanos que adquieren una relevancia singular. Estos derechos componen, junto con las consiguientes obligaciones, el estatuto jurídico del ciudadano ante la Administración pública.

En el marco del respeto al Ordenamiento jurídico en su conjunto, la Administración pública sirve con objetividad al interés general y actúa, especialmente en sus relaciones con los ciudadanos, de acuerdo con los siguientes principios, que son corolarios del derecho fundamental a la buena Administración pública:

1.  Principio de juridicidad, en cuya virtud toda la actuación administrativa se somete plenamente al ordenamiento jurídico del Estado.

2.  Principio de servicio objetivo a los ciudadanos, que se proyecta a todas las actuaciones administrativas y de sus agentes y que se concreta en el profundo respeto a los derechos e intereses legítimos de los ciudadanos.

3.  Principio promocional de los poderes públicos expresado en la creación de las condiciones para que la libertad y la igualdad de las personas y de los grupos en que se integran sean reales y efectivos, removiendo los obstáculos que impidan su cumplimiento y fomentando igualmente la participación.

4.  Principio de racionalidad, que se extiende especialmente a la motivación y argumentación que debe servir de base a la entera actuación administrativa.

5.  Principio de igualdad de trato, por el que los ciudadanos que se encuentren en la misma situación serán tratados de manera igual, garantizándose, con expresa motivación en los casos concretos, las razones que puedan aconsejar la diferencia de trato, prohibiéndose expresamente toda discriminación injustificada hacia los ciudadanos.

6.  Principio de eficacia, en cuya virtud las actuaciones administrativas se realizarán en el marco de los objetivos establecidos en cada ente público. Especialmente las autoridades buscarán que los procedimientos y las medidas

adoptadas logren su finalidad y, para ello, removerán de oficio los obstáculos puramente formales, evitarán el silencio administrativo, las dilaciones y los retardos.

7.  Principio de publicidad de las normas, de los procedimientos y del entero quehacer administrativo en el marco del respeto del derecho a la intimidad y de las reservas que por razones acreditadas de confidencialidad o interés general sea pertinente en cada caso, en los procedimientos para el dictado de actos administrativos.

    En especial, las autoridades darán a conocer a los ciudadanos y a los interesados, de forma sistemática y permanente, aún sin mediar petición alguna, sus actos, contratos y resoluciones, mediante comunicaciones, notificaciones y publicaciones, incluyendo el empleo de tecnologías que permitan difundir de forma masiva tal información.

8.  Principio de seguridad jurídica, de previsibilidad y certeza normativa, por los cuales la administración se somete al derecho vigente en cada momento, sin que pueda variar arbitrariamente las normas jurídicas.

9.  Principio de proporcionalidad: las decisiones administrativas serán proporcionadas al fin previsto en el ordenamiento jurídico, se dictarán en un marco de justo equilibrio entre el interés general y el interés particular y se evitará limitar los derechos de los ciudadanos a través de la imposición de cargas o gravámenes irracionales o incoherentes con el objetivo establecido.

10. Principio de ejercicio normativo del poder, en cuya virtud los poderes se ejercerán, única y exclusivamente, para la finalidad prevista en las normas de otorgamiento, evitándose especialmente el abuso de poder, bien sea para objetivos distintos de los establecidos en las disposiciones generales o en contra del interés general.

11. Principio de imparcialidad e independencia: el personal al servicio de la administración pública deberá abstenerse de toda actuación arbitraria o que ocasione trato preferente por cualquier motivo y actuar en función del servicio objetivo al interés general, prohibiéndose la participación de dicho personal en cualquier asunto en el que él mismo, o personas o familiares próximos, tengan cualquier tipo de intereses o pueda existir conflicto de intereses.

12. Principio de relevancia, en cuya virtud las actuaciones administrativas habrán de adoptarse en función de los aspectos más relevantes, sin que sea posible, como fundamento de la decisión que proceda, valorar únicamente aspectos de escasa consideración.

13. Principio de coherencia: las actuaciones administrativas serán congruentes con la práctica y los antecedentes administrativos salvo que por las razones que se expliciten por escrito sea pertinente en algún caso apartarse de ellos.

14. Principio de buena fe, en cuya virtud las autoridades y los particulares presumirán el comportamiento legal de unos y otros en el ejercicio de sus competencias, derechos y deberes.

15. Principio de confianza legítima, en cuya virtud la actuación administrativa será respetuosa con las expectativas que razonablemente haya generado la propia administración en el pasado.

16. Principio de asesoramiento: el personal al servicio de la Administración pública deberá asesorar a los ciudadanos sobre la forma de presentación de las solicitudes y su tramitación.

17. Principio de responsabilidad, por el que la Administración responderá de las lesiones en los bienes o derechos de los ciudadanos ocasionados como consecuencia del funcionamiento de los servicios públicos o de interés general. Las autoridades y sus agentes asumirán las consecuencias de sus actuaciones de acuerdo con el ordenamiento jurídico. Igualmente, la Administración pública rendirá cuentas de sus actuaciones y publicará las evaluaciones de sus unidades.

18. Principio de facilitación: los ciudadanos encontrarán siempre en la administración las mayores facilidades para la tramitación de los asuntos que les afecten, especialmente en lo referente a identificar al funcionario responsable, a obtener copia sellada de las solicitudes, a conocer el estado de tramitación, a enviar, si fuera el caso, el procedimiento al órgano competente, a ser oído y a formular alegaciones o a la referencia a los recursos susceptibles de interposición.

19. Principio de celeridad, en cuya virtud las actuaciones administrativas se realizarán optimizando el uso del tiempo, resolviendo los procedimientos en plazo razonable que, en todo caso, no podrá superar los dos meses a contar desde la presentación de la solicitud en cualquier registro público. En especial, las autoridades impulsarán oficiosamente los procedimientos e incentivarán el uso de las tecnologías de la información y las comunicaciones a los efectos de que los procedimientos se tramiten con diligencia y sin dilaciones injustificadas.

20. Principio de transparencia y acceso a la información de interés general: el funcionamiento, actuación y estructura de la Administración ha de ser accesible a todos los ciudadanos, que pueden conocer la información generada por las administraciones públicas y las instituciones que realicen funciones de interés general.

21. Principio de protección de la intimidad: de forma que el personal al servicio de la administración pública que maneje datos personales respetará la vida privada y la integridad de las personas, prohibiéndose el tratamiento de los datos personales con fines no justificados y su transmisión a personas no autorizadas.

22. Principio de ética, en cuya virtud todo el personal al servicio de la Administración pública, así como los ciudadanos en general han de actuar con rectitud, lealtad y honestidad.

23. Principio de debido proceso: las actuaciones administrativas se realizarán de acuerdo con las normas de procedimiento y competencia establecidas en la Constitución, con plena garantía de los derechos de representación, defensa y contradicción.

24. Principio de cooperación: todos los órganos y entidades administrativos deben prestarse asistencia mutua y respetar el ejercicio de las respectivas competencias.

El derecho general fundamental de los ciudadanos a una buena Administración pública finalmente, se puede concretar, entre otros, en los siguientes derechos que lo componen, que los ciudadanos podrán hacer valer ante los Tribunales del orden administrativo o judicial.

1. Derecho a la motivación de las actuaciones administrativas: todas las actuaciones de la Administración deberán estar amparadas en razonamientos inteligibles para sus destinatarios. Cuánto más extensa e intensa sea la discrecionalidad desde la que opere la Administración pública, la motivación será proporcionada al alcance del poder administrativo del que dispone la propia Administración.

2. Derecho a la tutela administrativa efectiva: durante la sustanciación del procedimiento administrativo, la propia Administración evitará que el ciudadano interesado puede encontrarse en situación de indefensión.

3. Derecho a una resolución administrativa en plazo razonable: las Autoridades administrativas resolverán los expedientes que obren en su poder en plazos que permitan una defensa razonable y adecuada de los ciudadanos, en el marco de los medios materiales y personales con los que cuente en cada caso la Administración pública.

4. Derecho a una resolución justa de las actuaciones administrativas. Efectivamente, como la Administración pública está sometida a la Ley y al derecho, también en sede administrativa, la resolución que se adopte en cada procedimiento debe estar amparada por la Ley y por el derecho. Debe ser justa, debe ser equitativa.

5. Derecho a presentar por escrito o de palabra peticiones de acuerdo con lo que se establezca en las normas, en los registros físicos o informáticos. La forma de relación del ciudadano con la Administración debe ser elegida por el propio ciudadano, y la Administración debe estar dispuesta a atender a las personas en función del medio de relación que éstas entiendan de su preferencia.

6. Derecho a respuesta oportuna y eficaz de las autoridades administrativas. La Administración pública debe responder siempre al ciudadano. No sólo porque éste tenga derecho a respuesta de la Administración, que lo tiene, sino porque el ciudadano tiene derecho igualmente a que la respuesta sea la que tiene que ser, la que en el momento pertinente es la apropiada y adecuada. Además, la respuesta tiene que producirse en el tiempo pertinente para que la respuesta tenga sentido para el Derecho.

7. Derecho a no presentar documentos que ya obren en poder de la administración pública. En efecto, las posibilidades de intercomunicación a través de las TICS de los registros de las distintas Administraciones públicas, deben hacer posible que entre ellas se intercambien todos los documentos que, obrando en su poder, sean necesarios para que las personas tramiten sus correspondientes procedimientos administrativos.

8. Derecho a ser oído siempre antes de que se adopten medidas que les puedan afectar desfavorablemente. El derecho de audiencia es una garantía básica de que las decisiones que puedan adoptarse en contra de los ciudadanos se produzcan de forma contradictoria.

9. Derecho de participación en las actuaciones administrativas en que tengan interés, especialmente a través de audiencias y de informaciones públicas. En todos los procedimientos administrativos en los que se van a adoptar medidas que afectan a ciudadanos, éstos podrán personarse, a través de audiencias o de informaciones públicas, según cual sea la naturaleza de la decisión.

10. Derecho a una indemnización justa en los casos de lesiones de bienes o derechos como consecuencia del funcionamiento de los servicios de responsabilidad pública. La garantía patrimonial, consecuencia del Estado de Derecho, asegura a que toda persona a la que la Administración, como consecuencia del funcionamiento de los servicios de su responsabilidad, haya lesionado sus derechos o bienes, disponga de una justa indemnización.

11. Derecho a servicios públicos y de interés de general de calidad. Los servicios de responsabilidad pública deben ofrecer a los usuarios determinados patrones o estándares concretos de calidad, que se medirán periódicamente y se pondrán en conocimiento de los usuarios, para que estos estén lo mejor informados posible.

12. Derecho a elegir los servicios de interés general de su preferencia. Cuándo sea posible, sobre todo en el marco de los servicios económicos, los usuarios podrán elegir los servicios de su preferencia en el contexto del principio de mejores servicios a mejores precios.

13. Derecho a opinar sobre el funcionamiento de los servicios de responsabilidad administrativa. Los ciudadanos, los usuarios de los servicios, una vez que conozcan el grado de calidad de la prestación de los mismos, podrán expresar en la forma en que estimen conveniente sus puntos de vista y opiniones de cara a una mejor prestación de los mismos.

14. Derecho a conocer las obligaciones y compromisos de los servicios de responsabilidad administrativa. Los servicios de responsabilidad pública deben publicar periódicamente, por supuesto en lugares visibles a los usuarios, las tablas de derechos que los usuarios, así como las obligaciones del prestador, expresados en la forma más concreta y detallada posible.

15. Derecho a formular alegaciones en cualquier momento del procedimiento administrativo. Con independencia de las audiencias e informaciones públicas que estén previstas en los procedimientos administrativos, la persona interesada podrá formular las alegaciones que estime pertinentes, siempre convenientemente argumentadas, en cualquier momento del procedimiento, incluso antes de su inicio.

16. Derecho a presentar quejas, reclamaciones y recursos ante la administración. La naturaleza contradictoria del procedimiento administrativo garantiza que una vez dictada la correspondiente resolución, está sea objeto de queja, reclamación o recurso, ante las Autoridades administrativas o ante las Judiciales.

17. Derecho a interponer recursos ante la autoridad judicial sin necesidad de agotar la vía administrativa previa, de acuerdo con lo establecido en las leyes. Más en concreto, el ciudadano interesado, si así lo prefiere, podrá acudir directamente ante el poder judicial sin esperar a agotar la vía administrativa.

18. Derecho a conocer las evaluaciones de los entes públicos y a proponer medidas para su mejora permanente. Las evaluaciones periódicas del desempeño de los entes públicos deben ser puestas a disposición de los ciudadanos, de manera que sean conocidas por todos, especialmente por quienes tiene más relación con dicha entidad y, así, puedan los ciudadanos proponer medidas o iniciativas dirigidas a la mejora del funcionamiento de las oficinas públicas.

19. Derecho de acceso a los expedientes administrativos que les afecten en el marco del respeto al derecho a la intimidad y a las declaraciones motivadas de reserva que en todo caso habrán de concretar el interés general al caso concreto. Los ciudadanos interesados podrán acceder a la información de interés general que precisen como consecuencia de la obligación de servicio objetivo al interés general que grava la actuación de todos los entes públicos.

20. Derecho a una ordenación racional y eficaz de los archivos públicos. El acceso a la información de interés general será real y efectivo si los archivos de las oficinas de las entidades públicas están convenientemente ordenados y tratados, especialmente a través de las posibilidades técnicas que ofrecen las TICS.

21. Derecho de acceso a la información de interés general. Asimismo, las instituciones privadas que manejen fondos públicos, incluidos los concesionarios de servicios públicos, organizaciones no gubernamentales o partidos políticos, sindicatos o patronales, están igualmente obligados, para esos casos, a facilitar la información que se solicite.

22. Derecho a copia sellada de los documentos que presenten a la Administración pública. Todo ciudadano, para poder en su caso el inicio de un procedimiento administrativo o una determinada solicitud a la Administración pública, recibirá copia sellada de tal actuación ante las Administraciones públicas.

23. Derecho a ser informado y asesorado en asuntos de interés general. Los ciudadanos tienen derecho a que en las oficinas públicas quienes allí laboran asesoren e informen cordialmente acerca de los trámites u otras cuestiones de interés general que sean planteadas por los ciudadanos. Por eso, en todas las oficinas administrativas debe haber organigramas con las competencias de todos los entes públicos del país, pertenezcan al ámbito administrativo que pertenezcan.

24. Derecho a ser tratado con cortesía y cordialidad. Todos ciudadanos, por el hecho se ser persona, debe ser tratado como tal por los servidores públicos que laboran en las dependencias públicos, de modo especial con los ciudadanos con menos conocimientos o aquellos que precisen mayores atenciones.

25. Derecho a conocer el responsable de la tramitación del procedimiento administrativo. Cuándo se inicia un procedimiento administrativo, en la copia sellada que se entrega al ciudadano interesado, se hará constar la identidad del servidor público responsable de la tramitación de dicho expediente.

26. Derecho a conocer el estado de los procedimientos administrativos que les afecten. El servidor público responsable de la tramitación del procedimiento estará a disposición del ciudadano interesado para informarle en cada momento de la situación del expediente administrativo.

27. Derecho a ser notificado por escrito o a través de las nuevas tecnologías de las resoluciones que les afecten en el más breve plazo de tiempo posible. El ciudadano tiene derecho a que en breves plazos se pongan en su conocimiento las resoluciones o determinaciones que le afecten en el ejercicio de sus derechos.

28. Derecho a participar en asociaciones o instituciones de usuarios de servicios públicos o de interés general. Los ciudadanos pueden libremente integrarse si así lo desean en gremios o asociaciones con el fin de que sus derechos a buenos servicios a buenos precios tengan adecuada protección.

29. Derecho a actuar en los procedimientos administrativos a través de representante. Allí donde la legislación prevea la existencia de profesionales encargados de la tramitación y seguimiento de expedientes por parte de la ciudadanía, éstos podrán efectivamente hacerse cargo de estas gestiones de manera profesional.

30. Derecho a exigir el cumplimiento de las responsabilidades del personal al servicio de la Administración pública y de los particulares que cumplan funciones administrativas. Los ciudadanos, además del derecho a exigir la justa indemnización por la lesión que puedan sufrir en sus bienes o derechos a causa del funcionamiento de los servicios públicos, podrán en cualquier momento demandar las responsabilidades en que puedan haber incurrido determinados servidores públicos en el ejercicio de sus funciones.

31. Derecho a recibir atención especial y preferente si se trata de personas en situación de discapacidad, niños, niñas, adolescentes, mujeres gestantes o adultos mayores, y en general de personas en estado de indefensión o de debilidad manifiesta.

Las personas con especiales necesidades serán tratadas por los servidores públicos de forma preferente facilitándoles todo lo posible el acceso a las oficinas públicas, así como todos los trámites administrativos que deban realizar.

## VII. CONCLUSIONES

A lo largo de estas páginas, animadas por el propósito de transmitir al lector algunas reflexiones sobre el buen gobierno y la buena administración de instituciones públicas, en su doble modalidad de obligación de los poderes públicos y derecho fundamental de las personas, se ha puesto de relieve la necesidad de subrayar la centralidad del ser humano y de los derechos fundamentales como eje desde el que comprender el sentido de la propia Administración pública. Veamos algunas conclusiones.

En primer lugar, para que pueda hablarse de verdad de una buena Administración pública hay que observar si su actuación se orienta, siempre y en todo, al servicio real de la población, al servicio objetivo del interés general. De un interés general que es concreto y argumentado y que, en última instancia, se dirige a la mejora de las condiciones de vida de las personas.

En segundo término, una buena Administración pública se refleja en la conducta ética de sus miembros. Si los servidores públicos no se distinguen por un trabajo bien hecho, realizado de cara a la comunidad, recto, buscando la justicia y la equidad, entonces no existirá una buena Administración pública.

En tercer lugar, una buena Administración es aquella en la que participan los ciudadanos y desde la que se promueve el ejercicio de la libertad solidaria de las personas.

En cuarto lugar, el derecho fundamental a la Administración pública del que disponemos los ciudadanos define un estatuto jurídico en el que encontramos un repertorio de principios, derechos, también de obligaciones, que caracterizan la posición jurídica central de la persona en sus relaciones con el aparato administrativo.

Finalmente, el derecho fundamental a la buena Administración trae consigo un giro copernicano en la forma de comprender el funcionamiento dela Administración en su conjunto y, sobre todo, en la necesidad de proceder a permanentes procesos de reforma y mejora desde los que la eficacia, la calidad, el servicio y la promoción de las libertades solidarias brillen con luz propia.

## BIBLIOGRAFÍA

ARISTÓTELES, *Etica a Nicómaco*, Medina y Navarro editores, Madrid, 1873.

C.J. BONNIN, *Principios de Administración pública*, Fondo de Cultura Económica, México, 2004.

M. CROZIER, *El fenómeno burocrático*, Amorrortu, Bilbao, 1974.

G. FERNÁNDEZ FARRERES, *Los códigos de buen gobierno en las administraciones públicas, Administración y ciudadanía*, Vol. 2, N° 2, 2010.

F. GARRIDO FALLA, *Tratado de Derecho Administrativo*, Tecnos, Madrid, 2005

E. GARCÍA DE ENTERRÍA, con TR FERNÁNDEZ, *Curso de Derecho Administrativo*, Civitas, Madrid, 2011.

_____, "La significación de las libertades públicas para el Derecho Administrativo", *Anuario de Derechos Humanos*, Universidad Complutense de Madrid, 1981.

F. GONZÁLEZ NAVARRO, *Derecho Administrativo Español*, Eunsa, Navarra, 1994.

J. HABERMAS, *Teoría de la acción comunicativa*, Paidós Ibérica, Barcelona, 2000.

_____, *Aclaraciones a la ética del discurso*, Trotta, Madrid, 2000.

D. HUME, *Historia natural de las religiones*, Tecnos, Madrid, 1992.

A. LLANO, *Humanismo cívico*, Ariel, Barcelona, 1999.

O. MIR PUIG-PELAT, *La responsabilidad patrimonial de la Administración pública*, Civitas, Madrid, 2002.

L. MEMBIELA "La buena administración en la Administración general, del Estado", *Actualidad administrativa*, N° 4, 2007.

J. A. MORENO MOLINA, y J.M. MAGÁN, "La responsabilidad patrimonial de las Administraciones públicas", *El consultor*, Madrid, 2005.

A. NIETO, *Corrupción en la España contemporánea*, Ariel, Barcelona, 1997.

M. J. PARDO, *De la Administración pública a la gobernanza*, Colegio de México, México, 2004.

R. PARADA, *Derecho Administrativo*, Marcial Pons, Madrid, 2007.

J. RIFKIN, *La sociedad empática*, Paidós Ibérica, Barcelona, 2010.

J. RODRÍGUEZ-ARANA, *El poder público y el ciudadano: la buena Administración pública como principio y como derecho*, Madrid, 2012

B. Tomás MALLÉN, *El derecho fundamental a la buena administración*, INAP, Madrid, 2004.

M. VILLORIA, *La corrupción política*, Síntesis, Madrid, 2007.

R. VON IHERING, *La lucha por el derecho*, Comares, Granada, 2008

M. WEBER, *La ética protestante y el espíritu del capitalismo*, Alianza Editorial, Madrid, 2001.

# PONENCIAS REGIONALES

# EL BUEN GOBIERNO Y LA BUENA ADMINISTRACIÓN EN EL SALVADOR

*MIGUEL CARDOZA**

## I. UBICACIÓN DEL TEMA. ANTECEDENTES

Nunca antes el Estado y la democracia, personificada en las actuaciones de las administraciones públicas, ha enfrentado retos como los que en la actualidad observamos.

Desde la concepción primigenia de la finalidad misma del estado, satisfacer las necesidades ciudadanas, fin que ha llevado a diversas actuaciones para cumplir tal requerimiento, la cual ha ido cambiando de intensidad de acuerdo a la tendencia económica de la época.

Así, encontramos momentos en la historia de la humanidad en los cuales la participación de las administraciones públicas ha sido determinante en el desarrollo económico de las naciones, de tal suerte que el trabajo de las mismas está bajo la observación directa del ciudadano que recibe los servicios públicos sin intermediación alguna.

Pero también, nos encontramos momentos en los cuales ha mermado la participación de las administraciones públicas en la ejecución de las tareas públicas, incluyendo los servicios públicos, por un mayor aporte de los privados en dichas actividades.

Esta participación tiene sus ventajas, en cuanto a la inversión que los particulares puedan aportar, frente a la capacidad financiara de los Estados, en algunos casos además se gana eficiencia en las actividades públicas.

No obstante, hay desventajas, la principal en mi entender, es la diferencia sustancial entre la visión de lo público con lo privado. Las empresas privadas están hechas para obtener ganancias de sus actividades que realizan y están en todo su derecho, este afán puede llevar a excesos que deben ser controlados, como reducir costos para obtener mayores beneficios, que, puestos en la prestación de un servicio público, puede llevar a sacrificar situaciones de comodidad del ciudadano.

Este panorama se presenta en momentos en los cuales la democracia formal electoral, transita a la democracia participativa, con una nueva actitud de los administra-

---

* Profesor de Derecho Administrativo en la Universidad Dr. José Matías Delgado (El Salvador).

dos frente a la cosa pública y sobre todo en la vigilancia de las ejecutorias de los funcionarios públicos y de las élites partidarias, sumamente cuestionadas y desprestigiadas, en la opinión pública, lo cual hemos podido presenciar con las nuevas formas de expresión ciudadana reclamando su derecho de tener buenos gobernantes que respondan no sólo en época de elecciones.

El Estado se ha visto en la obligación de crear entes en la esfera pública reguladores de las actividades de los particulares, precisamente para evitar esos excesos que puedan afectar la visión del interés general en la prestación de los servicios públicos. Los movimientos ciudadanos han tomado forma y fortalecido sus acciones mediante protestas públicas y la utilización de la tecnología de la comunicación, especialmente en los temas en los cuales está de por medio sus derechos, problemas económicos como la falta de empleo, las tarifas por los servicios y la prestación de calidad de los mismos.

A partir del aparecimiento de la concepción del Estado Democrático de Derecho, que cambia el enfoque hacia el concepto *pro homine*, por el cual la persona humana pasa a ser el centro de todas lo que el Estado realiza.

El Estado está obligado a cumplir con el principio de legalidad y generar confianza en los administrados, pero las reglas de buen gobierno y la buena administración van más allá, de sus propias actividades.

Si bien es cierto que, en regiones como Europa, este tema viene a ser la base del sistema democrático, en América Latina sigue siendo un tema pendiente, que requiere la participación de la sociedad civil. No obstante gracias al avance del desarrollo tecnológico, esta participación es cada vez mayor.

La conexión entre la buena administración y de buen gobierno es de creación moderna, que se estaría dando a través de la exigencia de calidad en los servicios por parte de la población, en la actividad administrativa, lo que está dando las bases en la necesidad de consensos mínimos a nivel político, social y económico, precisamente en el actuar de las mismas administraciones.

Hablar de la buena administración es referirse a un concepto jurídico y no meramente filosófico, ya que parte de la idea, si las administraciones cumplen con el ordenamiento jurídico por el estado de derecho, como consecuencia del principio de legalidad, la ética y moralidad pública, esto viene precisamente de lo que la ley señale como tal.

En otras latitudes, ha habido un reconocimiento expreso de la obligación de la buena administración, lo cual encontramos en documentos y normas jurídicas, esto viene del creciente papel del derecho en la gestión administrativa pública, gracias al desarrollo del Derecho Administrativo.

Por otra parte, la mala administración implica la ausencia de buena administración y se ve en aspectos como la corrupción, por ello es necesario en el derecho a la "buena administración" y las obligaciones jurídicas derivadas de la misma, tener instrumento de combate de esta plaga presente en la región.

Por todo ello, se puede sostener como siempre ha sido, que las administraciones públicas en sus actuaciones deben respetar el principio de legalidad y ajustarlas a la ley, al orden jurídico establecido.

En los últimos tiempos los términos gobierno y buen gobierno han adquirido fuerza e importancia en toda administración o instituciones que buscan garantizar la protección de los derechos ciudadanos. Por otro lado, el término mal gobierno está siendo fuertemente utilizado como sinónimo de ineficiencia dentro de la gestión de la cosa pública frente a la sociedad. La definición de buen gobierno ha sido ampliamente conceptuada en diferentes acuerdos por diversas organizaciones.

El Convenio Internacional sobre los Derechos Civiles y Políticos en su artículo 2, requiere de los 148 Estados partes "respetar y asegurar... los derechos reconocidos" en el Convenio y "tomar las medidas necesarias... para darle eficacia a los derechos". Los Estados partes están obligados a garantizar un efectivo recurso, aun cuando tal violación hubiera sido cometida por personas que actuaban en el ejercicio de sus funciones oficiales".

En adición, la Declaración de los Derechos para el Desarrollo, Adoptada por la Asamblea General de Naciones Unidas ONU en su resolución 41/128, de 4 de diciembre de 1986, señala que la naturaleza de esas obligaciones enmarca cuatro importantes objetivos para el gobierno.

La precitada Declaración ordena a los Estados formular normas nacionales que se dirijan al constante mejoramiento del bienestar de toda la población y de todos los individuos, sobre la base de sus activos, libre y significativa participación en el desarrollo y la pobre distribución de los beneficios que resulten.

Es posible considerar de que el deber de buen gobierno es una idea presente desde los autores clásicos -a nivel de abstracciones filosóficas, sin normas jurídicas-, actualmente esta concepción cambia con el aparecimiento de regulaciones jurídicas propias de la idea, tanto a nivel local como internacional, en el caso de El Salvador, bajo ese concepto, podemos hablar de la Ley de Acceso a la Información Pública[1], de la Ley de Ética Gubernamental del año 2006[2] – recientemente derogada por una nueva Ley con el mismo nombre[3]– por medio de la cual, se creó el Tribunal de Ética Gubernamental[4], de resolución sobre responsabilidad de funcionarios de la sala de lo Constitucional de la Corte Suprema de Justicia, y la elaboración del ante proyecto de Ley de la Función Pública.

---

[1]   Decreto legislativo número 534, de fecha dos de diciembre de 2010, publicado en el Diario Oficial número 70 tomo 391 del ocho de abril del año 2011. Dicha ley tiene por objeto garantizar el derecho de acceso de toda persona a la información pública, a fin de contribuir con la transparencia de las actuaciones de las instituciones del Estado.

[2]   Ley de Ética Gubernamental, emitida por Decreto Legislativo número 1038 de fecha 27 de abril del año 2006, publicada en el Diario Oficial número 90, Tomo 371, de fecha 18 de mayo del mismo año.

[3]   Decreto Legislativo número 873 del 13 de octubre del año 2011, publicado en el Diario Oficial número 229 Tomo 393 del 7 de diciembre del mismo año, cuyo objeto normar y promover el desempeño ético en la función pública estatal y municipal, prevenir y detectar las prácticas corruptas y sancionar los actos contrarios a los deberes y las prohibiciones éticas establecidas en la misma, aplicable a todos los servidores públicos, permanentes o temporales, remunerados o ad-honorem, que ejerzan su cargo por elección, nombramiento o contrato, que presten servicio en la administración pública, dentro o fuera del territorio nacional.

[4]   Art. 9 Ley de Ética gubernamental derogada: "Créase el Tribunal de Ética Gubernamental, como una entidad de derecho público, con personalidad jurídica, con autonomía en lo técnico, económico y administrativo, siendo la entidad de mayor jerarquía, estando integrado, además, por las comisiones de ética gubernamental de cada institución, conforme se señala en la presente Ley. La representación legal y extrajudicial de la institución recaerá en la Presidencia".

En Iberoamérica, no hay expresiones claras a nivel legal o constitucional, pero si hay resoluciones judiciales que se desarrollan la buena administración, y de algunos textos legales de los que se podría entender, como es el caso de algunos códigos de ética de la función pública. Con frases con "la buena marcha del gobierno", "el buen funcionamiento de los servicios y dependencias administrativas".

## II. PRINCIPIOS DE BUEN GOBIERNO

Elementos como el Estado de Derecho, un gobierno transparente y una fuerte sociedad civil participando en los asuntos públicos, han formado parte de la definición de lo que un buen gobierno representa.

Contrario a un buen gobierno, el mal gobierno es caracterizado por normas arbitrarias, excesivas burocracias, sistemas legales forzados o injustos, abuso por parte de Poder Ejecutivo, una sociedad civil enajenada en la vida pública, y una latente corrupción.

Según esta definición, para consolidar un buen gobierno es necesario que el proceso de toma de decisiones públicas o de gestión del gobierno, llene los siguientes ocho importantes principios: participación, consenso orientado, rendición de cuentas, transparencia, responsabilidad, efectividad y eficiencia, equidad e inclusive el respeto a la legalidad.

• **Participación**. La participación de los ciudadanos, elemento necesario en las democracias modernas, puede ser directa o a través de instituciones intermediarias legitimadas o representativas. Es importante señalar que la democracia representativa no necesariamente significa que lo concerniente a la parte más vulnerable de la sociedad debería ser tomada en cuenta en el proceso de toma de decisiones. La participación requiere ser informada y organizada. Esto significa libertad de asociación y expresión de un lado y del otro una sociedad civil organizada.

• **Estado de derecho y respeto a la legalidad**. El buen gobierno requiere espacios legales justos e imparciales, que obliguen imparcialmente. Esto además requiere protección total de derechos humanos, particularmente para las minorías. La aplicación imparcial de las leyes exige una independencia judicial con una imparcial e incorruptible fuerza de aplicación.

Además, requiere asegurar la efectividad en la protección de los derechos fundamentales, el desarrollo del estado de normas apropiadas, que puedan resultar en beneficio de la comunidad. Como los principios fundamentales de igualdad de oportunidades en el goce de esos derechos y para acceder a las fuentes de información básica.

• **Transparencia**. La transparencia significa que la toma de decisiones por la administración y su aplicación sea realizada de manera que las reglas y regulaciones se respeten. Esto también significa que la información sea gratuita, disponible y directamente accesible para aquellos quienes se encuentren afectados por cada fallo y su aplicación. Transparencia también significa, que se provea de suficiente información de manera fácil y entendible. El estado debe garantizar la transparencia en el desempeño de sus labores como una manera de eliminar la corrupción.

• **Responsabilidad.** Un buen gobierno requiere que sus instituciones atiendan sus actividades con la diligencia debida y que los procesos desarrollados se realicen en un tiempo razonable. Además, que, como resultado de lo anterior, la administración responda por los daños ocasionados en su actividad, lo que debe llevar a que participación de la comunidad mejore.

• **Consenso orientado.** Un buen gobierno requiere el consenso de los intereses de la comunidad para alcanzar un amplio acuerdo de la sociedad. Este acuerdo se refiere a la búsqueda del mejor interés para toda la comunidad y como éste puede ser alcanzado.

El consenso orientado, también requiere una amplia perspectiva, necesaria para el desarrollo humano sostenible y para lograr las metas de cada desarrollo. Esto puede solo resultar por el entendimiento de elementos del contexto de la sociedad, tanto el histórico como el cultural y el social.

• **Igualdad e inclusividad.** Los elementos de equidad e inclusividad requieren que todos los grupos, pero en especial los más vulnerables, tengan la oportunidad necesaria de mejorar o mantener su bienestar, el cual asegurará a todos los miembros de la sociedad un lugar en ésta y que no se sientan excluidos.

• **Efectividad y eficiencia.** Cuando un proceso e institución produce resultados que llenan las necesidades de la sociedad mientras hacen el mejor uso de los recursos a su disposición, entonces existe un buen gobierno.

El concepto de eficiencia en el contexto de buen gobierno también abarca el uso sostenible de los recursos naturales y la protección del medio ambiente.

• **Rendición de cuentas.** Esta característica en una clave importante en un buen gobierno y se refiere a que las instituciones gubernamentales y del sector privado, y las organizaciones de la sociedad civil, rindan cuentas al público de la labor institucional.

La rendición varía dependiendo si las decisiones o las acciones tomadas son internas o externas para una organización o una institución. En términos generales, una organización o una institución deben rendir cuentas, sobre todo para quienes se sientan afectados por sus decisiones. La rendición de cuentas no puede ser aplicada sin transparencia y sin respeto al Estado de derecho.

Con el seguimiento de estos principios característicos del buen gobierno, un doble beneficio puede ser alcanzado. En primer lugar, un beneficio para la administración, la cual mejora los servicios dados a la sociedad en una forma efectiva, obteniendo otro beneficio en la economía dentro de un procedimiento administrativo. La celeridad representará la disponibilidad de obtener sus metas. En segundo lugar, en beneficio de los ciudadanos los cuales pueden confiar en una administración, que cumple con sus deberes con relación a los derechos de los individuos.

Estos elementos garantizan que fenómenos como la corrupción pueda ser minimizada, el punto de vista de las minorías sea tomado en cuenta en la toma de decisiones o en la estructuración de planes, y las voces más vulnerables de la sociedad sean escuchadas.

## III. NUEVA GESTIÓN DE LA COSA PÚBLICA EN EL SALVADOR. ORDENAMIENTO JURÍDICO APLICABLE

En El Salvador, el desarrollo político obtenido a partir de la firma de los Acuerdos de Paz, que le dieron fin a la guerra civil, ha permitido el nacimiento y crecimiento sostenido de instituciones democráticas, cuyos frutos pueden verse en la actualidad. En efecto, el espíritu imperante en las partes en conflicto durante las negociaciones, fue precisamente iniciar un proceso de democratización, que resolviera la falta de participación de la población en las grandes decisiones nacionales y la exclusión política que marginaba grandes sectores sociales.

Este proceso, que se ha visto reforzado con el cambio de partido político en el gobierno, presidido por un mismo partido por veinte años, ha permitido mayor conciencia ciudadana en su participación en la cosa pública, exigiendo un trabajo más eficiente, mayor control en el manejo de fondos, una actividad más transparente, un manejo político de consenso. Estas exigencias se ven expresadas por los resultados electorales, encuestas y en la comunicación en redes sociales.

Producto de ello, la sociedad ha logrado el aparecimiento de nuevas instituciones por las cuales se puede lograr mayor control en temas de corrupción, acceso a la información, responsabilidad de los funcionarios y la profesionalización de los servidores públicos, todo lo cual redunda en una nueva concepción de la gestión de la cosa pública y por tanto en reglas que permiten hablar de "Buen Gobierno".

Entre estas instituciones están el Tribunal de Ética Gubernamental y la su nueva ley, la Ley de Acceso a la Información Pública que le da vida al Instituto de Acceso a la Información Pública[5], resolución de la Sala de lo Constitucional de la Corte Suprema de Justicia que define el tema de la responsabilidad de los funcionarios por sus actuaciones que vulneren derechos de los ciudadanos, y una nueva visión de la función pública expresada en un anteproyecto de ley en fase de discusión con los actores sociales.

### 1. *Tribunal de Ética Gubernamental*

#### A. *Introducción*

El Tribunal de Ética Gubernamental es un ente autónomo que persigue la promoción del desempeño ético en la función pública, la prevención y detección de las prácticas corruptas y la sanción de las inobservancias a los deberes y prohibiciones enunciados en su ley de creación, funciones concordantes con los propósitos de la Convención Interamericana contra la Corrupción y de la Convención de las Naciones Unidas contra la Corrupción.

---

[5]  Capítulo II. Instituto de Acceso a la Información Pública. Creación del Instituto de Acceso a la Información Pública Art. 51.- Créase el Instituto de Acceso a la Información Pública, como institución de derecho público, con personalidad jurídica y patrimonio propio, con autonomía administrativa y financiera, encargado de velar por la aplicación de esta ley".

En efecto, como ente rector de la ética pública, calificativo otorgado por la misma Legislación, el Tribunal se encarga de difundir en los servidores estatales todos los parámetros de conducta que deben regir su actuación en el ejercicio de las funciones que le competen realizar.

Paralelamente, por mandato del legislador corresponde al Tribunal y a las Comisiones de Ética Gubernamental – entidades creadas por la misma ley con presencia en cada administración pública– fomentar en la ciudadanía el conocimiento de la ley de la materia.

Uno de los mecanismos adoptados por el Tribunal para cumplir las finalidades antes referidas es la publicación periódica de los criterios jurídicos invocados en las resoluciones emitidas en el trámite de los procedimientos administrativos sancionadores, los cuales versan no sólo sobre el contenido de la respectiva ley sino también sobre tópicos variados, *v.gr.* de orden procedimental, meta-jurídico, etc.

Una mejor visión de dicha institución y su trabajo se obtiene al revisar los criterios que ha venido sentando en sus actuaciones y resoluciones, lo cual permite sostener que el país se encamina a generar reglas de "Buen Gobierno". Dichos criterios de orden general que pueden aplicarse a cualquier procedimiento independientemente de la normativa con la que han sido tramitados, se pueden agrupar en los siguientes principios.

## a. *Potestad de inicio oficioso*

Conforme a la Constitución de la República, el Estado salvadoreño está organizado para la consecución de la justicia, la seguridad jurídica y el bien común, y tiene a la persona humana como origen y fin de su actividad.

De esa manera, toda actividad desarrollada por el aparato estatal persigue la satisfacción de necesidades colectivas; por lo que un Estado democrático debe contar con mecanismos que permitan fiscalizar el desempeño de la función gubernamental, como un régimen de responsabilidad aplicable a los servidores públicos, cuyas actuaciones u omisiones puedan generar efectos perniciosos sobre el interés público o los derechos y garantías fundamentales de los individuos y sus grupos.

Así lo reconoce la Constitución al referirse a las responsabilidades de los funcionarios públicos en su Título VIII, arts. 235 a 245. Sobre el particular, la jurisprudencia constitucional ha señalado que: "la responsabilidad de los funcionarios y del Estado originada en los daños que causaren el ejercicio de las funciones de los primeros, es una de las grandes conquistas de la democracia y de inexorable existencia en el Estado de Derecho, pues significa la sujeción del Poder público al imperio del Derecho"[6].

En armonía con los mandatos constitucionales, el Estado salvadoreño se ha comprometido internacionalmente a prevenir y combatir eficazmente la corrupción, en todos sus niveles y modalidades, al suscribir y ratificar en orden cronológico la Convención Interamericana contra la Corrupción, el Tratado Marco de Seguridad

---

[6]  Sentencia del 21/VII/1998, pronunciada por la Sala de lo Constitucional de la Corte Suprema de Justicia de El Salvador, en el proceso de Amparo 62-97.

Democrática en Centroamérica, la Convención de las Naciones Unidas contra la Corrupción y, finalmente, al firmar la Declaración de Guatemala para una Región Libre de Corrupción.

Y es que no debe olvidarse que la corrupción socava la democracia, erosiona el progreso, frena el desarrollo y profundiza la injusticia social.

En ese marco, el Estado de El Salvador aprueba la Ley de Ética Gubernamental, como un instrumento promotor del desempeño ético en la función pública, que también cuenta con una dimensión punitiva que permite sancionar las conductas contrarias a las regulaciones éticas.

En efecto, la Ley de acuerdo a sus propios considerandos pretende establecer un adecuado régimen de ética para la Administración Pública, que contribuya al desarrollo de la institucionalidad democrática del país, a la correcta administración del patrimonio público, al combate de la corrupción y a la eficiencia de dicha administración.

Dentro de la estructura orgánica creada por ley, aparece pues el Tribunal de Ética Gubernamental, dotado de potestades preventivas y sancionadoras que persiguen la salvaguarda del interés general, el cual se proyecta –entre otras manifestaciones– en el adecuado ejercicio de las funciones estatales.

La normativa aplicable permite, a fin de llevar a cabo su potestad sancionadora, habilitar al Tribunal de Ética Gubernamental, actuar a instancia de cualquier persona, mediante la denuncia o el aviso; pero también posee la atribución de investigar de forma oficiosa las posibles prácticas corruptas, que contravienen los deberes y las prohibiciones éticas contempladas en la Ley, de acuerdo con los arts. 20 literal a), 30 incisos 3° y 4° y 33 inciso 1° de la misma.

La potestad de inicio y tramitación ex oficio permite que el Estado salvadoreño vele por el imperio de la Constitución y la ley, el respeto de obligaciones internacionales, la debida gestión de los asuntos públicos, la apropiada utilización de los bienes o recursos públicos, así como por la actuación honrada, objetiva, responsable y eficaz de los servidores públicos. Sin embargo, en observancia del principio de legalidad, el Tribunal de Ética Gubernamental, se erige como un órgano de control solo de aquellas irregularidades tipificadas como transgresiones éticas en estricto sentido, por adecuarse a la violación de un deber ético o prohibición ética contemplados en los arts. 5, 6 y 7 de la Ley de Ética Gubernamental.

A su vez, en el supuesto analizado debe identificarse la existencia de un interés público gravemente comprometido, cuando concurra a título ejemplificativo alguna de las siguientes circunstancias: i) un daño considerable derivado de la infracción ética a bienes, fondos, recursos públicos o servicios contratados por el Estado; ii) la afectación producida por la transgresión ética a la consecución de fines y objetivos de la Administración Pública por medio de los servicios que presta; o iii) el perjuicio provocado a la legitimidad institucional por una decisión adoptada con un evidente conflicto de intereses.

Configurados en lo pertinente los parámetros antes enunciados, el Tribunal ha podido iniciar una investigación de oficio a partir de información divulgada públicamente, obtenida en la tramitación de un procedimiento administrativo sancionador en curso, remitida por una Comisión de Ética Gubernamental –que no se trate propiamente de una denuncia– o por cualquier otra entidad pública, en virtud del principio de colaboración interinstitucional.

### b. *Principios éticos*

Los principios de la ética pública son postulados normativos de naturaleza abstracta que establecen lineamientos para el desempeño ético en la función pública y constituyen una guía para la aplicación de la ley de la materia, pero no son objeto de control directo por parte del Tribunal, pues su competencia se limita al incumplimiento de los deberes y prohibiciones éticas.

### c. *Principio de culpabilidad o responsabilidad*

La doctrina establece que para que pueda afirmarse la responsabilidad es imprescindible que pueda imputarse el hecho constitutivo de infracción a una persona (principio de responsabilidad), así como que su conducta pueda ser calificada de culpable (principio de culpabilidad).

También se señala que la exigencia de responsabilidad a quien no sea el titular de la obligación incumplida vulneraría, por tanto, el principio de personalidad, pues no corresponde al no titular cumplir la obligación, ni, por ende, se le puede hacer responder de su incumplimiento

### d. *Prohibición 6 literal i). Plazo razonable*

Ante la ausencia de un término específico, procede la aplicación del criterio del "plazo razonable". La jurisprudencia constitucional ha señalado que cuando el ordenamiento jurídico no prevé un plazo, éste debe ajustarse a los distintos planteamientos y los trámites necesarios para producir la contestación, procurando, en todo caso, que la respuesta sea pronta[7]

De esta forma, la prontitud de la respuesta es un medio garantizador de su eficacia y de la utilidad que puede representar al administrado. Ello adquiere mayor relevancia en el caso de los servicios administrativos, pues la respuesta que el gobernado espera es una prestación determinada.

### e. *Uso adecuado de los bienes estatales*

En la exposición de motivos de la Constitución de 1983, se determinó que el Estado, los órganos de Gobierno y las funciones que realizan, están al servicio de la sociedad salvadoreña que se ha organizado para la realización de los más altos valores en beneficio de los miembros que la componen.

Asimismo, en una concepción antropocéntrica, el artículo 1 de nuestra ley primaria reconoce a la persona humana como el origen y el fin de la actividad del Estado, que está organizado para la consecución de la justicia, de la seguridad jurídica y del bien común.

---

[7]     Sentencia del 21/02/2005, pronunciada por la Sala de lo Constitucional de la Corte Suprema de Justicia de El Salvador, en el proceso de Amparo 53-2004.

De manera que toda actuación del Estado y sus integrantes, incluidos los funcionarios y empleados públicos, debe orientarse al servicio de la sociedad.

Así, los gobernantes, están sometidos a la realización permanente del bien común, lo que constituye su tarea diaria.

El bien común debe concebirse como el conjunto de condiciones que permiten el disfrute de los derechos humanos y el cumplimiento de los deberes que les son conexos.

Y es que la estructura orgánica del Estado no responde a intereses particulares, sino que debe considerarse portadora de un interés público, por lo que el elemento garantizador de la situación del servidor público es en puridad, garantía de la realización del interés público[8].

Por tal razón, el servicio público no debe vislumbrarse como una oportunidad para alcanzar un enriquecimiento personal, independientemente de su envergadura, sino como un instrumento de atención de las necesidades colectivas.

Desafortunadamente, muchos individuos ocupan sus cargos para obtener un lucro, en detrimento del patrimonio del Estado o de terceros.

Esto, sin duda alguna es repudiable por los miembros de la sociedad y está terminantemente vedado por el legislador.

Significa entonces que es una exigencia ética que los servidores públicos den un uso correcto a los bienes del Estado, por cuanto éstos son los medios de los que se vale para auspiciar servicios públicos de calidad[9].

Como su mismo nombre lo indica, la Ley de Ética Gubernamental, tiene por objeto normar y promover el desempeño ético en la función pública, prevenir y detectar las prácticas corruptas y sancionar los actos contrarios a los deberes y las prohibiciones éticas establecidas en la misma.

Ahora bien, la ética se perfila como un acervo de principios que orientan a los individuos y los conducen a la realización de actuaciones correctas, honorables e intachables. Por tal circunstancia, la ética es un elemento que indefectiblemente debe concurrir en todo sujeto que preste sus servicios al Estado o administre fondos públicos.

Adicionalmente, se repara que gran parte de la Hacienda Pública está formada de las contribuciones tributarias de los gobernados, a quienes debe rendirse cuenta sobre su administración.

Es por ello que la Convención de las Naciones Unidas contra la Corrupción promueve los principios de debida gestión de los asuntos y bienes públicos, responsabilidad, integridad, rendición de cuentas y transparencia.

Del mismo modo, la Convención Interamericana contra la Corrupción condena que cualquier persona que ejerza funciones públicas use o aproveche indebidamente en beneficio propio o de un tercero, cualquier tipo de bienes del Estado.

---

[8]     Sentencia dictada por la Sala de lo Constitucional de la Corte Suprema de Justicia de El Salvador, en el proceso de amparo ref. 820-99, el 9/II/2001.

[9]     Resolución del 5/10/12, pronunciada por el Tribunal de Ética Gubernamental de El Salvador, en el procedimiento 30-TEG-2011.

Bajo esa misma lógica, la Ley de Ética Gubernamental enfatiza el deber de los servidores públicos de hacer uso racional de los recursos estatales, únicamente para fines institucionales; pues el desvío de los mismos hacia fines particulares indiscutiblemente constituye corrupción.

### f. *Ejecutividad de los actos de la Administración*

Entre las prerrogativas inherentes a la Administración Pública se encuentra la presunción de legitimidad de sus actos, la cual sólo puede desvirtuarse mediante declaración en contrario pronunciada por la Sala de lo Contencioso Administrativo de la Corte Suprema de Justicia de El Salvador.

Como consecuencia de esta presunción iuris tantum los actos administrativos son eficaces y susceptibles de desplegar sus efectos desde el momento en que se comunican a los interesados.

Esta eficacia únicamente puede interrumpirse temporariamente con la suspensión provisional de los efectos del acto, la cual puede ser decretada por la Sala de lo Contencioso Administrativo al admitir la demanda (artículo 16 de la Ley de La Jurisdicción Contencioso Administrativa[10]).

De esta forma, mientras no exista tal pronunciamiento, la Administración puede y debe ejecutar el acto respectivo[11].

### g. *Legitimación pasiva*

La ética se perfila como un acervo de principios que orientan a los individuos y los orientan a la realización de actuaciones correctas, honorables e intachables.

Por tal circunstancia, la ética es un elemento que indefectiblemente debe concurrir en todo sujeto que preste sus servicios al Estado; empero, por su misma naturaleza, las conductas éticas o su antítesis sólo son predicables de las personas físicas, no así de los órganos y personas jurídicas estatales, *v.gr.* el Municipio.

De manera que la legitimación pasiva en los procedimientos tramitados en esta sede corresponde a los servidores públicos u órganos persona, no así a los órganos institución; ello, en virtud que la responsabilidad por transgresiones éticas es de carácter personal[12].

---

[10] Decreto Legislativo número 81 de fecha 14 de noviembre de 1978, publicado en el Diario Oficial número 236 Tomo 261 de fecha 19 de diciembre del mismo año. "Art. 16.- Al admitir la demanda, la Sala en el mismo auto podrá resolver sobre la suspensión provisional del acto administrativo que se impugna. La suspensión sólo procede respecto de actos administrativos que produzcan, o puedan producir, efectos positivos".

[11] Resolución del 17/9/2012, pronunciada por el Tribunal de Ética Gubernamental de El Salvador, en el procedimiento 69TEG2010.

[12] Resolución del 29/1/13, pronunciada por el Tribunal de Ética Gubernamental de El Salvador, en el procedimiento 136-TEG-2011.

## 2. Ley de Acceso a la información pública y creación del instituto correspondiente

Tradicionalmente el ejercicio del poder en El Salvador, en todas sus manifestaciones, se ha dado en las sombras, sin posibilidad de que el ciudadano, titular de la soberanía, y en tal carácter, titular del derecho a conocer, con detalle, el manejo de la administración pública.

Frente a ese panorama un grupo ciudadano se planteó promover una iniciativa legislativa para hacer realidad una necesidad ciudadana, del secreto a la transparencia.

Distintas instituciones de la sociedad civil salvadoreña, que incluyeron centros de pensamiento, universidades, medios de comunicación, profesionales y gremiales trabajaron desde sus áreas en el acceso a la información, la transparencia, el acceso del público a la información, buscando volver al Estado más sensible sobre las necesidades y demandas de la sociedad, lo que más allá de la aprobación de una ley, para crear una nueva forma de hacer política pública y ciudadanía.

La entrada en vigencia de la Ley de Acceso a la Información, ha permitido una herramienta poderosa que ha comenzado a facilitar que los ciudadanos, estén más informados, y por tanto puedan participar más activamente en el proceso de formulación de políticas públicas, y entidades de la sociedad civil accedan a información fiable y oportuna y puedan aportar haciendo diagnósticos y propuestas, e ideas creativas que les permitan a todos los salvadoreños enfrentar los desafíos que actualmente vive nuestra nación.

En resumen, lo que se ha logrado es que la información que gestiona la Administración Pública sea fácilmente accesible, puesto que la ley de acceso tiene como otro objetivo eficientizar al Estado, se fomentarán mayor eficiencia y facilitarán la modernización del Estado, ya que las oficinas públicas tendrán mejor ordenados sus registros, lo cual en sí es un objetivo deseable, dado que a veces el archivo general de una gran cantidad de oficinas públicas es realmente una bodega de papeles en estado caótico y no un archivo que resguarde la información pública; además que éste sirva a las necesidades colectivas. Sin duda, la calidad de vida de las personas mejorará cuando éstas perciban que sus instituciones gubernamentales realmente funcionan.

Sin transparencia, no es posible constatar que las elecciones efectuadas en un país determinado sean justas. Sin transparencia, no es posible que existan pesos y contrapesos creíbles y válidos entre los mismos poderes del Estado. Sin transparencia, los ciudadanos no tienen la información adecuada para evaluar a sus gobernantes y exigir que rindan cuentas sobre determinadas políticas públicas. En otras palabras, sin transparencia y acceso a la información, elementos intrínsecos y transversales de cualquier sistema que aboga por las libertades civiles y los derechos políticos de sus ciudadanos, la calidad democrática disminuye.

En otras palabras, la libertad de pensamiento y libertad de expresión son necesarias para que exista democracia; y la transparencia y acceso a la información efectivos, son condiciones necesarias para garantizar dichas libertades. Por tal motivo, el acceso a la información pública "ha sido conceptualizado como un derecho humano fundamental que consiste en la habilidad de los individuos de acceder a la información que esté en manos del Estado.

Aunque la ciencia política y el sentido común indiquen que la relación democracia-transparencia es proporcionalmente directa (a mayor democracia, mayor transparencia, y viceversa), en la práctica, esta relación no es tan obvia. En el mundo tampoco existe una sociedad que goce de niveles perfectos de transparencia. Indicadores como el Índice de Percepción de Corrupción de Transparencia Internacional o la percepción de la ciudadanía según encuestas de Latino barómetro, muestran que, al menos para América Latina, hay mucho trabajo por hacer.

No obstante, la cultura de la transparencia es de especial relevancia para el desarrollo integral de una democracia, ya que es un elemento transversal del sistema que incentiva el fortalecimiento de instituciones formales de la sociedad, y desincentiva que mecanismos informales y perversos ocupen espacios de poder en el sector público, privado y en la sociedad civil.

La Ley de Transparencia y Acceso a la Información Pública (LTAIP) se basa en el principio de máxima publicidad, que ella misma define como el presupuesto que "la información en poder de los entes obligados es pública y su difusión irrestricta, salvo las excepciones expresamente establecidas por la ley". Las leyes vigentes con anterioridad a la LTAIP, que regulan la administración pública salvadoreña, en cambio, se rigen por un principio contrario, es decir, que se presupone que la información en manos del Estado es reservada, salvo que la ley disponga lo contrario.

Por tanto, la aprobación de la LTAIP ha modificado sustancialmente el sistema legal salvadoreño.

La Constitución de la República –Cn–, no contiene una disposición que garantice de manera expresa el derecho al acceso de la información; sin embargo, existe una base constitucional que nos permite sustentar este derecho en los artículos 6 y 18 de la Carta Magna.

El artículo 6 Cn. establece el derecho a la libertad de expresión, el cual para ser efectivo tiene como presupuesto lógico un efectivo acceso a la información pública. El artículo 18 Cn. contiene la garantía del derecho de petición, para que cualquier persona dirija sus peticiones por escrito a los funcionarios públicos, a que éstas sean resueltas y, a que se le notifique dicha resolución.

La Sala de lo Constitucional de la Corte Suprema de Justicia ha establecido que el derecho de petición "puede ser ejercido por cualquier persona sea nacional o extranjero, persona natural o jurídica, ante cualquiera de las autoridades legalmente instituidas, quienes tienen la obligación de resolver, dentro de un plazo razonable", que la resolución "no puede limitarse a dar constancia de haberse recibido la petición sino que la autoridad correspondiente debe analizar el contenido de la misma y resolverla conforme a las facultades jurídicamente conferidas" y finalmente que "la contestación que debe recaer a una solicitud debe ser congruente con ésta". Sin embargo, el Art. 18 Cn. no es suficiente para proteger el derecho de petición, puesto que se necesita que la ley secundaria indique claramente sus alcances, estableciendo las excepciones y los procedimientos que deben seguirse.

El Salvador es suscriptor de varias convenciones internacionales que protegen el derecho al acceso de información pública. Dichas convenciones son parte de nuestro ordenamiento jurídico, prevalecen sobre la ley secundaria y obligan internacionalmente al país a darles cumplimiento.

## A. *Principios de responsabilidad de los funcionarios*

El tema de la responsabilidad de los Funcionarios Públicos, es también de importancia en el desarrollo del concepto del buen gobierno, en un país en donde la reclamación de daños y perjuicios es de muy poca importancia, y las reglas no han estado del todo claras.

El art. 245 de la Constitución relativo a la responsabilidad de los funcionarios públicos, establece que "los funcionarios y empleados públicos responderán personalmente y el Estado subsidiariamente, por los daños materiales o morales que causaren a consecuencia de la violación a los derechos consagrados en esta Constitución".

Esta disposición constitucional regula lo relativo a la responsabilidad por daños en la que incurren los funcionarios públicos como consecuencia de una vulneración de derechos constitucionales especialmente.

De acuerdo a resoluciones de la Sala de Constitucional de la Corte Suprema de Justicia de El Salvador, la anterior disposición resalta los siguientes aspectos: responden los funcionarios públicos, por lo que se trata de una responsabilidad personal, no institucional; en cuanto personal, siempre es una responsabilidad subjetiva, nunca objetiva; *se* trata de una responsabilidad patrimonial, que abarca todo tipo de daños materiales o morales; y solo procede cuando se esté ante una vulneración de derechos constitucionales, no de otro tipo de derechos.

Sin perjuicio de las características antes apuntadas, el art. 245 de la Cn. prescribe que, al Estado le corresponde asumir una especie de responsabilidad subsidiaria.

Su carácter personal y subjetivo, a pesar de la regla de subsidiariedad referida, se mantiene, puesto que su causa sigue siendo la conducta dolosa o culposa de un funcionario público.

Entonces, cuando la pretensión contra el funcionario no prospere, el art. 245 de la Cn. no habilita a plantearla en contra del Estado. Más bien, posibilita que, en aquellos casos en los que dentro de la fase de ejecución del proceso en cuestión se constata que el funcionario no posee suficientes bienes para pagar, el Estado adopte la posición de garante, asumiendo el pago de dicha obligación, lo que, en principio, no le correspondiera.

Es importante establecer, que existe un tipo de obligación a cargo del Estado: la de responder por los daños ocasionados a los particulares como consecuencia del funcionamiento normal o anormal en el cumplimiento de las funciones estatales y en la gestión de los servicios públicos, a la cual la doctrina denomina "responsabilidad patrimonial de la Administración". Su fundamento, tal como lo entiende la Sala de lo Constitucional de la Corte Suprema de Justicia de El Salvador, es una interpretación extensiva que está permitida por tratarse de derechos fundamentales por el art. 2 inc. 3° de la Constitución., entendiendo que toda persona tiene derecho, frente al Estado y a los particulares, a una indemnización por los daños de carácter material o moral que se le causen.

Por lo cual la misma Sala establece que en caso de que dicha responsabilidad se exija al Estado, es distinta y autónoma respecto a la que contempla el art. 245 de la Cn., puesto que: "(i) el obligado es el Estado como tal, no un funcionario público; y *(ii)* tiene como causa el funcionamiento normal o anormal de la Administración, no la conducta dolosa o culposa de un funcionario".

A diferencia de la responsabilidad personal regulada en el art. 245 de la Cn., la responsabilidad patrimonial del Estado es de carácter institucional, predominantemente objetiva y no se limita a los supuestos de vulneración de derechos constitucionales. Su finalidad es la de garantizar el patrimonio de toda persona (arts. 2 inc. 1° y 103 inc. 1° Cn.) y se centra en la existencia de un daño antijurídico, esto es, uno que los particulares no tienen el deber jurídico de soportar.

Al respecto, es pertinente mencionar que, en resoluciones de la Sala, se sostuvo que en la Constitución solo se prevé dos casos de responsabilidad del Estado, la cual, además, tiene carácter subsidiario: (i) por retardación de justicia (art. 17 inc. 2° Cn.), y (ii) por vulneración de derechos constitucionales (art. 245 Cn.).

Sin embargo, en dichos precedentes la Sala también acotó que, "en virtud del derecho a la protección jurisdiccional (art. 2 inc. 1° Cn.), las pretensiones contra el Estado no se limitan a los supuestos contemplados en los arts. 17 inc. 2° y 245 de la Cn., sino que pueden tener como base cualquier transgresión a la legalidad atribuible al Estado o a sus funcionarios".

En efecto, como ya se mencionó, existe una responsabilidad patrimonial del Estado por el funcionamiento de los servicios públicos, la cual es directa y deriva de una interpretación extensiva del art. 2 inc. 3° de la Cn.

El art. 35 de la Ley de Procedimientos Constitucionales, establece que "la sentencia que concede el amparo, se ordenará a la autoridad demandada que las cosas vuelvan al estado en que se encontraban antes del acto reclamado. Si éste se hubiere ejecutado en todo o en parte, de un modo irremediable, habrá lugar a la acción civil de indemnización por darlos y perjuicios contra el responsable personalmente y en forma subsidiaria contra el Estado".

Esta disposición regula los alcances de una sentencia estimatoria de amparo y se refiere, en su parte inicial, al efecto material que tiene lugar cuando existe la posibilidad de que las cosas vuelvan al estado en que se encontraban antes de la vulneración constitucional.

Sin embargo, cuando dicho efecto no es posible, la sentencia en un proceso de amparo constitucional, se vuelve meramente declarativa, dejándole expedita al amparado la posibilidad de iniciar un proceso de daños en contra del funcionario responsable con base en el art. 245 de la Cn.

En ese sentido, cuando la Ley de Procedimientos Constitucionales, prescribe que "habrá lugar a la acción civil de indemnización por daños y perjuicios contra el responsable personalmente y en forma subsidiaria contra el Estado", únicamente reitera lo prescrito en el art. 245 de la Constitución, pero introduce una condición no prevista en la misma y, por ello, no admisible el que dicha "acción" solo procede cuando el efecto material de la sentencia de amparo no sea posible.

Por otra parte, el proceso de amparo, tal como se encuentra configurado en la vigente Ley de Procedimientos Constitucionales, es un proceso declarativo-objetivo, en el sentido de que se limita a la declaratoria de si existe o no una vulneración de derechos constitucionales por parte de una autoridad y, por ende, no tiene como objeto el establecimiento de responsabilidad alguna.

Con todo, el contenido de la sentencia no constituye en sí declaración, reconocimiento o constitución de derechos privados subjetivos de los particulares o del Estado.

Entonces, debido a que el proceso de amparo está configurado en la ley y la juris-prudencia, de manera que en un fallo estimatorio no se hace pronunciamiento alguno respecto a la responsabilidad personal del funcionario ni tampoco, como consecuen-cia lógica, entonces solo existe responsabilidad patrimonial del Estado.

Por consiguiente, a partir de la jurisprudencia de la Sala de lo Constitucional, el art. 35 de la L. Pr. Cn., interpretado conforme al art. 245 de la Cn., se entiende refe-rido a la responsabilidad personal de los funcionarios públicos. En un fallo estimato-rio, con independencia de que, si se otorga o no un efecto material, se *reconoce* el derecho que asiste al amparado para promover, con base en el art. 245 de la Cn., el respectivo proceso de daños directamente en contra del funcionario responsable por la vulneración de sus derechos fundamentales.

Y, dentro este proceso, únicamente en el supuesto de que en la fase de ejecución se constate que dicho funcionario no posee suficientes bienes para afrontar el pago de la indemnización, el Estado (o el municipio o la institución oficial autónoma res-pectivos, según sea el caso), en posición de garante, responderá subsidiariamente de la aludida obligación.

Pero dicho reconocimiento, no implica que el ciudadano amparado, si así lo consi-dera conveniente, promueva un proceso de daños directamente en contra del Estado por lesiones sufridas en ocasión del funcionamiento normal o anormal de la Admi-nistración, con base en el art. 2 inc. 3° Constitucional.

B. *Función pública en El Salvador.*
*Comentarios al ante proyecto de ley*

a. *Contexto*

Si partimos de la idea que la función pública se refiere a la forma en que las dife-rentes administraciones públicas se relacionan con sus empleados y funcionarios, ello implica una diversidad de planos, de regulaciones, de leyes, de regímenes, que, no obstante, todos parten de una regulación común desde la Constitución, en su de-sarrollo han tomado diferentes caminos generando una situación, que hoy a princi-pios del siglo XXI, requiere de una nueva visión.

Al hablar de administraciones públicas, nos referimos inicialmente al Estado, con-cebido como, la abstracción creada para satisfacer las necesidades de la población, pensada así por los revolucionarios franceses en su concepción de tres poderes equi-librados que se controlan entre sí, rompiendo con el poder absoluto y concentrado del monarca.

El Estado como tal ha venido sufriendo grandes transformaciones, las ciudades han crecido, la densidad poblacional es mayor, la estructura organizativa se ha vuel-to compleja, esto ha traído cambios en la forma de la prestación de los servicios a los ciudadanos, pasando desde la prestación directa de los servicios públicos hasta la prestación de los mismos por particulares. Los requerimientos ciudadanos son cada vez más en cantidad y en calidad, en la profesionalización y ahora están basados en la idea de la obligación del Estado de prestarlos, por ser derechos humanos funda-mentales, generalmente reconocidos en las constituciones y desarrollados en leyes administrativas.

Esto significa que el régimen jurídico de función pública se debe hacer, partiendo de la premisa de que la administración pública debe ser instrumento al servicio del desarrollo nacional y del bienestar social, lo cual viene a ser regla de "Buen gobierno".

Los administradores públicos están en la obligación de prestar un servicio, que, como parte del Estado, responden a la satisfacción de las necesidades ciudadanas, de quienes además sostienen la estructura de funcionamiento de las diferentes oficinas públicas, ya que es un derecho propio del ciudadano frente al Estado.

La realidad actual del trabajo en las diferentes administraciones públicas, obliga a una revisión en cuanto a las políticas públicas de relaciones laborales y de prestación de los servicios, las cuales deben de estar reguladas por ley, con conceptos modernos de administración y de nueva tecnología.

Esto es materia propia del Derecho Administrativo, que lo ha venido regulando años atrás, pero se cruza con otras materias como el Derecho Laboral.

La Constitución establece los principios fundamentales del régimen administrativo y la obligación que sean regulados por una ley secundaria; por tanto, es oportuno realizar un proceso de actualización constante de la legislación correspondiente. En especial, dado que la profesionalización del servicio civil es un componente importante dentro de la modernización del Estado, puesto que la gestión estratégica del talento humano incide en las políticas públicas, la competitividad, el clima de negocios, y la calidad del servicio a los ciudadanos, entre otros.

El anteproyecto de la Ley de la Función Pública que actualmente se discute en El Salvador, contempla entre algunos aspectos: el fortalecimiento de la carrera administrativa en el sector público; el establecimiento de mecanismos para desarrollar procesos de reclutamiento y selección transparentes basados en el mérito y las competencias, así como de procesos de ingreso, ascensos, traslados, capacitaciones y evaluaciones; la creación de una autoridad rectora de la función pública, la cual tendría entre sus competencias el diseño y la supervisión de la implementación de las políticas para la administración de los recursos humanos; genera nuevos derechos laborales; y establece algunas reglas del funcionamiento de los sindicatos públicos.

### b. *Definición*

Es definida como la "actividad que realizan las personas naturales que prestan sus servicios al Estado, que incluye la nación, departamentos, distritos, municipios y entidades descentralizadas territorialmente y por servicios".

La Carta Iberoamericana de la Función Pública la define: "el conjunto de arreglos institucionales mediante los cuales se articulan y gestionan el empleo público y las personas que lo integran en una realidad nacional determinada."

Agrega: "los arreglos comprenden normas escritas o informales, estructuras, pautas culturales, políticas explícitas o implícitas, procesos, prácticas y acciones diversas cuya finalidad sea garantizar un manejo adecuado de los recursos humanos en el marco de una administración pública profesional, eficaz al servicio del interés general."

Por tanto, al hablar de la función pública se debe hacer mención a una organización administrativa, al servidor púbico y a las normas que regulen este servicio.

Así como hablamos de la estructura y funcionamiento de la Administración Pública, en una perspectiva orgánica y dinámica, no es menos importante aludir a la integración y conformación del componente esencial de la administración, el talento humano, visto no como partículas desarticuladas o componentes atomizados, si no las formas de organización, las funciones, el ingreso, las clases de sistemas de carreras, el régimen jurídico de cada uno, el proceso de ingreso, la inducción, las situaciones administrativas en que se encuentran, el régimen jurídico de los empleados públicos, de los trabajadores oficiales, los derechos y garantías de éstos, el régimen salarial, el régimen de prestaciones sociales, el régimen disciplinario y sancionatorio entre otros.

El ante proyecto de ley está basado en principios que sustentan una nueva visión de la concepción del derecho del ciudadano a gozar de un buen gobierno y una buena administración.

### c. *Principio de economía*

El Servidor Público, deberá buscar la protección de los bienes y dineros del Estado, evitando inversiones riesgosas que vayan a significar detrimento del patrimonio estatal, so pena de estar haciéndose responsable patrimonial, disciplinaria, fiscal y penalmente.

Por otra parte, se busca que, en las actuaciones públicas, el Servidor Público, utilice el menor número de trámites y gaste o comprometa la menor cantidad de recursos estatales en el cumplimiento de sus actividades administrativas.

### d. *Principio de celeridad*

El Servidor Público, deberá en su relación con el Estado, ejecutar y tramitar los asuntos a su cargo en el menor tiempo posible, tomando oportunamente las decisiones sin demorar innecesariamente las actuaciones que le corresponden.

### e. *Principio de eficacia*

Todas las actuaciones que realice el Servidor Público deben estar orientadas al cumplimiento de los fines Estatales.

### f. *Principio de publicidad*

Todas las actuaciones de los Servidores son públicas y por lo tanto deben ser conocidos por todas las personas para que puedan ser sometidas al escrutinio.

Ningún acto puede ser considerado como reservado a no ser que la ley le haya otorgado tal carácter. Solo por expresa disposición legal, el acto tiene el carácter de reservado.

La jurisprudencia constitucional extranjera, en este sentido se ha pronunciado inclusive en relación con los temas de las Empresas de Servicios, que habían argumentado que como sus actos estaban regidos por el derecho privado, entonces no estaban sometidos al conocimiento público.

162

### g. *Principio de imparcialidad*

Todos los actos y actuaciones que realicen los servidores, en relación con la administración, deben buscar el interés general, por tanto, no pueden buscar intereses personales, en provecho propio, o de un tercero. El único interés que debe orientar a los Funcionarios y Servidores es, la finalidad mediata de la función administrativa, esto es, el Interés General.

Los países en la configuración de su servicio público, que normalmente está definido en las constituciones, optan por dos sistemas tradicionales: cerrado o de carrera y el abierto o de empleo. En el caso de la regulación actual en El Salvador y en el ante proyecto que comentamos, se inclina por el sistema de carrera administrativa.

Entre los aspectos más relevantes que incluye el ante proyecto de ley encontramos: favorecer reglas de buen gobierno en un estado de derecho, establecimiento de la carrera administrativa y su desarrollo, uniformar condiciones, evita la dispersión normativa, régimen individual (formas de vinculación laboral) y colectivo (desarrollo en el estado), estabilidad laboral de los técnicos, creación de instituciones, bajo un mismo enfoque.

## III. CONCLUSIONES

No obstante que, en El Salvador, a partir de la firma de los Acuerdos de Paz, se ha venido trabajando en asentar la naciente democracia, dando pasos a la participación ciudadana, posesionando al titular de la soberanía de sus derechos y atributos, hace falta mucho camino por recorrer en materia de buen gobierno, y en el reconocimiento de un enfoque desde la perspectiva del ciudadano.

No hay regulación constitucional expresa, fuera de la regla del equilibrio presupuestario, del funcionario público al servicio del interés general y no de fracción política determinada, no encontramos disposiciones que desde la ley máxima oriente tal enfoque.

Tampoco encontramos en ley secundaria regulaciones expresas en tal sentido, fuera de las leyes comentadas en este trabajo, no existe como tal, ya que no hay una política pública que promueva el buen gobierno bajo la concepción del derecho del ciudadano titular de la soberanía del Estado.

Mucho falta por caminar en la ruta del reconocimiento de los derechos ciudadanos, y sobre todo cuando éstos significan mayor control sobre las actuaciones de los administradores públicos, no obstante, el Estado salvadoreños ha iniciado esfuerzos en esa línea con la discusión de temas, con visión ciudadana.

La esperanza que documentos como el presente, permitan construir espacios de discusión, en los cuales el ciudadano común pueda posesionarse de su rol, participando en la lucha por sus derechos, especialmente en aquellos que signifiquen la satisfacción de sus necesidades.

# LA CONSTRUCCIÓN DEL DERECHO A LA BUENA ADMINISTRACIÓN EN EL MARCO DEL *SUMAK KAWSAY*

*MARCO A. ELIZALDE JALIL**

## I. INTRODUCCIÓN

Este artículo empieza con un relato −un poco aventurado para un artículo jurídico− que contiene una experiencia que, muy seguramente, ha sido vivida por muchos de sus lectores, en sus relaciones con las administraciones públicas.

*Son las 16h45. Las ventanillas de la administración local (Municipio, Ayuntamiento) terminan de atender a las 17h00. Te das cuenta que tienes poco menos de quince minutos para comprar las tasas correspondientes y correr a la otra ventanilla para ingresar la solicitud que debes presentar, como máximo, hasta ese mismo día. Tu solicitud es compleja, larga, necesita de atención para ser procesada, encasillada y dirigida correctamente. No se está pidiendo algo que sea considerado "de todos los días". Pagas las tasas y corres a la fila correcta. Son las 16h53 y tienes dos personas al frente. Te fijas que el funcionario que debe atenderte está, constantemente, viendo su reloj. Son las 16h57 y queda una persona al frente tuyo. Estas dudando si te van a atender o si, simplemente, tu trámite será ese que "quedará para mañana". Empiezas a ponerte ansioso y, por encima de la persona que está al frente tuyo, vez con ojos inquisitivos al funcionario que debe atenderte. Internamente, y sin gesticular mucho, lo retas a que tenga la osadía de dejarte con esa tarea tan importante por completar. Son las 16h59, falta menos de un minuto y, finalmente, es tu turno. Estás dentro del horario. Entregas tu solicitud y la explicas brevemente. El funcionario se da cuenta que no va a terminar de procesar tu solicitud en los 30 segundos que le quedan de su turno. Te mira con cara de desprecio y te dice "regrese mañana, tengo que revisar todos los requisitos y cotejarlos con los originales. No me alcanza el tiempo." Y aquí empieza tu batalla. Te toca, entre otras cosas, explicarle al funcionario tu necesidad y, además, como a vuelapluma, los conceptos de buena administración…*

Lo primero que debe decirse es que este breve relato, que actúa como un ejemplo, no debe tomarse como una situación circunstancial o tangencial al problema de fondo respecto de las prácticas de la buena administración.

---

* Profesor titular de Derecho Administrativo de la Universidad Católica de Santiago de Guayaquil. Doctor en Derecho por la Universidad de la Coruña.

Si bien el tema objeto de este artículo implica muchas otras situaciones que encuentran amparo en la buena administración, parece importante definir, desde ya, que este tipo de problemas cotidianos y reales deben ser el origen de un necesario reencauzamiento de los estudios respecto de este tema.

Puede ser que el relato antes referido refleje un tema en particular que podría tener una solución puntual, pero lo importante que se debe destacar es que este tipo de problemas tienen como origen una determinada concepción que tienen los funcionarios públicos sobre la burocracia —y en definitiva sobre el ejercicio del poder— que deben ser necesariamente replanteados desde la óptica de la buena administración. Quizás en la Europa continental estos no sean los problemas más urgentes que se deben resolver, cuestión que no parece ser la misma en Latinoamérica y, en particular, en el Ecuador.

Y es que la pregunta que se debe formular es ¿sirven para circunstancias como las del anterior relato (que son las que viven la mayoría de ciudadanos) los estudios que se hacen respecto de la buena administración? ¿Si no sirven para ese particular ejemplo, para cuales sirve? ¿Sirven acaso para un determinado nivel jerárquico de los funcionarios públicos que, casi nunca, tienen contacto directo con los ciudadanos? ¿Cómo debemos reenfocar los estudios o la legislación en materia de buena administración para que sean realmente efectivos y propendan a una mejora de las condiciones de vida de los ciudadanos?

Quedarse impávidos ante estas realidades no parece ser una opción. De ese modo, parece lógico que, partiendo de la comprensión de las mismas, debe buscarse mejorar la administración pública y darles herramientas a los ciudadanos para poder ejercer mecanismos de defensa que sean efectivos cuando la función pública no esté prestando un buen servicio. Una especie de derecho del consumidor orientado a proteger a los ciudadanos en sus relaciones jurídicas con las administraciones públicas.

Todas estas cuestiones no parecen ser asunto menor y, desde el enfoque ecuatoriano, se pretende dar una aproximación para su solución en este artículo.

### 1. *La buena administración desde la perspectiva del ciudadano*

El principal problema con los estudios relativos a la buena administración es que sus postulados teóricos son difíciles de aplicar en el día a día de la gestión pública. La mayoría de estudios sobre la "buena administración" son, en apariencia, estudios etéreos, llenos de nociones conceptuales y teóricas que, luego, se hace muy difícil asentar en la realidad cotidiana del servicio público, especialmente en Latinoamérica.

Dicho enfoque ha sido criticado, desde su raíz, por el profesor RODRÍGUEZ-ARANA sosteniendo que "para la política ideológica cerrada lo primordial son las ideas, para las nuevas políticas públicas lo fundamental son las personas (…) No son solo las ideas las que enriquecen la vida publica, sino, sobre todo, las personas que las sustentan."[1] Y es que, quizás, el problema principal de estos estudios es que par-

---

[1] Rodríguez-Arana, Jaime, El Buen Gobierno y la Buena Administración de Instituciones Públicas, Editorial Aranzadi, Cizur Menor, 2006, p. 35. Cabe resaltar que el profesor de la Universidad de la Coruña ha sido uno de los autores más prolíficos en esta materia, incluyendo una re-

ten de un marco teórico y no de la realidad social y cultural que pretenden regular. Es por esto que, por lo general, fracasan los modelos legislativos importados de la Europa continental a una realidad latinoamericana que, simplemente, se niega a aceptar parámetros de conducta diseñados para españoles, italianos, alemanes o franceses y sus diversas particularidades.

El problema del alejamiento de la realidad y su conexión con lo teórico surge, muchas veces, porque el punto de partida es determinadas ideas que se tienen, en ese particular momento político y social, como buenas ideas. Son ideas, por lo general, nacidas en los escritorios de funcionarios tecnocráticos ajenos a la realidad que pretenden regular, peor aun cuando estos modelos son importados de continentes diferentes. El estudio de la buena administración, en consecuencia, debe de partir de la realidad −en ciertos casos incluso coyuntural− política, social y cultural de los ciudadanos y funcionarios que pretende regular. Es importante aquí remitirse a una reflexión del profesor RODRÍGUEZ-ARANA que es difícil no compartirla en su totalidad: *"Es posible construir grandes teorías sobre la buena administración en el aire, pero la mejor teoría sobre la materia es un buen directivo o gobernante en acción. Lo demás son abstracciones o generalidades que servirán en la medida en que quienes dirigen o gobiernan instituciones públicas lo hagan con la mirada puesta sobremanera en los ciudadanos a que sirven."*[2] Así, el área principal para determinar esta realidad −que actuará el punto de partida de los estudios de la buena administración− parece ser el régimen local, en particular los municipios, quienes son los que tienen el mayor nivel de relacionamiento con los ciudadanos.

Se puede tener la fortuna de leer varias monografías basadas en las ideas de buena administración, buen gobierno, la gobernanza, la ética pública, etc., pero nada de esto parece valer cuando a un funcionario público se le pide que atienda a un ciudadano en los albores del final de su jornada de trabajo. O cuando, luego de escuchar por horas las continuas −y muchas veces legitimas− quejas y reclamos de un sinnúmero de ciudadanos, se le pide al funcionario que las respuestas que otorgue a los siguientes ciudadanos sean respuestas que tomen en cuenta el papel central del ciudadano en la buena administración. La única manera de mejorar este, y otros aspectos relativos a la buena administración, es a partir de un estudio comprensivo de la realidad de los funcionarios y de los ciudadanos.

## 2. *La buena administración y el sumak kawsay*

Para intentar definir la naturaleza jurídica y el contenido de lo que se entiende por "buena administración" es imprescindible, dentro del marco constitucional ecuatoriano, tomar en cuenta la novedosa cosmovisión incaica del *sumak kawsay*. Esta frase, en castellano, significa "buen vivir" lo que, en palabras del ex Presidente de la Asamblea Constituyente que redactó la Constitución ecuatoriana, implica poner al *"ser humano como eje y como razón de ser de cualquier actividad (...) Ahí asoma toda aquella visión del buen vivir, que no puede ser confundida con el estado de*

---

ciente obra titulada *"El derecho a una buena Administración para los ciudadanos. Un modelo global de Administración"*, Editorial Netbiblio, Madrid, 2013.

[2]    *Ibídem*, p. 11.

*bienestar o con el estado de satisfacción que tienen los países más ricos, yo no diría los países desarrollados. El buen vivir nace de la experiencia de vida de los pueblos y las nacionalidades indígenas. Creo que ese es un elemento fundamental para pensar una sociedad diferente, una sociedad que rescate los saberes y las tecnologías populares, la forma de organizarse, de dar respuesta propia porque ese es el camino que nos queda por delante.*"[3] Desde un enfoque estrictamente jurídico, esta visión, que establece al ser humano como el centro de la actividad pública, podría haberse explicado de mejor manera sin la necesidad de apelar a una conceptualización, casi esotérica, originada en los pueblos indígenas. No obstante, esta invocación parece tener su explicación y fundamento principal como un reconocimiento a la cultura que se ha heredado de estos pueblos ancestrales.

Sin embargo de lo anterior, es evidente que, partiendo de nuestra realidad constitucional, el *sumak kawsay* se configura como el eje transversal y neurálgico de todo el texto constitucional ecuatoriano.[4] El preámbulo,[5] la división de los derechos y las políticas públicas recogidas en la CRE,[6] están divididas y organizadas en el texto constitucional a partir de su influencia en el *sumak kawsay*.

---

[3]     Acosta, Alberto, «El "buen vivir" para la construcción de alternativas, Conferencia en el Encuentro Latinoamericano del Foro Mundial de Alternativas», Quito, 2009, en http://alainet.org/active/24122&lang=es (accedido el 15 de octubre de 2013). Para otros el *sumak kawsay* es *"una alternativa ante el agotamiento del paradigma de civilización y de vida que durante siglos ha alimentado el diseño de proyectos de modernidad capitalista, y también socialista, con rasgos coloniales."* Cortez, David, «Genealogía del "buen vivir" en la nueva constitución ecuatoriana» en Fornet-Betancourt, Raul, (Hg.) *Gutes Leben als humanisiertes Leben. Vorstellungen vom guten Leben in den Kulturen und ihre Bedeutung für Politik und Gesellschaft heute". Dokumentation des VIII. Internationalen Kongresses für Interkulturelle Philosophie. Denktraditionen im Dialog. Studien zur Befreung und Interkulturalität. Band 30. Wissenschaftsverlag Main*, 2010, pp. 227-248. Acceso electrónico en http://homepage.univie.ac.at/heike.wagner/SUMAK%20KAWSAY%20EN%20 ECUADOR. %20 DAVID%20CORTEZ. pdf (accedido el 15 de octubre de 2013). También desde una óptica gubernamental de este concepto en Kowii, Ariruma, El Sumak Kawsay, en http://www.un.org/esa/socdev/unpfii/documents/El%20Sumak%20Kawsay-ArirumaKowii.pdf (accedido el 15 de octubre de 2013).

[4]     Sobre el concepto *del sumak kawsay* y su influencia en el constitucionalismo ecuatoriano *vid* Palacios Romeo, F., «Constitucionalización de un sistema integral de derechos sociales. De la *Daseinsvorsorge* al *Sumak Kawsay*», en Ávila Santamaría, R., y otros (editores), Desafíos constitucionales. La Constitución ecuatoriana del 2008 en perspectiva, Ministerio de Justicia y Derechos Humanos, Quito, 2008, pp. 41-65.

[5]     Dice el preámbulo del texto constitucional ecuatoriano: *"NOSOTRAS Y NOSOTROS, el pueblo soberano del Ecuador; RECONOCIENDO nuestras raíces milenarias, forjadas por mujeres y hombres de distintos pueblos; CELEBRANDO a la naturaleza, la Pacha Mama, de la que somos parte y que es vital para nuestra existencia; INVOCANDO el nombre de Dios y reconociendo nuestras diversas formas de religiosidad y espiritualidad (...) Decidimos construir una nueva forma de convivencia ciudadana, en diversidad y armonía con la naturaleza, para alcanzar el buen vivir, el sumak kawsay".*

[6]     Por ejemplo, el art. 275 del texto constitucional sostiene: *"El régimen de desarrollo es el conjunto organizado, sostenible y dinámico de los sistemas económicos, políticos, socio-culturales y ambientales, que garantizan la realización del buen vivir, del sumak kawsay. El Estado planificará el desarrollo del país para garantizar el ejercicio de los derechos, la consecución de los objetivos del régimen de desarrollo y los principios consagrados en la Constitución. La planificación propiciará la equidad social y territorial, promoverá la concertación, y será participativa, descentralizada, desconcentrada y transparente. El buen vivir requerirá que las personas, comunidades, pueblos y nacionalidades gocen efectivamente de sus derechos, y ejerzan respon-*

Parece claro que la intención del constituyente es orientar todo el sistema de políticas públicas para cumplir con el *sumak kawsay*, finalidad que, en abstracto, no es para nada desdeñable. Otra cuestión es que esta pretendida nueva forma de ejercer el poder público sea explicada, tanto en el texto constitucional como en la legislación nacional, con formas alambicadas y palabras llenas de retórica, pero vacías de contenido. Pero esta crítica, no es objeto de este artículo.

Lo importante del *sumak kawsay* es la plasmación de un concepto cardinal del constitucionalismo ecuatoriano que tiene como base la centralidad de la persona y su relación armónica con la naturaleza. Este valor constitucional se constituye en el eje central de todas las políticas públicas del Estado ecuatoriano y es dentro de este marco general desde donde se puede explicar lo que se conoce como el derecho a la "buena administración", que se debe configurar como una de las principales expresiones de esta nueva forma de ejercer el poder público.

En definitiva, si lo que el *sumak kawsay* intenta es la realización concreta y directa de los derechos que aseguren la dignidad y el desarrollo de las personas bajo el respeto de la naturaleza, es evidente que la interpretación aquí planteada es la más adecuada bajo el esquema constitucional ecuatoriano que ha optado por convertir en derechos, con rango constitucional, a una variedad extensa de hechos y realidades. No parece descabellado, entonces, sostener que el derecho a la buena administración encaja dentro del constitucionalismo garantista y promisorio ecuatoriano, como una expresión del *sumak kawsay*.

### 3. La naturaleza jurídica de la "buena administración" en el sistema jurídico ecuatoriano

Para el profesor RODRÍGUEZ-ARANA, la buena administración se configura como un derecho de rango constitucional, al sostener que "*la buena administración no es sólo una característica que debe distinguir a los aparatos gubernamentales o administrativos, sino, sobre todo, un derecho que asiste a los ciudadanos, exigible antes los Tribunales, con las dificultades, es verdad, que implica el contenido de este nuevo derecho.*"[7] Esta conclusión, no obstante acertada, no es aplicable a la realidad ecuatoriana dado que el punto de referencia para el jurista gallego es la Carta de los derechos fundamentales de la Unión Europea y, en particular, su art. 41 que reconoce un derecho a la buena administración.[8]

---

*sabilidades en el marco de la interculturalidad, del respeto a sus diversidades, y de la convivencia armónica con la naturaleza.*"

7    Rodríguez-Arana, Jaime, *El Buen Gobierno… óp. cit.* p. 11.

8    "*Artículo 41.- Derecho a una buena administración: 1. Toda persona tiene derecho a que las instituciones y órganos de la Unión traten sus asuntos imparcial y equitativamente y dentro de un plazo razonable. 2. Este derecho incluye en particular: i) el derecho de toda persona a ser oída antes de que se tome en contra suya una medida individual que le afecte desfavorablemente, ii) el derecho de toda persona a acceder al expediente que le afecte, dentro del respeto de los intereses legítimos de la confidencialidad y del secreto profesional y comercial, iii) la obligación que incumbe a la administración de motivar sus decisiones. 3. Toda persona tiene derecho a la reparación por la Comunidad de los daños causados por sus instituciones o sus agentes en el ejercicio de sus funciones, de conformidad con los principios generales comunes a los Derechos*

Sin embargo, en el Ecuador, la noción de "buena administración" no encuentra reconocimiento expreso en el texto constitucional, en los tratados internacionales, ni en los principales cuerpos normativos de Derecho Público. Tampoco existe jurisprudencia relevante de la Corte Constitucional o de la Corte Nacional de Justicia que hayan desarrollado las nociones de la "buena administración".

Esto es bastante curioso en un texto constitucional sumamente extenso y plagado de variopintos derechos constitucionales de todo tipo, incluso reconociendo a la naturaleza como sujeto de derechos.[9] Al respecto, el profesor CANOSA ha explicado que *"La Constitución de Ecuador es ejemplo del que podríamos llamar constitucionalismo promisorio latinoamericano que lleva hasta sus últimas consecuencias los postulados originarios del liberalismo iusnaturalista: trazar un modelo normativo al que la realidad debe acomodarse. Un modelo, además, lleno de contenidos socializantes que anticipan una sociedad mejor, al prometer a las personas cotas de bienestar que el Estado queda comprometido constitucionalmente a alcanzar (...) La Constitución ecuatoriana es ejemplo de un Estado constitucional democrático y social que coloca los derechos, también los sociales, en el primer plano de sus preocupaciones. Ningún derecho imaginable queda fuera de la declaración ecuatoriana, ni siquiera los problemáticos derechos de la naturaleza (artículo 71 a 74)."*[10]

La ausencia de norma expresa lleva a concluir, desde una óptica formalista, que en el Ecuador la buena administración no se configura como un derecho, de rango constitucional o legal, que pueda ser exigido ante los jueces y tribunales de la República, por aplicación del art. 11.3 de la Constitución ecuatoriana.[11] Más bien parece, desde esta óptica, que la buena administración podría configurarse como un conjunto de principios que las administraciones públicas deben observar en el ejercicio de su poder.

Ahora bien, desde una óptica iusnaturalista –que es la que parece recoger la experimental (neo) Constitución ecuatoriana– se podría utilizar los criterios de interpre-

---

        *de los Estados miembros. 4. Toda persona podrá dirigirse a las instituciones de la Unión en una de las lenguas de los Tratados y deberá recibir una contestación en esa misma lengua."*

[9]    El art. 10 del texto constitucional dice *"Las personas, comunidades, pueblos, nacionalidades y colectivos son titulares y gozarán de los derechos garantizados en la Constitución y en los instrumentos internacionales. La naturaleza será sujeto de aquellos derechos que le reconozca la Constitución."*

[10]   Canosa Usera, Raúl, *«El derecho de resistencia. Evolución histórica, esbozo de una teoría constitucional y análisis de su reconocimiento en la Constitución ecuatoriana»*, en *AA.VV.*, El derecho a la resistencia en el constitucionalismo moderno, Universidad Católica de Santiago de Guayaquil, Guayaquil, 2011, pp. 58-59.

[11]   *"Art. 11.- El ejercicio de los derechos se regirá por los siguientes principios: (...) 3. Los derechos y garantías establecidos en la Constitución y en los instrumentos internacionales de derechos humanos serán de directa e inmediata aplicación por y ante cualquier servidora o servidor público, administrativo o judicial, de oficio o a petición de parte. Para el ejercicio de los derechos y las garantías constitucionales no se exigirán condiciones o requisitos que no estén establecidos en la Constitución o la ley. Los derechos serán plenamente justiciables. No podrá alegarse falta de norma jurídica para justificar su violación o desconocimiento, para desechar la acción por esos hechos ni para negar su reconocimiento."*

tación sistemática[12] y *favor libertatis*[13] para definir a la "buena administración" como un derecho, exigible ante los tribunales. Proponer estas posibles interpretaciones, que deben respetar los parámetros constitucionales, es la labor primigenia y fundamental de los investigadores jurídicos, en aras de mejorar la calidad de vida de las personas.

En ese sentido, la buena administración podría considerarse como un derecho solamente si se parte de las siguientes premisas:

> a) que la buena administración se configure como una expresión del *sumak kawsay*, tal como se ha explicado en el apartado 3 de este artículo; y,

> b) que se lo incluya en la cláusula derechos no enunciados o derechos implícitos del art. 11.7 de la Constitución ecuatoriana.

Respecto de lo segundo, debe recordarse que la Constitución ecuatoriana en el art. 11.7[14] reconoce que la enunciación de los derechos reconocidos a las personas no es taxativa ya que existen derechos que, aun cuando no estén enumerados expresamente, son inherentes a la dignidad de la persona.

La hipótesis planteada en este artículo es que la buena administración es un derecho de rango constitucional al encontrarse dentro de aquellos derechos que son inherentes a la dignidad de las personas, y que encuentran reconocimiento constitucional en la cláusula de derechos implícitos del art. 11.7 de la Constitución ecuatoriana.[15]

Justificar que la buena administración es un derecho derivado de la dignidad de las personas y necesario para su pleno desenvolvimiento, no parece tarea difícil. En primer lugar, debe reconocerse que la buena administración es reconocida como un derecho en la Carta Europea de Derechos Humanos. Por otro lado, la diversidad de derechos reconocidos en la Constitución ecuatoriana es tan amplia que, utilizando el mismo parámetro, parece difícil poder excluir el derecho a la buena administración. Por último, cada día son más los asuntos donde existen relaciones entre los particulares y las administraciones públicas. En ese sentido, si existe un derecho de protección del consumidor para las relaciones entre particulares, ¿Por qué no puede aventurarse con un criterio de protección al ciudadano que integre el concepto de un derecho a la buena administración, como inherente a la dignidad de la persona? Parece

---

[12] *"Art. 427.- Las normas constitucionales se interpretarán por el tenor literal que más se ajuste a la Constitución en su integralidad."*

[13] *"Art. 11.- El ejercicio de los derechos se regirá por los siguientes principios: (...) 5. En materia de derechos y garantías constitucionales, las servidoras y servidores públicos, administrativos o judiciales, deberán aplicar la norma y la interpretación que más favorezcan su efectiva vigencia."* Asimismo, el art. 427 dice en su segunda parte *"En caso de duda, se interpretarán en el sentido que más favorezca a la plena vigencia de los derechos y que mejor respete la voluntad del constituyente, y de acuerdo con los principios generales de la interpretación constitucional."*

[14] "Art. 11.- El ejercicio de los derechos se regirá por los siguientes principios: (…) 7. El reconocimiento de los derechos y garantías establecidos en la Constitución y en los instrumentos internacionales de derechos humanos, no excluirá los demás derechos derivados de la dignidad de las personas, comunidades, pueblos y nacionalidades, que sean necesarios para su pleno desenvolvimiento."

[15] Sobre la cláusula de derechos implícitos *vid.* Guastini, Riccardo, Derechos Implícitos, Observatorio DOXA, Universidad de Alicante en http://web.ua.es/es/observatoriodoxa/documentos/comentario-riccardo-guastini.pdf (accedido el 15 de octubre de 2013)

bastante razonable sostener, en consecuencia, que el derecho a la buena administración puede considerarse como un derecho derivado de la dignidad de las personas y necesario para su pleno desenvolvimiento.

Ahora bien, no debe dejar de mencionarse el riesgo que puede comprender la constitucionalización de este derecho si se convierte en un mecanismo de abuso del derecho por parte de los abogados. Esta desviación, no obstante, no parece motivo suficiente para desestimar la interpretación aquí planteada sino, más bien, debe constituirse como una advertencia para que, frente a estas prácticas abusivas, se activen los mecanismos de sanción a los que ilegítimamente las realicen.

Queda claro que la configuración de la buena administración como un derecho es, según la construcción del sistema jurídico ecuatoriano, una tarea que implica una dosis de espíritu novador y de activismo judicial. Los necesarios límites de este último fenómeno son cuestión de otro artículo.

### 4. *Un posible contenido del derecho a la buena administración*

Definir el contenido de cualquier derecho es una tarea compleja y que, muchas veces, requiere de un desarrollo casuístico por parte de los operadores jurídicos. No obstante, en el presente acápite se pretende, desde el enfoque anteriormente explicado, aproximar posibles contenidos de este derecho a una buena administración.

En ese sentido, dentro del sistema jurídico ecuatoriano el contenido de un derecho a la buena administración debería estar integrado, al menos, por estos dos elementos:

a) los derechos constitucionales que se incluyen dentro del concepto que los engloba de un derecho a la buena administración; y,

b) los principios aplicables a las administraciones públicas y cuya eventual vulneración podrían ser protegida a través de los mecanismos de protección de derechos.

### A. *La buena administración como conjunto de derechos*

El artículo 41 de la Carta de Derechos Fundamentales de la Unión Europea –que en materia de derechos recoge la jurisprudencia del Tribunal Europeo de Derechos Humanos– establece como contenido del derecho a la buena administración una actuación administrativa imparcial, equitativa y dentro de un plazo razonable. A continuación, incluye como elementos del derecho a la buena administración los siguientes derechos: a) el derecho a ser oído, b) el acceso a la información, c) el derecho a la motivación de las decisiones del poder público, d) el derecho a una compensación por el incumplimiento de las obligaciones públicas, e) el derecho a la correspondencia con la administración.

La mayoría de estos derechos encuentran un reconocimiento paralelo en la Constitución ecuatoriana. El derecho a ser escuchado, previamente y en igualdad de condiciones, lo recoge el Art. 76.7c) de la Constitución ecuatoriana[16] que lo reconoce para todo proceso en el que se determinen derechos y obligaciones de cualquier orden. La redacción del referido enunciado constitucional coloca como objeto receptor de estas exigencias iusfundamentales a los "procesos de cualquier orden", lo que incluye no solamente a los procesos judiciales sino también a la actuación administrativa en general. En aplicación de los arts. 11.5, 427 de la CRE, no cabe hacer una interpretación restrictiva de lo que el enunciado del art. 76 de la CRE deba abarcar. Cuando la intención del constituyente ha sido excluir las garantías del debido proceso a *"procesos de cualquier orden"*, la misma Constitución lo refleja de manera expresa. Así por ejemplo, el derecho a ser asistido por un abogado solamente es aplicable dentro de los *procesos judiciales*, porque el literal g) del numeral 7 del Art. 76 de la CRE,[17] así lo establece expresamente. Esto no sucede en el artículo 76, numeral 7, literal c) de la CRE, precisamente porque la norma no lo excluye de forma expresa.

El acceso a la información se reconoce en el artículo 18 del texto constitucional[18] y consta de dos vertientes, a) el derecho a expresarse de forma libre y sin censura previa y, b) el derecho de acceso libre a la información.

Es esta segunda vertiente la que se convierte en parte integrante del derecho a una buena administración, dado que la primera se materializa, por lo general, en un ámbito ajeno al de las administraciones públicas en el sentido aquí planteado. Una particularidad de este derecho es que el texto constitucional, dada su importancia para la consecución del *sumak kawsay*, le ha reconocido una particular garantía para su protección, conocido como la acción de acceso a la información estipulada en el art. 91 del texto constitucional.[19]

---

[16]  *"Art. 76.- En todo proceso en el que se determinen derechos y obligaciones de cualquier orden, se asegurará el derecho al debido proceso que incluirá las siguientes garantías básicas: (...) 7. El derecho de las personas a la defensa incluirá las siguientes garantías: (...) c) Ser escuchado en el momento oportuno y en igualdad de condiciones."*

[17]  *"Art. 76.- En todo proceso en el que se determinen derechos y obligaciones de cualquier orden, se asegurará el derecho al debido proceso que incluirá las siguientes garantías básicas: (...) 7. El derecho de las personas a la defensa incluirá las siguientes garantías: (...) g) En procedimientos judiciales, ser asistido por una abogada o abogado de su elección o por defensora o defensor público; no podrá restringirse el acceso ni la comunicación libre y privada con su defensora o defensor."*

[18]  *"Art. 18.- Todas las personas, en forma individual o colectiva, tienen derecho a: 1. Buscar, recibir, intercambiar, producir y difundir información veraz, verificada, oportuna, contextualizada, plural, sin censura previa acerca de los hechos, acontecimientos y procesos de interés general, y con responsabilidad ulterior. 2. Acceder libremente a la información generada en entidades públicas, o en las privadas que manejen fondos del Estado o realicen funciones públicas. No existirá reserva de información excepto en los casos expresamente establecidos en la ley. En caso de violación a los derechos humanos, ninguna entidad pública negará la información."*

[19]  *"Art. 91.- La acción de acceso a la información pública tendrá por objeto garantizar el acceso a ella cuando ha sido denegada expresa o tácitamente, o cuando la que se ha proporcionado no sea completa o fidedigna. Podrá ser interpuesta incluso si la negativa se sustenta en el carácter secreto, reservado, confidencial o cualquiera otra clasificación de la información. El carácter reservado de la información deberá ser declarado con anterioridad a la petición, por autoridad competente y de acuerdo con la ley."*

El derecho a la motivación, reconocido en el art. 76.7.l),[20] es de singular importancia para la Constitución ecuatoriana porque la define expresamente en el texto constitucional, algo no habitual para este tipo de textos, al explicar que *"no habrá motivación si en la resolución no se enuncian las normas o principios jurídicos en que se funda y no se explica la pertinencia de su aplicación a los antecedentes de hecho"* y su inobservancia implica la nulidad absoluta del acto viciado.

Por su parte, los derechos a una compensación por el incumplimiento de las obligaciones públicas y a la correspondencia con la administración pública, no encuentran una expresión tan detallada en el texto constitucional ecuatoriano.

El art. 11 *in fine* de la Constitución[21] ecuatoriana establece el derecho a la indemnización por un retardo injustificado en la administración de justicia lo que, en principio, no podría hacerse extenso a los atrasos en las decisiones de los procesos administrativos, salvo que en estos se haya violentado los principios y las reglas del debido proceso.

Finalmente, el derecho a una correspondencia con la Administración Pública parece erigirse como una expresión más amplia y protectora del derecho de petición reconocido en el art. 66.23 del texto constitucional ecuatoriano.[22]

De todo lo dicho, se puede concluir que, en el Ecuador, una primera aproximación al contenido del derecho a una buena administración es la suma de los derechos constitucionales anteriormente recogidos.

Sin embargo, el contenido del derecho a la buena administración no se puede limitar a la de un derecho meramente agrupador de otros derechos previamente anunciados. Proponer exclusivamente un contenido semejante carecería de sentido ya que sería mucho más lógico, simplemente, mantener el reconocimiento individual de cada uno de los derechos.

En ese sentido, la interpretación aquí mantenida tiene como consecuencia que el derecho a una buena administración no se agota en los derechos enunciados en el texto constitucional, sino que *"se trata de un derecho fundamental independiente que garantiza a cada persona una buena administración. Con ello se debe asegurar que los asuntos de los ciudadanos son gestionados con imparcialidad, de manera*

---

[20]  *"Art. 76.- En todo proceso en el que se determinen derechos y obligaciones de cualquier orden, se asegurará el derecho al debido proceso que incluirá las siguientes garantías básicas: (...) 7. El derecho de las personas a la defensa incluirá las siguientes garantías: (...) l) Las resoluciones de los poderes públicos deberán ser motivadas. No habrá motivación si en la resolución no se enuncian las normas o principios jurídicos en que se funda y no se explica la pertinencia de su aplicación a los antecedentes de hecho. Los actos administrativos, resoluciones o fallos que no se encuentren debidamente motivados se considerarán nulos. Las servidoras o servidores responsables serán sancionados."*

[21]  *"El Estado será responsable por detención arbitraria, error judicial, retardo injustificado o inadecuada administración de justicia, violación del derecho a la tutela judicial efectiva, y por las violaciones de los principios y reglas del debido proceso."*

[22]  *"Art. 66.- Se reconoce y garantizará a las personas: (...) 23. El derecho a dirigir quejas y peticiones individuales y colectivas a las autoridades y a recibir atención o respuestas motivadas. No se podrá dirigir peticiones a nombre del pueblo."*

*justa y dentro del marco temporal establecido y en el marco de una administración funcional y eficaz."*[23]

Esta sustantividad propia del derecho a la nueva administración es la que permite —y obliga— a incluir dentro de su contenido a aquellos aspectos necesarios para que asegurar una buena administración.

### B. *La buena administración como derecho-principio*

El art. 227 de la Constitución[24] reconoce una serie de principios aplicables a la administración pública en su relacionamiento con los particulares. De forma ordinaria, la vulneración de estos principios por parte de las administraciones públicas puede ser impugnada por los particulares dentro de los procesos en sede administrativa y contenciosa administrativa.

Ahora bien, en aras de una obtener una mayor protección para el ciudadano, lo que aquí se plantea es una construcción del derecho a una buena administración que integre a estos principios. La finalidad de esta interpretación es tornar en justiciable en sede constitucional la falta de aplicación de los principios recogidos en el citado art. 227 de la Constitución, y que rigen la actuación administrativa. En definitiva, esta construcción permitiría que, si una determinada actividad administrativa va en contra de alguno de estos principios aplicables a las administraciones públicas, el ciudadano tiene la posibilidad de activar, no solamente los mecanismos para impugnar el acto administrativo por la vulneración del principio, sino también activar las garantías jurisdiccionales por vulneración del derecho a la buena administración.

Particular énfasis deberá ponerse en los principios de eficiencia y eficacia que tienen una íntima relación para asegurar que la actividad de la administración sea catalogada como una buena administración.

## II. CONCLUSIONES

1.- La conceptualización de la buena administración, cualesquiera que sea su naturaleza jurídica y contenido, debe partir de una determinación suficiente de la realidad que pretende regular.

2.- En el Ecuador, la construcción de un derecho a la buena administración debe apuntalarse en el valor constitucional del *sumak kawsay* y en la cláusula de derechos implícitos, con las dificultades y limitaciones que eso acarrea.

---

[23]  Magiera, Siegfried, «El derecho a una buena administración en la Unión Europea» (traducción Mario Kolling), p. 3. En http://www20.gencat.cat/docs/eapc/Home/Publicacions/Col_leccio%20 Materials/26%20les%20administracions%20en%20perspectiva%20europea/8_Magiera/08%20ma giera _tradcast.pdf (accedido el 15 de octubre de 2013).

[24]  "*Art. 227.- La administración pública constituye un servicio a la colectividad que se rige por los principios de eficacia, eficiencia, calidad, jerarquía, desconcentración, descentralización, coordinación, participación, planificación, transparencia y evaluación.*"

3.- El contenido del derecho a la buena administración no puede ser definido apriorísticamente. Una aproximación reconoce como parte de este contenido a los derechos constitucionales relacionados con la buena administración y los principios aplicables a la administración púbica que, a través de su inclusión en el contenido del derecho, pueden protegerse a través de las garantías jurisdiccionales correspondientes.

# LA BUENA ADMINISTRACIÓN EN VENEZUELA

*JOSÉ IGNACIO HERNÁNDEZ G.*[*]

## INTRODUCCIÓN

No existe, en el Derecho administrativo venezolano, una referencia explícita a la *buena Administración,* con el sentido que tal expresión tiene en la Unión Europea. La jurisprudencia no ha realizado un tratamiento de la figura y sólo alguna doctrina, de reciente data, ha comenzado a hacer referencia a la buena Administración. Sin embargo, lo anterior no debe hacernos pensar que la *idea* de la buena Administración sea extraña en nuestro país.

Todo lo contrario, desde los inicios de la República de Venezuela, con la Constitución de 1811, la idea de buena Administración ha estado muy presente. Así, el artículo 191 de la Constitución de 1811, que resume los principios fundamentales de nuestra Administración Pública, señalaba:

> "Los Gobiernos se han constituidos para la felicidad común, para la protección y seguridad de los Pueblos que los componen y no para el beneficio, honor o privado interés de algún hombre, de alguna familia; o de alguna clase de hombres en particular, que sólo son una parte de la comunidad. *El mejor de todos los Gobiernos será el que fuere más propio para producir la mayor suma de bien y de felicidad y estuviere más a cubierto del peligro de una mala administración*; y cuantas veces se reconociere que un Gobierno es incapaz de llenar estos objetos o que fuere contrario a ellos la mayoría de la nación, tiene indubitablemente el derecho inajenable, e imprescriptible de abolirlo, cambiarlo o reformarlo, del modo que juzgue más propio para procurar el bien público. Para obtener esta indispensable mayoría, sin daño de la justicia ni de la libertad general, la Constitución presenta y ordena los medios más razonables, justos y regulares en el Capítulo de la revisión y las provincias adoptarán otros semejantes o equivalentes en sus respectivas constituciones (destacado nuestro).

Al fundarse nuestra República en 1811 como *República Liberal* y siguiendo los fundamentos de la Revolución de Estados Unidos de Norteamérica y de Francia[1], se

---

[*]  Doctor en Derecho, Universidad Complutense de Madrid. Profesor de Derecho Administrativo, Universidad Central de Venezuela y Universidad Católica Andrés Bello, Director del Centro de Estudios de Derecho Público de laUniversidad Monteávila.

[1]  Una perspectiva general sobre la influencia de la Revolución Norteamericana y Francesa en la construcción jurídica de nuestra República Liberal, en Brewer-Carías, Allan, *Reflexiones sobre la Revolución Norteamericana (1776), la Revolución Francesa (1789) y la Revolución Hispano-*

estableció como auténtico principio cardinal que no bastaba con la existencia de un Gobierno, sino que debía existir el *"mejor de todos los Gobiernos"*, para lo cual era necesario evitar el *"peligro de una mala administración"*. Aun cuando no hay una definición exacta de mala administración, quedaba claro de la norma que la mala administración era sinónimo de un mal Gobierno, de un Gobierno que no promoviese la felicidad común.

Francisco Javier Yanes, abogado que participó activamente en la confección de nuestros primeros textos constitucionales y autor de uno de nuestros primeros textos de Derecho Público *(Manual político del venezolano,* 1839), siempre tuvo en cuenta –siguiendo al constitucionalismo norteamericano– que el Gobierno era un *mal necesario,* en tanto podía conducir a un régimen despótico. Por ello, Yanes enfatizó que *"la sociedad fue primero; ella es independiente y libre en su origen: por ella y para ella se instituyó el gobierno, que no es sino un instrumento suyo. A la sociedad corresponde mandar, al gobierno servir"*[2]. El Gobierno representativo y federal de nuestra primera Constitución debía actuar a través de una Administración orientada al servicio de los ciudadanos y con apego en la Ley, como condición para promover la felicidad común. Por el contrario, si la Administración obra al servicio de una persona o grupos de personas, al margen de la Ley y mediante decisiones despóticas, entonces, degenera en la mala administración.

Históricamente, la Administración Pública en Venezuela se ha basado en la exigencia de un *buen Gobierno,* entendido por tal aquel que está al servicio efectivo de todos los ciudadanos con apego a la Ley. Esa idea será retomada casi doscientos años después con el artículo 141 de la Constitución de 1999, que siguiendo al artículo 103.1 de la Constitución española, postula que *la Administración está al servicio de los ciudadanos,* o sea, el *concepto vicarial* de Administración Pública.

Precisamente, tomando como referencia el concepto de buena Administración en la Unión Europea, procederemos a indagar cuáles serían las manifestaciones en Venezuela de la *idea* de buena Administración implícita en el este artículo 141 constitucional que, como vimos, recoge la primera idea constitucional de la Administración Pública en Venezuela.

---

*americana (1810-1830) y sus aportes al constitucionalismo moderno,* Universidad Externado de Colombia, Bogotá, 2008.

[2] La referencia de Yanes se toma del *Manual Político del venezolano,* Academia Nacional de la Historia, Caracas, 1959. Nos remitimos al análisis que de este punto efectuamos en Hernández G., José Ignacio, "El pensamiento constitucional de Juan Germán Roscio y Francisco Javier Yanes", en *Documentos Constitucionales de la Independencia 1811,* Edición a cargo de Allan R. Brewer-Carías, Editorial Jurídica Venezolana, Caracas, 2012, pp. 1 y ss.

# I. LA RELACIÓN ENTRE LA BUENA ADMINISTRACIÓN Y EL CONCEPTO CONSTITUCIONAL DE ADMINISTRACIÓN PÚBLICA EN VENEZUELA

## 1. Breve aproximación al concepto de buena Administración en Europa como principio y derecho fundamental

Como es sabido, el concepto de *buena administración* ha sido tratado en la Unión Europea[3], incluso, a través del reconocimiento del *derecho a la buena administración*. Este concepto entiende que no es suficiente que la Administración cumpla la Ley: adicionalmente, debe exigirse que adopte decisiones de calidad[4], lo cual supone ponderar todos los intereses en juego. La actividad administrativa debe ser el resultado de la participación abierta y democrática de los ciudadanos, conforme al valor superior del pluralismo político. Tanto más: se plantea la existencia del derecho fundamental a la buena Administración, compuesto por varios "sub-derechos", entre los cuales está el derecho "de audiencia y de participación en la elaboración de los actos y disposiciones administrativos", es decir, el derecho a participar en el procedimiento administrativo (Tomás Mallén). Frente a ello, Tornos Más matiza el alcance de ese derecho, señalando que más que derecho, la buena Administración debe ser *"un nuevo principio rector de la actuación de las administraciones públicas modernas"*. Y dentro de esos nuevos postulados, se ubica al procedimiento administrativo para cauce para *"alcanzar la mejor resolución posible"*[5].

---

[3] El principio de buena Administración ha sido aplicado *en* la Administración de la Unión Europea, dejando su impronta también *sobre* las Administraciones de los Estados miembros. Así lo acredita, por ejemplo, el *Código Europeo de Buena Conducta Administrativa,* y el *Libro blanco sobre la Reforma de la Comisión,* de 2000. El principio surge en la propia jurisprudencia del Tribunal de Justicia de las Comunidades Europeas (sentencia de 8 de noviembre de 1983, caso *NV IAZ International Belgium y otros contra Comisión de las Comunidades Europeas,* asuntos acumulados 96-102, 104, 105, 108 y 110/82). Su recepción actual deriva del artículo 41 de la *Carta de los Derechos Fundamentales de la Unión Europea.* Véase en general a Lanza, Elisabetta, "The Right to Good Administration in the European Union: Roots, Rations and Enforcement in Antitrust Case-Law", en *Teoria del Diritto e dello Stato 1-2-3,* 2008, pp. 479 y ss.

[4] La calidad en la gestión pública –señala la *Carta Iberoamericana de calidad en la gestión pública*– constituye "una cultura transformadora que impulsa a la Administración Pública a su mejora permanente para satisfacer cabalmente las necesidades y expectativas de la ciudadanía con justicia, equidad, objetividad y eficiencia en el uso de los recursos públicos". La Carta fue aprobada por la X Conferencia Iberoamericana de Ministros de Administración Pública y Reforma del Estado (San Salvador, El Salvador, 26 y 27 de junio de 2008). En el *XV Congreso Internacional del CLAD sobre la Reforma del Estado y de la Administración Pública* (Sto. Domingo, República Dominicana, 9-12 noviembre 2010) se trató éste tema. En el *Informe de Conclusiones* del área temática "La gestión de la calidad en la Administración Pública Iberoamericana para un desarrollo al servicio de los ciudadanos", coordinado por Julio Saguir, se resume la idea así: "el concepto e implementación de la calidad en la gestión se ha transformado en un objetivo decisivo en el desarrollo de la Administración Pública en Iberoamérica".

[5] Véase en general a Tomás Mallén, Beatriz, *El derecho fundamental a la buena administración,* INAP, Madrid, 2005, y Tornos Más, Joaquín, "El principio de buena administración o el intento de dotar de alma a la Administración Pública", en *Derechos fundamentales y otros estudios en homenaje al prof. Lorenzo Martín-Retortillo, Volumen I,* Thomson-Civitas, Madrid, 2008, pp. 629 y ss. Como señala Ponce Solé, la buena Administración apunta a la exigencia de contar con una Administración que adopte buenas decisiones, es decir, decisiones de calidad. *Deber de bue-*

Este concepto de buena Administración es consustancial al concepto de desarrollo fundado en la libertad, de acuerdo con la Declaración del Milenio de la Organización de las Naciones Unidas. La promoción del desarrollo económico y social orientando a expandir las oportunidades de los ciudadanos presupone una Administración, pero no *cualquier* Administración: se precisa de la buena Administración, que como resume Jaime Rodríguez-Arana Muñoz, se orienta a la mejora continua de las condiciones de vida de los ciudadanos, y en tal sentido, se vincula también con el buen gobierno[6]. Por ello, la buena gobernanza presupone la buena Administración. Conviene tener en cuenta el concepto de **buen gobierno** del *Código Iberoamericano del Buen Gobierno* suscrito por los Gobiernos de Iberoamérica en Montevideo (2006)*:*

"Se entiende por buen gobierno aquél que busca y promueve el interés general, la participación ciudadana, la equidad, la inclusión social y la lucha contra la pobreza, respetando todos los derechos humanos, los valores y procedimientos de la democracia y el Estado de Derecho".

Ese buen gobierno requiere de una buena Administración centrada en los ciudadanos. De acuerdo con el Código, la Administración *"perseguirá siempre la satisfacción de los intereses generales de los ciudadanos y los pueblos, y sus decisiones y actuaciones se fundamentarán en consideraciones objetivas orientadas hacia el interés común, al margen de cualquier otro factor que exprese posiciones personales, familiares, corporativas, clientelares o cualesquiera otras que puedan colisionar con este principio"*[7].

Por lo anterior, como Jaime Rodríguez-Arana señala en el trabajo sobre buena Administración incluido en este volumen colectivo, *"el derecho fundamental a la buena Administración trae consigo un giro copernicano en la forma de comprender el funcionamiento de la Administración en su conjunto y, sobre todo, en la necesidad de proceder a permanentes procesos de reforma y mejora desde los que la eficacia, la calidad, el servicio y la promoción de las libertades solidarias brillen con luz propia"*. Se trata, así, de postular que no basta con la existencia de una Administración como institución, en tanto debe exigirse que esa Administración efectivamente esté al servicio de los ciudadanos, lo que pasa por admitir que el Derecho administrativo debe partir de la centralidad del ciudadano[8].

---

na administración y del derecho al procedimiento administrativo debido, Lex Nova, Valladolid, 2001, pp. 127 y ss.

[6] Rodríguez-Arana Muñoz, Jaime, *Reforma administrativa y nuevas políticas,* Sherwood, Caracas, 2005, p. 201. Del autor, asimismo, *vid.* "El derecho fundamental al buen gobierno y a la buena administración de instituciones públicas", en *Revista de Derecho Público N° 113*, Caracas, 2008, pp. 31 y ss., así como "El derecho fundamental a la buena administración y centralidad del ciudadano en el Derecho administrativo", en *Estudios jurídicos sobre Administración Pública*, Universidad Nacional Autónoma de México, México D.F., 2012, pp. 229 y ss.

[7] Insiste el Código en este sentido, al señalar que los funcionarios públicos *"garantizarán que la gestión pública tenga un enfoque centrado en el ciudadano, en el que la tarea esencial sea mejorar continuamente la calidad de la información, la atención y los servicios prestados"*.

[8] Rodríguez-Arana, Jaime, *Aproximación al Derecho administrativo constitucional*, Editorial Jurídica Venezolana, Caracas, 2007, pp. 65 y ss. También, *vid.* Linde Paniagua, Enrique, *Fundamentos de*

## 2. El artículo 141 de la Constitución como la norma base del Derecho administrativo venezolano

Que en nuestro ordenamiento positivo la buena Administración no esté reconocida como principio o derecho, de manera expresa, no impide considerar que la *idea de buena Administración* forma parte de los fundamentos del Derecho administrativo venezolano, a través del artículo 141 de la Constitución:

> "La Administración Pública está al servicio de los ciudadanos y ciudadanas y se fundamenta en los principios de honestidad, participación, celeridad, eficacia, eficiencia, transparencia, rendición de cuentas y responsabilidad en el ejercicio de la función pública, con sometimiento pleno a la ley y al derecho".

Antes hemos considerado que esta norma no ha sido debidamente interpretada en Venezuela, en el sentido que no se han extraído de ellas una serie de características que llevarían, en nuestra opinión, a redefinir el Derecho administrativo venezolano[9]. Por el contario, la tendencia ha sido interpretar esa norma de acuerdo a la tradicional visión del Derecho administrativo en Venezuela, cuando entendemos, la metodología debería ser la contraria: analizar qué cambios imprime esa norma en nuestro Derecho.

En efecto, tradicionalmente el Derecho administrativo venezolano –como sucedió por lo demás a nivel comparado durante el Siglo XX- se estructuró como un Derecho de la Administración que, sin negar un conjunto de garantías a los ciudadanos, prestaba más atención a la Administración como poder que actúa en el marco de las atribuciones asignadas por Ley a la Administración. Sin menoscabar las muy importantes conquistas alcanzadas en la defensa del ciudadano, es importante sin embargo reformular esa tradicional concepción del Derecho administrativo venezolano a partir de la impronta del citado artículo 141. Algunas de las ideas necesarias para asumir un cambio en la concepción del Derecho administrativo venezolano a partir del artículo 141 son las siguientes[10]:

.- En *primer* lugar, desde el artículo 141 constitucional, la Administración se caracteriza por tres notas materiales o sustanciales: carácter vicarial; sujeción a principios superiores y subordinación plena a la Ley y al Derecho. Esta noción institucional de Administración pone el énfasis en una actividad y no, como se ha señalado entre nosotros, en un órgano. Sencillamente, el artículo 141 constitucional, al concebir a la Administración Pública, no hizo referencia a su inserción dentro de algunos de los órganos del Poder Público, consagrando una institución en el recto sentido que la expresión tiene.

---

[9] *Derecho administrativo. Del derecho del poder al Derecho de los ciudadanos*, UNED-Colex, Madrid, 2009, p. 92.

Sobre la importancia del citado artículo 141 constitucional, véase a Araujo-Juárez, José, *Introducción al Derecho administrativo constitucional*, Paredes, Caracas, 2009, pp. 56 y ss. Sin embargo, el autor sitúa al concepto de Administración Pública en el citado artículo 141 constitucional a partir de una concepción subjetiva, lo que –para nosotros– otorga excesiva importancia al elemento orgánico.

[10] El siguiente resumen se toma de las consideraciones más extensas contenidas en Hernández G., José Ignacio, *Introducción al concepto constitucional de Administración Pública en Venezuela*, Editorial Jurídica Venezolana, Caracas, 2011, pp. 125 y ss.

.- En *segundo* lugar, desde el artículo 141 constitucional, la Administración sirve a los ciudadanos, es decir, satisface sus necesidades, lo que comprende (en el uso común) a la "tutela del interés general". Este carácter vicarial caracteriza a la Administración por sobre los otros Poderes Públicos, pues sólo ella sirve a los ciudadanos y, por ende, entabla con los ciudadanos relaciones directas la satisfacción del "interés general". El carácter vicarial de la Administración entronca además con su instrumentalidad: ella es el instrumento del cual se vale el Estado para relacionarse con los particulares y, en tal sentido, ella obra bajo la conducción del Gobierno, lo que alude a sus orígenes democráticos.

.- Por lo anterior, y en *tercer* lugar, el carácter vicarial con el cual el constituyente asumió la Administración, queda imbricado por el principio de participación y, con mayor extensión, por los fundamentos democráticos de la Administración institucional. No se refiere este fundamento únicamente a la elección de ciertos funcionarios de las Administraciones Públicas, pues la democracia es *mucho más que eso.* Los fundamentos democráticos de la Administración, en el artículo 141 constitucional, no sólo juegan en el momento de precisar el *origen* de la Administración sino también en su *actuación.* Para que la actuación de la Administración sea democrática, debe respetar el principio de participación *conforme al valor superior del pluralismo político,* que acoge el artículo 6 constitucional.

.- En *cuarto* lugar, la Administración actúa con subordinación plena a la Ley y al Derecho. Ciertamente, el principio de legalidad no tiene ya la concepción que, bajo el Estado liberal, tuvo el *legicentrismo,* desplazado por el desarrollo posterior del Estado, hasta el advenimiento del Estado social, ante la existencia de actividad administrativa prestacional[11]. Esta subordinación plena debe valorarse de acuerdo con el concepto de *ordenamiento jurídico,* con lo cual, la Administración no es *libre,* pues toda su actividad, sin excepción, queda subordinada a la Ley y al Derecho, lo que resulta una de las aristas del principio de legalidad.

.- En *quinto* lugar, la Administración lleva a cabo la satisfacción de las necesidades de los ciudadanos de acuerdo con los principios enumerados en el artículo 141, los cuales fundamentan su propia actuación. La enumeración es ciertamente desordenada, pero ellos dan idea de una Administración que además de actuar con subordinación a la Ley, dicta decisiones racionales, derivadas de la participación ciudadana abierta y democrática, debidamente justificada, eficiente, proporcional y objetiva.

.- En *sexto* y último lugar, todos estos principios aplican *siempre* a la Administración y todos ellos se articulan en torno a su carácter vicarial. Con lo cual, en estricto sentido, no hay en la Constitución una reserva a favor del Derecho administrativo. Es decir, la Constitución no exige que la Administración obre siempre bajo un régimen de Derecho público exorbitante del Derecho Común. En realidad, la Constitución sólo exige que la Administración *siempre* oriente su actuación a la satisfacción objetiva de los ciudadanos de acuerdo con los principios superiores allí reflejados: la utilización del Derecho público o del Derecho privado será instrumental.

---

[11]   Conviene aclarar que el Estado social no matiza el alcance del principio de legalidad. Lo que sucede es que la actividad prestacional no queda vinculada a la Ley de manera positiva sino negativa, tesis que en modo alguno es trasladable a la actividad de limitación.

De lo que hemos expuesto anteriormente, se deduce que la Constitución de 1999 quiso asumir un concepto determinado de Administración, lo que supone una novedad en nuestra historia constitucional en la cual el enfoque tradicional era el del *Poder Ejecutivo*, dentro del cual se incluía a la Administración y al Gobierno. Ahora, la Constitución asume el concepto de Administración desde tres notas: *(i)* actuación vicarial; *(ii)* sujeción a principios superiores y *(iii)* subordinación plena a la Ley y al Derecho. La norma, claro está, no puede ser interpretada en desconexión con el resto de artículos de la Constitución, y de allí que nuestro análisis haya considerado la impronta del artículo 2 del Texto de 1999.

Es por lo anterior que, para nosotros, la Administración es una *institución constitucionalmente garantizada, con un preciso contenido.* De cara al artículo 141 constitucional, entendemos que el Derecho administrativo no es más que las *normas* que integran ese ordenamiento que es la Administración. Habrá normas especiales, pero también normas generales. No cabe reducir el Derecho administrativo al Derecho público, contrapuesto al Derecho privado. Tampoco, admitir la existencia de una dualidad de figuras jurídicas según sea el Derecho aplicable. La definición institucional de Administración no se basa en el Derecho aplicable, dado que, con independencia de ello, siempre la Administración deberá actuar de conformidad con la visión vicarial asumida por el artículo 141[12].

Por lo anterior, el Derecho administrativo no debe caracterizarse –como se ha venido haciendo en Venezuela– únicamente como un "Derecho especial y exorbitante del Derecho Común", en tanto esa idea es ajena al artículo 141 de la Constitución. Lo que debe caracterizar al Derecho administrativo en Venezuela no es el régimen exorbitante manifestado en privilegios y prerrogativas, sino el servicio a los ciudadanos. Es decir, que el Derecho administrativo en Venezuela debe enfocarse a partir de la centralidad del ciudadano, tal y como se deriva del artículo 141 constitucional. Esa es, como se verá de seguidas, la conclusión central que marca la conexión entre el artículo 141 de la Constitución y la buena Administración.

### 3. *La buena Administración en el artículo 141 de la Constitución.* *El desarrollo de la idea en diversas Leyes administrativas venezolanas*

No creemos exagerar al sostener que la buena Administración es un concepto implícito en el artículo 141 de la Constitución de 1999. Luego veremos si puede ser concebido como *derecho fundamental*, como *principio* o de ambas maneras, lo cual no deja de ser secundario de cara a la premisa que aquí quiere asentarse. Esto es, que la Administración Pública debe ser, de cara al artículo 141 constitucional, una *buena Administración,* concepto que en este sentido ya ha sido trabajado por la doctrina

---

[12]    *Vid.* Brewer-Carías, Allan, "La interaplicación del Derecho público y del Derecho privado a la Administración Pública y el procedimiento de huida y recuperación del Derecho administrativo", *II Jornadas Internacionales de Derecho administrativo "Allan Randolph Brewer-Carías",* FUNEDA, Caracas, 1996, p. 31. Sobre este tema, del autor, y más recientemente, *vid.* Brewer-Carías, Allan, "La actividad administrativa y su régimen jurídico", en *II Jornadas sobre Derecho administrativo. Las formas de la actividad administrativa,* FUNEDA, Caracas, 2005, pp. 11 y ss.

venezolana. Araujo-Juárez, de manera especial, ha señalado que a consecuencia del artículo 141 constitucional[13]:

"la función de la Administración Pública ha de venir inspirada por las exigencias del principio de buena Administración, que no sólo consiste en una Administración Pública que obre ajustada a Derecho, sino que debe reunir un plus, al ser también un determinado modo de desarrollo de la función administrativa, adecuada en su servicio a los ciudadanos y ciudadanas. En mérito a lo antes expuesto, se debe partir de las bases constitucionales del principio de buena Administración, el cual se traduce en un modo de ejercer las potestades administrativas, en una obligación de medios o de comportamiento administrativo".

En realidad, desde 1958 y de manera especial, desde la década de los ochenta del pasado siglo, el Derecho administrativo venezolano comenzó a edificar un conjunto de garantías jurídicas del ciudadano frente a la Administración, basadas en dos premisas básicas: *(i)* la generalización del principio de legalidad y *(ii)* el reconocimiento de un conjunto de derechos subjetivos en cabeza de los ciudadanos, plenamente tutelables judicialmente. El resumen de esa evolución fue la Ley Orgánica de Procedimientos Administrativos (1981), que no es sólo la primera Ley de procedimientos administrativos en Venezuela, sino que, mucho más allá de ello, como afirmó Allan R. Brewer-Carias, esa Ley transformó el concepto de relación jurídico-administrativa, que pasó a definirse desde el principio de legalidad y las garantías jurídico-subjetivas de los ciudadanos[14]. Por ello, podría afirmarse que la idea de buena Administración quedaba ya presente en esa Ley.

La evolución posterior de nuestro Derecho administrativo positivo ha reiterado esa tendencia garantista, que contrasta con el desarrollo sustantivo de ese Derecho, concebido actualmente como un sistema de opresión de las libertades públicas, como resume Brewer-Carías[15]. Pero, en el plano formal, la idea de buena Administración ha sido ratificada en diversas Leyes.

Así, en 1999 se dictó la *Ley de Simplificación de Trámites Administrativos*, reformada luego en 2008. La Ley no sólo recogió la configuración de la Administración vicarial, sino que, además, estableció el marco necesario para la reducción y consecuente simplificación de la Administración. Así, su artículo 4 dispone:

"La simplificación de los trámites administrativos tiene por finalidad racionalizar y optimizar las tramitaciones que realizan las personas ante la Administración Pública a los fines de mejorar su eficacia, eficiencia, pertinencia, utilidad, para así lograr una mayor celeridad y funcionalidad en las mismas, reducir los gastos operativos, obtener ahorros presupuestarios, cubrir insuficiencias de carácter fiscal y mejorar las relaciones de la Administración Pública con las personas".

Esa norma resume la aspiración de la reforma administrativa, basada en transformar a la Administración en una institución eficiente, eficaz, transparente y puesta al servicio efectivo de los ciudadanos. Ciertamente, como observara Armando Rodrí-

---

[13]   Araujo-Juárez, José, *Procedimiento y recursos administrativos,* Paredes, Caracas, 2010, p. 91.

[14]   Brewer-Carías, Allan, "Comentarios a la Ley Orgánica de Procedimientos Administrativos", *en Revista de Derecho Público N° 7*, Caracas, 1981, pp. 115 y ss.

[15]   *Cfr.*: Brewer-Carías, Allan, "Introducción al Derecho administrativo venezolano", en *Revista Electrónica de Derecho Administrativo Venezolano N° 1,* Caracas, 2013.

guez, tales objetivos no ameritaban de una Ley, pero su recepción formal evidenciaba, al menos en el aspecto formal, el interés por adelantar esa transformación[16]. Así quedó corroborado en el 2001, cuando se dicta la Ley Orgánica de la Administración Pública, posteriormente reformada en 2008, que remozó el régimen jurídico de la organización administrativa, además, a través de una regulación integral. De acuerdo con el artículo 5:

> "La Administración Pública está al servicio de las personas, y su actuación estará dirigida a la atención de sus requerimientos y la satisfacción de sus necesidades, brindando especial atención a las de carácter social.
>
> La Administración Pública debe asegurar a todas las personas la efectividad de sus derechos cuando se relacionen con ella.
>
> Además, tendrá entre sus objetivos la continua mejora de los procedimientos, servicios y prestaciones públicas, de acuerdo con las políticas que se dicten".

La norma original aludía a "particulares", término sustituido en la reforma de 2008 por "personas", expresión por demás desafortunada, siendo que ha debido aludirse a "ciudadanos", como dispone la Constitución. En todo caso, la norma resume la idea de una Administración al servicio de los ciudadanos, que atiende por ello, efectivamente, a sus necesidades.

Otras Leyes fueron dictadas para establecer el marco de la Administración vicarial que obra con eficacia y eficiencia. De esa manera, la Ley Orgánica de la Contraloría General de la República y del Sistema Nacional de Control Fiscal, de 2001, extendió el control fiscal –continuando con la reforma introducida en 1998– al control de gestión, para evaluar "*el costo de los servicios públicos, los resultados de la acción administrativa y en general, la eficacia con que operan las entidades sujetas a su vigilancia, fiscalización y control*". La Ley Orgánica de la Administración Financiera del Sector Público, de 2000, reiteró este principio, entre otros, en su artículo 5, al disponer que el sistema de control interno del sector público debía orientarse a la promoción de la "*eficiencia en la capacitación y uso de los recursos públicos, el acatamiento de las normas legales en las operaciones del Estado, la confiabilidad de la información que se genere y divulgue sobre los mismos; así como mejorar la capacidad administrativa para evaluar el manejo de los recursos del Estado y garantizar razonablemente el cumplimiento de la obligación de los funcionarios de rendir cuenta de su gestión*".

La Ley contra la Corrupción, de 2003, ratificó los anteriores postulados al disponer en su artículo 6:

---

[16]. Sin negar las bondades de la Ley, debe señalarse que sus objetivos no requieren de un texto legal sino, simplemente, de políticas públicas efectivas orientadas a la simplificación. *Vid.* Rodríguez, Armando, "La Ley Orgánica de Procedimientos Administrativos y la Simplificación de trámites administrativos", en *Estudios de Derecho Administrativo, Volumen I, Libro homenaje Universidad Central de Venezuela. Facultad de Ciencias Jurídicas y Políticas, 20 años de especialización en Derecho administrativo*, Caracas, 2001, y del mismo autor, "Reflexiones sobre el procedimiento administrativo y la simplificación de trámites en Venezuela", en *Visión actual de los procedimientos administrativos. III Congreso de Derecho Administrativo, Margarita 2011*, Editorial Jurídica Venezolana y Centro de Adiestramiento Jurídico (CAJO), Caracas, 2011.

"En la administración de los bienes y recursos públicos, los funcionarios y empleados públicos se regirán por los principios de honestidad, transparencia, participación, eficiencia, eficacia, legalidad, rendición de cuentas y responsabilidad".

Asimismo, la Ley contra la Corrupción ratifica el cometido de la simplificación administrativa en su artículo 16:

"Los funcionarios y empleados públicos instruirán los procedimientos y demás trámites administrativos procurando su simplificación y respetando los principios de economía, celeridad, eficacia, objetividad, imparcialidad, honestidad, transparencia, buena fe y confianza, establecidos en la Ley Orgánica de la Administración Pública y en la Ley Orgánica de Procedimientos Administrativos".

Como se observa, en esas Leyes el concepto de buena Administración está implícito. La Administración que reconoce el ordenamiento jurídico venezolano es una *buena Administración* que, en el marco de la subordinación plena a la Ley, debe estar efectivamente al servicio de los ciudadanos, aspiración que, como se vio, existe entre nosotros desde 1811.

## II. ¿EXISTE EN VENEZUELA UN DERECHO FUNDAMENTAL A LA BUENA ADMINISTRACIÓN?

1. *El papel del ciudadano en el artículo 141 constitucional: titulares de derechos frentes a la Administración*

El Derecho administrativo venezolano, preponderantemente, muestra una influencia del régimen administrativo francés, lo que determina que su estructura esté basada principalmente en dos figuras: el "privilegio y la prerrogativa", por un lado, y el "servicio público", por el otro[17]. A ello pudo haber influenciado la evolución de nuestro Derecho, pues en sus orígenes, el Derecho administrativo venezolano se formó al socaire de Leyes administrativas que regulaban a la Administración Pública[18].

Fue por lo anterior que, durante la primera mitad del siglo XX, el Derecho administrativo venezolano prestó importante a la ordenación jurídica de la Administración como organización que actúa bajo el principio de legalidad. A partir de la segunda mitad del siglo XX, con el inicio de la democracia, el Derecho administrativo comienza a cambiar, a fin de articular un conjunto de garantías jurídicas al ciudadano, que se tradujeron en el reconocimiento de un amplio catálogo de derechos públicos subjetivos. La evolución en este sentido puede ser realizada en tres etapas:

---

[17] Véase la explicación en Araujo Juárez, José, *Derecho administrativo. Parte general,* Paredes, Caracas, 2007, pp. 17 y ss.

[18] Véase nuestra explicación sobre los orígenes del Derecho administrativo venezolano en Hernández G., José Ignacio, "Una mirada al Derecho Administrativo en el centenario de su enseñanza", en *100 Años de la Enseñanza del Derecho Administrativo en Venezuela 1909-2009*. Tomo I, Universidad Central de Venezuela, Centro de Estudios de Derecho Público, FUNEDA, Caracas, 2011, p. 38. Asimismo, *vid*. Duque Corredor, Román José, "La enseñanza del Derecho Administrativo venezolano y el Derecho Comparado", en *Boletín de la Academia de Ciencias Políticas y Sociales Nº 147*, Caracas, *2009*, pp. 29 y ss.

.- En *primer lugar,* con la promulgación de la Ley Orgánica de Procedimientos Administrativos, en 1981, se reconocen formalmente los derechos subjetivos relacionados con el procedimiento administrativo como cauce de la actividad administrativa. De esa manera, esa Ley reconoció el derecho al previo y debido procedimiento administrativo, lo que abarca, entre otros, *(i)* el derecho a ser notificado del inicio de todo procedimiento en el cual tenga interés; *(ii)* el derecho a participar en el procedimiento, con acceso al expediente, todo lo cual supone el derecho de presentar alegatos y pruebas de manera previa, y *(iii)* el derecho a una decisión oportuna y motivada, que considere los alegatos y pruebas presentadas[19].

.- En *segundo lugar,* entre la década de los ochenta y los noventa del pasado siglo se reconocieron un conjunto de derechos subjetivos frente a la actividad administrativa de limitación, basada en el principio general conforme al cual toda limitación a la libertad general del ciudadano es de texto legal expreso. De manera destacada en el ámbito sancionador, estos derechos aseguraban no sólo el derecho a la defensa mediante el previo procedimiento administrativo (bajo la garantía de la presunción de inocencia), sino también, el derecho a que la actividad de limitación fuese racional, proporcionada y adecuada[20].

.- A lo anterior se le agrega, en *tercer lugar,* el reconocimiento de distintos cauces de participación ciudadana en la actividad administrativa, especialmente a consecuencia del proceso de descentralización iniciado desde 1989. Así, se reconoció el derecho a la participación ciudadana directa en la gestión de la Administración, especialmente, en el ámbito municipal. Con ello, la Administración pasó a actuar por cauces más abiertos y democráticos, todo lo cual fortaleció su transparencia[21].

.- En *cuarto* y último lugar, a partir de la década de los noventa se reconocieron un conjunto de derechos vinculados a la tutela judicial efectiva ante la justicia administrativa[22]. Estos derechos aseguran, por un parte, el acceso a la justicia frente a cualquier manifestación de la actividad o inactividad de la Administración; el derecho a la tutela cautelar y el derecho a una sentencia de fondo apegada a las pretensiones deducidas, con el derecho a su ejecución forzosa. Pero además, el derecho a la tutela judicial efectiva tuvo un efecto transversal sobre todo el Derecho administrativo, al

---

[19]   En general, sobre estos derechos subjetivos en el procedimiento administrativo, *vid.* Araujo-Juárez, José, *Derecho administrativo general. Procedimiento y recurso administrativo, cit.*, pp. pp. 180 y ss. y Brewer-Carías, Allan, *El Derecho administrativo y la Ley Orgánica de Procedimientos Administrativos,* Editorial Jurídica Venezolana, Caracas, 1992, pp. 105 y ss. Nuestra posición en Hernández G., José Ignacio, *Lecciones de Procedimiento Administrativo,* FUNEDA, Caracas, 2012, pp. 27 y ss.

[20]   *Cfr.*: Grau, María Amparo, "La actividad de policía y las garantías constitucionales", en *II Jornadas sobre Derecho Administrativo. Las formas de la actividad administrativa,* FUNEDA, Caracas, 2005, pp. 43 y ss.

[21]   Sobre el derecho de participación ciudadana, *vid.* Brewer-Carías, Allan, "El Derecho Administrativo y la participación de los administrados en las tareas administrativas", en *Revista de Derecho Público* N° 22, Caracas, 1985, pp. 5 y ss. Nuestra posición en Hernández G., José Ignacio, "La participación de los administrados en la actividad y funciones administrativas", en *II Jornadas sobre Derecho Administrativo. Las formas de la actividad administrativa, cit.*, pp. 185 y ss.

[22]   Brewer-Carías, Allan, "Consideraciones sobre el contencioso administrativo como un derecho constitucional a la tutela judicial frente a la Administración", en *Revista de Derecho público* N° 49, Caracas, 1992, pp. 5 y ss.

reforzarse la tutela de las situaciones subjetivas del ciudadano, en dos ámbitos: *(i)* la defensa frente a las actuaciones o abstenciones contrarias a la Ley, y *(ii)* el derecho a la indemnización integral por los daños causados por la Administración Pública, tal y como recientemente ha estudiado Henrique Iribarren[23].

El artículo 141 de la Constitución, al cual ya hemos hecho referencia, refleja todos estos cambios, pues sitúa a la Administración desde el servicio a los ciudadanos, con lo cual, el Derecho administrativo venezolano debe partir de la centralidad del ciudadano, tal y como ha señalado Jaime Rodríguez-Arana Muñoz[24]. Las consecuencias de esa norma deben penetrar todavía más en el concepto del Derecho administrativo, para dejar de hacer tanto énfasis en los poderes de acción de la Administración, y enfocarse más en cómo la Administración sirve, efectivamente, a los ciudadanos. Todo lo cual pasa por replantear muchas de las figuras de ese Derecho administrativo, pensadas más en la deferencia a las prerrogativas de las Administración. Es el caso, por ejemplo, de la figura del acto administrativo basado en la presunción de legalidad[25], o del contrato administrativo, que reconoce "prerrogativas" implícitas para lesionar la esfera jurídico-subjetiva del ciudadano[26].

De igual manera, el artículo 141 constitucional debe llevar a replantear el contenido del Derecho administrativo venezolano, que sigue predominantemente anclado en la figura del acto administrativo. De acuerdo con ese artículo, y en el marco de la cláusula del Estado social y democrático de Derecho del artículo 2 de la Constitución, la Administración no sólo lleva a cabo una actuación coactiva de limitación, sino que además, adelanta una actividad prestacional, que incluso, debe preferirse a la actividad de limitación como consecuencia del principio de menor intervención[27]. Por lo tanto, es necesario articular derechos ciudadanos frente a esa actividad administrativa prestacional, todo lo cual pasa por asegurar el derecho a que tales prestaciones sean atendidas en condiciones objetivas, transparentes, universales, equitativas y eficientes, de acuerdo con los principios de menor intervención y subsidiariedad.

---

[23]  Irribaren Monteverde, Henrique, *El principio del respeto a las situaciones jurídicas subjetivas en el Derecho Público venezolano,* Discurso y trabajo de incorporación a la Academia de Ciencias Políticas y Sociales, Caracas, 2013, pp. 99 y ss.

[24]  Rodríguez-Arana Muñoz, Jaime, Aproximación al Derecho administrativo constitucional, *cit.,* pp. 153 y ss.

[25]  *Cfr.*: Pérez Luciani, "La llamada presunción de legitimidad de los actos administrativos" en *Revista de Derecho N° 1,* Tribunal Supremo de Justicia, Caracas, 2000, pp. 113-154.

[26]  Esta ha sido una de las críticas principales que hemos formulado al contrato administrativo. *Vid.* Hernández G., José Ignacio, "El contrato administrativo en la Ley de contrataciones públicas venezolana", en *Revista de Administración Pública N° 176,* Madrid, 2008. Sobre la necesidad de reconducir la "prerrogativa" al concepto de potestad, *vid.* Meilán Gil, José Luis, *Categorías jurídicas en el Derecho administrativo,* Iustel, Madrid, 2011, p. 168 y Rodríguez-Arana, Jaime, "Las prerrogativas de la administración en los contratos de las Administraciones Publicas", en *Revista de Derecho Público N° 107,* Caracas, 2006, pp. 7 y ss.

[27]  En efecto, el Derecho administrativo venezolano se ha basado principalmente en la figura del acto administrativo como forma de manifestación de la actividad de limitación. Por ello, los derechos ciudadanos suelen relacionarse con el acto administrativo, como es el caso del derecho al procedimiento previo al acto. Sin embargo, junto a esa actividad de limitación, la Administración lleva a cabo también una actividad prestacional no coactiva, frente a la cual es preciso también articular el entramado de derechos ciudadanos.

## 2. Los derechos del ciudadano frente a la Administración como derechos fundamentales

Este conjunto de derechos subjetivos del ciudadano frente a la Administración parte de uno de los principios básicos en los cuales se asienta nuestro Derecho Público, cual es el reconocimiento de derechos fundamentales que marcan el centro de ese Derecho Público y establecen un conjunto de garantías ciudadanas frente a los Poderes Públicos. Ese reconocimiento no sólo opera en el orden interno por la expresa previsión en la Constitución de diversos derechos, sino también en el orden internacional, en lo que Carlos Ayala ha denominado la mundialización de los derechos humano[28]. De acuerdo con los artículos 20, 22 y 23 de la Constitución, la enumeración de derechos fundamentales en ella contenida es abierta y, además, incorpora directamente al orden constitucional, incluso de manera preferente, los derechos humanos reconocidos en Tratados Internacionales[29].

La progresiva protección de los derechos fundamentales imprime un cambio en el Derecho administrativo[30], en tanto éste debe ser un medio de garantía de los derechos fundamentales del ciudadano frente a la Administración, como es el caso, principalmente, de la intangibilidad de los derechos fundamentales por los actos administrativos (artículo 25); el derecho de acceso a la justicia, incluida la justicia administrativa (artículo 26); derecho al debido proceso (artículo 49); el derecho de petición (artículo 51) y el derecho de participación en los asuntos de la Administración (artículo 62). Mención especial debe hacerse a los derechos fundamentales prestacionales, como el derecho a la vivienda (artículo 82), los cuales igualmente son exigibles frente a la Administración[31].

Por ello, podemos afirmar que el conjunto de derechos del ciudadano reconocidos en diversas Leyes administrativas es, también, derechos fundamentales, lo que implica un especial deber en cabeza de la Administración de propender a su protección progresiva, tal y como señala el artículo 19 de la Constitucional. La centralidad del ciudadano es, así, centralidad de sus derechos fundamentales.

## 3. ¿Existe en Venezuela un derecho fundamental a la buena Administración?

A pesar que, bajo la Constitución de 1999, como se vio, la enumeración de derechos fundamentales no es limitada a la propia enumeración que hace la Constitución, no creemos que pueda deducirse la existencia de un "derecho fundamental a la

---

[28] Ayala Corao, Carlos, "La mundialización de los Derechos Humanos", en *La mundialización del Derecho,* Academia de Ciencias Políticas y Sociales, Caracas, 2009, pp. 95 y ss.

[29] Con lo cual, como apunta Ayala, de la internacionalización de los derechos humanos se pasa a la constitucionalización del derecho internacional de los derechos humanos. *Cfr.*: Ayala Corao, Carlos, *Del diálogo jurisprudencial al control de la convencionalidad,* Editorial Jurídica Venezolana, Caracas, 2012, pp. 7 y ss.

[30] Araujo-Juárez, José, *Derecho administrativo general. Conceptos y fuentes,* Paredes, Caracas, 2012, p. 44.

[31] Sobre los derechos prestacionales y su relevancia en el Derecho administrativo, *vid.* Araujo-Juárez, José, *Derecho administrativo general. Conceptos y fuentes, cit.*, pp. 215 y ss.

buena Administración". Tal derecho ciertamente no está incorporado en la Constitución, y en concreto, no se desprende del artículo 141 de la Constitución, norma que contiene la garantía institucional de la Administración, más que un derecho fundamental. Tampoco aparece en los Tratados Internacionales que rigen en Venezuela[32]. Distinta es la situación en Europa pues, como se vio, el artículo 41 de la Carta sí reconoce expresamente tal derecho[33].

Lo anterior, en ningún caso, resta eficacia a la buena Administración como principio derivado del artículo 141 de la Constitucional[34] y, por ende, como soporte a derechos fundamentales expresos, tal y como se verá en la sección siguiente. En especial, cuando se considera que la buena Administración, como parte del buen Gobierno, es un componente esencial del sistema democrático, tal y como éste es definido en la Constitución y en el artículo 3 de la *Carta Interamericana Democrática,* al punto que Allan Brewer-Carías sostiene la existencia del derecho a la democracia[35].

Por lo anterior, aun cuando no pueda afirmarse la existencia de del derecho fundamental a la buena Administración en Venezuela, ello en modo alguno reduce la eficacia de considerar que, desde el artículo 141 constitucional, se postula como característica básica de la Administración, precisamente, a la buena Administración, lo cual constituye soporte a distintos derechos fundamentales.

## III. LA RECEPCIÓN IMPLÍCITA DE LA BUENA ADMINISTRACIÓN COMO PRINCIPIO EN EL DERECHO ADMINISTRATIVO VENEZOLANO

### 1. *El principio de buena Administración en el artículo 141 constitucional*

En nuestra opinión, la buena Administración como principio, se encuentra implícito en el artículo 141 constitucional, tal y como ha afirmado Araujo-Juárez[36]. En efecto, la Administración vicarial que garantiza la Constitución como institución, es aquella que desarrolla su actividad con subordinación plena a la Ley y al Derecho, adoptando decisiones derivadas de la participación ciudadana, eficientes, debidamente motivadas, objetivas.

---

[32]    Principalmente la Convención Americana de Derechos Humanos, que, en todo caso, fue denunciada por el Estado venezolano. Ayala Corao, Carlos, *Del diálogo jurisprudencial al control de la convencionalidad, cit.*, pp. 254 y ss.

[33]    Aun cuando, como apunta Carrillo Donaire, el derecho a la buena Administración podría ser interpretado como derecho instrumental de otros derechos subjetivos expresos. *Cfr.*: "Buena administración, ¿un principio, un mandato o un derecho subjetivo?, en *Los principios jurídicos del Derecho administrativo,* La Ley, Madrid, 2010, pp. 1137 y ss.

[34]    Belandria, José Rafael, "Acerca del derecho a una Buena Administración: ¿existe en el orden constitucional venezolano?", en *Revista Venezolana de Legislación y Jurisprudencia N° 1*, Caracas, 2012.

[35]    "Derecho administrativo y Derecho a la democracia", 2009, tomado de http://www. allanbrewer-carias.com.

[36]    Araujo-Juárez, José, *Procedimiento y recursos administrativos, cit.*, p. 91.

No basta que exista una Administración como organización o sujeto: la Constitución exige que se trate de una *buena Administración* cuyo centro de acción sea el ciudadano y sus derechos fundamentales.

A partir de estos postulados, el Derecho administrativo venezolano debe definirse a partir del artículo 141 constitucional, lo que equivale a señalar que debe definirse a partir de la buena Administración. Los conceptos de "prerrogativa" y "servicio público" carecen de la certidumbre suficiente como para ser tenidos como el centro del Derecho administrativo. Además, tales conceptos terminan ampliando indebidamente los poderes de la Administración, erradamente considerada en una suerte de posición de supremacía.

En realidad, bajo el artículo 141 constitucional, quien ocupa una posición de supremacía en la relación jurídico-administrativa es el ciudadano, no la Administración. La posición de la Administración no es de supremacía, sino de subordinación plena a la Ley y al Derecho y, por ello, subordinación a la satisfacción efectiva de los derechos fundamentales de los ciudadanos, derechos que deben partir de la libertad general del ciudadano. Veremos de inmediato cómo a partir de esta idea –que permite concluir la vigencia del principio de buena Administración en Venezuela- se articulan una serie de derechos fundamentales, cercanos a los que reconoce el artículo 41 de la Carta Europea de los Derechos Humanos.

### 2. El principio de buena Administración y las garantías ciudadanas en el procedimiento administrativo

La primera manifestación de la buena Administración en Venezuela es el *derecho fundamental al debido y previo procedimiento administrativo,* establecido en el artículo 49 constitucional y desarrollado en la Ley Orgánica de Procedimientos Administrativos. En Venezuela, el procedimiento administrativo se justifica en tres razones: *(i)* medio de defensa de los ciudadanos, como cauce previo a toda actividad en la cual éstos tengan interés y, en especial, la actividad ablatoria; *(ii)* mecanismo de participación ciudadana, en ámbitos en los cuales no sea exigible el derecho a la defensa y *(iii)* cauce formal a través del cual la Administración valora todos los intereses en juegos de acuerdo con el principio de buena Administración.

De esa manera, el procedimiento previo es un mecanismo que permite depurar la toma de decisiones de la Administración, recabando la mayor información posible a través de una participación democrática y abierta. Desde esta perspectiva, el procedimiento previo asegura la buena Administración pues favorece a la adopción de decisiones de mayor calidad. Así, mientras más consensuada sea la decisión administrativa, más eficiente será y, con mayor probabilidad, atenderá a la buena ejecución de la Ley[37].

Una de las manifestaciones específicas del derecho al debido procedimiento es el derecho de acceso al expediente, el cual tiene en Venezuela dos dimensiones. Así, *(i)* con carácter general, todos los archivos de la Administración son de público acceso, como garantía de transparencia de la actividad administrativa. Además, *(ii)*

---

[37]    Araujo-Juárez, José, *Procedimiento y recurso administrativo, cit.*, pp. 87 y ss.

todo ciudadano tiene derecho a conocer la existencia del procedimiento en el cual tenga interés y, en consecuencia, acceder al expediente para revisarlo, copiarlo y anexar alegatos y pruebas[38].

Desde esta perspectiva, el derecho fundamental al previo procedimiento administrativo no es sólo un mecanismo de ejercicio del derecho a la defensa, sino que además, es un instrumento a favor de la mayor transparencia de la Administración. Ello se relaciona con el principio conocido como "accountability", que veremos en el punto siguiente.

### 3. El principio de buena Administración y la racionalidad de la Administración: el principio de "accountability"

Es común observar en las Resolución, Decisiones y demás documentos de la Organización de Naciones Unidas referidas al rol de la Administración en las Metas del Milenio, el uso de la expresión "accountability", cuya traducción al español no es tarea sencilla. Así, la expresión alude a que la Administración debe ser responsable de su actividad, la cual debe ser ejercida racional y razonablemente. La expresión suele ser traducida simplemente como "responsabilidad" o "rendición de cuentas" de la Administración, lo que creemos es una idea inexacta[39]. No se trata simplemente de afirmar que la Administración ha de asumir la responsabilidad de sus actos, sino *además,* de exigir que la actividad administrativa sea ejercida siempre de manera racional, razonable, esto es, que debe tratarse de una actividad contestable, no arbitraria. Como ha entendido el Banco Mundial, la existencia de instituciones transparentes que respondan al interés público en una manera eficiente, efectiva y justa, es presupuesto para alcanzar el desarrollo centrado en empoderar a las personas (*"social development means transforming institutions to empower people"*)[40].

En este sentido, la Administración, para ser contestable, debe ser una Administración que actúa racional y razonablemente, a través de procedimientos transpa-

---

[38] Brewer-Carías, Allan R., *El Derecho administrativo y la Ley Orgánica de Procedimientos Administrativos, cit.,* pp. 115 y ss. En general, sobre la doble funcionalidad del derecho de acceso a expedientes, *vid.* Hernández G., José Ignacio, *Lecciones de procedimiento administrativo, cit.,* pp. 199 y ss.

[39] En el Informe *Gobernanza pública para obtener resultados: marco conceptual y operacional* se le traduce simplemente como rendición de cuentas. En la versión en español puede leerse, en el párrafo 48, lo siguiente: "La rendición de cuentas es uno de los requisitos de una democrática o buena gobernanza. Implica que los funcionarios elegidos o nombrados con un mandato público son responsables y deben rendir cuentas de sus acciones, actividades y decisiones. La función de la sociedad civil consiste en imputar la responsabilidad a los que ocupan cargos públicos". La versión en inglés define así a esta expresión: *"is one of the prerequisites of democratic or good governance. It entails holding elected or appointed officials charged with a public mandate responsible and answerable for their actions, activities and decisions".* En todo caso, la referencia a la responsabilidad y rendición de cuentas puede encontrarse en el *Código Iberoamericano del Buen Gobierno,* según el cual los funcionarios públicos se *"responsabilizarán políticamente en todo momento por las decisiones y actuaciones propias y de los organismos que dirigen, sin perjuicio de otras que fueran exigibles legalmente; y asumirán las responsabilidades ante los superiores y no las derivarán hacia los subordinados sin causa objetiva".*

[40] *Empowering people by transforming institutions,* Banco Mundial, 2007, pp. 1 y ss.

rentes, abiertos y participativos. Por ello, como ha acotado Eduardo García de Enterría, la democracia exige el reforzamiento de los controles sobre la Administración Pública, todo lo cual redundará a favor de la objetividad e imparcialidad de la Administración[41].

La buena Administración, en el sentido del artículo 141 constitucional, exige de esa manera que la Administración adopte decisiones contestables, decisiones que sean debidamente justificadas por la Administración como consecuencia de la composición de los distintos intereses en juego en el marco del procedimiento administrativo como cauce de participación ciudadana. Un ejemplo importante de ello es el procedimiento de consulta pública de las regulaciones que, en los términos de la Ley Orgánica de la Administración Pública, debe necesariamente seguirse de manera previa[42]. Aquí entra en juego el derecho fundamental de participación ciudadana –artículo 62 constitucional– el cual exige no sólo que la Administración fomente esa participación –libre y plural– sino que, además, su actuación refleje esa participación. La buena Administración, en suma, debe convencer, no imponer.

### 4. *El principio de buena Administración y el derecho de petición y oportuna respuesta*

El artículo 51 de la Constitución reconoce a todo ciudadano el derecho de petición, que de acuerdo con la regulación que introdujo en 1999 esa Constitución, tiene un doble alcance, a saber, el derecho a la *oportuna y debida respuesta*. Esto quiere decir que el ciudadano no sólo tiene derecho a una respuesta dentro del plazo establecido en la Ley, sino, además, tiene derecho a que la respuesta de la Administración sea "debida", o sea, congruente con la petición previamente formulada.

Es por ello que los alegatos y pruebas que en el procedimiento administrativo introduce el ciudadano, deben ser valorados en el acto administrativo que pone fin al procedimiento[43].

Desde el artículo 141 constitucional, el derecho de petición refuerza la centralidad del ciudadano, en el sentido que la Administración no sólo debe estar abierta a la recepción de peticiones administrativas, sino que, además, está obligada a decidir la petición de manera fundada y congruente dentro del plazo establecido en la Ley. Bajo esta perspectiva, hemos criticado la figura del silencio administrativo, pues más que una garantía para el ciudadano, es una figura que sólo podía explicarse en el marco de una concepción objetiva y revisora de la justicia administrativa, hoy día superada. Si formulada una petición la Administración no otorga debida y oportuna

---

[41]  García de Enterría, Eduardo, *Democracia, jueces y control de la Administración*, Thomson-Civitas, Madrid, 2000, pp. 134 y ss.

[42]  *Cfr.*: Chavero, Rafael, "La participación social en la gestión pública", en *Ley Orgánica de la Administración Pública*, Editorial Jurídica Venezolana, Caracas, 2012, pp. 111 y ss.

[43]  En general, sobre el derecho de petición en Venezuela, *vid.* Belandria García, José Rafael, *El derecho de petición en España y Venezuela*, Tesis Doctoral, Universidad Complutense de Madrid, 2013. Ese derecho es desarrollo en diversas Leyes administrativas, como el artículo 2 de la Ley Orgánica de Procedimientos Administrativos y 9 de la Ley Orgánica de la Administración Pública.

respuesta, estaremos ante una inactividad administrativa que, como tal, es plenamente tutelable ante la justicia administrativa[44].

La garantía del derecho de petición, por lo anterior, exige que la Administración facilite la formulación de peticiones, todo lo cual a su vez se vincula con el deber de la Administración de simplificar sus trámites administrativos para hacerlos más accesibles a los ciudadanos. La Ley de Simplificación de Trámites Administrativos en su artículo otorga una solución eficiente en este punto –la ventanilla única– que es una garantía adicional al derecho de petición.

### 5. *El principio de buena Administración y la motivación de los actos administrativos*

Una de las innovaciones de la Ley Orgánica de Procedimientos Administrativos, presente en sus artículos 9 y 18.5, es establecer como principio general que todo acto administrativo debe ser motivado, o sea, debe tener la expresión "sucinta" de sus razones de hecho y de Derecho. Anteriormente la motivación sólo se exigía como regla para el acto ablatorio, como garantía especial a la libertad general del ciudadano. La Ley, por el contrario, extiende la motivación a todo acto administrativo, como regla, con lo cual este requisito pasa a tener una función adicional a la defensa de la libertad frente al acto ablatorio.

Así, la motivación del acto administrativo es una exigencia formal que engarza con el carácter vicarial de la Administración, en el sentido que el servicio a los ciudadanos obliga a la Administración a justificar objetiva y racionalmente cada una de sus decisiones[45].

Pues la motivación del acto administrativo implica, en esencia, la obligación de una *Administración razonada,* de una Administración que justifique todas sus decisiones en razones objetivas y con base en hechos plenamente comprobados, debiendo la Administración probar las afirmaciones que constituyen la causa de sus decisiones[46].

Frente a los ciudadanos, la motivación es una garantía adicional a varios de los derechos antes tratados. Así, la motivación obligará a la Administración a valorar debidamente el previo procedimiento administrativo, tal y como precisa el artículo 62 de la Ley Orgánica de Procedimientos Administrativos. Además, la motivación obliga que la Administración tome en cuenta los alegatos y pruebas presentados por el ciudadano en el procedimiento, con lo cual, su participación debe ser útil. En este

---

[44]   Nuestra posición en Hernández G., José Ignacio, *Lecciones de procedimiento administrativo, cit.*, pp. 255 y ss. En Venezuela, Brewer-Carías postuló que el silencio administrativo debía ser una garantía, tesis que fue finalmente acogida por la jurisprudencia. *Cfr.*: Brewer-Carías, Allan, "Algunos principios generales del Derecho administrativo en Venezuela, en particular, sobre el procedimiento administrativo y los efectos del silencio administrativo", en *Estudios jurídicos sobre Administración Pública, cit.*, pp. 13 y ss.

[45]   En cuanto al contenido y evolución de la motivación, *vid.* Brewer-Carías, Allan, *El Derecho administrativo y la Ley Orgánica de la Administración Pública, cit.*, pp. 158 y ss.

[46]   En general, *vid.* Araujo-Juárez, José, *Derecho administrativo general. Acto y contrato administrativo,* Paredes, Caracas, 2011, pp. 68 y ss.

194

mismo sentido, la motivación del acto favorece el carácter contestable de la Administración, pues a través de la motivación se exigirá la racionalización concreta de la actividad administrativa.

La Administración vicarial del artículo 141 de la Constitución, conforme al principio de buena Administración, es una Administración razonada, que debe justificar debidamente sus decisiones. Nótese que frente a la visión tradicional del principio de deferencia o confianza de la Administración –reflejo de lo cual es el ya comentado "principio" de presunción de validez del acto administrativo– la motivación analizada desde el prisma del artículo 141 constitucional plantea otro principio, cual es el de la *desconfianza* a la Administración, quien debe así justificar todas sus decisiones frente a los ciudadanos.

*6. El principio de buena Administración y el*
*derecho a la reparación patrimonial integral*

Conforme al artículo 140 de la Constitución, la Administración debe responder por los daños ocasionados a los ciudadanos, admitiéndose en Venezuela un sistema dual de responsabilidad patrimonial basada en normas de Derecho administrativo[47]: la responsabilidad patrimonial contractual, con ocasión al contrato administrativo, y principalmente enfocada en el equilibrio económico financiero del contrato[48]; por el otro lado, la responsabilidad patrimonial extracontractual. Este último sistema admite a su vez dos variantes: responsabilidad por funcionamiento anormal de los servicios públicos y responsabilidad por sacrificio particular. En la base de ese sistema está el derecho a la integralidad patrimonial del ciudadano, es decir, el derecho a una indemnización integral frente a cualquier minoración patrimonial que el ciudadano no esté en el deber de tolerar. A partir de ese derecho se ha propendido a la expansión de la garantía expropiatoria, aplicable no sólo a la expropiación formal sino a cualquier medida de efecto expropiatorio, total o parcial, sobre el patrimonio del ciudadano[49].

---

[47]   Véase el trabajo de Iribarren, Henrique, "La responsabilidad administrativa extracontractual", en *Revista de la Facultad de Derecho de la Universidad Católica Andrés Bello, N° 44,* Caracas, 1992, pp. 135 y ss., ahora en *Estudios de Derecho administrativo,* Ediciones Liber, Caracas, 2004, pp. 377 y ss. Más recientemente, del autor, *vid. El principio del respeto a las situaciones jurídicas subjetivas en el Derecho Público venezolano, cit.,* pp. 99 y ss. Poco después Luis Ortiz Álvarez retomará ese planteamiento con mucho mayor énfasis, señalando que la aplicación del Código Civil era inadmisible, ante la exigencia de orden constitucional de acudir a un régimen de Derecho Público. *Cfr.: La responsabilidad patrimonial de la Administración Pública,* Editorial Jurídica Venezolana, Caracas, 1995, pp. 14 y ss.

[48]   Iribarren, Henrique, "El equilibrio económico en los contratos administrativos y la teoría de la imprevisión", *VIII Jornadas Internacionales de Derecho Administrativo "Allan Randolph Brewer-Carías". Los contratos Administrativos,* FUNEDA, Caracas, 2005, pp. 115 y ss., entre otros.

[49]   De acuerdo con el artículo 41 de la Ley de Expropiación por Causa de Utilidad Pública e Interés Social y el artículo 11 de la Ley de Promoción y Protección de Inversiones, toda medida de efectos equivalentes a la expropiación, o expropiación indirecta, queda sujeta a las garantías expropiatorias. Esta teoría es de especial interés para las privaciones patrimoniales derivadas de la limitación impuesta por la Administración sobre el patrimonio del ciudadano.

Ese sistema de responsabilidad, bajo el artículo 141 constitucional, debe ser enfocado desde el servicio a los ciudadanos, y, por ende, desde el deber de la Administración de proteger la integralidad patrimonial del ciudadano, que es en definitiva una manifestación de la garantía jurídica debida a la propiedad privada, como extensión de la libertad general del ciudadano. Sin embargo, ello no debe ser interpretado – como erradamente se ha hecho en Venezuela– en el sentido que tal sistema es objetivo y además, exclusivamente de Derecho Público. Entendemos que en esta materia debe regir el artículo 1.185 del Código Civil, conforme al cual, como regla, la responsabilidad exige una conducta antijurídica atribuible a la Administración, con sólo dos excepciones: *(i)* la responsabilidad por riesgo, basada en el Código Civil, y *(ii)* la responsabilidad por sacrificio particular, que para nosotros, es en realidad, un caso de expropiación material parcial del derecho de propiedad, o expropiación indirecta[50].

### 7. El principio de buena Administración como factor de transformación del Derecho administrativo venezolano centrado en los ciudadanos

Como se aprecia, la buena Administración, en un sentido similar al derivado del artículo 41 de la Carta, puede afirmarse que es principio básico del Derecho administrativo venezolano y base de diversos derechos fundamentales. Así, la única Administración que reconoce el Derecho es aquella que está al servicio objetivo de los ciudadanos, de acuerdo a los parámetros del artículo 141 constitucional, norma que coloca en el centro del Derecho administrativo al ciudadano y sus derechos fundamentales. Tal principio se traduce en una serie de derechos que, como acabamos de señalar, no puede decirse que sean de reciente data.

En realidad, la construcción de un completo sistema de derechos ciudadanos frente a la Administración –hoy día resumidos en el artículo 6 de la Ley Orgánica de la Administración Pública– comenzó a consolidarse entre nosotros desde la década de los ochenta del pasado siglo.

A pesar de ello, el principio de buena Administración no tiene, en el Derecho administrativo venezolano, la relevancia que tiene en Europa. Por el contrario, y sin desconocer la existencia de este sistema de derechos ciudadanos, el Derecho administrativo venezolano ha venido prestado más relevancia a las técnicas de actuación de la Administración, en especial, a través de las figuras de la "prerrogativa" y el "servicio público".

La relevancia del principio de buena Administración en Venezuela no reside, por ello, en el reconocimiento de derechos ciudadanos frente a la Administración. Ya nuestro Derecho administrativo cuenta con un arsenal importante de derechos subjetivos en cabeza del ciudadano, muchos de los cuales tienen incluso el rango de derechos fundamentales.

El rol del principio de buena Administración en Venezuela, para nosotros, debe apuntar a la necesidad de redefinir el Derecho administrativo a partir del artículo 141 de la Constitución. Frente a la construcción dogmática tradicional de acuerdo a

---

[50] La posición la hemos mantenido ya en Hernández G., José Ignacio, *Introducción al concepto constitucional de Administración Pública, cit.*, pp. 118 y ss.

la cual el Derecho administrativo es el conjunto de normas especiales y exorbitantes del Derecho común que pivotan en torno a las figuras de la "prerrogativa" y el servicio público, entendemos nuestro Derecho administrativo debe definirse a la partir de la Administración como institución garantizada en el artículo 141 de la Constitución. Norma que no garantiza a cualquier Administración, sino a la buena Administración, o sea, aquella institución que está al servicio de los ciudadanos y que, por ende, se encarga de la promoción y tutela inmediata de sus derechos fundamentales.

A partir de esta concepción constitucional de la buena Administración, pueden revisarse distintas figuras del Derecho administrativo venezolano que se anclan excesivamente en la Administración, como es el caso de la presunción de validez del acto administrativo o el contrato administrativo. Tales figuras terminan reconociendo a la Administraciones poderes mayores a los que derivan la Ley, poderes además concebidos como fines de la Administración, cuando lo cierto es que ellos son poderes fiduciarios puestos al servicio de los ciudadanos.

Lo anterior es sumamente importante en el estado que ofrece el Derecho administrativo venezolano en el siglo XXI, como un Derecho que lejos de favorecer y promover la libertad general del ciudadano, se estructura como un Derecho de la Administración para la opresión de las libertades[51]. En la reconstrucción del Derecho administrativo venezolano, por ello, el principio de buena Administración cumplirá, sin duda, un rol de primer orden.

---

[51]   Por todos, Brewer-Carías, Allan R., "La demolición del Estado de derecho y la destrucción de la democracia en Venezuela", Conferencia dictada en la Procuraduría General del Estado de Rio de Janeiro, Río de Janeiro, 26 de agosto 2009. Tomada de: www.allanbrewercarias.com

# DERECHO A LA BUENA ADMINISTRACIÓN EN COSTA RICA

*ERNESTO JINESTA L.* *

## INTRODUCCIÓN

El derecho a la buena administración, de cuño europeo, concretamente consagrado en el artículo 41 de la Carta de los Derechos Fundamentales de la Unión Europea, ha supuesto un revulsivo allende del espacio estrictamente europeo, proyectando su influjo en el entorno iberoamericano.

Desde nuestra perspectiva, se trata de un derecho de nueva generación que tiene un contenido esencial vasto y amplio, conformado por un haz de facultades ya conocidas por la dogmática jurídica-administrativa, pero que ahora son objeto de una redimensión y asumen nuevo vigor. El derecho a la buena administración, funge no solo como tal sino, también, como un imperativo categórico de las administraciones públicas, un valor que deben alcanzar y actuar para legitimarlas democráticamente de cara al administrado que entabla relaciones con éstas. En efecto, cuando se habla de una "buena administración" se evoca una aspiración común y universal, compartida por todos los regímenes políticos democráticos y respetuosos de las libertades, de que los poderes públicos se comporten, frente a las personas que son destinatarias de sus potestades, prerrogativas, competencias, atribuciones, servicios y regulaciones, de manera correcta, regular y conforme con el bloque de legalidad y, sobre todo, con el estatuto constitucional e internacional de los derechos fundamentales y humanos en cabeza de los administrados. La antípoda de una "buena administra-

---

*    Catedrático de Derecho Administrativo Universidad Escuela Libre de Derecho (UELD) – Costa Rica– , Profesor y miembro de las Comisiones Redactora y Académica Programa de Doctorado en Derecho Administrativo Iberoamericano (DAI), Universidades de la Coruña, España, Nacional del Litoral (Argentina), Nacional del Nordeste (Argentina), de Montevideo (Uruguay), Veracruzana (México), de Guanajuato (México), Santo Tomás de Tunja (Colombia), de Piura (Perú), Monteávila (Venezuela), Hispanoamericana (Nicaragua), Escuela Libre de Derecho (Costa Rica), Director y profesor programa de doctorado en Derecho Administrativo UELD, Profesor del Doctorado de la Universidad Estatal a Distancia (UNED), Presidente de la Asociación Costarricense de Derecho Administrativo y de la Academia Costarricense de Derecho, Miembro de la Asociación Internacional de Derecho Administrativo (AIDA), el Foro Iberoamericano de Derecho Administrativo (FIDA), Vicepresidente, por Costa Rica, de la Asociación Iberoamericana de Derecho Administrativo, miembro de honor Asociaciones Mexicana, Dominicana y nicaragüense de Derecho Administrativo. www.ernestojinesta.com

ción" es una "mala administración", de ahí que, además de asumir los contornos y la condición propia de un derecho administrativo de nueva generación, podemos afirmar que constituye un postulado o canon axiológico que deben observar las administraciones públicas en el marco del Estado Constitucional de Derecho.

En el caso costarricense, ya la Constitución Política de 7 de noviembre de 1949, introducía unas expresiones rectoras de toda la función administrativa desplegada por las administraciones públicas, tales como *"buena marcha del Gobierno"* (artículo 139, inciso 4°) y *"buen funcionamiento de los servicios y dependencias administrativas"* (artículo 140, inciso 8°). Tales expresiones del constituyente originario o, más bien, conceptos jurídicos indeterminados, le han impuesto, desde hace más de cincuenta años un desafío a los poderes públicos y evocan, necesariamente, el nuevo concepto de la "buena administración". La Sala Constitucional de la Corte Suprema de Justicia, a través de su jurisprudencia, ha interpretado que tales expresiones y conceptos ponen de manifiesto una clara obligación constitucional administrativa que, tiene como correlato necesario, el *"derecho al buen funcionamiento de los servicios públicos"*. Se trata de un derecho creado pretorianamente que no se encontraba expresamente enunciado en la Constitución de 1949, pero que fue tipificado – jurisprudencialmente- por los pronunciamientos de la Sala Constitucional, siendo que tiene proyecciones y aplicaciones infinitas en el proceso de amparo contra sujetos de derecho público cuando se impugna su actividad formal, material u omisiones, por lo que su contenido esencial se ha ido perfilando progresivamente. Se trata, en definitiva, de una manifestación benigna y sana del activismo judicial que ha incrementado el arsenal de derechos de los administrados frente a los poderes públicos.

La Ley General de la Administración Pública (N° 6227 de 2 de mayo de 1978) –en adelante LGAP–, significativamente, en su artículo 102, inciso d), al regular la relación de jerarquía, le otorga al superior jerárquico la potestad expresa de *"Adoptar las medidas necesarias para ajustar la conducta del inferior a la ley y a la buena administración, revocándola, anulándola o reformándola de oficio, o en virtud de recurso administrativo"*, siendo esta la única mención al parámetro de la "buena administración" en ese instrumento legislativo.

En la presente contribución, nos limitaremos al abordaje del significado, alcance, límites, estructura y contenido del derecho a la buena administración, según la regulación y tratamiento científico en el ámbito europeo (texto)[1], analizando su aplica-

---

1     Como aportes dogmáticos relevantes sobre el derecho a la buena administración, en el ámbito europeo, que sirven de referencia *V.* Tomás Mallen, Beatriz, *El derecho fundamental a una buena administración*, MAP-INAP, Madrid, 2004; Rodríguez-Arana Muñoz, Jaime, *El buen gobierno y la buena administración de instituciones públicas*, Thomson-Aranzadi, Madrid, 2006; AA. VV., *El derecho a una buena administración y la ética pública* –coords. María Ávila Rodríguez y Francisco Gutiérrez Rodríguez–, Valencia, Tirant lo Blanch, 2011, destacan en esta obra colectiva las siguientes contribuciones Pergoraro, Lucio, *Existe un derecho a la buena administración*, pp. 17 y ss; Martín-Retortillo Baquer, Lorenzo, *De los derechos humanos al derecho a una buena administración*, pp. 43 y ss.; Ruiz-Rico Ruiz, Gerardo, *El derecho a una buena administración. Dimensiones constitucional y estatutaria*, pp. 55 y ss.; Rodríguez-Arana Muñoz, Jaime, *El Derecho fundamental a la buena administración de instituciones públicas y el Derecho Administrativo*, pp. 77 y ss.; Souvirón Morenilla, José María, *Sentido y alcance del derecho a la buena administración*, pp. 225 y ss.; Guevara Quintanilla, Miguel Antonio, *El derecho a la buena administración*, Universidad Complutense, Madrid, 2011; Rodríguez-Arana, Jaime, *El ciudadano y*

ción jurídico-positiva y jurisprudencial en nuestro medio jurídico (contexto y realidad), así como de ese particular derecho creado por la Sala Constitucional de Costa Rica denominado *"derecho al buen funcionamiento de los servicios públicos"*, que, quizá, tiene un ámbito más limitado que el nuevo derecho creado en el espacio europeo, pero que, en nuestro criterio, debería, también, integrar el contenido del primero, más general y abstracto, entendiéndolo y concibiéndolo como parte de su contenido esencial o como una manifestación específica de ese.

## I. SUJETOS

En lo relativo a los sujetos de este derecho de cuarta generación, es preciso distinguir entre el sujeto activo y el pasivo.

Por sujeto activo, entendemos cualquier persona que entable una relación jurídica con alguna de las administraciones públicas existentes dentro de la organización administrativa de cada país. Puede tratarse, tanto de una persona física como jurídica.

En cuanto al sujeto pasivo, es evidente que el derecho a la buena administración es exigible respecto de cualquier ente u órgano público que entable una relación jurídica con un administrado. Lo conveniente es que este derecho se proyecte, también, respecto de los sujetos de Derecho Privado, bajo determinadas circunstancias, tales como que se encuentren ejerciendo una actividad de interés público, administren o manejen fondos públicos o ejerzan, temporal o permanente, potestades públicas y, por consiguiente, se encuentran, de derecho, en una situación de poder.

## II. OBJETO

El objeto del derecho a la buena administración, es que los poderes públicos se comporten de manera adecuada, regular y correcta, con plena sujeción a los parámetros de legalidad, constitucionalidad y de convencionalidad –entendiendo, por tal, el conjunto de declaraciones y convenciones en materia de derechos humanos y la jurisprudencia vertida por el órgano encargado de su interpretación última y definitiva en un ámbito regional determinado, *v.gr.* Convenciones y declaraciones del Sistema Interamericano de Protección de los Derechos Humanos, sentencias y opiniones consultivas de la Corte Interamericana de Derechos Humanos– .

La "buena administración" es aquella que observa, cabalmente, todas las obligaciones preexistentes de tipo legal, constitucional y las impuestas por el Derecho Internacional Público de los Derechos Humanos, que es previsible, según el principio de seguridad jurídica y que como fiel cumplidora de ese *corpus iuris* se legitima democráticamente frente a los administrados.

---

*el poder público: El principio y el derecho al buen gobierno y a la buena administración*, Ed. Reus S.A., Madrid, 2012.

## III. CONTENIDO ESENCIAL

### 1. *Principios del trato imparcial, objetivo y equitativo*

En el ordenamiento jurídico costarricense, no existe una enunciación expresa, a nivel constitucional o infraconstitucional de estos principios, sin embargo, por influjo de la doctrina española surgida a la luz del artículo 103.1 de la Constitución de 1978, se ha receptado, pacíficamente, el principio de objetividad, en el sentido que las administraciones públicas sirven con objetividad al interés público o general[2].

El interés público es delimitado por la LGAP de 1978, en su artículo 113.1, al preceptuar que *"(...) será considerado como la expresión de los intereses individuales coincidentes de los administrados"*, con lo que se le da una connotación objetiva que supera cualquier perspectiva subjetiva, siendo que ese mismo numeral (113.1) dispone que *"El servidor público deberá desempeñar sus funciones de modo que satisfagan primordialmente el interés público (...)"*. Se trata, entonces, de una obligación que debe observar, absolutamente, todo funcionario público, sin ninguna distinción, que procura objetivar la función administrativa. De otra parte, el artículo 113.2 establece un orden de prelación y distingue el interés público del interés de la propia administración pública al preceptuar que *"El interés público prevalecerá sobre el interés de la Administración Pública cuando pueda estar en conflicto"*. El ordinal 113.3 LGAP, impone una serie de parámetros de carácter objetivo en la apreciación y ponderación del interés público que busca objetivar la conducta administrativa, al indicar que *"En la apreciación del interés público se tendrá en cuenta, en primer lugar, los valores de seguridad jurídica y justicia para la comunidad y el individuo, a los que no puede en ningún caso anteponerse la mera conveniencia"*. Por su parte, el artículo 10.1 LGAP establece que *"La norma administrativa deberá ser interpretada en la forma que mejor garantice la realización del fin público a que se dirige, dentro del respeto debido a los derechos e intereses del particular"*.

Existen otras reglas en la LGAP de 1978 que procuran objetivar la función administrativa, tales como la enunciación de los principios de continuidad, eficiencia, adaptación a todo cambio en el régimen legal o necesidad social que satisfacen e igualdad en la actividad administrativa respecto de los destinatarios, usuarios o beneficiarios (artículo 4°), jerarquía o regularidad jurídica (artículo 7°), legalidad (artículo 11), reserva de ley en materia de restricción de los derechos fundamentales y humanos y creación de potestades de imperio (artículo 12.2 y 19), la inderogabilidad singular del reglamento (artículo 13), los límites jurídicos (hechos determinantes, conceptos jurídicos indeterminados, principios generales del Derecho y derechos fundamentales o humanos) y meta jurídicos (reglas unívocas de la ciencia o de la técnica, reglas elementales de la justicia, lógica o conveniencia) de la discrecionalidad (artículos 15,16,17 y 160), la búsqueda o verificación de la verdad real de los hechos que sirven de motivo al acto administrativo, durante el procedimiento administrativo (artículos 214.2 y 221).

---

[2]   *V.*, Nieto García, Alejandro, *La administración sirve con objetividad los intereses generales. Estudios sobre la Constitución Española (Homenaje prof. Eduardo García de Enterría)*, Ed. Civitas, Vol. III, Madrid, 1991, pp. 2185-2254 y Rodríguez-Arana, Jaime, *Interés general, Derecho Administrativo y Estado de Bienestar*, Iustel, Madrid, 2012, *in totum*.

Asimismo, se regulan una serie de institutos que tienen por propósito asegurar un trato imparcial y objetivo de los administrados, tales como las causales de abstención y recusación en los procedimientos administrativos de los funcionarios públicos que intervienen en los mismos (artículos 230-238 LGAP).

En lo relativo al trato equitativo y justo de los administrados por los poderes públicos, la LGAP menciona tanto las "reglas" o "principios" "elementales" de la justicia (artículos 16.1 y 160), así como el valor justicia, propiamente dicho (artículo 113.3), con lo que, evidentemente, le impone a todo funcionario público, al desplegar la función administrativa, observar esas reglas, principios y valor. Por supuesto que existen una serie de instituciones que procuran un trato equitativo, justo y simétrico del administrado como el principio de inderogabilidad singular del reglamento (artículo 13) y el contradictorio o bilateralidad de la audiencia en el procedimiento administrativo (artículos 218 y 220 LGAP).

## 2. *Debido proceso*

En la regulación y definición de contenidos del derecho a la buena administración en el artículo 41 de la Carta de Derechos Fundamentales de la Unión Europea, destacan algunos componentes del derecho al debido proceso, durante la sustanciación de un procedimiento administrativo, que tiene un contenido esencial muy extenso. Son mencionados en ese numeral de la Carta Europea el derecho a ser oído antes de adoptar un acto administrativo de gravamen o desfavorable, el acceso al expediente y la obligación de motivación de las resoluciones. Consecuentemente, nos referiremos al tratamiento de esos derechos singulares, que forman parte del contenido esencial más amplio del debido proceso en la vía administrativa previa, en el sistema jurídico administrativo costarricense.

### A. *Derecho a ser oído*[3]

Como parte del debido proceso y la defensa, se encuentra el derecho a formular cualquier alegación de hecho o de derecho durante todo el transcurso del procedimiento y de ofrecer la prueba pertinente, en la oportunidad procedente, para demostrar un hecho constitutivo o impeditivo (artículos 217 y 219 LGAP). El derecho a aportar pruebas presupone, por lo menos en el procedimiento ordinario, el derecho de audiencia, esto es, la comparecencia oral y privada.

El artículo 217 LGAP señala que las partes del procedimiento administrativo tienen derecho a "(...) *a alegar sobre lo actuado para hacer valer sus derechos e intereses, antes de la decisión final, de conformidad con la ley*". Los momentos específicos para ejercer ese derecho son la "*comparecencia oral y privada*" del procedimiento ordinario (utilizado, preceptivamente, para imponer obligaciones, suprimir, denegar derechos o cuando el acto final suponga "*cualquier otra forma de lesión grave y directa a sus derechos o intereses legítimos*", cuando hay contradicción o

---

3    *V.*, Jinesta Lobo, Ernesto, *Tratado de Derecho Administrativo −Tomo III, Procedimiento Administrativo−*, Iusconsultec S.A. y Editorial Jurídica Continental, San José, 2007, pp. 99, 379-380, 427-439.

concurso de interesados y en procedimientos disciplinarios que puedan concluir con la aplicación de sanciones de suspensión o destitución "*o cualesquiera otras de similar gravedad*", artículo 308 LGAP). Así, el artículo 309, párrafo 1°, indica que en la misma "*se admitirá y recibirá toda la prueba y alegatos de las partes que fueren pertinentes*". Por su parte el artículo 317, párrafo 1°, *ibidem* enuncia los derechos y cargas de la parte interesada en la audiencia al establecer que podrá "*a) Ofrecer prueba (...) d) Aclarar, ampliar o reformar su petición o defensa inicial; e) Proponer alternativas y sus pruebas; y f) Formular conclusiones de hecho o de derecho en cuanto a la prueba y resultados de la comparecencia*". Ese mismo artículo, en su párrafo 3°, permite presentar alegatos por escritos después de la comparecencia cuando no hubiere sido posible hacerlo en ésta.

Tratándose del procedimiento administrativo sumario (empleado cuando no es preceptivo observar el ordinario), si bien el numeral 321, párrafo 1°, indica que en el mismo "*no habrá debates, defensas ni pruebas ofrecidas por las partes*", el artículo 324 LGAP dispone que, una vez instruido el expediente, se pondrá en conocimiento de los interesados para que en un plazo máximo de tres días "*formulen conclusiones sucintas sobre los hechos alegados, la prueba producida y los fundamentos jurídicos en que apoyen sus pretensiones*".

## B. *Derecho de acceso al expediente administrativo*[4]

### a. *Tipología del derecho de acceso a la información administrativa*

En doctrina se suele distinguir entre el derecho de acceso ad intra – dentro– y ad extra – fuera– de un procedimiento administrativo, el primero se ejerce *uti singuli*, esto es, únicamente por la parte interesada en un procedimiento administrativo y el segundo *uti universi*, es decir, por cualquier persona o administrado interesado en acceder determinada información administrativa. La legitimación, el sujeto activo y las garantías en uno y otro derecho varían ostensiblemente.

Cabe resaltar que la Sala Constitucional ha distinguido claramente entre el derecho de acceso *ad intra* y *ad extra*, así ha indicado que "*Solo tratándose de procedimientos administrativos contra los administradores o funcionarios de la administración, la información únicamente puede darse a los interesados en el proceso o a quienes figuren como parte. Pero, tratándose de otros trámites administrativos (...) tienen un carácter eminentemente público, por lo que cualquier particular sea interesado directo o no, tiene derecho a imponerse de la información que allí conste (...)*" (Voto N° 4235-94 de las 15:03 hrs. del 12 de agosto de 1994).

La Sala Constitucional a partir de los Votos N°. 136-03 de las 15:22 hrs. de 15 de enero de 2003 y 2120-03 de las 13:30 hrs. de 14 de marzo de 2003, estableció tal distinción de la siguiente forma:

---

[4]  *V.,* Jinesta Lobo, Ernesto, *Transparencia administrativa y Derecho de acceso a la información administrativa*, Editorial Juricentro, San José, 2006 *in totum* y Jinesta Lobo, Ernesto, *Tratado de Derecho Administrativo –Tomo III, Procedimiento Administrativo–*, pp. 99-120.

*"Redacta el Magistrado Jinesta Lobo; y*

**CONSIDERANDO:**

***(...) III.- TIPOLOGÍA DEL DERECHO DE ACCESO A LA INFORMACIÓN ADMINIS-
TRATIVA.** Se puede distinguir con claridad meridiana entre el derecho de acceso a la información administrativa (a) ad extra –fuera- y (b) ad intra –dentro- de un procedimiento
administrativo. El primero se otorga a cualquier persona o administrado interesado en acceder una información administrativa determinada –uti universi– y el segundo, únicamente, a
las partes interesadas en un procedimiento administrativo concreto y específico –uti singuli–.
Este derecho se encuentra normado en la Ley General de la Administración Pública en su
Capítulo Sexto intitulado "Del acceso al expediente y sus piezas", Título Tercero del Libro
Segundo en los artículos 272 a 274(...)."*

Santoro distingue entre el derecho de acceso a la información administrativa y el
derecho a tomar visión de los actos del procedimiento. El primero (acceso cognosci-
tivo e informativo) es general y se ejercita, en su opinión, después de que el acto
administrativo ha sido emitido, su titular resulta quien tenga interés y su propósito es
la transparencia e imparcialidad de la acción administrativa. El segundo (acceso par-
ticipativo) es particular y especial – en el sentido que es válido sólo para el procedimiento en cuyo ámbito viene ejercitado– , son sus titulares los sujetos directa o
indirectamente involucrados y está orientado a la participación y a la mayor defensa
de la posición jurídica tutelada en el procedimiento. La modalidad de ejercicio varía,
puesto que, el primero tiene por objeto el examen de documentos administrativos y
el segundo los actos del procedimiento[5].

### b. *Derecho de acceso ad intra del procedimiento administrativo*

Sobre el derecho de acceso ad intra del procedimiento administrativo se afirma
que "(...) es claro que la efectiva participación de los individuos afectados en el procedimiento, una vez instruido, y un verdadero equilibrio de sus intereses en todas las
fases previas a la publicación de la resolución, sólo será posible en la medida en que
se permita al individuo conocer las resoluciones de los órganos administrativos,
complementando la información que se le ofrece sin petición con la que considera
necesario solicitar."[6]

En lo relativo al concepto de expediente administrativo, se ha dicho que constituye
la materialización del procedimiento administrativo, en cuanto cuerpo de escritos[7].
El expediente administrativo puede ser definido como el conjunto ordenado de do-

---

5    *V.*, Santoro, Pelino, *Diritto di accesso partecipativo e diritto di accesso conoscitivo: posizioni
soggetive ed effettività. Il foro amministrativo*, N° 7-8, lug-ago, 1992, pp. 1800-1802.

6    Sacchetti, Maria-Chiara, "El derecho de acceso de los ciudadanos a los documentos administrativos: tendencias y evolución de la legislación nacional y regional en Italia". *Revista Internacional de Ciencias Administrativas*, Volumen 58, N° 2, junio 1992, p. 136.

7    Así Rico Gómez, José Ignacio, "El expediente administrativo y el proceso administrativo: un
análisis de jurisprudencia". *REDA*, N° 74, jul-sep. 1991, pp. 409-410.

cumentos y actuaciones[8] que sirven de antecedente o fundamento para el acierto de la resolución administrativa, así como las diligencias encaminadas a ejecutarla. Los expedientes administrativos se forman mediante la agregación sucesiva de documentos, pruebas y actuaciones.

La Ley General de la Administración Pública, en su Capítulo Sexto, Título Tercero del Libro Segundo, intitulado "Del Acceso al Expediente y sus Piezas", regula el derecho a la información del interesado dentro del procedimiento administrativo (*ad intra* del procedimiento).

En efecto, el artículo 272.1 *ibidem* dispone:

> "*Las partes y sus representantes, y cualquier abogado, tendrán derecho en cualquier fase del procedimiento a examinar, leer y copiar cualquier pieza del expediente, así como a pedir certificación de la misma, con las salvedades que indica el artículo siguiente...*".

Con relación a este numeral es preciso hacer algunas acotaciones, obsérvese que tal derecho puede ser ejercitado, por la parte interesada o su representante, en cualquier etapa del procedimiento y que está referido a documentos en estado de tramitación, dentro del marco general de un procedimiento administrativo específico. Evidentemente, este ordinal no ampara el derecho de acceder cualquier archivo, registro, documento o base de datos o siquiera documentos de otro expediente en el que no se es parte, puesto que, como se indicó está referido al expediente que materializa el procedimiento en el que se es parte, de ahí que los legitimados sean las partes o sus representantes (artículos 275-280 de la Ley General de la Administración Pública).

Tocante al derecho de acceso *ad intra* que se les garantiza a los abogados, en general, la Sala Constitucional indicó en el Voto N° 14453-04 de las 11:32 hrs. de 17 de diciembre de 2004, estimó lo siguiente:

> "*XII (...) Bajo la inteligencia de ese numeral, todos los abogados, indistintamente, que se encuentren autorizados por las partes o no, tienen garantizado el derecho de acceso a la información en un procedimiento administrativo concreto y específico. Precisamente, como el artículo 272 Ibidem no hace distinción alguna entre estos profesionales, no podía hacerla el órgano director del procedimiento, porque produciría una diferenciación odiosa que vulneraría el contenido esencial de los derechos de igualdad y de acceso a la información administrativa – ad intra– (...)*".

En lo relativo a la forma, la Sala Constitucional ha aclarado que este derecho se puede ejercer verbalmente y no necesariamente por escrito, por lo que bastará con que sea parte interesada en el procedimiento administrativo respectivo, del mismo modo, ha indicado que no pueden utilizarse excusas inconducentes para impedir su

---

[8]  La PGR ha sostenido, en diversas ocasiones, que la adecuada foliatura, orden en su formación y carácter completo del expediente administrativo son un componente del debido proceso en cuanto le permite al administrado interesado ejercer, de mejor manera, su derecho de defensa, adicionalmente ofrece certeza y veracidad sobre su exacto contenido. Así OJ-060-98 de 15 de julio de 1998, C-164-99 de 19 de agosto de 1999, C-210-00 de 4 de septiembre de 2000, C-290-2000 de 20 de noviembre de 2000, C-263-01 de 1° de octubre de 2001, C-211-04 de 29 de junio de 2004, C-123-05 de 4 de abril de 2005, C-158-05 de 28 de abril de 2005 y C-233-05 de 24 de junio de 2005.

ejercicio, por lo que debe brindarse un acceso inmediato. Así en el Voto N° 12951-04 de las 15:40 hrs. Del 16 de noviembre del 2004, estimó lo siguiente:

> *"IX.- (...) llama la atención de este Tribunal Constitucional, la práctica institucional de exigir que la parte interesada en un procedimiento solicite por escrito el acceso a un expediente. Ese requisito, no lo impone el artículo 30 constitucional, basta con corroborar la identidad para brindar acceso inmediato (...)".*

Posteriormente, en el Voto N° 13661-04 de las 18:22 hrs. del 30 de noviembre del 2004, señaló lo siguiente:

> *"XII.- (...) Encuentra este Tribunal Constitucional que las razones que le imposibilitaron al recurrente el acceso al expediente en la primera oportunidad, no son atendibles. Si una parte interesada en un procedimiento administrativo solicita el acceso al expediente, éste debe de brindársele inmediatamente, sin necesidad de gestionarlo por escrito siendo, también, improcedente retrasar su acceso so pretexto de encontrarse en estudio por un órgano administrativo (...)"*

### c. Garantías del derecho de acceso ad intra

#### a'. Legales

Tocante a las garantías del interesado que pretenda imponerse del contenido de una de las piezas del expediente, el artículo 274 LGAP dispone que el acto que deniegue el conocimiento y acceso a una pieza deberá ser suficientemente motivado (artículo 136 LGAP), estableciendo además que contra el mismo cabrán los recursos ordinarios previstos en la ley (revocatoria, apelación y reconsideración).

Así en el Voto N° 8422-04 de las 10:31 hrs. Del 30 de julio del 2004, la Sala Constitucional señaló lo siguiente:

> *"V.- (...) En todo caso, a la Administración le corresponderá analizar y determinar en cada gestión o solicitud de información, si la documentación o piezas requeridas constituyen o no información de la mencionada en la norma supracitada –artículo 273 LGAP-, para lo cual deberá emitir una resolución debidamente fundada, indicando en forma clara los motivos que sustentan su denegatoria (...)".*

Le corresponderá, consecuentemente, al superior jerárquico –apelación– o al propio jerarca –reposición o reconsideración– rever los motivos y fundamentos de la denegatoria del acceso para determinar si anula o confirma. En realidad, se trata de una garantía formal insuficiente, puesto que, es muy difícil que el superior o el propio órgano que emitió la denegatoria, la anule, reforme o modifique, ante lo cual habría que cuestionarse a qué instancia puede recurrir el administrado.

Aunque la Ley General de la Administración no lo indique, es claro que contra lo que resuelva el superior jerárquico o el propio órgano que conoció y resolvió el recurso horizontal de reposición, el administrado puede acudir ante la jurisdicción contencioso administrativa (artículos 41 y 49 de la Constitución Política). Obviamente, esta opción resulta sumamente onerosa, en tiempo y dinero, para el administrado a quien se le ha denegado el acceso a una pieza del expediente, puesto que, se le obliga a interponer un proceso ordinario contencioso administrativo. De esta forma, se jurisdiccionaliza el procedimiento administrativo y se retarda una tutela efectiva.

Evidentemente, obligar al administrado a tener que acudir a la vía contencioso administrativa para el reconocimiento de un derecho no es signo de una buena, objetiva e imparcial administración pública además de agravar el procedimiento administrativo[9].

Para combatir la virtual inutilidad de impugnar jurisdiccionalmente el acto que deniega el acceso por la lentitud fisiológica y patológica del proceso administrativo[10], debe pensarse en la posibilidad de emplear medidas cautelares anticipatorias o innovativas de carácter positivo para obtener la información solicitada, con lo que, eventualmente, el proceso podría perder todo sentido.

b'. *Constitucionales*

Particularmente, estimamos que el derecho de acceso ad intra de un procedimiento administrativo está contemplado en el contenido esencial del artículo 30 de la Constitución Política, por lo que existe la posibilidad más expedita de acudir al recurso de amparo que como proceso constitucional se encuentra imbuido por los principios de urgencia, celeridad y sumariedad, sin embargo, eventualmente, podría existir la duda de si se trata de un asunto de mera legalidad ordinaria – al encontrarse regulado en la Ley General de la Administración Pública– .

No obstante, a partir del Voto N° 4637-04 de las 12:15 hrs. del 30 de abril del 2004[11], la Sala Constitucional admite la protección vía recurso de amparo del derecho de acceso ad intra a un procedimiento administrativo, esto es, el que se le concede a las partes interesadas en un procedimiento administrativo, dado el carácter insuficiente y tardío de los mecanismos legales o comunes previstos. Así consideró lo siguiente:

"*Redacta el Magistrado Jinesta Lobo; y,*

*Considerando*:

*(...) V.- (...) Si bien este último derecho se encuentra normado en la Ley General de la Administración Pública en su Capítulo Sexto intitulado "Del acceso al expediente y sus piezas", Título Tercero del Libro Segundo en los artículos 272 a 274, no cabe la menor duda que tiene asidero en el ordinal 30 de la Constitución Política y, por ende, goza de los mecanismos de garantía, tutela y defensa previstos en el texto fundamental (artículo 48 de la Constitución Política) y desarrollados por la ley del rito de esta jurisdicción (ordinales 29 y siguientes). Este corolario se impone al reparar en el carácter claramente insuficiente, lento y engorroso del único mecanismo de protección, establecido a nivel infraconstitucional, del derecho de acceso a la información administrativa ad intra de un procedimiento administrativo. En efec-*

---

9    *V.,* Santoro, P., *op. cit.*, pp. 1804-1806.

10   *V.,* Mestre Delgado, J.F., *El derecho de acceso a archivos y registros administrativos*, Ed. Civitas, 1ª edición, Madrid, 1993, p. 175.

11   Criterio reiterado –con lo que constituye una pauta jurisprudencial nítida– en los Votos Nos. 5912-04 de las 11:18 hrs. del 28 de mayo del 2005, 7051-04 de las 16:47 hrs. del 29 de junio del 2004, 7058-04 de las 16:54 hrs. del 29 de junio del 2004, 8867-04 de las 15:36 hrs. del 18 de agosto del 2004, 9236-04 de las 15:44 hrs. Del 25 de agosto del 2004, 11448-04 de las 10:04 hrs. del 15 de octubre del 2004, 11684-04 de las 9:15 hrs. del 22 de octubre del 2004, 604-05 de las 17:55 hrs. Del 25 de enero del 2005.

*to, el numeral 274 de la Ley General de la Administración Pública dispone que contra la resolución que deniegue el conocimiento y acceso a una pieza de un expediente caben los recursos ordinarios previstos por ese cuerpo normativo, esto es, la revocatoria, la apelación y, eventualmente, de tratarse del jerarca, la reposición, sin preverse una vía expedita y célere cuando los recursos sean declarados sin lugar, con lo cual resulta claramente insuficiente al obligar al petente a acudir a la jurisdicción contencioso administrativa (artículo 49 de la Constitución Política), para pretender la nulidad de la resolución que le ha denegado el acceso al expediente administrativo, solución que supone un elevado costo económico y temporal para el agraviado y que resulta, a todas luces, tardía."*

Ulteriormente, en el Voto N° 13024-05 de las 15:16 hrs. Del 22 de septiembre del 2005, la Sala Constitucional estimó lo siguiente:

*"(...) IV.- (...) Este Tribunal desde la sentencia N° 04637-04 de las 12:15 hrs. del 30 de abril del 2004 ha admitido que las personas acudan por la vía del amparo en defensa de su derecho de acceso a la información administrativa ad intra de un procedimiento administrativo, dado el carácter tardío de los remedios establecidos por ley. Sin embargo, en tal caso, el recurrente debe tener la condición de parte interesada en el procedimiento administrativo respectivo, circunstancia que no se cumple en el sub-lite, puesto que, el recurrente interpuso una denuncia que dio origen al inicio de oficio de un procedimiento administrativo (...)".*

Debe resaltarse que, incluso, a partir del Voto N° 4636-04 de las 12:14 hrs. del 30 de abril del 2004 (reiterado en el Voto N° 7951-04 de las 15:21 hrs. del 21 de julio del 2004), la Sala Constitucional extiende la tutela por vía de amparo al derecho de acceso ad intra de un procedimiento administrativo, incluso en la fase de investigación preliminar. Al respecto estimó lo siguiente:

***"Redacta el Magistrado Jinesta Lobo; y,***

***Considerando:***

*(...) VII.- (...) En el sub-judice, el recurrente pretende, entre otros extremos, acceder a información administrativa que se encuentra asentada en el expediente administrativo de la investigación preliminar que la Vicerrectoría de Administración siguió en su contra. En tal sentido, es preciso señalar que las facultades derivadas del derecho de acceso a la información administrativa durante un procedimiento administrativo, resultan plenamente aplicables durante la tramitación de una investigación preliminar. Por tales motivos, la Administración Pública no podía negarle u obstaculizar el acceso al expediente de la investigación preliminar por cuanto ello atentaba, flagrantemente, contra la garantía constitucional del debido proceso. En consecuencia, la Universidad de Costa Rica, al demorar el acceso del recurrente al expediente administrativo, lesionó sus derechos fundamentales, lo que se impone acoger el recurso en cuanto a este extremo."*

De *lege ferenda*, debe crearse en nuestro ordenamiento jurídico una autoridad administrativa independiente y especializada encargada de revisar la legalidad de las resoluciones administrativas que deniegan o rechazan el acceso, apoderándola de facultades suficientes para que le pueda dictar a la administración activa órdenes provisionales o definitivas de exhibición de documentos.

A modo de conclusión, debemos señalar que la efectividad del acceso no depende tanto de la posibilidad de accionar jurisdiccionalmente contra el rechazo o la limitación para acceder determinados documentos sino de la actitud, sensibilidad y espontaneidad en la observancia del deber de los operadores administrativos de permitir el acceso con todas las facilidades posibles, siendo que lo que debe asegurarse es la efectividad del ejercicio del derecho acercando la administración al administrado[12].

#### d. *Límites del derecho de acceso ad intra*

En punto a las salvedades o excepciones del derecho de acceso ad intra, el artículo 273 LGAP, estatuye claramente que:

*"1. No habrá acceso a las piezas del expediente cuyo conocimiento pueda comprometer secretos de Estado o información confidencial de la contraparte o, en general, cuando el examen de dichas piezas confiera a la parte un privilegio indebido o una oportunidad para dañar ilegítimamente a la Administración, a la contraparte o a terceros, dentro o fuera del expediente.*

*2. Se presumirán en esta condición, salvo prueba en contrario, los proyectos de resolución, así como los informes para órganos consultivos y los dictámenes de éstos antes de que hayan sido rendidos."*

Resulta evidente que el derecho de acceso a la información administrativa contenida en el expediente, también, tiene sus límites, esto es, el secreto de Estado, la intimidad de la contraparte, y cuando su conocimiento pueda colocar a una de las partes en una posición de privilegio o constituya ocasión para dañar a la Administración, la contraparte o un tercero –por violentarse el principio de igualdad de armas procedimentales–.

#### a'. *Secreto de Estado*

Este límite del artículo 273 de la LGAP, tiene plena cobertura constitucional en el artículo 30, párrafo 2°, de la Constitución Política al disponer que *"Quedan a salvo –del derecho al libre acceso a la información administrativa– los secretos de Estado"*.

El secreto de Estado se encuentra determinado sustancialmente por los conceptos de seguridad y defensa nacional y de relaciones internacionales (Voto de la Sala Constitucional N° 880-90 de las 14:25 hrs. de 1° de agosto de 1990). La seguridad y la defensa nacional[13] constituyen un límite importante, puesto que, también son bienes constitucionalmente tutelados la unidad nacional, la integridad territorial y la vigencia del orden constitucional. Estos conceptos hacen referencia a la consideración del Estado como persona jurídica unitaria que actúa en el concierto internacional. Por su parte, las relaciones internacionales son las que establezca el Estado costarricense con otros estados u organizaciones internacionales o supranacionales como parte del manejo de su política exterior.

---

[12]   *V.* Santoro, P., *op. cit.*, p. 1806.

[13]   Por defensa nacional se puede entender, tal y como la define el artículo 2 de la ley española 6/1980 de 1° de julio, de Defensa Nacional, como la disposición, integración y acción coordinada de todas las energías y fuerzas morales y materiales de la Nación ante cualquier forma de agresión.

Razones de defensa nacional, pueden limitar el ejercicio de tal derecho, a fin de salvaguardar la soberanía e independencia del Estado, en el ámbito exterior e interior, de evitar que las instituciones democráticas sean socavadas mediante quiebras ilegítimas del orden constitucional. En ese respecto, el artículo 121, inciso 7°, de la Constitución Política dispone que la Asamblea Legislativa puede en caso de evidente necesidad pública y por mayoría calificada suspender, entre otros derechos, el consagrado en el ordinal 30; igual facultad tiene el Poder Ejecutivo en las circunstancias excepcionales establecidas en el artículo 140, inciso 4°, de la Carta Magna.

No toda documentación, puede ser encuadrada en los parámetros de este límite, pues habrá que ponderar la idoneidad de la misma para afectar de modo cierto e inminente la seguridad y defensa del Estado. Al respecto, cabe recordar que la Sala Primera de la Corte Suprema de Justicia en la resolución N° 115 de las 17 hrs. del 4 de octubre de 1983 –al resolver un recurso de amparo– consideró, ante la declaratoria por el Presidente de la República como secreto de Estado de un informe sobre la crisis del sector agropecuario, que un documento con tal contenido *"(...) no puede calificarse de "secreto de Estado", pues nada tiene que ver con asuntos de seguridad, de defensa o de relaciones exteriores"*. Consecuentemente, esos conceptos jurídicos indeterminados deben ser objeto de una interpretación y aplicación restrictiva.

Para proteger esa información, cuyo conocimiento por terceras personas puede dañar o poner en peligro la seguridad y defensa del Estado, existe la técnica de las materias clasificadas como secreto de Estado u oficial. El deber de secreto sólo cede ante el derecho a recibir información por parte de ciertas personas y en ciertas hipótesis.

Para evitar equívocos conviene distinguir entre secreto por razones subjetivas y materiales. Todos los funcionarios públicos tienen, respecto de la masa informativa que posee la Administración Pública, un deber general de reserva (*secreto ratione personae*). Distinto es el supuesto del secreto oficial o de Estado que obedece a razones objetivas o materiales de la información manejada (*secreto ratione materia*) y a las consecuencias dañosas que su difusión y uso incontrolado pueden acarrear para el interés público.

Al secreto por razones materiales hace referencia el artículo 286 del Código Penal al tipificar, en la Sección II (*Delitos que comprometen la paz y la dignidad de la Nación*) del Título XI (*Delitos contra la seguridad de la Nación*), el delito de *"revelación de secretos"*. Ese numeral establece que *"Será reprimido con prisión de uno a seis años al que revelare secretos políticos o de seguridad, concernientes a los medios de defensa o las relaciones exteriores de la Nación."* Como se ve este delito está referido, por su emplazamiento sistemático, a extremos propios del secreto por razones materiales, esto es, los actos políticos o de gobierno (*v.gr.* seguridad nacional y relaciones exteriores).

El ordinal 287 del mismo cuerpo normativo contempla la misma figura delictiva desde un perfil culposo, al establecer que *"Será reprimido con prisión de un mes a un año al que, por culpa, revelare hechos o datos o diere a conocer los secretos mencionados en el artículo precedente, de los que se hallare en posesión en virtud de su empleo, oficio o de un contrato oficial."* El artículo 206 del Código Procesal Penal, por su parte, les impone a los funcionarios públicos el deber de abstenerse de declarar sobre secretos de Estado.

El artículo 339 del Código Penal tipifica, en la Sección I (Abuso de Autoridad) del Título XV (Delitos contra los deberes de la función Pública), el delito de *"Divulga-*

*ción de secretos"* al establecer que *"Será reprimido con prisión de tres meses a dos años el funcionario público que divulgare hechos, actuaciones, o documentos, que por ley deben quedar secretos"*.

El artículo 203 del Código penal, emplazado en el Título VI *("Delitos contra el ámbito de intimidad"),* Sección I *("Violación de Secretos")* dispone lo siguiente:

> "Será reprimido con prisión de un mes a un año o de treinta a cien días multa, el que, teniendo noticias por razón de su estado, oficio, empleo, profesión o arte, de un secreto cuya divulgación puede causar daño, lo revele sin justa causa.
>
> Si se tratare de un funcionario público o un profesional se impondrá, además inhabilitación para el ejercicio de cargos y oficios públicos, o de profesiones titulares, de seis meses a dos años."

Evidentemente, este último precepto está referido al secreto por razones subjetivas, esto es, al deber de sigilo y reserva que debe mantener el servidor público respecto de todas aquellas informaciones confidenciales que pueda obtener de terceros en el ejercicio del cargo o con ocasión de éste.

Desde 1949 el artículo 30, párrafo 2°, de la Constitución Política estableció claramente este límite al indicar que *"Quedan a salvo los secretos de Estado".* Sin embargo, después de más de cincuenta años de vigencia de la norma constitucional, el legislador costarricense ha omitido, inexplicable e inverosímilmente, su obligación elemental de desarrollar legalmente el tema mediante una ley general.

Existe, por consiguiente, una clara laguna legislativa sobre el secreto de Estado, pese a que el constituyente se ocupa expresamente del tópico. Tal vacío legislativo constituye un serio problema, puesto que, como se encuentra unánimemente aceptado por la doctrina y la jurisprudencia de la Sala Constitucional, el régimen de los derechos fundamentales es una materia reservada a la ley, siendo que los límites y limitaciones que moldean o modulan su contenido esencial solamente pueden estar establecidos en una ley en sentido formal y no en un acto administrativo.

En efecto, la Sala Constitucional en diversos votos (N° 1635-90 de las 17 hrs. del 14 de noviembre de 1990 y 3550-92 de las 16 hrs. del 24 de noviembre de 1992) ha estimado que el principio de reserva de ley en cuanto al régimen de los derechos y libertades fundamentales implica que solo pueden ser regulados y, en su caso, restringidos por ley en sentido formal y material y no por actos administrativos (decretos o decretos reglamentarios) de rango inferior[14]. Tal principio constitucional es

---

[14] Así en el Voto N° 1635-90 de las 17 hrs. del 14 de noviembre de 1990 la Sala Constitucional, parafraseando a la Corte Plena en funciones de Tribunal Constitucional (Sesión Extraordinaria N° 51 de las 13:30 hrs. del 26 de agosto de 1982), señaló que el ordinal 28 de la Constitución Política recoge el principio de reserva de ley en cuanto a los derechos fundamentales, siendo que *"I.- (...) La inmediata consecuencia de esto es que si bien existe una potestad o competencia del Estado para regular las acciones privadas que sí dañen la moral, el orden público, o perjudiquen los derechos iguales o superiores de terceros; sin embargo, como ya lo había dicho la Corte Plena en el fallo citado, no es cualquier tipo de disposición estatal la que puede limitar esas acciones privadas dentro de las excepciones previstas por dicho artículo 28, sino únicamente las normativas con rango de ley, excluyéndose así, expresamente, los decretos o decretos reglamentarios dictados por el Poder Ejecutivo, y los reglamentos autónomos, dictados por el mismo Poder Ejecutivo o por las entidades descentralizadas para la auto-regulación de sus funciones, o servicios, lo mismo que por cualquier otra norma de igual o menor jerarquía. El principio de reserva de ley es, así, no so-*

recogido por la Ley General de la Administración Pública al disponer en su artículo 19, párrafo 1°, que *"El régimen jurídico de los derechos constitucionales estará reservado a la ley, sin perjuicio de los reglamentos ejecutivos correspondientes."*

Queda de manifiesto, entonces, la necesidad impostergable de dictar una ley que regule lo concerniente a los secretos de Estado donde se establezcan cuáles materias son reservadas o clasificadas, puesto que, ese tema supone regular y restringir tanto el derecho de acceso a la información administrativa ad extra y *ad intra* que tienen cobertura en el ordinal 30 de la Constitución.

Resulta patente, también, la inconstitucionalidad de la práctica del Poder Ejecutivo de definir por vía de decreto lo que constituye una materia reservada o clasificada sin contar con una habilitación legislativa previa (*v.gr.* los decretos ejecutivos que declararon secreto de estado los documentos en poder de las oficinas públicas o de la Comisión Nacional de Juristas integrada para representar a nuestro país en la demanda interpuesta por Nicaragua ante la Corte Internacional de Justicia de la Haya – Decreto Ejecutivo N° 17555- RE- del 8 de mayo de 1987– o la adquisición de armas –Decreto Ejecutivo N° 25127-SP del 30 de abril de 1996–, modificado por el N° 25180-SP del 14 de mayo de 1996 y, finalmente, derogado por el Decreto Ejecutivo N° 23363-SP del 17 de julio de 1997).

Así lo ha estimado la Procuraduría General de la República en diversos pronunciamientos. En el dictamen N° C-175-83 del 31 de mayo de 1983 se afirmó que las materias a las cuales se restringe el secreto de Estado son la seguridad nacional (interna y externa), la defensa nacional y las relaciones exteriores[15] por lo que *"(...) el legislador es competente para definir en qué consiste el secreto de Estado, cuál es su ámbito de aplicación, ello sin perjuicio de la regulación constitucional al respecto. Pero, una vez definido dicho concepto, corresponde al Poder Ejecutivo declarar en un caso concreto la existencia de dicho secreto. Es decir, determinar que la comunicación de determinados hechos, informaciones o documentos ponen en peligro la seguridad estatal, las relaciones internacionales y la defensa nacional. Obviamente, dicha determinación constituye un acto discrecional"*. En esta misma consulta, la Procuraduría General de la República señaló que el secreto de Estado limita dos derechos fundamentales el de petición y el de libre acceso a las dependencias públicas, por lo que, en aras del principio de reserva de ley, tales derechos pueden ser regulados o limitados, únicamente, en virtud de ley.

---

*lamente una consecuencia necesaria del de libertad citado, sino también de su contrapartida necesaria: el de legalidad, consagrado por el artículo 11 de la Constitución, conforme al cual los funcionarios públicos no pueden realizar otras actividades que las que estén autorizadas por ley."*

[15] La determinación del ámbito material u objetivo del secreto de estado es acertadamente establecida por la Procuraduría General de la República, incluso, a la luz de la legislación y la jurisprudencia vertida. En efecto, el artículo 284 del Código penal al castigar el delito de revelación de secretos establece que "Será reprimido con presión de uno a seis años al que revelare secretos políticos o de seguridad, concernientes a los medios de defensa o a las relaciones exteriores de la Nación". Por su parte, la Sala Primera de la Corte Suprema de Justicia en la Sentencia N° 115 de las 17 hrs. del 4 de octubre de 1983 ha señalado que los aspectos que cubre el secreto político son los medios de defensa y las relaciones exteriores, la Sala Constitucional en su voto N° 880-90 estimó que cubre los asuntos de seguridad, defensa o de relaciones exteriores de la Nación.

En el dictamen N° C-239-95 del 21 de noviembre de 1995 la Procuraduría General de la República indicó que hay que "(...) *concluir necesariamente en la imposibilidad jurídica de que por vía reglamentaria se establezca el carácter confidencial de alguna información.*

*Ese carácter debe ser establecido por el legislador en cuanto constituiría un límite al ejercicio del derecho consagrado en el numeral 30 constitucional (...)".*

La Procuraduría General de la República en el dictamen últimamente citado, arribó a las siguientes conclusiones:

*"2- La regulación del acceso a la información y de los límites al ejercicio de este derecho fundamental está reservada a la ley.*

*3- Por consiguiente, para determinar que una información es confidencial o en su caso, que configura un secreto de Estado, así como las restricciones fundadas en el orden público se requiere una ley que regule el punto.*

*4- La competencia del Poder Ejecutivo debe limitarse a determinar si en un caso concreto, dados los supuestos legalmente establecidos, se está en presencia de un secreto de Estado o si la restricción a la información tiene asidero en los derechos de un tercero o en el orden público, según lo dispuesto por el legislador.*

*5- De lo anterior se concluye que en ausencia de una norma legal que regule el derecho de acceso a la información relativa al narcotráfico...que califique de secreto de Estado esa información, el Poder Ejecutivo no podría negarse a suministrar información en la cual esté presente un interés público, entendido como interés de la colectividad."*

La reserva de ley es enfatizada por el propio Código Penal en su artículo 339 al tipificar el delito de *"divulgación de secretos"* – entre los que sancionan la transgresión a los deberes de la función pública– , al estipular que *"Será reprimido con prisión de tres meses a dos años el funcionario público que divulgare hechos, actuaciones o documentos, que por la ley deben quedar secretos".*

Pese a la carencia de una ley que regule los secretos de Estado, encontramos en nuestra legislación algunos supuestos sectoriales y específicos en los que se establecen habilitaciones legislativas singulares.

Un ejemplo de habilitación legal específica con un ámbito muy reducido, lo constituye la Ley General de Policía, N° 7410 del 26 de mayo de 1994, al disponer en su numeral 16 que *"Los informes y documentos internos de la Dirección de Seguridad del Estado son confidenciales. Podrán declararse secreto de Estado, mediante resolución del Presidente de la República".* En este supuesto es evidente que el legislador califica determinados documentos como secretos o confidenciales y habilita a un órgano administrativo específico –Presidente de la República– para que los declare secretos mediante simple resolución.

Otro supuesto de habilitación legal específica es la contenida, en materia de aviación, en el ordinal 303 de la Ley General de Aviación Civil al indicar que *"(...) Todos los actos y disposiciones del Consejo Técnico, para que tengan validez, se harán constar en resoluciones y sus procedimientos son del dominio público, excepto que, para casos de defensa nacional, se acuerde su secreto durante el tiempo necesario."*

La legislación también nos ofrece algunos ejemplos de la regulación fragmentada y puntual del secreto de Estado, así la Ley del Sistema Nacional de Archivos, en diversas partes de su articulado, hace mención a los documentos de *"acceso restringido"* (artículo 23, incisos f, e, i,), sin que se defina con claridad y precisión los alcances y límites de ese concepto jurídico indeterminado.

El artículo 10 de ese cuerpo normativo, establece que los documentos declarados secreto de Estado o de acceso restringido "(...) *perderán esa condición después de treinta años de haber sido producidos, y podrán facilitarse para investigaciones de carácter científico-cultural, debidamente comprobadas, siempre que no se irrespeten otros derechos constitucionales."*

Finalmente, tal y como lo señala la Sala Constitucional en los Votos Nos. 136-02 y 2120-03 debe quedar suficientemente claro que "VI. - (...) *El secreto de Estado en cuanto constituye una excepción a los principios o valores constitucionales de la transparencia y la publicidad de los poderes públicos y su gestión debe ser interpretado y aplicado, en todo momento, de forma restrictiva (...)".*

No debe confundirse el secreto de Estado u oficial con el deber de sigilo o confidencialidad que debe guardar la Administración Pública respecto de los datos sensibles e íntimos que obtiene de los administrados y cuya divulgación puede dañar sus situaciones jurídico-sustanciales.

b'. *Información confidencial de la contraparte*

Se refiere a la información de carácter privado que aporta en un procedimiento bilateral o triangular alguna de las partes interesadas –*v.gr.* con carácter de prueba– y que se encuentra cubierta por la garantía del artículo 24 de la Constitución Política o, se estima como tal, por su trascendencia para el desarrollo de un tráfico mercantil o industrial (*v.gr.* secreto bancario o financiero, comercial e industrial). Es importante señalar que la información confidencial que es agregada a un expediente administrativo puede ser que ya se encuentre en poder de la propia administración pública al haber sido brindada, previamente, por el administrado para cumplir con un deber (*v.gr.* información tributaria) u obtener un permiso, autorización o la prestación de un servicio público o aún constar en una base, banco de datos o fichero automatizado de carácter público, previo procesamiento o tratamiento informático, en cuyo caso no pierde su carácter privado y confidencial. En suma, las administraciones públicas pueden detentar información confidencial de los administrados que han suministrado con un fin específico y que, por esa sola condición, no pierde su naturaleza privada –por carecer de interés para la colectividad– (Votos de la Sala Constitucional N° 934-93 de las 14:06 hrs. de 22 de febrero de 1993, 136-03 de las 15:22 hrs. de 15 de enero de 2003, 2120-03 de las 13:30 hrs. de 14 de marzo de 2003 y 10897-03 de 26 de septiembre de 2003).

En lo relativo a la información de carácter confidencial, a la luz de la jurisprudencia de la Sala Constitucional, tampoco constituye óbice para el acceso a la información aquella que no tenga esa condición, puesto que, bien puede la administración pública suprimir los datos confidenciales, con lo que existirá tan solo una restricción parcial de acceso –nótese que, incluso, el artículo 273 LGAP hace referencia a "piezas del expediente"– . Así en el Voto N° 756-05 de las 9:58 hrs. de 28 de enero de 2005, señaló lo siguiente:

"*IX.- (...) en cuanto al carácter confidencial de la información contenida en las referidas actas, este Tribunal entiende que, ciertamente, las actas en las que se hace constar lo discutido y resuelto en las sesiones de Junta Directiva pueden contener, eventualmente, información confidencial que debe ser reservada, responsablemente, del conocimiento público. Ello signi-*

*fica que la restricción a la información, en algunos casos, será solamente parcial, por lo que la Administración deberá adoptar los mecanismos que juzgue convenientes, para discriminar, de la información que proporciona, los datos a los que no se pueda dar acceso público, como garantía a otros derechos fundamentales, por ejemplo, el derecho a la intimidad."*

Un aspecto no previsto en la LGAP es cuando la administración pública, ante la advertencia de una de las partes interesadas que aporta determinada información de ser confidencial, opta, más bien, por declararla de interés público y por consiguiente de libre acceso. El asunto fue abordado por la PGR en los dictámenes C-344-2001 del 12 de diciembre del 2001 y C-073-2002 del 12 de marzo del 2002, con relación a la información que es aportada a la Comisión de Promoción de la Competencia por alguna de las empresas comerciales involucradas en un procedimiento, por lo que están interesadas en que la información no llegue al público y con las otras que compiten en el mercado. Debe tomarse en consideración que el artículo 37 del Reglamento a la Ley de Promoción de la Competencia y Defensa Efectiva del Consumidor (Decreto Ejecutivo N° 25234-MEIC de 25 de enero de 1996), dispone lo siguiente:

*"ARTÍCULO 37.- Información confidencial Durante toda la tramitación, el acceso a los expedientes se regulará por lo dispuesto en los numerales 272 a 274 de la LGAP.*

*La Unidad Técnica de la CPC, como órgano director de los procedimientos, deberá determinar cuál información de la aportada por las partes tiene carácter confidencial, ya sea de oficio o a petición de la parte interesada. La información determinada como confidencial deberá conservarse en legajo separado y a ella sólo tendrán acceso los representantes o personas debidamente autorizadas de la parte que aportó la información.*

*La Unidad Técnica podrá requerir a la parte que suministró información confidencial, que presente un resumen no confidencial de la misma, el cual pasará a formar parte del expediente."*

En el dictamen C-073-2002 que adiciona el C-344-2001, la PGR concluye que la declaración de carácter público de una información presentada como confidencial es susceptible de lesionar los derechos fundamentales a la inviolabilidad de los documentos privados y a la intimidad. Estima que al tratarse de procedimientos para investigar prácticas dumping o subvenciones la información suministrada es de carácter económico y financiero y puede implicar una ventaja significativa para un competidor o puede tener un efecto desfavorable para quien la aporta. Consecuentemente, aunque el artículo 274 de la LGAP solo reconoce el derecho de recurrir contra la denegatoria de acceso al expediente o una de sus piezas, debe entenderse que contra la declaratoria de información de interés público por la administración pública –que debe ser necesariamente motivada– caben los recursos administrativos ordinarios. En esencia, la PGR sostiene que la administración pública debe ser garante de la transparencia y el derecho de acceso de la información pública, pero, también, de la confidencialidad de la información de carácter privado.

c'.  *Información que confiera un privilegio indebido o una oportunidad para dañar ilegítimamente a la administración, la contraparte o terceros*

El párrafo 2° del artículo 273 precisa cuál información puede tener esta condición –proyecto de resolución, informes para órganos consultivos y dictámenes de éstos– . Para tal efecto, establece una presunción relativa, de modo que admite prueba en contrario, de manera que, si no confiere un privilegio indebido o no ofrece la oportunidad para dañar ilegítimamente, se podrá tener acceso a esas piezas. Otro aspecto importante, es que en este supuesto el párrafo 1° del artículo 273 LGAP, en su parte final, establece que la información puede estar dentro o fuera del expediente administrativo para que opere la causal de excepción.

Nótese que en los supuestos indicados en el párrafo 2° del numeral de comentario, ordinariamente, el imponerse de ese tipo de información le confiere a la parte interesada una posición de privilegio al ejercer una eventual defensa, al conocer anticipadamente el posible contenido del acto final, con lo que se puede, también, lesionar antijurídicamente tanto a la contraparte como a la propia administración.

La Sala Constitucional ha advertido que la inaccesibilidad de la información señalada en el párrafo 2° del artículo 273, resulta transitoria en el tanto no se haya rendido y agregado –informe o dictamen– al expediente administrativo respectivo, de modo que, ulteriormente, puede ser accedida (Voto N° 1016-91 de las 14:08 hrs. de 6 de junio de 1991).

C. *Derecho y deber de motivación de las decisiones administrativas[16]*

Con el propósito de garantizar la interdicción de la arbitrariedad y la transparencia en el ámbito del procedimiento administrativo, las resoluciones administrativas deben ser suficientemente motivadas, de modo que la carencia o ausencia de motivación, entendida como un elemento formal del acto administrativo asociado al elemento material denominado "motivo", constituye un vicio grave del debido proceso y la defensa –al ser un "elemento integrante" o "exigencia" de éstos derechos fundamentales (Votos Sala Constitucional N° 7390-03 de las 15:28 hrs. de 22 de julio de 2003 y 7924-99 de las 17:48 hrs. de 13 de octubre de 1999), por lo que puede ser amparable ante la Sala Constitucional.

La Sala Constitucional en el Voto N° 6535-06 de las 11:34 hrs. del 12 de mayo del 2006, sostuvo lo siguiente:

*"(...) V.- SOBRE LA MOTIVACIÓN DE LAS RESOLUCIONES ADMINISTRATIVAS. La motivación de las resoluciones administrativas, al incidir en los derechos de los administrados, es necesaria en el tanto constituye un parámetro de legalidad de la actuación administrativa y su ausencia restringe o limita las posibilidades de su tutela judicial. En el contexto constitucional, el requerimiento de motivación de los actos y resoluciones administrativos, implica imponer una limitación al poder público, en el tanto, se le obliga a apegarse al principio de legalidad, reconocido en el artículo 11 de la Constitución Política y a la necesidad de invocar un criterio razonable en la toma de sus decisiones. Sobre el particular, este Tribunal Constitucional ha sostenido que:*

*"En cuanto a la motivación de los actos administrativos se debe entender como la fundamentación que deben dar las autoridades públicas del contenido del acto que emiten, tomando en cuenta los motivos de hecho y de derecho, y el fin que se pretende con la decisión. En reiterada jurisprudencia, este tribunal ha manifestado que la motivación de los actos administra-*

---

16    *V.* Jinesta Lobo, Ernesto, *Tratado de Derecho Administrativo* –Tomo III, *Procedimiento Administrativo–* , pp. 121-125 y Jinesta Lobo, Ernesto, "Motivación de la actuación administrativa y principio de interdicción de la arbitrariedad: Legitimación democrática de las Administraciones Públicas". En *Visión actual del acto administrativo (Actas del XI Foro Iberoamericano de Derecho Administrativo)*, Santo Domingo, Finjus-Adda, 2012, pp. 385-400.

*tivos es una exigencia del principio constitucional del debido proceso así como del derecho de defensa e implica una referencia a hechos y fundamentos de derecho, de manera que el administrado conozca los motivos por los cuales ha de ser sancionado o por los cuales se le deniega una gestión que afecta sus intereses o incluso sus derechos subjetivos" (resolución número 07924-99 de las 17:48 del 13 de octubre de 1999)."*

Incluso, con relación a la motivación por referencia a dictámenes, opiniones consultivas o resoluciones anteriores a que se refiere el artículo 136, párrafo 2°, LGAP, la Sala Constitucional (Votos N° 9240-04 de las 15:48 hrs. de 25 de agosto de 2004 y 7561-06 de las 12:22 hrs. del 26 de mayo de 2006) ha estimado que se debe aportar copia de tales documentos, so pena de ser vulnerado el derecho de defensa y el debido proceso.

Cabe advertir que la motivación guarda una relación estrecha con el principio de la interdicción de la arbitrariedad, así en el Voto N° 6078-99 de las 15:30 hrs. de 4 de agosto de 1999, la Sala Constitucional consideró lo siguiente:

*"(...) IV.- Sobre la motivación del acto administrativo: Reiteradamente ha dicho la Sala en su jurisprudencia que la motivación de los actos administrativos es una exigencia del debido proceso y del derecho de defensa, puesto que implica la obligación de otorgar al administrado un discurso justificativo que acompañe a un acto de un poder público que -como en este caso- deniegue una gestión interpuesta ante la Administración. Se trata de un medio de control democrático y difuso, ejercido por el administrado sobre la no arbitrariedad del modo en que se ejercen las potestades públicas, habida cuenta que en la exigencia constitucional de motivación de los actos administrativos se descubre así una función supra procesal de este instituto, que sitúa tal exigencia entre las consecuencias del principio constitucional del que es expresión, el principio de interdicción de la arbitrariedad de los actos públicos.*

*V.- El concepto mismo de motivación desde la perspectiva constitucional no puede ser asimilado a los simples requisitos de forma, por faltar en éstos y ser esencial en aquélla el significado, sentido o intención justificativa de toda motivación con relevancia jurídica. De esta manera, la motivación del acto administrativo **como discurso justificativo de una decisión**, se presenta más próxima a la motivación de la sentencia de lo que pudiera pensarse. Así, la justificación de una decisión conduce a justificar su contenido, lo cual permite desligar la motivación de "los motivos" (elemento del acto). Aunque por supuesto la motivación de la sentencia y la del acto administrativo difieren profundamente, se trata de una diferencia que no tiene mayor relevancia en lo que se refiere a las condiciones de ejercicio de cada tipo de poder jurídico, en un Estado democrático de derecho que pretenda realizar una sociedad democrática.*

*La motivación del acto administrativo implica entonces que el mismo debe contener al menos la sucinta referencia a hechos y fundamentos de derecho, habida cuenta que el administrado necesariamente debe conocer las acciones u omisiones por las cuales ha de ser sancionado o simplemente se le deniega una gestión que pueda afectar la esfera de sus intereses legítimos o incluso de sus derechos subjetivos y la normativa que se le aplica."*

Posteriormente, en el Voto N° 14421-04 de las 11:00 hrs. del 17 de diciembre de 2004, se estimó lo siguiente:

*"**Redacta el Magistrado Jinesta Lobo; y,***

*CONSIDERANDO:*

*(...) IV.- **PRINCIPIO DE INTERDICCIÓN DE LA ARBITRARIEDAD, RAZONABILIDAD Y PROPORCIONALIDAD DE LOS ACTOS ADMINISTRATIVOS.** La regulación de los elementos constitutivos de carácter sustancial objetivos (motivo, contenido y fin) o subje-*

*tivos (competencia, legitimación e investidura) y formales (procedimiento y motivación) del acto administrativo, tienen por objeto racionalizar la función o conducta administrativa y, sobre todo, dotarla de logicidad o razonabilidad, evitando que las administraciones públicas sorprendan a los administrados con actos contradictorios, absurdos, desproporcionados o irracionales. Un aspecto de primer orden en todo acto administrativo es la proporcionalidad en sentido estricto entre los medios empleados por la administración pública respectiva y los fines que se pretenden lograr con éste, así como la idoneidad o necesidad de su contenido y, desde luego, cuando resulta aflictivo o de gravamen, la ponderación de su intervención o impacto mínimo. Precisamente por lo anterior, ha surgido en el Derecho Constitucional contemporáneo, como uno de los principios rectores de la función administrativa el de la interdicción de la arbitrariedad, de acuerdo con el cual la conducta administrativa debe ser suficientemente coherente y razonablemente sustentada en el bloque de legalidad, de modo que se baste y explique por sí misma. En nuestro ordenamiento jurídico constitucional tal principio dimana de lo establecido en la primera parte del artículo 11 de la Constitución Política al preceptuar que "Los funcionarios públicos son simples depositarios de la autoridad. Están obligados a cumplir los deberes que la ley les impone y no pueden arrogarse facultades no concedidas en ella (...)".*

### 3. Derecho a un procedimiento administrativo en un plazo razonable

La Sala Constitucional, desde sus primeras sentencias, extendió la garantía de una "justicia pronta y cumplida" del artículo 41 constitucional, prevista para el ámbito jurisdiccional, al terreno de la vía administrativa o del procedimiento administrativo.

A partir de los Votos de esa Sala N° 8548-2002 y 8549-2002 de 3 de septiembre de 2002 –reiterados en infinidad de sentencias ulteriores–, lo denominó "derecho a un procedimiento pronto y cumplido", siendo que constitucionalizó los plazos pautados en la LGAP y leyes de procedimientos especiales para que las administraciones públicas resolvieran un pedimento o gestión de los administrados. Consecuentemente, si no se observaba el plazo pautado por ley se producía una sentencia estimatoria en el proceso de amparo, siendo que la Sala Constitucional no analizaba, por la ingente cantidad de asuntos de esa índole y la naturaleza sumaria del amparo, cuestiones tales como la conducta endoprocedimental de las partes del procedimiento, la complejidad de su objeto, el tipo de procedimiento y la conducta de las autoridades administrativas, salvo en casos excepcionales en los que lo hacía. Fue así como la jurisprudencia constitucional fue reafirmando este derecho de los administrados frente a las administraciones públicas.

A partir del Voto N° 3496-2008 de las 8:55 hrs. de 22 de febrero de 2008 (reiterado en múltiples sentencias), ante la entrada en vigencia de un nuevo Código Procesal Contencioso-Administrativo (Ley N° 8508 de 24 de abril de 2006) que entró en vigencia el 1° de enero de 2008 y que recoge nuevos instrumentos procesales para atender céleremente lo planteado por los administrados, dispuso que *"determinar si la administración pública cumple o no con los plazos pautados por la Ley General de la Administración Pública (artículos 261 y 325) o las leyes sectoriales para los procedimientos administrativos especiales, para resolver por acto final un procedimiento administrativo –incoado de oficio o a instancia de parte– o conocer de los recursos administrativos procedentes, es una evidente cuestión de legalidad ordinaria que, en adelante, puede ser discutida y resuelta ante la jurisdicción contencioso-administrativa con la aplicación de los principios que nutren la jurisdicción constitucional, tales como los de la legitimación vicaria, la posibilidad de la defensa ma-*

*terial –esto es de comparecer sin patrocinio letrado– y de gratuidad para el recurrente. Consecuentemente, se impone el rechazo de plano e indicarle al gestionante que si a bien lo tiene puede acudir a la jurisdicción contencioso-administrativa "*. En un primer momento, la Sala Constitucional decidió reservarse el conocimiento y resolución, únicamente, de los asuntos en que se acusaba la infracción del derecho a un procedimiento pronto y cumplido dentro del marco de una relación de empleo público, dado que, el artículo 3, inciso a), del nuevo Código Procesal Contencioso-Administrativo, disponía que cualquier diferendo surgido en el contexto de la función pública, debía ser conocido y resuelto por la jurisdicción laboral, siendo que se estimó que ese orden jurisdiccional no podía brindar una tutela efectiva y expedita en este tipo de casos. Con el Voto de la Sala Constitucional N° 9928-2010 de las 15 hrs. de 9 de junio de 2010, se declaró inconstitucional ese inciso y se indicó que dependiendo de la naturaleza sustancial de la pretensión y del régimen jurídico aplicable una controversia derivada de la relación de empleo público podía ser conocida y resuelta por la jurisdicción contencioso-administrativa. Fue así como se dictó el Voto N° 17909-2010 de las 15:09 hrs. de 27 de octubre de 2010, a partir del cual se remitió el segmento ya mencionado que se había reservado la Sala Constitucional a la jurisdicción contencioso-administrativa. Ante tal situación, la jurisdicción contencioso-administrativa diseñó, pretorianamente, el "amparo de legalidad" para conocer de este tipo de asuntos, con un trámite flexible, sumario, célere e inspirado por los principios que indicó la Sala Constitucional[17].

### 4. Principio de la responsabilidad de los poderes públicos y derecho resarcitorio de los administrados ante las lesiones antijurídicas provocadas por las administraciones públicas[18]

El principio de la responsabilidad de las administraciones públicas exige que toda lesión antijurídica –por acción u omisión– causada por un poder público en la esfera patrimonial o extrapatrimonial del administrado debe ser integralmente reparada, resarcida o indemnizada, independientemente, que se trate de una conducta lícita o ilícita –actividad formal– o de un funcionamiento normal o anormal –actuaciones y omisiones materiales– . El concepto correlativo al principio constitucional de la responsabilidad de los poderes públicos, lo constituye el derecho resarcitorio en cabeza de los administrados.

La Sala Constitucional en el Voto N° 5207-04 de las 14:55 hrs. de 18 de mayo de 2004, sostuvo lo siguiente:

---

[17]  *V.*, Jinesta Lobo, Ernesto, "Amparo de legalidad": origen y evolución. *Revista Ivstitia*, Año 24, N° 285-286, septiembre-octubre, 2010, pp. 4-9.

[18]  *V.*, Jinesta Lobo (Ernesto), *Responsabilidad Administrativa* –Tomo II, *Tratado de Derecho Administrativo*–, Iusconsultec S.A. y Ediciones Guayacán, 2ª. Edición, San José, 2011, pp. 49-64 y "Responsabilidad administrativa, Constitución y Derechos Fundamentales". En la obra colectiva La ciencia del *Derecho Procesal Constitucional (Estudios en Homenaje al Prof. Héctor Fix-Zamudio en sus cincuenta años como investigador del Derecho)*, Marcial Pons-UNAM, Tomo VIII –Procesos constitucionales orgánicos–, México, 2008, pp. 961-998.

*"Redacta el Magistrado Jinesta Lobo; y,*

*Considerando*:

*(...) IV.- PRINCIPIO CONSTITUCIONAL DE LA RESPONSABILIDAD ADMINIS-
TRATIVA. Nuestra Constitución Política no consagra explícitamente el principio de la responsabilidad patrimonial de las administraciones públicas por las lesiones antijurídicas que,
en el ejercicio de la función administrativa, le causen a los administrados. Empero, este principio se encuentra implícitamente contenido en el Derecho de la Constitución, siendo que
puede ser inferido a partir de una interpretación sistemática y contextual de varios preceptos,
principios y valores constitucionales. En efecto, el artículo 9°, párrafo 1°, de la Carta Política dispone que "El Gobierno de la República es (...) responsable (...)", con lo cual se da por
sentada la responsabilidad del ente público mayor o Estado y sus diversos órganos –Poder
Legislativo, Ejecutivo y Judicial-. El ordinal 11°, de su parte, establece en su párrafo primero
la "(...) responsabilidad penal (...)" de los funcionarios públicos y el segundo párrafo nos
refiere la "(...) responsabilidad personal para los funcionarios en el cumplimiento de sus deberes (...)". El artículo 34 de la Constitución Política ampara los "derechos patrimoniales
adquiridos" y las "situaciones jurídicas consolidadas", los cuales solo pueden ser, efectiva y
realmente, amparados con un sistema de responsabilidad administrativa de amplio espectro
sin zonas inmunes o exentas cuando sean vulnerados por las administraciones públicas en el
despliegue de su giro o desempeño público. El numeral 41 Ibidem, estatuye que "Ocurriendo
a las leyes, todos han de encontrar reparación para las injurias o daños que hayan recibido
en su persona, propiedad o intereses morales (...)", este precepto impone el deber al autor y
responsable del daño de resarcir las lesiones antijurídicas efectivamente sufridas por los administrados como consecuencia del ejercicio de la función administrativa a través de conductas positivas por acción o negativas por omisión de los entes públicos, con lo cual se convierte en la piedra angular a nivel constitucional para el desarrollo legislativo de un sistema de
responsabilidad objetiva y directa en el cual el resarcimiento no depende del reproche moral
y subjetivo a la conducta del funcionario público por dolo o culpa, sino, única y exclusivamente, por habérsele infligido o recibido, efectivamente, "(...) injurias o daños (...) en su
persona, propiedad o intereses morales (...)", esto es, una lesión antijurídica que no tiene el
deber de soportar y, por consiguiente, debe serle resarcida. El numeral 41 de la Constitución
Política establece un derecho fundamental resarcitorio a favor del administrado que haya su-
frido una lesión antijurídica por un ente –a través de su funcionamiento normal o anormal o
su conducta lícita o ilícita- y la obligación correlativa, de éste de resarcirla o repararla de
forma integral, el acceso a la jurisdicción previsto en este mismo precepto constitucional, se
convierte, así en un derecho instrumental para asegurar, forzosamente, el goce y ejercicio del
derecho resarcitorio del damnificado cuando el sujeto obligado a la reparación incumpla vo-
luntariamente con la obligación referida. El artículo 45 de la Carta Magna acoge el principio de la intangibilidad del patrimonio al disponer que "La propiedad es inviolable; a nadie
puede privarse de la suya si no es por interés público legalmente comprobado, previa indemnización conforme a la ley (...)", se reconoce, de esta forma, por el texto fundamental que los
sacrificios especiales o las cargas singulares que el administrado no tiene el deber de soportar o tolerar, aunque devengan de una actividad lícita –como el ejercicio de la potestad expropiatoria– deben resarcirse. El artículo 49, párrafo 1°, de la Constitución Política en
cuanto, de forma implícita, reconoce la personalidad jurídica y, por consiguiente, la posibilidad de demandar en estrados judiciales a los entes públicos, cuando incumplan con sus obligaciones constituye un claro basamento de la responsabilidad administrativa. De su parte el
párrafo in fine del ordinal 49 ya citado dispone que "La ley protegerá, al menos, los derechos subjetivos y los intereses legítimos de los administrados", siendo que una de las principales formas de garantía de éstos lo constituye un régimen de responsabilidad administrativa
objetivo, directo, amplio y acabado. El párrafo final del ar- tículo 50 de la Constitución Política, en materia del daño ambiental, establece que "La ley determinará las responsabilidad y*

221

*las sanciones correspondientes", régimen de responsabilidad del que, obviamente, no pueden abstraerse los entes públicos de carácter económico (denominados empresas públicas-ente público) y empresas públicas (llamadas también empresas públicas-ente de Derecho privado) cuando contaminan al desplegar una actividad industrial, comercial o de servicios y, en general, el Estado cuando incumple sus obligaciones de defensa y preservación del medio ambiente a través de una deficiente actividad de fiscalización o de control de las actividades públicas y privadas actual o potencialmente contaminantes. En la hipótesis de los miembros de las Juntas Directivas de las Instituciones Autónomas, el artículo 188 de la norma fundamental dispone que "Sus directores responden por su gestión". En lo que se refiere al Poder Ejecutivo, el Título X del texto constitucional contiene un Capítulo V cuyo epígrafe es "Responsabilidades de quienes ejercen el Poder Ejecutivo", siendo que el artículo 148 consagra la responsabilidad del Presidente por el "uso que hiciera de aquellas atribuciones que según esta Constitución le corresponden en forma exclusiva", la conjunta de éste con el respectivo Ministro del sector "respecto al ejercicio de las atribuciones que esta Constitución les otorga a ambos" –la cual es especificada por el artículo 149 ibidem- y la del Consejo de Gobierno por los acuerdo que adopte. El principio de responsabilidad administrativa de los entes públicos y de sus funcionarios resulta complementado con la consagración constitucional del principio de igualdad en el sostenimiento de las cargas públicas (artículos 18 y 33) que impide imponerle a los administrados una carga o sacrificio singular o especial que no tienen el deber de soportar y el principio de la solidaridad social (artículo 74), de acuerdo con el cual si la función administrativa es ejercida y desplegada en beneficio de la colectividad, es ésta la que debe soportar las lesiones antijurídicas causadas a uno o varios administrados e injustamente soportadas por éstos. Finalmente, es menester tomar en consideración que la Constitución Política recoge un derecho fundamental innominado o atípico que es el de los administrados al buen funcionamiento de los servicios públicos, el que se infiere claramente de la relación de los numerales, interpretados, a contrario sensu, 140, inciso 8°, 139, inciso 4° y 191 de la Ley fundamental en cuanto recogen, respectivamente, los parámetros deontológicos de la función administrativa tales como el "buen funcionamiento de los servicios y dependencias administrativas", "buena marcha del Gobierno" y "eficiencia de la administración". Este derecho fundamental al buen funcionamiento de los servicios públicos les impone a los entes públicos actuar en el ejercicio de sus competencias y la prestación de los servicios públicos de forma eficiente y eficaz y, desde luego, la obligación correlativa de reparar los daños y perjuicios causados cuando se vulnere esa garantía constitucional (...).*

**V.- CARÁCTER ESENCIAL DEL PRINCIPIO CONSTITUCIONAL DE LA RESPONSABILIDAD ADMINISTRATIVA EN EL ESTADO SOCIAL Y DEMOCRÁTICO DE DERECHO.** *La responsabilidad de las administraciones públicas por el ejercicio de la función administrativa forma parte, como lo hemos constatado en el considerando anterior, de la concepción constitucional de éstas. Es una pieza clave y esencial del Estado social y democrático de Derecho, dados los fines a los que propende un régimen de responsabilidad administrativa. De modo general, la responsabilidad administrativa tiene por función básica la reparación o resarcimiento de las lesiones antijurídicas causadas a un administrado (víctima o damnificado) en su esfera patrimonial o extrapatrimonial por un ente público en el ejercicio de la función administrativa. Uno de sus fines clásicos y tradicionales es servir de control o garantía para las situaciones jurídicas sustanciales de los administrados que sean lesionadas por un ente público en el ejercicio de sus competencias o en la prestación de los servicios públicos expresamente asignados por la Constitución o la ley. La responsabilidad administrativa junto con la Jurisdicción Contencioso-Administrativa (artículo 49 de la Constitución Política), son las piezas claves de un Estado Constitucional para la defensa de los administrados frente a las prerrogativas y privilegios formales y materiales con que la propia Constitución provee a los entes públicos para el cumplimiento de sus cometidos. Esta finalidad determina que el principio constitucional de la responsabilidad administrativa debe ser fortalecido y acentuado mediante una interpretación extensiva y no restrictiva, de la misma* *forma el legislador al desarrollar los sistemas de responsabilidad administrativa debe adecuarse al parámetro constitucional de una responsabilidad administrativa objetiva y directa, estándole vedado establecer conductas administrativas exentas o inmunes a éste y menoscabando los derechos fundamentales resarcitorio y al buen funcionamiento de los servicios públicos de los que son titulares todos los administrados. De otra parte, la responsabilidad administrativa permite actuar los principios constitucionales de eficiencia y eficacia administrativas (artículos 140, inciso 8°, en cuanto le impone al Poder Ejecutivo el deber de "Vigilar el buen funcionamiento de los servicios y dependencias administrativas", el 139, inciso 4°, en la medida que incorpora el concepto de "buena marcha del Gobierno" y el 191 al recoger el principio de "eficiencia de la administración"), puesto que, el deber de reparar o indemnizar las lesiones antijurídicas infligidas a los administrados les impone actuar de forma correcta, ponderada, reflexiva y ajustada a Derecho. De acuerdo con estos dos principios que informan la organización y función administrativas, las administraciones públicas deben prestar servicios públicos de buena calidad con altos estándares para la debida satisfacción de las necesidades de los administrados que son sus destinatarios y ejercer cumplida y normalmente sus competencias. La eficiencia y la eficacia son, entonces, obligaciones o imperativos constitucionales que necesariamente obligan a los entes públicos a actuar responsablemente en el ejercicio de la función administrativa en sus diversas manifestaciones (actuaciones materiales o técnicas y actividad formal). Como correlato de tales deberes constitucionales de las administraciones públicas, los administrados son titulares del derecho fundamental innominado al buen y eficiente funcionamiento de los servicios públicos, con elevados estándares de calidad, el cual se puede inferir, a contrario sensu, de los supracitados artículos 140, inciso 8°, 139, inciso 4° y 191 de la Constitución Política)."*

En el caso costarricense, a nivel infra constitucional, existe una regulación acabada y plena de este principio y del derecho resarcitorio correlativo, concretamente, en los artículos 190 a 213 LGAP de 1978, normas en las que se establece un sistema completo de responsabilidad tanto por funcionamiento anormal o normal, conducta lícita o ilícita (responsabilidad por falta de servicio y falta personal y responsabilidad sin falta o por sacrificio especial), con un régimen común, uno segmentado y la distribución interna de responsabilidades. De otra parte, a la jurisdicción contencioso-administrativa le corresponde conocer y resolver este tipo de pretensiones (artículo 2, inciso b, Código Procesal Contencioso-Administrativo, Ley N° 8508 de 28 de abril de 2006, entrada en vigencia el 1° de enero de 2008) siendo que el órgano jurisdiccional está provisto de amplias facultades y poderes a nivel cautelar y de mérito (v. gr. medidas cautelares positivas como el *referé provision* francés, pretensiones amplias y no tasadas de condena o prestación, indexación o reajuste de las obligaciones de valor convertidas en pecuniarias, multas coercitivas, etc.).

## 5. *Derecho de petición y pronta respuesta*

Se trata de un derecho clave de las personas frente a las administraciones públicas para combatir su inercia, silencio y omisiones. El derecho de petición y de pronta respuesta, supone que los administrados pueden formularles un pedimento o inquietud a las administraciones públicas para obtener una respuesta. Esa petición puede obedecer a un motivo de interés general o particular (artículo 24 de la Declaración Americana de Derechos y Deberes del Hombre de 5 de mayo de 1948).

El contenido y sentido de la respuesta, si es positivo o negativo no tiene importancia para tener por plenamente satisfecho el derecho, por cuanto, lo jurídicamente relevante es que se ofrezca una respuesta dentro de un plazo razonable que, por lo general, establece la legislación de desarrollo del derecho.

No debe confundirse el derecho de petición y respuesta con la iniciación de un procedimiento administrativo, de oficio o a instancia de parte, puesto que, en este supuesto está de por medio lo que hemos denominado, por extrapolación del derecho a la tutela judicial efectiva, el derecho a una vía administrativa previa (o procedimiento administrativo) dentro de un plazo razonable, siendo que la mayoría de las legislaciones sobre procedimientos administrativos (comunes o generales y especiales) pautan los plazos para adoptar la decisión administrativa final y para sustanciar los recursos administrativos ordinarios (reconsideración y apelación en subsidio, cuando el órgano administrativo que resuelve está subordinado y el de reposición cuando el órgano que decide es el superior jerárquico supremo o jerarca).

Este derecho de petición y respuesta, también debe ser deslindado del derecho de acceso a la información administrativa o de interés público, por cuanto, en el primer caso, la petición recae sobre información que la respectiva administración pública no tiene pre-constituida o no es pre-existente, es decir, no consta de previo en una base de datos, archivo, registro o expediente administrativos físico o digital. En el derecho de petición, se solicita a un órgano o ente público una toma de postura sobre un tema determinado.

Este derecho es esencial para garantizar la participación de los administrados en la toma de decisiones de carácter administrativo y, en general, para el control ciudadano de la conducta de los poderes públicos y satisfacer el derecho de los pueblos a saber sobre la administración y gestión de la cosa pública. Adicionalmente, ha dado sustento a un instituto clásico del Derecho Administrativo como lo es el silencio negativo y positivo[19].

En el ordenamiento jurídico costarricense, el derecho de petición se encuentra establecido en el artículo 27 constitucional al indicar *"Se garantiza la libertad de petición, en forma individual o colectiva, ante cualquier funcionario público o entidad oficial, y el derecho a obtener pronta resolución"*. Siendo que el artículo 32 de la Ley de la Jurisdicción Constitucional, emplazado en el capítulo del amparo contra órganos o servidores públicos dispone que si no hubiere establecido plazo, *"se entenderá que la violación se produce una vez transcurridos diez días hábiles desde la fecha en que fue presentada la solicitud en la oficina administrativa, sin perjuicio de que en la decisión del recurso, se aprecien las razones que se aduzcan para considerar insuficiente ese plazo, atendidas las circunstancias y la índole del asunto"*.

Recientemente, se dictó una Ley de Regulación del Derecho de Petición (N° 9097 de 26 de octubre de 2012) para normar, prolijamente, el derecho de petición y pronta respuesta o resolución. Dentro de las principales innovaciones de esta nueva ley se encuentran las siguientes: 1) Su ejercicio no puede suponer un perjuicio o represalia para el petente (artículo 1°); 2) dentro de los sujetos pasivos se encuentran los *"sujetos de derecho privado cuando estos ejerciten alguna actividad de interés público, administren y/o manejen fondos públicos o ejerzan alguna potestad pública de forma temporal o permanente"* (artículo 2, párrafo 2°); 3) vigencia del principio de informalidad (artículo 4, inciso a); 4) subsanación de los requisitos de la petición (artículo 7°, inciso b); 5) motivación de la inadmisión de la petición (artículo 9°,

---

[19]   V., Cobo Olvera, Tomás, *La obligación de resolver las peticiones formuladas a la administración y el silencio administrativo*, Fundación Asesores Locales, Málaga, 2012.

inciso a); 6) remisión de la petición al ente u órgano competente en caso de incompetencia (artículo 10); 7) adopción de medidas para darle plena efectividad al derecho, tales como impulsar procedimientos o adoptar un acuerdo, medida, resolución específica o disposición general (artículo 11) y 8) sanción a todo funcionario público que omita responder en el plazo de los 10 días hábiles posteriores a la presentación de la petición con un 5% del salario base mensual (artículo 13).

## IV. DERECHO AL BUEN FUNCIONAMIENTO DE LOS SERVICIOS PÚBLICOS COMO PARTE DEL CONTENIDO NO INCLUIDO EN LA REGULACIÓN EUROPEA DEL DERECHO A LA BUENA ADMINISTRACIÓN[20]

En nuestro criterio, existe un derecho fundamental acuñado por la jurisprudencia constitucional costarricense, que hace parte del contenido esencial del derecho a la buena administración, se trata del "derecho al buen funcionamiento de los servicios públicos"

La Sala Constitucional ha señalado la existencia de un derecho fundamental –hasta hace poco innominado o atípico– al buen funcionamiento de los servicios públicos, cuyo concepto correlativo lo son las obligaciones constitucionales a la eficacia, eficiencia, continuidad y celeridad. Así, a partir de los Votos N° 5207-2004 de las 14:55 hrs. de 18 de mayo de 2004 y 7532-2004 de las 17:03 hrs. de 13 de julio de 2004 – reiterados en sentencias posteriores– , concretamente, en el último citado (7532-2004) consideró siguiente:

*"Redacta el Magistrado Jinesta Lobo; y,*

*CONSIDERANDO:*

*VI.- DERECHO FUNDAMENTAL AL BUEN FUNCIONAMIENTO DE LOS SERVI-CIOS PUBLICOS. Nuestra constitución política recoge, implícitamente, el derecho fundamental de los administrados al buen y eficiente funcionamiento de los servicios públicos, esto es, que sean prestados con elevados estándares de calidad, el cual tiene como correlato necesario la obligación de las administraciones públicas de prestarlos de forma continua, regular, célere, eficaz y eficiente. Esta última obligación se desprende de la relación sistemática de varios preceptos constitucionales, tales como el 140, inciso 8, el cual le impone al Poder Ejecutivo el deber de "Vigilar el buen funcionamiento de los servicios y dependencias administrativas", el 139, inciso 4), en cuanto incorpora el concepto de "buena marcha del Gobierno" y el 191 en la medida que incorpora el principio de "eficiencia de la administración". Esa garantía individual atípica o innominada se acentúa en tratándose de servicios públicos esenciales de carácter asistencial como los de la seguridad social (...)".*

Obviamente, este derecho al buen funcionamiento de los servicios públicos, presupone la regulación acabada de ciertas instituciones jurídicas tales como la planifi-

---

20    *V.*, Jinesta Lobo, Ernesto, *Responsabilidad Administrativa –Tomo II Tratado de Derecho Administrativo–* , pp. 198-205 y Jinesta Lobo, Ernesto, "Fundamentos constitucionales de la nueva jurisdicción contencioso-administrativa", *Revista de Derecho Público*, N° 6, julio-diciembre 2007, p. 29.

cación o programación administrativa estratégica, de modo que la gestión administrativa responda a claros fines y objetivos previamente trazados a través de una planificación ascendente, concertada, democrática y vinculante y, también, de una evaluación y rendición de cuentas obligatoria en el sector público que permita medir, objetivamente, el desempeño o rendimiento de los entes, órganos y funcionarios públicos[21]. Sólo de esa manera se podrá determinar si los servicios públicos funcionan bien y de acuerdo con altos estándares de calidad a favor de los usuarios.

---

[21] Sobre la importancia de la planificación o programación estratégica administrativa, sus características y de la evaluación y rendición de cuentas en el sector público *V.*, Jinesta Lobo, Ernesto, *Tratado de Derecho Administrativo*, Tomo I, Parte General, Iusconsultec S.A. y Editorial Jurídica Continental, 2ª Edición, San José, 2009, pp. 65-74, 96-120; Jinesta Lobo, Ernesto, "Evaluación de resultados y rendición de cuentas en la Administración Pública (la reforma del artículo 11 de la Constitución Política), *IVSTITIA*, N° 166-167, octubre-noviembre 2000, pp. 15-29. Jinesta Lobo, Ernesto. "Los principios constitucionales de eficacia, eficiencia y rendición de cuentas de las Administraciones Pública", en *Constitución y Justicia Constitucional*, San José, Colegio de Abogados-Escuela Judicial-Sala Constitucional, 2009, pp. 133-144.

# DIREITO FUNDAMENTAL À BOA ADMINISTRAÇÃO: A CIDADANIA RETOMANDO SEU PAPEL NA DELIBERAÇÃO PÚBLICA

*VANICE REGINA LÍRIO DO VALLE*[1]

## I. CONSTITUIÇÃO DE 1988 E O IDEAL DE BOA ADMINISTRAÇÃO: PRIMÍCIAS DE UM DIREITO FUNDAMENTAL

A conclusão dos trabalhos da Assembleia Nacional Constituinte brasileira em 1988, não obstante coroada com a promulgação da Constituição-Cidadã, estava longe de se apresentar como o encerramento do processo de redemocratização no Brasil[2]; ao contrário, iniciava-se ali um longo percurso de transformação das relações entre Estado e Sociedade, na tarefa de superação de uma herança perversa de exclusão social e pobreza que décadas de regime autoritário legaram ao país.

O câmbio que se desejava empreender com a nova ordem constitucional envolvia, decerto, a restauração da normalidade democrática na sua dimensão representativa, mas também a instauração de uma prática política que promovesse o reconhecimento, em especial dos vastos segmentos da sociedade brasileira que tiveram negados direitos básicos como à educação, saúde, segurança social e tantos outros associados à ideia força da centralidade da pessoa.

Promulgada com um vasto elenco de direitos fundamentais, inclusive de cariz socioeconômico, todos revestidos de eficácia imediata e exigíveis do Estado com a mesma instantaneidade; a Constituição de 1988 reconfigurou a função administrativa, que passou a se ver finalisticamente orientada à materialização desses compro-

---

[1]   Professora Permanente do Programa de Pós-graduação em Direito da Universidade Estácio de Sá, vinculada à linha de pesquisa Direitos Fundamentais e Novos Direitos. Pós-doutorado em Administração pela EBAPE/FGV-Rio; Doutorado em Direito pela Universidade Gama Filho. Procuradora do Município do Rio de Janeiro, membro do Instituto de Direito Administrativo do Estado do Rio de Janeiro. E-mail: vanicevalle@gmail.com.

[2]   De Figueiredo Moreira Neto, Diogo. Transição constitucional (pela estabilidade democrática). *Revista Forense*, Vol. 304, 1988 p. 63-68; e Bonavides, Paulo. A Carta de 1988: o começo da segunda transição. *Revista Forense*, n. 304, v. 84, 1988. 313-315.

missos, donde a afirmação de Moreira Neto[3] de que boa administração –assim entendida como aquela voltada à realização eficiente– se constitui simultaneamente, dever ético e jurídico, com aplicações e implicações nos subtemas das escolhas discricionárias e do princípio da eficiência.

Importante destacar que a experiência brasileira já no texto original de 1988 revelou-se mais ambiciosa no tema dos atributos da Administração Pública que aquela traduzida na Carta de Nice[4], vez que mais do que cogitar dos canais de fala com a cidadania[5]; a Constituição Brasileira *ab initio* busca parametrizar o desenvolvimento em si da função administrativa, seja no que toca aos seus critérios de atuação (sistematizados na principiologia do art. 37, *caput* CRF), seja no que respeita aos seus objetivos (garantia dos direitos fundamentais).

O debate relacionado à Administração Pública que a Carta de 1988 reclama se intensifica com a Reforma Administrativa de 1995, resultante da aprovação da Emenda Constitucional n° 19, e a inclusão expressa do princípio da eficiência como um dos retores daquela atividade. Na ocasião, evocando os precedentes originários do direito italiano, empreendeu-se a uma associação entre "bom andamento da administração" ou "boa administração" e eficiência, num sentido, contudo, mais dilargado desta última, que contemplasse: 1) ação idônea (eficaz); 2) ação econômica (otimizada); e 3) ação satisfatória (dotada de qualidade)[6]. Em que pese uma carga semântica negativa que se possa atribuir ao elogio à eficiência, por força de uma relação que se estabeleça com o ideário liberal[7] e uma visão puramente economicista deste padrão de comportanmento; fato é que rapidamente a doutrina brasileira cerrou fileiras em torno de uma compreensão sistêmica que harmonizasse o referido princípio com os objetivos próprios a um Estado Social[8]. Disso resultava uma ênfase na compreensão do agir do Estado como um *continuum*, um ciclo de atuação que para se mostrar eficiente, haveria de ser planejado, no rumo da garantia dos direitos fundamentais.

Passo definitivo no rumo da valorização do *modo de atuação* da Administração foi o crescimento do fenômeno do controle judicial de políticas públicas –que nada mais é do que a aferição em torno da materialização de escolhas administrativas le-

---

3   de Figueiredo Moreira Neto, Diogo. *Apontamentos sobre a reforma administrativa*. Emenda Constitucional N° 19, de 4 de junho de 1998, Rio de Janeiro: Renovar, 1999, p. 18.

4   Sarlet, Ingo. A Administração Pública e os Direitos Fundamentais. Aula proferida na Escola da Magistratura do TRF-4ª Região, [on line], [s/d] p. 1-2, disponível em < http://www.trf4.jus.br/trf4/upload/arquivos/emagis_atividades/ingowolfgangsarlet.pdf>, acesso em 3 de fevereiro de 2010.

5   A ênfase nos preceitos contemplados na Carta de Nice em seu art. 41 na delimitação de um direito fundamental à boa administração reside na criação de canais formais de comunicação entre a cidadania, e uma estrutura administrativa que não se identifica com a mesma clareza e facilidade que se tem com a burocracia dos Estados Nacionais. (Vanice Regina Lírio do Valle. *Direito fundamental à boa administração e governança*. Prefácio de Diogo de Figueiredo Moreira Neto. Belo Horizonte: Editora Forum, 2011, p. 57-74)

6   Modesto, Paulo. Notas para um debate sobre o princípio da eficiência. *Revista do Serviço Público*. Ano 51, N° 2, abr-jun 2000; p. 105-119.

7   Explorando os riscos entre o discurso liberal da eficiência e a legitimidade do Estado, consulte-se Gabardo, Emerson. *Eficiência e legitimidade do Estado*. Uma análise das estruturas simbólicas do direito político. Apresentação do Mín. Carlos Ayres Britto. Barueri-São Paulo: Manole, 2003.

8   Alves Batista Junior, Onofre. *Princípio constitucional da eficiência administrativa*. Belo Horizonte: Mandamento, 2004, p. 120-130.

gítimas e eficazes[9]. A partir dessa perspectiva se incorpora o caráter dinâmico da atuação do Estado, e com isso a noção de que o modo de desenvolvimento da atividade em si se apresenta como relevante cogitação.

É nesse momento que se identifica a afirmação da existência na Carta de Outubro não só de um simples indicador da Administração Pública que se deseja, mas sim de um verdadeiro *direito fundamental à boa administração*, que transcende a dimensão de criação de vias de interlocução e diálogo entre cidadania e Executivo[10], para cogitar de critérios para a formulação pelo administrador, de escolhas públicas – especialmente aquelas discricionárias, nelas se incluindo a opção pela inércia.

Portanto, está-se aqui deslocando o foco no que toca à inesgotável tarefa de doma do poder, do ato isoladamente considerado; ou mesmo do programa de agir estatal, para um modo de desenvolvimento da função administração como verdadeiro direito fundamental da cidadania.

## II. JUSFUNDAMENTALIZAR O DIREITO À BOA ADMINISTRAÇÃO: NECESSIDADE OU EXCESSO?

Importante ter por claro que a literalidade do Texto Fundamental brasileiro não contempla referência expressa a um direito fundamental à boa administração. Tal circunstância, todavia não se apresentaria como um impedimento absoluto a seu reconhecimento como direito implícito a partir de outros princípios constitucionalmente consagrados como o já referido da eficiência (art. 37, *caput* CF) e do planejamento (art. 174 CF), bem como de outros parâmetros de atuação postos ao desenvolvimento da função administrativa. Afinal, nos termos da opção empreendida pelo art. 5°, § 2° da Carta de 1988, o elenco formalmente expresso naquele preceito não excluiria outros direitos fundamentais decorrentes do regime e dos princípios por ela adotados, e ainda dos tratados internacionais em que a República Federativa do Brasil fosse parte.

Fixada como possível uma interpretação que recepcionasse um direito fundamental implícito à boa administração no ordenamento jurídico brasileiro, a questão que se punha envolvia a utilidade em si dessa afirmação; investigar se conferir o caráter

---

[9]    O fenômeno da judicialização das políticas públicas no Direito Brasileiro é uma realidade já estabelecida e reconhecida, gerando um conjunto de significativas distorções nos programas de ação estatal, na medida em que o Judiciário reconhece em seu favor a possibilidade de interferir nas referidas políticas, reconfigurando prioridades e destinação de recursos, seja em ações individuais ou coletivas. Para uma visão geral do tema, consulte-se Vanice Regina Lírio do Valle. Judicialização das políticas públicas no Brasil: até onde podem nos levar as asas de Ícaro. *Themis –Revista da Faculdade de Direito da UNL*. Coimbra:Almedina, Ano XI– N°s. 20/21, 2011, p. 185-210.

[10]  No sistema brasileiro, preceitos destinados à garantia da existência de canais de comunicação e reivindicação entre Administração Pública e a cidadania –direito de petição, direito de certidão e outros que tais– já se tinha expressamente contemplado inclusive na anterior Constituição de 1967, que assegurava o direito de reclamação e petição (art. 150, § 30 CRFB/67) e ainda aquele de certidão (art. 150, § 34 CRFB/67). Mesmo no período do regime militar, sob a égide da Emenda Constitucional n° 1/69, estas mesmas garantias seguiram expressamente referidas no texto constitucional (arts. 153, §§ 30 e 35 CRFB67 com a redação conferida pela EC 1/69).

de direito fundamental a um particular modo de concretização da função administrativa desejável contribuiria para a maior efetividade dessa mesma prática. Isso porque são conhecidas as razões de oposição a um elenco excessivamente dilargado de direitos fundamentais, opção que pode secundarizar o desafiante problema de sua dimensão política de proteção[11].

Numa perspectiva estritamente garantista, resta evidente que jusfundamentalizar o direito à boa administração abre alternativas no exercício do controle dessa função que não restariam viabilizadas sem esse mesmo signo. Assim, o próprio acesso ao Supremo Tribunal Federal como órgão dotado da competência para a "guarda da constituição" (art. 102, *caput* CF) restaria limitado com o afastamento do signo de fundamental ao direito à boa administração[12].

Já no campo rotineiro da operação da função administrativa, o caráter fundamental de um direito à boa administração beneficiar-se-ia da agregação da dimensão objetiva que a eles corresponde; incorporando a lógica de que "os direitos fundamentais devem ser exercidos no âmbito da vida societária, e que a liberdade que eles aspiram não é anárquica, mas social"[13]. Como apontado pela doutrina clássica dos direitos fundamentais. Tal atributo releva-se particularmente útil na compreensão constitucionalmente adequada do modo de desenvolvimento da função administrativa, à medida que evidencia a relevância das necessidades coletivas, inclusive para a conformação de direitos fundamentais.

A par do já apresentado, a afirmação da existência de um direito fundamental à boa administração desloca a reflexão acerca da concretização das decisões políticas dos demais poderes, do campo do desenho institucional, para aquele do modo de desenvolvimento da função. Essa mudança de perspectiva no que toca ao trato da Administração Pública no sistema constitucional brasileiro é relevante quando se tem em conta que historicamente, os vários movimentos reformistas na área envolvia a dimensão estrutural– e não funcional.

O movimento de 1937 –primeira grande reforma administrativa empreendida no aparato burocrático brasileiro– conferia ênfase maior aos meios em detrimento dos fins[14], sobrevalorizando a dimensão da estrutura administrativa, com o emprego de técnicas que fortaleciam a centralização das atividades-meio e a autonomização de ações especializadas.

---

[11]   Sempre atual a advertência formulada por Bobbio, de que o problema fundamental em relação aos direitos do homem não é o de sua justificação, mas de sua proteção, transpondo o debate do terreno filosófico para o político (Norberto Bobbio. *A era dos direitos*. Trad. Carlos Nelson Coutinho. 19ª reimp. Rio de Janeiro: Elsivier, 1992. Traduzido de L'Età dei Diritti, p. 24).

[12]   Essa supressão das questões atinentes à funcionalidade em si da Administração Pública da esfera de cognoscibilidade do STF ganha mais relevância num modelo –como é o caso brasileiro– de Estado Federado, onde o tema dos mecanismos e atributos no desenvolvimento da função administrativa de Estados e Município escapa à órbita de competência dos Tribunais Superiores por envolver matéria de caráter não-nacional.

[13]   Sarmento, Daniel. *Direitos fundamentais e relações privadas*. Lumen Juris Editora, Rio de Janeiro: 2004, p. 136-137.

[14]   Fernandes Marcelino, Gileno. Em busca da flexibilidade do Estado: o desafio das reformas planejadas no Brasil. *Revista de Administração Pública*, 37(3): 641-59, maio/junho 2003, p. 643, disponível em <http://www.ebape.fgv.br/academico/asp/dsp_rap_artigos.asp?cd_edi=22>, acesso em 4 de janeiro de 2010.

230

Já em 1967, no segundo grande movimento reformista, a preocupação com o estabelecimento de uma principiologia orientadora da administração[15] evidencia primeiros sinais de valorização da atividade executiva, revelando ainda alguma sensibilidade para as relações de interdependência entre as múltiplas ações estatais.

A Reforma de 1995, quando já vigente a Constituição de 1988 – conferiu ênfase à coordenação, não só no plano interno, mas também no que se relaciona à participação da sociedade, quando menos no campo do público não estatal[16]. A coordenação gerencial da administração pública passa a compreender relações de cooperação (no âmbito interno) e aquelas de colaboração (no âmbito externo)[17], ampliando as possibilidades de concretização da ação estatal a partir da recepção de novos atores.

Nesse contexto, associar boa administração a um direito fundamental significa reforçar uma tendência já revelada pelo histórico das reformas administrativas no país, no sentido da sobrevalorização da função sobre a estrutura.

Esse é o cenário no qual se identificará na doutrina nacional a afirmação de que boa administração seja efetivamente suscetível de qualificação como direito fundamental[18], explorando a aplicação dessa mesma ideia força em relação a vários subsistemas do universo de atuação do Poder Público.

---

[15] A Reforma Administrativa de 1967 se materializou no Decreto-Lei 200, que enunciava como princípios fundamentais regedores das atividades da Administração Federal, aqueles do planejamento, coordenação, descentralização, delegação de competências e controle.

[16] A categoria do público não-estatal –atividades e serviços em relação às quais se identificava interesse público sem o caráter de exclusividade em favor do Estado– foi central ao desenho do Plano Diretor da Reforma do Estado no Brasil, que presidiu a Emenda Constitucional N° 19/95 (BRASIL. Presidencia da República. Plano Diretor da Reforma do Aparelho do Estado, 1995. Disponível em < http://www.cebes.org.br/media/File/Plano%20Diretor%20da%20Reforma%20do %20Aparelho%20do%20Estado.pdf>, acesso em 27 de maio de 2013). As relações de colaboração envolviam justamente a cunhagem de parcerias entre estruturas públicas e outras oriundas da sociedade organizada, que materializariam participação social num plano operacional do desenvolvimento das atividades públicas não-estatais.

[17] de Figueiredo Moreira Neto, Diogo. Coordenação gerencial na administração pública. Administração pública e autonomia gerencial, contrato de gestão, organizações sociais. A gestão associada de serviços públicos: consórcios e convênios de cooperação. *Revista de Direito Administrativo*, N° 214, out/dez 1998, p. 35-53.

[18] No campo monográfico, registre-se o trabalho pioneiro de Freitas, Juarez. *Discricionariedade administrativa e o direito fundamental à boa administração pública*. São Paulo: Malheiros Editores, 2007; e ainda Vanice Regina Lírio do Valle. *Direito fundamental à boa administração e governança*. Prefácio de Diogo de Figueiredo Moreira Neto. Belo Horizonte: Editora Forum, 2011. Vale ainda apontar Gustavo Justino de Oliveira e Julieta Lopes Vareschini. Administração pública brasileira e os 20 anos da constituição de 1988: momentos de predomínio das sujeições constitucionais em face do direito fundamental à boa administração pública. *Fórum administrativo*, v. 9, N° 95, p. 23-34, jan. 2009; Vanice Regina Lírio do Valle. Direitos fundamentais e boa administração: uma associação indispensável no caminho da efetividade. *In* Klevenhusen, Renata Braga (corrd.). *Temas sobre direitos humanos: em homenagem ao Professor Vicente de Paula Barreto*, Rio de Janeiro: Lumen Juris, 2009, p. 201-225; Veras de Freitas, Rafael. O dever de planejamento como corolário do direito fundamental à boa administração pública. *in* Souto, Marcos Juruena Villela de. *Direito Administrativo: estudos em homenagem a Francisco Mauro Dias*, Rio de Janeiro: Lumen Juris, 2009, p. 243-251; Finger, Julio Cesar. O direito fundamental à boa administração e o princípio da publicidade administrativa. *Interesse público*, v. 11, N° 58, p. 133-143, nov./dez. 2009; Saulo Nunes de Carvalho Almeida. A valorização da ética e o direito fun-

A pacificação no campo doutrinário da admissibilidade de identificação no Texto Constitucional de um direito fundamental à boa administração, ainda que implícito, não superava os desafios relacionados à sua aplicação. Isso porque da jusfundamentalidade desse mesmo direito decorria a necessária coexistência entre dimensão objetiva e subjetiva; reclamando uma construção de sentido que tivesse em conta a perspectiva individual – mas também e sempre, a matriz do coletivo, conjunto esse que, como anteriormente referido, merece o signo de prioridade no que toca ao desenvolvimento da função administrativa.

## III. DIREITO FUNDAMENTAL À BOA ADMINISTRAÇÃO: DELIMITAÇÃO DE CONTEÚDO REVERENTE À SUA DIMENSÃO OBJETIVA

É inerente aos direitos fundamentais uma dimensão subjetiva (que sua projeção na esfera individual de cada cidadão) e uma dimensão objetiva que abarca deveres de agir do poder político organizado, consectários do chamado efeito irradiante e do reconhecimento dos deveres de proteção[19]. A própria origem da categoria jurídica "direitos fundamentais" –associados à produção de um ordenamento que congregue pretensões morais e políticas de uma comunidade, convertendo-as em direitos eficazes que subordinam e legitimam o exercício do poder político[20]– induz a uma aproximação a partir da perspectiva de sua dimensão subjetiva, prestigiando a repercussão na esfera individual, do aludido direito. *In casu*, todavia, o que se tem é um direito fundamental dirigido primariamente ao próprio poder político organizado, onde a dimensão objetiva é de se destacar, com prevalência enquanto traço determinante do agir do poder.

Direito fundamental à boa administração tem no Estado o destinatário primário de seus efeitos irradiantes, e se volta à criação dos mecanismos e instituições próprias ao enfrentamento das complexidades do tempo presente no desenvolvimento da função administrativa. É de Rodríguez-Araña[21] a advertência de que a razão de existir dessas instituições públicas são as pessoas –em conjunto, e individualmente consideradas–; cujas necessidades coletivas devem orientar e dirigir a atuação do Estado à melhor satisfação desses interesses comunitários, servindo ao bem-estar integral de todos e não de uma parte. E nisso está o desafio: qualificar o modo constitucionalmente desejável de concretização do agir administrativo de molde a valorizar exatamente essa dimensão funcional e o prestígio à proteção de interesses na dimensão coletiva.

---

damental à boa administração pública. R*evista Síntese* (responsabilidade pública), v. 2, N° 10, p. 36-43, ago./set. 2012.

[19] Salrte, Ingo Wolfgang; Marinoni, Luiz Guilherme; Mitidiero, Daniel. *Curso de direito constitucional*, Editora Revista dos Tribunais, São Paulo: 2012, p. 292-299.

[20] Peces-Barba, Gregorio. *Curso de derechos fundamentales: teoría general*. B.O.E, Madrid: 1999, p. 140.

[21] Rodríguez-Arana Muñoz, Jaime. *Direito fundamental à boa administração pública*. Trad. Daniel Wünder Hachem, Belo Horizonte: Editora Forum, 2012, p. 155.

Resgatando a advertência de Vieira de Andrade[22] de que no trato dos direitos fundamentais *"...não deve alargar-se a ideia de uma presunção a favor da dimensão subjectiva..."*; percebe-se sua relevância no campo dos parâmetros postos à materialização da boa administração. Afinal, nessa hipótese específica, a preferência pela dimensão subjetiva; pelos efeitos da ação estatal (boa ou má) na esfera individual de direitos, confere precedência na proteção das *situações individuais*, quando o objetivo era configurar *um modo de agir do Estado*. Isso implaca distanciar-se da percepção de que a função administrativa se desenvolve a partir de uma *intrincada relação de inter-dependência* de todo aquele complexo de atividades no pelo qual a ação estatal se traduz.

Outros vetores hão de concorrer para a delimitação de conteúdo do direito fundamental à boa administração num Estado Democrático de Direito que enuncia como objetivo fundamental da República a construção de uma sociedade livre, justa e solidária (art. 3º, I CF); a erradicação da pobreza e da marginalização, bem como a redução das desigualdades sociais e regionais (art. 3º, III CF); e ainda a promoção do bem de todos (art. 3º, IV CF). Afinal, o compromisso com a transformação social está posto como tarefa da sociedade brasileira, a ser desenvolvida a partir de uma perspectiva solidarista, que na promoção desses mesmos desígnios empreenderá à formulação de escolhas públicas nem sempre fáceis.

Associar promoção do bem de todos com solidariedade implica em reconhecer que a concretização dos objetivos fundamentais do Estado Brasileiro envolverá necessariamente um juízo de *trade off;* de priorizações e exclusões. Some-se às dificuldades inerentes à materialização dessas escolhas por vezes trágicas[23], o cenário complexo em que se move hoje a Administração Pública em tempos de poliarquia[24]. Significa dizer que a opção em favor de uma linha de ação estatal importa no descarte das demais; tudo isso sujeito a um especial ônus argumentativo que permita aos interesses contrariados, aderir à opção formulada pelo poder político, se não pelas vantagens individuais que dela decorram, mas quando menos pelo reconhecimento dos benefícios em favor da coletividade, resultado esse também legitimador da alternativa selecionada pela Administração Pública.

Uma vez mais, na lição de Rodríguez-Arana[25], liberdade e solidariedade não devem se revelar simplesmente compatíveis, mas devem identificar-se, incorporando ao universo de escolhas da sociedade aquelas que importam em renúncia, em favor dos já tanto referidos objetivos fundamentais da República.

---

[22]     Vieira de Andrade, José Carlos. Os Direitos Fundamentais no Século XXI. [on line], disponível em <http://www.georgemlima.xpg.com.br/andrade.pdf>, acesso em 3 de fevereiro de 2010, p. 14.

[23]     É de Calabresi e Bobbit a hoje já clássica expressão de que a organização do convívio coletivo pode reclamar a formulação de escolhas trágicas quando se cuide de gestão de recursos escassos (Guido Calabresi e Philip Bobbit. *Tragic Choices. The conflicts society confronts in the allocation of tragicaly scarce resources.* New York – London: W. W. Norton & Company, [s/a]).

[24]     Dahl, Robert. *Poliarquia: participação e oposição.* Trad. Celso Mauro Paciornik, São Paulo: Editora da Universidade de São Paulo, 1997. Traduzido de Polyarchy: Participation and Oposition.

[25]     Rodríguez-Arana Muñoz, Jaime. *El buen Gobierno y la buena administración de instituciones públicas.* Adaptado a la Ley 5/2006, de 10 de abril. Editorial Aranzadi, Navarra, 2006, p. 69.

Tudo isso, todavia, é de se construir a partir de um exercício público de racionalidade onde as visões de mundo e interesses individuais e de grupos se enriqueçam mutuamente através do diálogo[26].

É justamente esse permanente formular de escolhas pela Administração Pública – das quais resultam inclusões e exclusões que se legitimam pela sua orientação à concretização dos propósitos constitucionais– que determinou uma valorização na Constituição Brasileira da dimensão participativa do princípio democrático[27]. Essa opção preceitual, por sua vez, favoreceu uma aproximação do conceito de direito fundamental à boa administração, daquele de governança pública. Afinal, só o exercício público do poder, legitimado por uma maior abertura nos participantes da eleição do programa de ação do Estado permitirá a conciliação entre dimensão subjetiva e objetiva de um direito fundamental orientado à configuração do modo de atuar desse mesmo Estado.

## IV. CONCEITO DE GOVERNANÇA E SEU POTENCIAL DE INCREMENTO DA QUALIDADE NO DESENVOLVIMENTO DA FUNÇÃO ADMINISTRATIVA

Para que bem se possa compreender a aproximação empreendida na experiência brasileira, entre o conteúdo possível de um direito fundamental à boa administração e a governança, impõe-se a construção de um acordo semântico em torno de um conceito que se apresenta de maneira polifacetada, e que se reveste de características específicas quando aplicados à esfera de atuação do Poder Público.

O emprego do conceito de governança no que toca ao Estado, como se sabe, em 1992 se viu abarcado pelo Banco Mundial, que o traduziu como "*a maneira pela qual o poder é exercido na administração dos recursos sociais e econômicos de um país, visando ao desenvolvimento*"[28]. É da mesma agência internacional a afirmação de que o conceito envolve três distintos aspectos, a saber: 1) a forma de que se reveste o regime político; 2) o processo pelo qual a autoridade é exercida na gestão dos recursos econômicos e sociais de um país, rumo ao próprio desenvolvimento; e 3) a capacidade dos governos para conceber, formular e implementar políticas e se desincumbir de funções.

---

[26]  Rodríguez-Arana Muñoz, Jaime. *El buen Gobierno y la buena administración de instituciones públicas*. Adaptado a la Ley 5/2006, de 10 de abril. Navarra, Editorial Aranzadi, 2006, p. 67-68.

[27]  Destaque-se, entre outros comandos constitucionais, a garantia da participação do usuário na administração pública direta e indireta (art. 37, § 3º CF); a participação dos trabalhadores, empregados e aposentados nos órgãos colegiados gestores da seguridade social (art. 194, Parágrafo Único, VII CF); a participação da comunidade como princípio do sistema único de saúde (art. 198, III CF); a participação da população por suas entidades representativas na formulação das políticas de assistência social (art. 204, II CF); etc.

[28]  THE WORLD BANK. Governance: the World's Bank Experience (Development in Pratice), 1992, p. 14 [on line], disponível em < http://www-wds.worldbank.org/external/default/WDSContentSer ver/WDSP/IB/1994/05/01/000009265_3970716142854/Rendered/PDF/multi0page.pdf>, acesso em 22 de fevereiro de 2010.

A partir dessa perspectiva, já se vê que a opção daquela agência de financiamento repousou sobre uma *visão estatocêntrica da governança*, que reconhece ainda ao Estado[29] funções de integrador da diversidade, orientador das dinâmicas sociais e decompositor da complexidade, na busca de uma direção da sociedade, regida por um princípio de coerência[30].

O signo da governança optou por outro modo de pilotar o social, repousando mais sobre a *cooperação dos atores* do que sobre a unilateralidade[31]. O ponto de partida, portanto repousa numa abordagem pluralista e interativa da ação coletiva, que estabelece como desejável: 1) a valorização das redes de informação e comunicação; 2) o trânsito do controle para a influência; 3) a combinação de recursos públicos e privados; e 4) o uso de múltiplos instrumentos para o desenvolvimento das funções confiadas ao Estado. A lógica subjacente é de que os governos sejam capazes de incrementar sua aptidão a explorar a inteligência coletiva da sociedade[32], extraindo conhecimento e sentido a partir dos padrões e tendências presentes no sistema social.

Quinze anos depois de sua enunciação original, o conceito de governança alcançou refinamento pela mesma agência internacional, assumindo, a partir de *paper* originário do grupo temático dedicado á governança e combate à corrupção[33] o seguinte conteúdo:

> governança se refere à maneira através da qual os agentes e instituições públicas adquirem e exercem sua autoridade para o provimento de bens e serviços públicos, incluindo a oferta de serviços essenciais, infraestrutura e um ambiente favorável ao investimento – corrupção é um produto de uma governança frágil[34].

Dois elementos novos, portanto, foram agregados ao desenho cunhado pelo Banco Mundial em 1992: a *origem da autoridade* (legitimidade) e a *concretização das tarefas* que a ela se propõe (resultado). Orienta-se portanto a compreensão da gover-

---

[29]   Transborda em muito os limites propostos à presente reflexão, o debate acerca de qual seja o desenho do Estado em favor do qual se reconhece função e importância no contexto da governança: se aquele que se apresenta como o principal executor das tarefas e atividades que se relacionem com o atendimento ao interesse público, ou se aquele regido pelo signo da atuação subsidiária.

[30]   Oliveira Rocha, J. A. *Gestão pública e modernização administrativa*. Instituto nacional de Administração, [s/a], Portugal: p. 186.

[31]   Chevallier, Jacques. A governança e o direito. *Revista de Direito Público da Economia – RDPE*, Belo Horizonte, Ano 3, Nº 12, out-2005, p. 129 a 146.

[32]   Bourgon, Jocelyn. *New Governance and Public Administration: Towards a Dynamic Synthesis*. A paper tabled at a Public Lecture hosted by the Australian Department of the Prime Minister and Cabinet in Canberra, Australia on 24 February, 2009a [on line], p. 14, disponível em <http://jocelynebourgon.com/documents/Governance%20Paper-Canberra%20_Feb 16v21%20 PMilley%20Edits_.pdf>, acesso em 4 de março de 2010.

[33]   THE WORLD BANK. Strengthening World Bank Group engagement on governance and anticorruption, 2007, p. 67 [on line], disponível em < http://siteresources.worldbank.org/EXTPU BLICSECTORANDGOVERNANCE/Resources/GACStrategyPaper.pdf>, acesso em 22 de fevereiro de 2010.

[34]   O tema da transparência –e o consectário da sua não garantia, a saber, a corrupção– veio ganhando em importância no estudo da governança pública, especialmente tendo em conta os efeitos do ponto de vista de aumento dos custos de transação desse tipo de prática administrativa; por isso o destaque no conceito à antítese entre governança e corrupção.

nança pela ênfase não na dimensão institucional, estruturante da arquitetura do poder; mas em sua *face dinâmica*, da prática diária das funções próprias ao ente estatal.

Governança deve ser pensada, portanto, como processo, sem ênfase à dimensão dos arranjos orgânico institucionais – o que se harmoniza com o deslocamento da prioridade no que toca à atuação do Estado, também da dimensão da estrutura em favor àquela da função. Na lição de Pierre e Peters[35], pensar em governança como processo é importante, porque tal conotação não se refere primordialmente a estruturas, mas tem em conta, as *interações* entre elas. Disso resultará o traço de dinamismo na sua configuração; e ainda a prevenção do risco de persistência de um modelo de Estado fragmentado contra o qual advertia Giannini[36], afastado da visão macro da condução de seus programas de ação.

Uma vez mais, vale recorrer à lição de Chevallier[37], quando elucida que "(...) *a solução de problemas coletivos não é mais, portanto, responsabilidade exclusiva do Estado, mas implica a participação dos atores sociais, prontos a ultrapassar a defesa de seus próprios interesses categoriais para tentar extrair um interesse comum...*".

Essa opção pela necessária incorporação dos atores sociais em verdade se apresenta como verdadeiro pré-requisito para que a atuação estatal trabalhe sobre problemas reais da cidadania, e dedique-se à construção de soluções adequadas. Para tanto, o conceito de boa administração como direito fundamental, necessariamente há de incorporar a abertura à realidade e a abertura à experiência; essas, necessariamente dependentes do diálogo com a sociedade[38]. Afinal, também no campo das funções administrativas, é de se reconhecer o risco da produção ativa do não-existente[39]; do argumento da não existência (no campo do conhecimento da experiência anterior ou da prática atual da Administração Pública) como cláusula de bloqueio às soluções inovadoras e aos modelos de relação ainda não explorados. Reduzir a realidade ao que já existe é um vício antigo da Administração Pública, do qual ela só se pode libertar com a busca incessante da percepção de realidade e da experiência que se extrai da sociedade, da inteligência coletiva que nela se tem.

Essa governança como processo de formulação de escolhas públicas que se desenvolve a partir de uma perspectiva aberta à participação de múltiplos atores sociais – e que se qualifica justamente por essa ampliação – é o único modo de desenvolvimento da função administrativa que, numa sociedade policêntrica, permitirá o exer-

---

[35] Pierre, Jon e Guy Peters, B. *Governance, politics and the state*. St. Martin's Press Inc., New York: 2000, p. 22.

[36] Severo Giannini, Massimo. *Il pubblico potere. Stati e amministrazioni pubbliche*. Il Mulino, Milano: 1986, p. 79.

[37] Chevallier, Jacques. A governança e o direito. *Revista de Direito Público da Economia – RDPE*, Belo Horizonte, Ano 3, N° 12, out-2005, p. 129 a 146.

[38] Rodríguez-Arana Muñoz, Jaime. *El buen Gobierno y la buena administración de instituciones públicas*. Adaptado a la Ley 5/2006, de 10 de abril. Editorial Aranzadi, Navarra, 2006, p. 27-29.

[39] Sousa Santos, Boaventura. *Renovar a teoria crítica e reinventar a emancipação social*. Boitempo, São Paulo: 2007, p. 28.

cício daquilo que Rodríguez-Arana[40] denominou "pensamento compatível": aquele que não se encaixa em modelos rígidos e planos, e que tem capacidade (justamente porque cuida de compreender o ser humano em todas suas dimensões) de conciliar o individual e o social; o estatal e o civil, a liberdade e o ordenamento, o mercado e a regulação sócio-política.

## V. MECANISMOS DE GOVERNANÇA NO DIREITO ADMINISTRATIVO BRASILEIRO: DENSIFICANDO UM DIREITO FUNDAMENTAL À BOA ADMINISTRAÇÃO PÚBLICA

Já se teve oportunidade de afirmar no presente texto, uma verdadeira antecipação empreendida pela Constituição de 1988, do debate em torno do direito fundamental à boa administração como importante vetor na construção de um verdadeiro Estado Democrático de Direito; e da governança como possibilidade de desenvolvimento dessa mesma função. É de se ter em conta que por ocasião da promulgação da Constituição Brasileira, nenhum desses conceitos se tinha já delineados – mas seus traços identificadores já se tinham presentes no Texto Fundamental. Disso resultou algum nível de experimentalismo institucional, e a tentativa de cunhagem ou adaptação de institutos, que se poriam a serviço do incremento da participação, com sua ampliação à governança. Vale um breve percurso aos referidos institutos.

### 1. *A experiência dos Conselhos*

As alusões expressas no corpo da Constituição à participação como vetor necessário ao desenvolvimento da ação estatal no campo da seguridade (compreendendo seus três vetores de previdência, assistência e saúde); controle da Administração Pública, cultura e outros segmentos de atuação determinaram como primeira tentativa de incorporação da governança, a instituição de Conselhos. Institucionalizando órgãos colegiados, de caráter consultivo ou deliberativo, se tinha a oportunidade de agregar ao processo de deliberação pública, a cogitada pluralidade de atores que enriqueceria essa mesma escolha.

Materializaram essa opção constitutional, dispondo sobre Conselhos, seu caráter consultivo ou deliberativo e suas competências: 1) a Lei 8080/90, disciplinando o Sistema Único de Saúde; 2) a Lei 8742/93 – Lei Orgânica da Assistência Social; 3) a Lei 8213/91 no campo da previdência social; 4) Lei 8069/90 no âmbito da proteção à criança e adolescente, dentre muitas outras. Dois destaques todavia resta fazer no tema.

Um deles diz respeito às críticas apontadas ao modelo, que muitos reputam pouco efetivo, burocrático[41], com baixa capacidade real de intervenção, crítica ou controle

---

[40]   Sousa Santos, Jaime. *El buen Gobierno y la buena administración de instituciones públicas.* Adaptado a la Ley 5/2006, de 10 de abril. Editorial Aranzadi, Navarra, 2006, p. 29.

[41]   Gurgel, Claudio; Justen, Agatha. Controle social e políticas públicas: a experiência dos Conselhos Gestores. *Revista de Administração Pública*, Rio de Janeiro, v. 47, N° 2, Apr. 2013. Available from <http://www.scielo.br/scielo.php?script=sci_arttext&pid=S0034-76122013000200004&lng=en&nrm=iso>. access on 24 May 2013. http://dx.doi.org/10.1590/S0034-76122013000200004.

das escolhas públicas ali apresentadas à deliberação. Esse estado de coisas é creditado por vezes ao caráter heterogêneo de sua composição[42]; à baixa experiência democrática e deliberativa de seus participantes; e mesmo a eventuais dilemas decorrentes da associação numa mesma instância de deliberação colegiada, de atores com posições possivelmente conflitantes. Em que pese às críticas acima indicadas, a potencialidade de caracterização dos referidos Conselhos como um espaço democrático de deliberação e igualmente reconhecidos pela literatura[43], sendo de se investir nos entraves a uma atuação mais efetiva já verificados pela experiência de funcionamento por mais de duas décadas.

Segunda observação, diz respeito às experiências deflagradas em 2004 com a aprovação da Emenda Constitucional N° 45, de institucionalização de Conselhos fora do Poder Executivo – a referência aqui se faz às recentes criações do Conselho Nacional de Justiça (art. 103-B CF), e do Conselho Nacional do Ministério Público (art. 130-A CF). Interessante destacar que não obstante tais Conselhos tenham por destinatários o Poder Judiciário e o Ministério Público; as funções em cada qual destas instituições confiadas a esta instância deliberativa são exatamente as de caráter administrativo que a elas assistem por força da respectiva autonomia institucional.

Assim, Judiciário e Ministério Público passaram a ter, a partir de 2004, instância colegiada, com abertura à participação de outras instituições (respectivamente, art. 103, X, XI e XII e art. 130-A, IV e V CF) e da sociedade civil (art. 103, XIII e art. 130-A, VI CF); colegiado esse que tem por competência exatamente o "controle da atuação administrativa e financeira" (art. 103, § 3° e 130-A, § 2° CF). O que parece significativo na institucionalização destes Conselhos, é o reconhecimento da importância da abertura à participação e governança na função administrativa como um todo do poder; seja aquela entregue ao seu braço especializado de operação (Executivo), seja aquela desenvolvida pelos demais ramos do poder político.

## 2. Audiências e consultas públicas

Segundo instrumento disseminado de ampliação da governança no campo da função administrativa foi o instituto das audiências e consultas públicas, disponível como mecanismo facultativo de ampliação do debate ou, por vezes, assinalado como verdadeiro requisito de regularidade ao desenvolvimento de determinadas atividades da Administração.

A distinção entre os dois institutos se dá a partir de uma perspectiva dialógica, ou unilateral. Assim, a consulta pública se prestará à disponibilização de informações, em relação às quais se deseja a oferta de razões por escrito, caracterizando o procedimento como unilateral (art. 31 da Lei 9784/99). Já a audiência pública envolve a

---

[42] Obino Corrêa Werle, Flávia e Cleusa Andrade, Alenis. Conselhos escolares: análise de sistema municipal de ensino no brasil. *Revista Lusófona de Educação* [online]. 2008, N°11, pp. 85-104. ISSN 1645-7250.

[43] Lube Guizardi, Francini; Pinheiro, Roseni. Dilemas culturais, sociais e políticos da participação dos movimentos sociais nos Conselhos de Saúde. *Ciênc. saúde coletiva*, Rio de Janeiro, v. 11, n. 3, Sept. 2006. Available from <http://www.scielo.br/scielo.php?script=sci_arttext&pid=S1413-81232006000300027&lng=en&nrm=iso>. Access on 24 May 2013. http://dx.doi.org/10.1590/S1413-81232006000300027.

viabilização de debates, numa perspectiva de intercâmbio de opiniões e elementos úteis à construção da decisão administrativa (art. 32 da Lei 9784/99)[44].

Também em relação aos institutos da audiência pública e da consulta pública, embora se identifique uma disseminação normativa de suas hipóteses de cabimento; ainda se apresenta com relativa frequência a crítica quanto ao baixo nível de influência efetiva na construção da decisão administrativa em curso, seja por força da assimetria de informações entre os participantes, seja em decorrência de pouco envolvimento da comunidade, seja pelo pouco conhecimento das regras do jogo - o que tende as desmobilizar agentes que poderiam oferecer virtuais contribuições ao debate. Destaque-se que, diferentemente da sugestão de Moreira Neto[45] –que assevera o caráter necessariamente vinculante da audiência pública como instrumento de participação política na deliberação administrativa–; a prática das audiências não tem revelado sequer o reconhecimento de um ônus argumentativo de parte da Administração Pública no sentido do (des)acolhimento das considerações que ali se tenha trazido pela cidadania.

Uma vez mais, a dificuldade parece estar na incorporação em si da prática – e no seu aprimoramento, observadas inclusive as peculiaridades de cada espaço deliberação e de cada temática. Assim, construir uma linguagem comum que permita uma comunicação efetiva; assegurar voz aos diversos interlocutores; e sobretudo, promover um nivelamento de informações que permita a real participação são os novos desafios à consolidação destes institutos.

Impõe-se de outro lado, estar atento à circunstância de que a cunhagem de espaço de encontro entre a ação estatal e as aspirações da sociedade significa potencializar os benefícios dessa soma de conhecimentos –mas nunca a determinação de uma "pura adaptabilidade camaleônica a las demandas sociales"[46]. Isso porque o crivo último da viabilidade das aspirações sociais sob a perspectiva da juridicidade, economicidade, sustentabilidade e tantos outros atributos exigíveis da atuação estatal segue sendo tarefa da Administração Pública, que poderá, certamente, chegar a conclusão diversa daquela que lhe tenha sido proposta por qualquer dos participantes do processo deliberativo.

Mais ainda: se os interesses ali representados são múltiplos, e se a deliberação administrativa busca o equilíbrio possível entre todas essas aspirações, ela sempre terá contra si, o segmento que não foi diretamente contemplado. Isso não desqualifica nem os mecanismos provedores da governança; tampouco a deliberação em concreto a que se chegou. Afinal, o dissenso é um elemento indispensável ao funcionamento ordinário do jogo democrático.

---

44    Vários outros diplomas específicos contemplarão a possibilidade de realização de um ou outro procedimento em licitações públicas de valor elevado (art. 39 da Lei 8666/93); na preparação do projeto de lei de revisão do Plano Diretor (art. 40, § 4°, I da Lei 10.257/01); no controle do edital de licitação para a celebração de parcerias público-privadas (art. 10, VI da Lei 11.079/04); na instrução de deliberações no campo da regulação dos serviços de energia elétrica (art. 4°, § 3° da Lei 9427/96); etc..

45    De Figueiredo Moreira Neto, Diogo. *Direito da participação política*. Legislativa – administrativa –judicial. Fundamentos e técnicas constitucionais da democracia. Renovar, Rio de Janeiro: 1992, p. 128.

46    Rodríguez Arana-Muñoz, Jaime *Reforma administrativa y nuevas políticas públicas*. Editorial Sherwood, Caracas: 2005, p. 12.

### 3. Direito à informação: retroalimentando a eficácia possível
### dos demais instrumentos

Instrumento mais recente na ordem jurídica brasileira, que robustece um direcionamento do exercício da função administrativa à governança, e portanto à devida reverência ao direito fundamental à boa administração, é a recém aprovada Lei 12.527/11, editada tendo em conta dentre outros preceitos constitucionais, aquele que assegura a participação do usuário na Administração Pública (art. 37, § 3° CF).

Embora não se tenha com o referido instrumento normativo inovado propriamente o ordenamento –o direito ao acesso a informação se tinha assegurado no art. 5°, XXXIII CF–; fato é que a densificação de sentido dessa mesma garantia constitucional contribui para a superação de um grande obstáculo posto em relação aos demais institutos já examinados nos subitens 5.1 e 5.2, a saber, o problema da assimetria de informações.

Governança como traço materializador da boa administração que se reputa direito fundamental, reclama um efetivo diálogo que permita as já referida abertura à realidade e à experiência. Não se pode olvidar que a participação que se deseja, qualificadora da deliberação administrativa, neutralizadora dos eventuais equívocos decorrentes de uma ausência de *expertise* da Administração Pública ou da desconsideração de interesses de minorias que não se tenha alcançado vocalizar; essa só se revelará apta a gerar efeitos benéficos sobre a escolha pública se for exercida a partir de um ponto de comum de conhecimento, um *common ground* em que os partícipes da deliberação tenham niveladas as informações de que dispõe.

O que se deseja ao se cogitar de identificar direito fundamental à boa administração com governança é o engajamento da cidadania, por medidas e arranjos institucionais que os relacionam mais diretamente com o processo decisório, de forma que eles se sintam provocados a influenciar a formação de políticas públicas, programas e serviços, de maneira que impactem positivamente nas suas próprias vidas[47]. Esse engajamento só será atrativo a uma cidadania desmobilizada, e potencialmente útil se o ponto de partida dos partícipes da deliberação é o mesmo, seja no que toca ao conhecimento do problema, seja das alternativas já exploradas de solução. Esse é o tema em que a Lei 12.527/11 se revela útil na dupla perspectiva do provimento em si do acervo de conhecimento necessário à participação, e da oferta de meios necessários à superação dos problemas identificados nas anteriores experiência de atuação dos Conselhos, bem como nas audiências e consultas públicas desenvolvidas pela Administração.

A base de conhecimento de que parte o administrador público para a formulação de suas próprias escolhas não é infalível, seja na compreensão em si do problema, seja na identificação de alternativas de seu enfrentamento. Por essa mesma razão, esse acervo informacional deve ser exposto à crítica e ao enriquecimento através do diálogo proporcionado por um modo de deliberar afinado com a governança. Nesse sentido, trabalhar um adequado acesso às informações é o meio de permitir a mate-

---

[47]  Bourgon, Jocelyne. The Future of Public Service: A Search for a New Balance. *The Australian Journal of Public Administration*, vol. 67, N° 4, 2008, p. 398.

rialização do pensamento dinâmico, aquele que compreende as relações entre pessoas e sociedade e que canaliza essas tensões no rumo de concepções equilibradas[48] que repudiem o hiperindividualismo.

Resta ainda, no que toca a esse avanço na disciplina do acesso a informação, revestir essa prática de intercâmbio de dados da necessária transparência, o que exige assegurar[49]: 1) manutenção de um fluxo de informações; 2) pertinentes, confiáveis, inteligíveis e oferecidas no momento oportuno; 3) relacionadas aos vetores diretos e indiretos que influenciam esse mesmo agir administrativo 4) dirigidas ativamente às diversas estruturas de poder e à cidadania. De nada serviria portanto à redução da assimetria de informações, a simples oferta de um conjunto não sistematizado de dados, que em tempos de desenvolvimento tecnológico, se apresentados sem uma arquitetura minimamente compreensível, podem se tornar muito mais uma ferramenta de ocultação do que de revelamento.

### 4. Direito administrativo e a emancipação da cidadania

Explorados os mecanismos que vem materializando progressivamente um direito fundamental à boa administração pública no cenário brasileiro, cumpre apontar as possíveis repercussões da incorporação dessa prática no Direito Administrativo. Para tanto, evoca-se a cogitação de Dahl[50], que ainda se revela atual, destacando integrem o conceito de democracia os vetores da *contestação pública* e do direito de participação (aqui entendida no sentido de acesso à participação em eleições e cargos públicos, num prisma de inclusividade). Disso decorre a exigibilidade de um modo de operação das funções de governo que permita justamente o exercício dessa contestação. Resta então tematizada a necessária *atualização de sentido do princípio democrático*, que hoje compreende a democracia política e incorpora os atributos de pluralismo.

Desponta então a dimensão sugerida por Canotilho, do princípio democrático como norteador do *princípio de organização*, já que a existência de estruturas de domínio não é eliminada pelo princípio democrático; mas deve ser por ele organizada, de modo a que essas eventuais relações de jugo não esvaziem a democracia.

A conjugação de democracia social com a dimensão organizativa desse mesmo princípio permite concluir pela exigibilidade decorrente da *multi* aludida opção constitucional, de "...*estruturação de processos que ofereçam aos cidadãos efectivas possibilidades de aprender a democracia, participar nos processos de deci-*

---

48     Rodríguez Arana-Muñoz, Jaime. El derecho fundamental a le buena administración en la Constitución española y en la Unión Europea. *A&C Revista de Direito Administrativo e Constitucional*, 10 Anos – Edição Especial, Ano 10, Nº 40, abril/junho 2010, p. 117-149.

49     Lírio do Valle, Vanice. Transparência e Governança. Novas vertentes legitimadoras do agir do poder. *Revista do Tribunal de Contas do Município do Rio de janeiro*, Nº 38, maio 2008.

50     Dahl, Robert. *Poliarquia: participação e oposição*. Trad. Celso Mauro Paciornik, São Paulo: Editora da Universidade de São Paulo, 1997. Traduzido de *Polyarchy: Participation and Oposition*.

*são, exercer controlo crítico na divergência de opiniões, produzir* inputs *políticos democráticos*[51]".

Significa dizer que o funcionamento de um estado democrático requer mecanismos que assegurem essa integração da sociedade no processo político de decisão, o que é de se refletir nos modelos de administração pública e no Direito Administrativo, que há de reconhecer a cidadania não mais como destinatário da ação estatal, mas também como seu coautor, implementador e controlador.

Governança se afigura como conteúdo possível do direito fundamental à boa administração, que, a par de contribuir para o aprimoramento da atividade administrativa, presta reverência à *democracia de funcionamento*. Significa dizer que o desenvolvimento da função administrativa deve se dar a partir de um *"entorno de entendimento"*[52]. A nova tarefa posta ao Direito Administrativo envolverá não só a ampliação do círculo de atores presentes à formulação das escolhas públicas, mas ainda o aperfeiçoamento dos mecanismos viabilizadores dessa participação, e a indução ao envolvimento dos verdadeiros titulares dos interesses em jogo. Propulsão ao engajamento da cidadania no processo decisório da Administração Pública é portanto igualmente desafio ao Direito Administrativo. Das relações de subordinação evoluiu-se para aquelas de consenso; resta agora caminhar para aquelas onde esse mesmo consenso se possa formar não a partir de uma adesão da cidadania à proposta do poder, mas sim de uma recepção pelo poder das contribuições da cidadania.

Nesse tema, esclarece Chevallier com clareza cristalina, que a governança *"...age sobre o direito, modificando sua consistência e sua substância; a governança, não somente precisa de um ambiente institucional para se desenvolver, mas também não pode abrir mão de uma tradução em termos jurídicos..."*. Isso porque, em que pese a idéia da produção de acordos coletivos subjacente à governança, esses de pouca utilidade serão se não se conceber um mínimo de vinculatividade à decisão; de outro lado, a mecânica de construção desses acordos há de ser conhecida e cuidadosamente concebida para evitar uma prática de decisão que se revele excludente – ao invés de democrática. Essas considerações são típicas do Direito Administrativo, que se vê novamente desafiado a se reinventar.

Não se cuida, portanto, na incorporação da governança, de uma relação de exclusão recíproca entre Direito e Administração, mas de uma necessária *adaptação* que é de se verificar de molde a que *o direito se ponha a serviço da governança* – e com isso, a serviço da democracia.

## REFERÊNCIAS

ALMEIDA, Saulo Nunes de Carvalho. A valorização da ética e o direito fundamental à boa administração pública. *Revista Síntese* (responsabilidade pública), v. 2, N° 10, p. 36-43, ago./set. 2012.

---

[51]    Gomes Canotilho, J. J. *Direito constitucional e teoria da constituição*. 4ª ed., Coimbra: Livraria Almedina, 2000, p. 286.

[52]    Rodríguez Arana-Muñoz, Jaime. *Reforma administrativa y nuevas políticas públicas*. Editorial Sherwood, Caracas: 2005, p. 30.

BATISTA JUNIOR, Onofre Alves. *Princípio constitucional da eficiência administrativa*. Belo Horizonte: Mandamento, 2004.

BOBBIO, Norberto. *A era dos direitos*. Trad. Carlos Nelson Coutinho. 19ª reimp., Elsivier, Rio de Janeiro: 1992. Traduzido de *L'Età dei Diritti*

BONAVIDES, Paulo. A Carta de 1988: o começo da segunda transição. *Revista Forense*, N° 304, v. 84, 1988, p. 313-315.

BOURGON, Jocelyne. The Future of Public Service: A Search for a New Balance. *The Australian Journal of Public Administration*, vol. 67, N° 4, 2008.

BOURGON, Jocelyn. *New Governance and Public Administration: Towards a Dynamic Synthesis*. A paper tabled at a Public Lecture hosted by the Australian Department of the Prime Minister and Cabinet in Canberra, Australia on 24 February, 2009a [on line], p. 14, disponível em < http://jocelynebourgon.com/documents/Governance% 20Paper-Canberra%20_Feb_16_v21%20_PMilley%20Edits_.pdf>, acesso em 4 de março de 2010.

BRASIL. Presidencia da República. Plano Diretor da Reforma do Aparelho do Estado, 1995. Disponível em <http://www.cebes.org.br/media/File/Plano%20Diretor %20da%20Reforma%20do%20Aparelho%20do%20Estado.pdf>, acesso em 27 de maio de 2013.

CALABRESI, Guido e BOBBIT, Philip. *Tragic Choices. The conflicts society confronts in the allocation of tragicaly scarce resources*. New York – London: W. W. Norton & Company, [s/a].

CHEVALLIER, Jacques. A governança e o direito. *Revista de Direito Público da Economia – RDPE,* Belo Horizonte, Ano 3, N° 12, out-2005, p. 129 a 146.

DAHL, Robert. *Poliarquia: participação e oposição*. Trad. Celso Mauro Paciornik, São Paulo: Editora da Universidade de São Paulo, 1997. Traduzido de *Polyarchy: Participation and Oposition*.

FINGER, Julio Cesar. O direito fundamental à boa administração e o princípio da publicidade administrativa. *Interesse público*, v. 11, n. 58, p. 133-143, nov./dez. 2009. FREITAS, Juarez. *Discricionariedade administrativa e o direito fundamental à boa administração pública*. São Paulo: Malheiros Editores, 2007.

GABARDO, Emerson. *Eficiência e legitimidade do Estado*. Uma análise das estruturas simbólicas do direito político. Apresentação do Min. Carlos Ayres Britto. Barueri-São Paulo: Manole, 2003.

GUIZARDI, Francini Lube; PINHEIRO, Roseni. Dilemas culturais, sociais e políticos da participação dos movimentos sociais nos Conselhos de Saúde. *Ciênc. saúde coletiva*, Rio de Janeiro, v. 11, N° 3, Sept. 2006. Available from <http://www.scie lo.br/scielo.php?script=sci_arttext&pid=S1413-81232006000300027&lng=en& nr m= iso>.accesson 24 May 2013. http://dx.doi.org/10.1590/S1413-812320060003000 27.

GURGEL, Claudio; JUSTEN, Agatha. Controle social e políticas públicas: a experiência dos Conselhos Gestores. *Revista de Administração Pública*, Rio de Janeiro, v. 47, N° 2, Apr. 2013.

MARCELINO, Gileno Fernandes. Em busca da flexibilidade do Estado: o desafio das reformas planejadas no Brasil. *Revista de Administração Pública*, 37(3): 641-59, maio/junho 2003.

MODESTO, Paulo. Notas para um debate sobre o princípio da eficiência. *Revista do Serviço Público*. Ano 51, N° 2, abr-jun 2000; p. 105-119.

MOREIRA NETO, Diogo de Figueiredo. Transição constitucional (pela estabilidade democrática). *Revista Forense*, Vol. 304, 1988 p. 63-68.

_____. *Direito da participação política*. Legislativa –administrativa– judicial. Fundamentos e técnicas constitucionais da democracia. Rio de Janeiro: Renovar, 1992.

_____, *Apontamentos sobre a reforma administrativa*. Emenda Constitucional N° 19, de 4 de junho de 1998. Rio de Janeiro: Renovar, 1999.

_____, Coordenação gerencial na administração pública. Administração pública e autonomia gerencial, contrato de gestão, organizações sociais. A gestão associada de serviços públicos: consórcios e convênios de cooperação. *Revista de Direito Administrativo*, N° 214, out/dez 1998b, p. 35-53.

OLIVEIRA, Gustavo Justino de e VARESCHINI, Julieta Lopes. Administração pública brasileira e os 20 anos da constituição de 1988: momentos de predomínio das sujeições constitucionais em face do direito fundamental à boa administração pública. *Fórum administrativo*, v. 9, N° 95, p. 23-34, jan. 2009;

PECES-BARBA, Gregorio. *Curso de derechos fundamentales: teoría general*. Madrid: B.O.E, 1999.

PIERRE, Jon e PETERS, B. Guy. *Governance, politics and the state*. St. Martin's Press Inc., New York: 2000, p. 22.

ROCHA, J. A. OLIVEIRA. *Gestão pública e modernização administrativa*. Portugal: Instituto nacional de Administração, [s/a], p. 186.

RODRÍGUEZ-ARANA MUÑOZ, Jaime. *Reforma administrativa y nuevas políticas públicas*. Editoral Sherwood, Caracas: 2005.

_____, *El buen Gobierno y la buena administración de instituciones públicas*. Adaptado a la Ley 5/2006, de 10 de abril. Editorial Aranzadi, Navarra, 2006.

_____, El derecho fundamental a le buena administración en la Constitución española y en la Unión Europea. *A&C Revista de Direito Administrativo e Constitucional*, 10 Anos – Edição Especial, Ano 10, N° 40, abril/junho 2010, p. 117-149.

_____, *Direito fundamental à boa administração pública*. Trad. Daniel Wünder Hachem, Belo Horizonte: Editora Forum, 2012.

SARLET, Ingo. A Administração Pública e os Direitos Fundamentais. Aula proferida na Escola da Magistratura do TRF-4ª Região, [on line], [s/d] p. 1-2, disponível em <http://www.trf4.jus.br/trf4/upload/arquivos/emagis_atividades/ingowolfgangsarlet.pdf>, acesso em 3 de fevereiro de 2010.

SARMENTO, Daniel. *Direitos fundamentais e relações privadas*. Lumen Juris Editora, Rio de Janeiro: 2004.

SOUSA SANTOS, Boaventura. Renovar a teoria crítica e reinventar a emancipação social. Boitempo, São Paulo: 2007.

THE WORLD BANK. Governance: The World's Bank Experience (Development in Pratice). 1992, p. 14 [on line], disponível em <http://www-wds.worldbank.org/ external/default/WDSContentServer/WDSP/IB/1994/05/01/000009265_3970716142 854 /Rendered/PDF/multi0page.pdf>, acesso em 22 de fevereiro de 2010.

THE WORLD BANK. Strengthening World Bank Group engagement on governance and anticorruption, 2007, p. 67 [on line], disponível em <http://siteresources. worldbank.org/EXTPUBLICSECTORANDGOVERNANCE/Resources/GACStrateg yPaper.pdf>, acesso em 22 de fevereiro de 2010.

VALLE, Vanice Regina Lírio do. Direitos fundamentais e boa administração: uma associação indispensável no caminho da efetividade. In KLEVENHUSEN, Renata Braga (corrd.). *Temas sobre direitos humanos: em homenagem ao Professor Vicente de Paula Barreto*, Lumen Juris, Rio de Janeiro: 2009, p. 201-225.

_____, *Direito fundamental à boa administração e governança.* Prefácio de Diogo de Figueiredo Moreira Neto. Belo Horizonte: Editora Forum, 2011.

_____, Judicialização das políticas públicas no Brasil: até onde podem nos levar as asas de Ícaro. *Themis – Revista da Faculdade de Direito da UNL.* Coimbra:Almedina, Ano XI – Nº 20/21, 2011, p. 185-210.

VIEIRA DE ANDRADE, José Carlos. Os Direitos Fundamentais no Século XXI. [*on line*], disponível em <http://www.georgemlima.xpg.com.br/andrade.pdf>, acesso em 3 de fevereiro de 2010.

WERLE, Flávia Obino Corrêa e ANDRADE, Alenis Cleusa. Conselhos escolares: análise de sistema municipal de ensino no brasil. *Revista Lusófona de Educação* [online]. 2008, N° 11, pp. 85-104. ISSN 1645-7250.

# BUENA ADMINISTRACIÓN: UNA MIRADA EN RETROSPECTIVA A SU USO COMO NOCIÓN JURÍDICA

*ANDRY MATILLA CORREA**

"(...) *Si podéis encontrar para los que deben mandar una condición de vida que ellos prefie-ran al mando, vos encontrareis también una república bien gobernada. Porque en sola ella mandarán los que realmente son ricos, no en oro, sino en sabiduría y en virtud, únicas rique-zas de los verdaderamente felices; pero en donde hombres pobres, y que no tienen bienes propios ni medio alguno para ser felices, aspiren al mando creyendo encontrar allí la dicha tras que van hambrientos, la administración siempre será mala. (...)."*

*La República o coloquios sobre la justicia*

PLATÓN

## I. IDEAS INICIALES

Cuando se trata de abordar un tópico relacionado con el poder público, no puede menos que pensarse, de inicio, que es ese un tema que nunca deja de ser pertinente, atractivo y útil, a la par de que su tratamiento siempre es complejo, escabroso y pre-senta no pocas dificultades en cualquiera de los posibles planos en los que es facti-ble fijar su enfoque.

Desde nuestro punto de vista, la pretensión de adentrarse por alguna de las cues-tiones que involucra esa temática, no debe estar de espaldas al hecho –so pena de llegar a conclusiones desnaturalizadas– de que la presencia del poder público como realidad solo se explica por la existencia del hombre socialmente organizado. De ahí que es un fenómeno que tiene ante todo un carácter y un significado social, en tanto que como fenómeno existe como necesidad de la organización social del hombre y para la organización social del hombre. A nuestros ojos, desde el desarrollo concep-tual que ha aportado la modernidad como etapa socio-histórica, el poder público solo existe como realidad organizada y operativa, entre algún otro favor más que pueda convocarse como determinante, porque hay destinatarios de su ejercicio: los hombres que se asientan en una comunidad políticamente organizada; y porque debe

* Doctor en Ciencias Jurídicas. Profesor Titular de Derecho Constitucional y Administrativo, de la Facultad de Derecho de la Universidad de La Habana Presidente de la Sociedad Cubana de De-recho Constitucional y Administrativo de la Unión Nacional de Juristas de Cuba (UNJC).

cumplir un rol de garantía y proveimiento para la existencia de esa comunidad y de los miembros que la integran, bajo los parámetros ideológicos y conceptuales que sean. De lo contrario, el poder público carece de sentido y sustancia como manifestación objetiva.

Así las cosas –más allá de las experiencias históricas que por miles de años pueden hacer parecer ingenuo, pero verídico, este planteamiento–, el poder público no ha de ser un fin en sí mismo, sino medio o instrumento para proveer a la convivencia social del grupo humano y del hombre mismo como individuo, bajo ciertas condicionantes o aspiraciones de vida que son las que determinan su uso como medio o instrumento y permiten medir la validez y efectividad de esa utilización. De tal suerte, es el poder público un factor de garantía existencial de la sociedad humana y del hombre como individuo, que con el transitar de la marcha vital de la humanidad por los varios milenios que conforman su historia, ha ido pasando de simple medio de dominación, sin más, de unos hombres sobre otros, a hacer del desarrollo a plenitud de la condición humana el aliento vital de su planteamiento y operatividad –al menos en un plano ideal–; sin olvidar que sigue siendo también medio de dominación social.

Por lo hasta aquí dicho, es difícil no derivar entonces en la convicción de que el poder público ha de verse como un mecanismo al servicio de la sociedad y de los integrantes de ella y no para servirse de la sociedad y de sus integrantes. Entenderle como un medio para servir con utilidad el hombre en su travesía social, debe ser el *animus* que anide en las esencias de ese poder y en cada una de las zonas funcionales, de las piezas estructurales y de los instrumentos en los que se exprese y manifieste. Y con esa perspectiva servicial es que deben encararse todas las acciones de transformación y perfeccionamiento de los resortes del poder público, en los diversos planos y maneras en los que este se proyecto objetivamente.

La preocupación sobre cómo debe ejercerse el poder público no parece ser algo novedoso. Es dable asumir que desde el surgimiento mismo de las más primitivas manifestaciones de la sociedad políticamente organizada, también han existido hombres que han dedicado tiempo a proveer todo tipo de análisis, argumentos y explicaciones –desde los diversos planos que tienen que ver con ello– para justificar y trazar ese ejercicio de una manera tal, que sirva para imponerlo y realizarlo de acuerdo con los intereses, concepciones, valores y principios que han regido a la sociedad políticamente organizada en los diversos momentos y espacios histórico-concretos por los que la misma ha transitado a través de la historia de la humanidad.

Sin embargo, es con la llegada de la era moderna dentro de esa historia, con todo su soporte conceptual y las consecuencias estructurales y funcionales que trajo consigo para la vida socio-política –antecedida de un gran caudal de ideas y experiencias vividas a lo largo de tantos siglos de existencia humana–, que las preocupaciones por el ejercicio del poder público cobran una nueva dimensión; descubriendo en ellas un salto cualitativo en comparación con periodos históricos anteriores, y convirtiéndose en uno de los principales ejes sobre los que ha ido progresando y evolucionado la sociedad moderna. Claro está, dentro de ese progreso y evolución sociales queda también comprendido –no puede ser de otro modo– el progreso y evolución del ejercicio del poder público, pues, como fenómeno, es resultado y queda determinado por otro mayor que no es más que el de la existencia humana organizada en sociedad y las trasformaciones que esta sufre.

Realmente, para nosotros es tentadora la idea de pensar que "el dilema" o la constante del hombre moderno a nivel social ha sido el de su ubicación frente al poder público como planteamiento que determina su realización como individuo; es decir, la posición que ocupa frente al poder público y el alcance y significado que ello tiene para su vida individual y social. A tenor de eso, entendemos que ese ha sido uno de los pilares fundamentales de la construcción y evolución de la sociedad moderna. El hombre moderno hace mucho que advirtió que hoy los resortes de su realización existencial no pasan tanto por cómo se coloca él frente a sus semejantes, individualmente considerados, sino por cómo queda él –en cuanto elemento esencial y determinante de la sociedad– frente a los resortes que rigen y pulsan su vida en colectividad humana, pues su proyección como individuo queda comprendida y conectada sustancialmente a esa colectividad: aportando, recibiendo, respondiendo, dependiendo y sujetándose a ella; en fin, existiendo en, y con, ella.

A raíz de ello, siempre hemos estado inclinados a pensar que es en el espacio señalado por el Derecho Administrativo donde se puede percibir –desde el prima jurídico, obviamente–, al ser humano en su completa y real dimensión como eje central de la mecánica social. No se olvide que el hombre es, a su vez, entidad individual y ser social; y que en su existencia y desarrollo pleno como ser humano deben marchar en armonía su naturaleza como individuo y su naturaleza social. El Derecho Administrativo –en cuanto regulador de la organización y funcionamiento de la Administración Pública y del ejercicio de la función administrativa– es el plano donde esas dos dimensiones del hombre (la individual y la social) pueden apreciarse de manera palpable y clara, en y desde la dinámica de relaciones sociales que dicha rama ordena jurídicamente, en un proceso de interacción de ambas perspectivas, no en enfrentamiento sino en complementación: por un lado, está la Administración Pública como la estructura del grupo social políticamente organizado encargada de actuar a los fines de garantizar la satisfacción del interés público (general, común, colectivo, no viene ahora al caso la precisión terminológica), de lo cual depende la subsistencia y marcha de ese grupo social en cuanto tal; y, del otro lado, está el administrado o ciudadano (cualificación del individuo), alcanzado directamente como integrante de la comunidad por el funcionamiento de la Administración Pública –e involucrado también en él–, pero significando, asimismo, que esa comunidad no está compuesta, así no más, por una sumatoria de individuos, sino por la coexistencia, integración e interacción de los mismos en ese marco dinámico, con la premisa de dejar a salvo su espacio vital como individuo, cuya realización es indispensable respetar y garantizar igualmente.

Sin dudas, es desde esa vinculación entre la Administración Pública y los administrados (ciudadanos) al amparo de la función administrativa, donde se hace posible calar mejor la dinámica funcional hombre-sociedad, poder público-libertad individual, intereses públicos-intereses privados (individuales); pues en ella opera la realización del interés público (arista social), pero con la impostergable exigencia de no desproteger y desconocer la esfera de libertad individual de los administrados (arista individual). El Derecho Administrativo es, pues, el campo jurídico por excelencia donde debe conciliarse, en la operatividad, la actuación de intereses públicos (poder público) con la observancia de los derechos y libertades propios del individuo (del hombre, como unidad básica de la sociedad), para, por ese medio, proveer verdaderamente a la buena marcha del grupo social y dar respuesta adecuada a sus requerimientos vitales en cuanto tal.

Esta reflexión es punto de partida para entender que las diversas técnicas de actuación (en lo sustancial y en lo formal) a las que se recurran en el desenvolvimiento de la función administrativa, deben tender a garantizar la coherencia en la correlación impostergable entre el ejercicio del poder público (y la consecución del interés público) y el respeto a los derechos individuales y a la esfera de libertad de los administrados (ciudadanos). Hacia ahí debe tender la Administración Pública inexcusablemente, y ese ha de ser el punto necesario para enrumbar, determinar y valorar su buen funcionamiento.

En definitiva, la *buena administración pública*, no es solo algo que ha de ser consustancial a la Administración Pública y a su funcionamiento mismo, so pena quedar entonces desnaturalizados como fenómenos, sino que se ha convertido hoy en una idea o noción con un importante valor jurídico que no ha de quedar solo en un plano de expresión de una aspiración, meta o ideal en relación con lo que queremos de aquellos, sino que ha de ser tenida además como un factor de promoción del cambio y la transformación de las relaciones entre la Administración Públicas y los ciudadanos, en pos de proveer, en lo administrativo, un ejercicio del poder público que se atenga en verdad y realmente alcance los fines existenciales de dicho poder.

No debemos pasar por alto el hecho de que la idea de *buena administración* ha sido una noción que ha recalado con definitiva visibilidad en el Derecho Administrativo, o en el Derecho Público, procedente originariamente de la Ciencia de la Administración.[1] Es, tal vez, en estos predios de la *buena administración*, donde puede apreciarse con mejor claridad una suerte de diálogo fructífero entre aquella Ciencia y ese Derecho. Y, en el aludido recalo, la *buena administración* ha ido adquiriendo gradualmente su trascendencia jurídica hasta mostrarse tal y como va resultando hoy.

Y es que la *buena administración* indica, primariamente, la referencia a una situación más objetiva que formal;[2] alude más a la materialidad de un fenómeno y no a la ordenación formal del mismo. Aunque, no debe olvidarse que cuando se trata de la

---

[1]  Algo que ha sido ya anotado por los estudiosos, baste recordar entonces, por ejemplo, a González Navarro cuando observaba que la lista de principios de lo que llamaba como «buen hacer administrativo» fueron apareciendo a compás de la evolución de la Ciencia de la Administración. Ver: González Navarro, Francisco, "De los principios del buen hacer administrativo", en Rodríguez-Arana Muñoz, Jaime y del Guayo Castiella, Íñigo (Dirección), *Panorama de las Administraciones Públicas en el siglo XXI. Homenaje al Profesor Eduardo Roca Roca*, Boletín Oficial del Estado, Instituto Nacional de Administración Pública, Madrid, 2002, pp. 548 y ss.

[2]  Según consideraba González Navarro en su trabajo anteriormente citado: "Para poner un poco de orden en esta materia sería bueno empezar separando los que, de manera provisional y sin compromiso mayor, podemos llamar «principios jurídicos» de aquellos otros que deberíamos llamar «principios de buena administración» [una expresión suficientemente identificadora y que, además, tiene tradición en nuestro derecho positivo, ya que viene empleándose en la legislación de contratos públicos desde la LCE de 1965 (art. 1 O), por lo menos, hasta la LCAP de 16 de julio de 2000 (art. 4)]"; agregando inmediatamente: "Cuando para dar título a mi trabajo he utilizado la rúbrica (principios del buen hacer administrativo) lo he hecho con la intención de designar con una fórmula común lo que en definitiva son dos elementos de un mismo sistema. Hay, en efecto, un quehacer jurídico y un quehacer que podríamos llamar –con bastante precisión– quehacer empresarial de las Administraciones públicas. Uno y otro han de realizarse bien, conforme a reglas determinadas, jurídicas las unas, de dirección de personas y de gestión de medios, las otras". Ver: González Navarro, Francisco, "De los principios del buen hacer administrativo", *ob. cit.*, p. 581.

Administración Pública, la realización material de la misma pasa por su ordenación jurídica, en tanto dicha Administración es un fenómeno que solo puede existir válidamente (como toda manifestación organizada y funcional del Estado y del poder público) dentro de los marcos que le provee el Derecho, donde la garantía de consecución del interés general o común y el respeto a los derechos de los ciudadanos, que no solo limitan, sino que además deben determinar el funcionamiento administrativo público, son dos factores que devienen inexcusables en ese proveimiento para ser verdaderamente tal.

En definitiva, hablar de *buena administración*, es, ante todo, referirse a una evaluación o valoración positiva del desenvolvimiento objetivo o material del fenómeno administrativo, atendiendo a los criterios que prevén cómo debe realizarse. De ahí que, en ello, se evoca la consideración de parámetros objetivos, previamente fijados o determinados en función de ciertos fines, cuyo cumplimiento ha de señalar entonces la consideración positiva de dicho fenómeno en su concreción o realización material.

Llevando ese rápido razonamiento al plano jurídico de la Administración Pública, la *buena administración pública* ha de ser el estado que resulta del buen hacer administrativo, y ese buen hacer deriva del ajuste y cumplimiento, por parte de la Administración Pública, de ciertos parámetros jurídicamente trascedentes, que son los que marcan sus modos de proceder y el alcance de sus finalidades; esto es, marcan la existencia y el uso de sus medios y el alcance de sus fines generales. Por lo tanto, ha de darse la *buena administración* cuando se han empleado bien los medios en la actuación administrativa y se ha llegado, por esa vía, al correcto cumplimiento de los fines a los que esos medios han de servir, todo ello dentro del marco jurídico existente, que ha de estar inspirado en valores y principios que garanticen y conduzcan a la plena realización del hombre social e individualmente considerado. En fin, que *buena administración* no sugiere otra cosa que hacer las cosas bien en lo administrativo, dentro de un marco jurídico que propicie ese buen hacer.

En nuestra opinión, la *buena administración*, como noción jurídicamente relevante, ha de involucrar la idea de un accionar administrativo público que se efectúe objetivamente del modo más óptimo posible y que alcance, por esa vía, también de forma óptima, el fin (general) que determina dicho accionar. Todo ello dentro de un orden jurídico que sea realmente cause de determinación y garantía de esa realización.

Vista desde esa perspectiva la cuestión, hay que decir que la *buena administración*, en tanto noción jurídicamente relevante, queda –quizás no puede ser de otro modo atendiendo a que conlleva en sí un juicio de valor sobre una actuación o funcionamiento– esencialmente en el plano de lo genérico, de lo abierto o amplio, de lo brumoso en cierta medida; es más bien una silueta que señala contornos externos, y que debe ir llenándose de sustancia y contenido gradualmente y en ascenso. Como la evolución al respecto ha ido poniendo de manifiesto con el paso de los años y los avances en materia jurídica a favor del ciudadano y frente al ejercicio del poder público, el trazado de la *buena administración* como concepto con presencia en lo jurídico, solo puede irse esclareciéndose no desde una definición que al parecer siempre será genérica, poco precisa e inacabada en su contenido, sino a partir de elementos concretos e individualizados que la vayan sustanciando y especificando en su significado, en la medida que evoluciona el orden jurídico.

Por ende, jurídicamente hablando, la *buena administración* se perfila como una noción con vocación genérica, a la que puede llegarse a partir del compendio o descripción concreta de los elementos que pueden quedar comprendidos en ella.

De tal suerte, la *buena administración* es un concepto que, para lo jurídico, expresa un sentido unitario, pero se manifiesta en situaciones de diversa índole, precisamente por lo diverso que resulta el contenido del funcionamiento administrativo y todo él no debe menos que estar perfilado hacia el buen hacer. De ahí que sea forzoso reconocer que la *buena administración* trasunta un concepto complejo y multifacético, como bien se ha dicho.[3]

Por otro lado, la *buena administración* queda también como una noción con un contenido abierto a la dinámica y la evolución continua,[4] en tanto en la medida en que la sociedad políticamente organizada evoluciona jurídicamente, nuevos elementos se irán incorporando como exigencias a las que debe ajustarse el ejercicio del poder –y en este caso el funcionamiento administrativo– para responder adecuadamente a las necesidades de vida de los ciudadanos y de la comunidad, según los valores y principios que rijan esa comunidad en cada momento histórico-concreto que se presente.[5]

## II. MALA ADMINISTRACIÓN Y BUENA ADMINISTRACIÓN COMO NOCIONES CON VALOR DE USO Y APLICACIÓN EN EL DERECHO PÚBLICO: UNA MIRADA EN RETROSPECTIVA

No nos cabe dudas de que ha de encontrarse una gran riqueza y diversidad cuando se trata de indagar sobre los antecedentes de la presencia o aplicación de la noción de *buena administración* o de *mala administración* en el campo jurídico, especialmente en lo que hace al panorama del Derecho Público europeo de los últimos dos siglos.

Una riqueza y diversidad que apunta a reforzarnos el sentimiento de que, tal como se va proyectando hoy entre nosotros el tema de la *buena administración* dentro del contexto jurídico actual, es un tópico cuya presencia no es algo que se haya descu-

---

[3] Mendes, Joana, "La bonne administration en Droit Communautaire et le Code Européen de Bonne Conduite Administrative", *Revue française d'administration publique*, 2009/3, N° 131, Paris, p. 560.

[4] En palabras de Azoulai, "(…) el término de buena administración resulta constantemente ambiguo en Derecho Comunitario, indicando no sólo una fuente general de protección y un estado ideal del Derecho, sino que también designa una manera particular de protección procedimental vinculante. Seguramente esta ambigüedad no está desprovista de virtud. Surgidas discretamente en la jurisprudencia, a la sombra de garantías más conocidas y mejor circunscritas, como los derechos de defensa y la obligación de motivación, las obligaciones de buena administración se han beneficiado de la autoridad de estos últimos para extenderse y elevarse en el seno del Ordenamiento jurídico comunitario, hasta el punto de que parece difícil hoy día asignarles límites". Azoulai, L., "Le principe de bonne administration", en Auby, J. B. y Dutheil de la Rochère, J. (Sous la direction de), *Droit Administratif européenne*, Bruylant, Bruxelles, 2007, p. 495.

[5] En apreciación de Tonos Mas: "Como principio rector de la actuación de las administraciones públicas, la buena administración tiene un alcance mucho mayor en la medida en que su carácter plural y su fuerza expansiva pueden dar mucho juego para imponer una nueva cultura en la actuación de las administraciones públicas y en su relación con los ciudadanos". Tornos Mas, Joaquín, Tornos Mas, Joaquín, *El derecho a una buena administración*, Sindicatura de Greuges de Barcelona, Barcelona, 2007, p. 16.

bierto del todo ahora, ni su enarbolación e identificación como *principio* resulta de los días actuales[6] –ni siquiera la denominación de *buena administración* es nueva[7]–.

Lo que se ha hecho, en definitiva, en el contexto jurídico más actual no es innovar la *buena administración*, sino dotarla de definitiva visibilidad y potenciarla, ir confiriéndole paulatinamente configuración y contenido jurídicos; advirtiéndose mejor, delineándose, reforzándose, desplegando las posibles consecuencias que implica en diversos ámbitos de la Administración Pública. En fin, lo que se ha hecho en los últimos lustros es revitalizarla, consolidarla, potenciarla, y otorgarle una nueva dimensión como pilar del orden jurídico administrativo que se desenvuelve por estos días. Pero, todo ello, al igual que cualquier fenómeno jurídico, como resultado de un proceso evolutivo que se ha forjado al calor de la marcha y transformaciones del espacio *iuspúblico*.

En consecuencia, el proceso evolutivo de la *buena administración* no es algo que debe ser dejado a un lado, cuando se trata del estudio de dicho fenómeno en los marcos del Derecho, si en verdad se quiere tener una adecuada percepción de la realidad actual que éste revela.

### 1. *Mala administración y buena administración entre los autores de Derecho Público del siglo XIX y comienzos del XX. Los casos de Francia y España*

El uso de las expresiones *mala administración* y *buena administración* no constituye patrimonio exclusivo de los documentos y los *iuspublicistas* de la segunda mitad siglo XX y lo que va del XXI. Por el contrario, en escritos de Derecho Público y Derecho Administrativo del siglo XIX y los primeros lustros del XX, ya es posible encontrar la presencia de tales locuciones.

---

[6]  Joaquín Tornos Mas es de los que ha considerado que la buena administración se nos presenta como un nuevo principio rector de la actuación de las administraciones públicas; o como un principio de reciente creación. Ver: Tornos Mas, Joaquín, *El derecho a una buena administración, ob. cit.*, pp. 14 y 17.

[7]  Desde la perspectiva actual, y a la luz del Derecho de la Unión Europea, quizás la novedad está en la denominación de *derecho de buena administración* o *derecho fundamental a la buena administración*, es decir, llamarle *derecho*, pero no ciertamente la expresión *buena administración*, que como iremos viendo más adelante es de vieja data como recurso nominativo con valor de uso dentro del universo *iuspúblico*. Por ejemplo, para resaltar la línea de quienes ven novedad en el uso de la fórmula buena administración, la profesora española Yolanda García Calvente ha sido de las que ha afirmado que el reconocimiento del *derecho a la buena administración* que hizo el artículo 41 de la Carta de los Derecho Fundamentales de la Unión Europea "(…) no supuso el nacimiento de un nuevo fenómeno, sino la inclusión bajo un nombre relativamente novedoso de una serie d derechos y principios por los que la Administración debía guiarse hace tiempo."; ver: García Calvente, Yolanda, "Prólogo", en Ávila Rodríguez, C. M., y Gutiérrez Rodríguez, F. (Coordinadores), *El derecho a una buena administración y la ética pública*, Fundación General de la Universidad de Málaga, Tirant lo Blanch, Valencia, 2011, p. 13. Por su lado, Miguel Antonio Guevara Quintanilla ha aseverado: "(…) el hablar de buen gobierno o buena administración, nos introduce a terminología novedosa y que implica una serie de compromisos no solo institucionales sino personales. (…)"; ver: Guevara Quintanilla, Miguel Antonio, *El derecho a la buena administración*, Servicio de Publicaciones, Facultad de Derecho, Universidad Complutense, Madrid, 2010, p. 41.

Una rápida revisión a esa bibliografía decimonónica, nos puede revelar el uso de tales expresiones por los doctrinantes de esa época e incluso su inclusión en el texto de alguna norma jurídica de carácter legal o reglamentario. En esa mirada, nos podemos dar cuenta que si bien *mala administración* y *buena administración* no es una terminología que abunda en las páginas de esos textos, tampoco resulta infrecuente encontrarla ya con un alcance común o más llano, ya con ciertas implicaciones o sentido jurídico realmente poco explicitado y sin precisiones apreciables sobre sus consecuencias, como en las centurias posteriores se le ha ido asignando gradualmente como noción jurídica. Aún así, primitivamente configurado, la evocación de esas locuciones no deja de traslucir ese sentido jurídico.

Si apreciamos en cada autor por separado que pudo haberlos empleado, el sentido que en ellos puede tener cuando consagran el uso de esas palabras, poco nos ayudaría a entender la presencia de las mismas con valor dentro del universo jurídico-público de fines del siglo XIX y principios del XX. Sin embargo, si vamos juntando esos varios usos, pues nos puede dar una idea más acabada de las significaciones que pudieron abarcar en tal utilización; así como que se nos señala que, en ese marco temporal, al menos modernamente, puede fijarse un momento inicial en la evolución de ambas (*mala administración* y *buena administración*) como nociones o categorías con sentido jurídico-administrativo.

Creemos que, atendiendo al interés que los temas sobre *mala administración* y *buena administración*, han ido despertando en el pensamiento jurídico público de la segunda mitad del siglo pasado y los lustros que corren de este, así como al valor categorial y práctico que han ido alcanzando dentro del ámbito jurídico público, pues ameritaría sumergirse más allá de los hitos fundamentales (normativos, jurisprudenciales y teóricos) que en este tiempo se han visualizado en torno a la *mala administración* y la *buena administración* como nociones jurídicas, para indagar y ubicar los posibles antecedentes efectivos de una construcción conceptual que se va consolidando cada vez más. Y no ha de ser esa una indagación en retrospectiva solo por el gusto teórico o el ejercicio de erudición, sino porque estamos seguros que ello nos depararía algunas noticias interesantes y tributaria a la mejor comprensión de la *mala administración* y la *buena administración* como fenómenos jurídicos, según han ido tomando carta de presencia en el universo jurídico más contemporáneo.

Claro está, a pesar de llamar la atención sobre ella necesidad de mirar algo más lejos en el tiempo en los ordenamientos y en el pensamiento jurídicos en pos de la mejor comprensión de lo que encierran las ideas sobre la *mala administración* y la *buena administración*, es ese un esfuerzo que ha de requerir varios factores necesarios para acometerse, los cuales estamos muy lejos de reunir en lo personal. De ahí que no tengamos las fuerzas (ni materiales, ni intelectuales) para acometerlo en un grado mínimamente digno.

Por lo pronto, a partir de la conciencia sobre esas limitaciones, nos contentamos con ilustrar y esbozar algunos usos de *mala administración* y la *buena administración*, tal como lo encontramos mientras leíamos materiales para redactar estas líneas, dentro de alguna literatura europea sobre Derecho Público; específicamente las de Francia y España, no por una selección arbitraria, sino por la frecuente presencia –en conclusión que adelantamos– de las expresiones apuntadas en la letra de obras sobre Derecho Administrativo –o relacionadas de alguna manera con él– de esos países datadas en el siglo XIX, particularmente.

## A. *Francia*

En importantes escritos de Alexis DE TOCQUEVILLE, es factible encontrar las inclusiones de la expresión *mala administración* en más de un momento; si bien en un sentido común y no propiamente jurídico. Según de DE TOCQUEVILLE:

> *"Les fonctionnaires publics, dit la constitution du Massachusetts, seront condamnés pour la conduite coupable qu'ils auront tenue et pour leur mauvaise administration'. Tous les fonctionnaires qui auront mis l'État en danger, par mauvaise administration, corruption, ou autres délits, dit la constitution de Virginie, pourront être accusés par la chambre des députés."*[8]

Alexis de Tocqueville:

> *"La mauvaise administration d'un magistrat, sous la démocratie, est d'ailleurs un fait isolé qui n'a d'influence que pendant la courte durée de cette administration. La corruption et l'incapacité ne sont pas des intérêts communs qui puissent lier entre eux les hommes d'une manière permanente."*[9]

En otra gran obra, *El Antiguo Régimen y la Revolución*, DE TOCQUEVILLE colocaba el siguiente comentario en la nota correspondiente a la referencia sobre "La decadencia de las ciudades libres en Alemania. Ciudades imperiales":

"Internamente se hallan abrumadas por tantas deudas; éstas obedecen, por una parte, a que aún se les continúa imponiendo gravámenes del Imperio, de acuerdo con su antiguo esplendor, y, por la otra, a que están muy mal administradas. Pero lo que resulta más sorprendente es que esta mala administración parece depender de una enfermedad secreta, común a todas ellas, independientemente de su forma de organización, sea ésta aristocrática o democrática, da lugar a quejas si no idénticas, por lo menos igualmente enérgicas; se dice que, aristocrático, el gobierno es camarilla de un reducido número de familias: el favor y los intereses particulares lo pueden todo; democrático, la intriga y la venalidad imperan en todas partes. En ambos casos el ciudadano se queja de falta de honestidad y de desinterés por parte de los gobiernos. El emperador se ve obligado a intervenir constantemente en sus asuntos para intentar restablecer el orden. Las ciudades se van poblando y se hunden en la miseria. (...)".[10]

En definitiva, en la literatura jurídica de la Francia decimonónica y la que cubre los primeros momentos de la centuria posterior, podemos encontrar en, no pocas ocasiones, que los autores recurren al uso de la expresión *bonne administration*, en diversos contextos y con sentidos también variados.

---

[8]   De Tocqueville, Alexis, *De la démocratie en Amérique*, Tome premier, Quatorzième édition, Michel Lévy Frères, Librairie Éditeurs, Paris, 1864, en *Ouvres complètes d'Alexis de Tocqueville*, Tomo I, publiées par Madame de Tocqueville (et Gustave de Beaumont), Tome premier, Imp. Simon Raçon et comp., Paris, 1864, p. 183. Véase también el uso de la expresión *mauvaise administration* (mala administración) en p. 185.

[9]   De Tocqueville, Alexis, *De la démocratie en Amérique*, Tome deuxième, Quatorzième édition, Michel Lévy Frères, Librairie Éditeurs, Paris, 1864, en *Ouvres complètes d'Alexis de Tocqueville*, Tome II, publiées par Madame de Tocqueville (et Gustave de Beaumont), Tome premier, Imp. Simon Raçon et comp., Paris, 1864, p. 112.

[10]  De Tocqueville, Alexis, *El Antiguo Régimen y la Revolución*, traducción de Jorge Ferreiro, Fondo de Cultura Económica, México D.F., 1996, p. 308.

En el sentir de VIVIEN:

"(....). Es verdad, sin duda, que el interés de la sociedad domina todos los otros; pero es falso que se la sirva olvidando todas las reglas de una buena administración. La justicia, la observancia de las leyes, el estudio concienzudo y desinteresado de las necesidades públicas y de los medios de satisfacerlas, tal es la verdadera misión de una sabia política. Por su medio, los pueblos se aficionan á sus gobiernos: á los administradores imparciales, equitativos y celosos, no les faltaron jamás la confianza y la simpatía; mientras que los favores individuales se encierran en el estrecho círculo de los que los obtienen, y el gobierno, por un pequeño número de criaturas comúnmente ingratas, atrae sobre sí las quejas de las ambiciones privadas que no ha satisfecho, y el descontento general. Por una feliz combinación, la virtud no es únicamente una obligación moral, sino que lo mismo para los gobiernos que para los particulares, es también un cálculo bien entendido".[11]

Al ir juntado la presencia de la expresión *bonne administration* dentro de la literatura *iuspublicista* francesa, llama la atención precisamente como esa expresión es asociada ya a su alcance más común u ordinario, ya más jurídico. Aunque, justo es advertir que, en esa literatura, el empleo de la locución *bonne administration* resulta siempre muy fugaz, dado más por sobreentendido que por sustanciado por quienes lo acogieron.

De ese modo, podemos ilustrar que, en ese material bibliográfico de referencia, es factible hallar el uso de *bonne administration* en perspectivas como:

- la *bonne administration* de la sociedad conectada a una adecuada división territorial;[12]

- la *bonne administration* vinculada con el rol del Consejo de Estado francés dentro del universo político-jurídico de la Francia de la primera mitad del siglo XIX, donde se señala por algún autor que como una de sus principales ventajas como órgano estaban la de garantizar cierta centralización en el funcionamiento del aparato gubernativo-administrativo, centralización que "(…) *fait seule tout le secret et toute la force d'une bonne administration.*"[13]

- la *bonne administración* relacionada con el conocimiento de los hombres y las cosas y a la perseverancia por parte de los funcionarios en el desempeño de sus competencias.[14]

También recordaba Gabriel DUFOUR que:

"*C'était une maxime de l'ancien droit public que tous les biens des communautés étaient inaliénables, maxime qui avait sa raison d'une part dans l'intérêt pour le roi à assurer la puissance de ses auxiliaires contre les grands vassaux, d'autre part, dans le principe de bonne administration qui commandait de maintenir à chaque communauté les avantages de nature à attirer des habitants dans son sein, et des cultivateurs sur son territoire.*"[15]

---

[11] Vivien, *Estudios Administrativos*, Tomo I, Traducidos de la última edición francesa por don Antonio Hernández Amores y don Juan López Somalo, Imprenta de Luis García, Madrid, 1854, p. 26.

[12] Macarel, L.A., *Éléments de Droit Politique*, Néve, Libraire de la Cour de Cassation, Paris, 1833, p. 334.

[13] Macarel, L.A., *Éléments de Droit Politique*, ob. cit., p. 399.

[14] Dufour, Gabriel, *Traité général de Droit Administratif appliqué*, Tome I, Deuxième édition, Cotillon, Editeur, Libraire du Conseil d'État, Paris, 1854, p. 171.

[15] Dufour, Gabriel, *Traité général de Droit Administratif appliqué*, Tome III, Deuxième édition, Cotillon, Editeur, Libraire du Conseil d'État, Paris, 1854, p. 428.

Siguiendo en la línea de llamar la atención del empleo de la expresión *bonne administration* en el Derecho Público francés del siglo XIX y los primeros años del XX, debemos referir que aparece mencionada, además, de las siguientes maneras, y sólo con fin ilustrativo:

- *bonne administration* de los bosques,[16] *bonne administration* de las finanzas;[17] *bonne administration* de las vías públicas;[18] *bonne administration* del dominio público;[19]

- el principio de descentralización como garantía de las libertades individuales y que aseguraba la *bonne administration*;[20]

- la justicia administrativa como garantía de la *bonne administration*;[21]

- el control de la Administración sobre los establecimientos públicos para asegurar su *bonne administration*;[22]

- la salvaguarda a la vez de la perseverancia y el espíritu de iniciativa que, en una *bonne administration*, deben ser combinados;[23]

- la regla de la ley de 4 de marzo de 1790, por la que se decidía que en ciertos departamentos, los jefes de ellos alternaran entre numerosas villas como contraria a los *principes d'une bonne administration*;[24]

- el desconocimiento de las autoridades locales a las restricciones que la ley ponía a su autoridad en vistas del orden público y de la *bonne administration*;[25]

- la inexistencia en las pequeñas comunas o municipios de recursos humanos y dinerarios para constituir una *bonne administration*;[26]

---

[16]  Foucart, E.-V., *Eléments de Droit Public et Administratif, ou-exposition méthodique des principes du Droit Public positif précédés de la Constitution du 14 janvier 1832 et des senatus-consultes des 7 novembre et 25 d'décembre 1853*, Tome II, quatrième édition, A Marescq et E. Dujardin, Libraire –Éditeurs, Paris, 1855, p. 365.

[17]  Foucart, E.-V., *Eléments de Droit Public et Administratif...*, Tome II, ob. cit., p. 690; Dufour, Gabriel, *Traité général de Droit Administratif appliqué*, Tome I, ob. cit., p. 183.

[18]  Gaudry, *Traité du domaine. Comprenant le domaine public, le domaine de l'État, le domaine de la couronne, le domaine privé des communes, le domaine départemental suivi d'un appendice*, Tome I, Auguste Durant, Libraire, Paris, 1862, p. 569.

[19]  Lemercier de Maisoncelle Vertille de Richemont, Philippe-Auguste-Albert, *Du domine public en droit romain, dans l'ancien droit français et dans le droit actuel*, Thèse pour le doctorat, Imprimé par E. Thunot et Cᵉ, Paris, 1865, p. 190

[20]  Saint Girons, A., *Essais sur la séparation des pouvoirs dan l'ordre politique, administratif et judiciaire*, L, Larose, Librairie-Éditeur, Paris, 1881, p. 392.

[21]  Saint Girons, A., *Essais sur la séparation des pouvoirs...*, ob. cit., p. 486.

[22]  Touzac, Paul, *Droit Administratif*, P. Vigq-Dunod et Cie, Éditeurs, Paris, 1897, p. 452

[23]  Gautier, Alfred, *Précis des matières administratives dans leurs rapports avec le droit public*, Typographie A. Lahure, Paris, 1880, p. 164.

[24]  Simonet, J.-B., *Traité élémentaire de droit public et administratif*, Deuxième édition, Librairie Cotillon, F. Pichon, Successeur, Imprimeur – Éditeur, Paris, 1893, p. 259

[25]  De Fooz, J.-H.-N., *Le droit administratif belge*, Tome I, *De l'organisation et de la compétence des autorités administratives*, H. Casterman, Éditeur, Paris, Tournai, 1859, p. 206.

- la *buena administración* relacionada con la necesidad de dar libertad a los municipios para que arreglaran sus presupuestos, y atenuar así mecanismos centralizadores;[27]

- el interés de la *buena administración* de los negocios de los municipios;[28]

- actos conformes a una *bonne administration*;[29]

- el respeto a la ley por parte de la autoridad pública por un sentimiento de alta condescendencia a la consideración de los administrados, condescendencia inspirada en un interés de *bonne administration*;[30]

- la igualdad de las cargas como un principio de *bonne administration*;[31]

- el interés de buena administración como móvil de la actuación administrativa del Estado.[32]

Junto a lo anterior, cabe indicar que un autor hacía rápida referencia a "(...) *les exigences plus ou moins sainement interprétées d'une bonne administration* (...)",[33] a las condiciones de una *bonne administration* de un país;[34] y a la ventaja que podía significar el fortalecimiento de los vínculos entre el legislativo y el ejecutivo desde el punto de vista de las garantías de la *bonne administration*, tal como entonces se presentaban.[35]

Por su parte Félix MOREAU, advertía, a tenor de las demandas en sede contencioso administrativa contra los reglamentos:

> "*L'intérêt du demandeur en annulation doit être un intérêt direct et personnel, plus personnel et plus direct que l'intérêt que tout les citoyens ont à une bonne administration; intérêt vague et indéterminé, auquel suffisent les ressources, vagues aussi et offertes à tous, de la pétition, du contrôle parlementaire.*"[36]

---

26      Aucoc, Léon, *Les controverses sur la décentralisation administrative. Étude historique*, Extrait de la *Revue Politique et Parlementaire* (Avril et Mai 1895), Bureaux de la *Revue Politique et Parlementaire*, Paris, 1895, p. 36.

27      Vivien, *Estudios Administrativos*, Tomo II, Traducidos de la última edición francesa por don Antonio Hernández Amores y don Juan López Somalo, Imprenta a cargo de Joaquín René, Madrid, 1854, p. 56.

28      Vivien, *Estudios Administrativos*, Tomo II, *ob. cit.*, p. 60.

29      Guillouard, Jean, *Conception e nature juridique de quelques actes administratif. Autorisations, actes d'exécutions, concessions*, A. Pedone, Editeur, Librairie de la Cour d'Appel et de l'Ordre des Avocats, Paris, 1903, p. 28. Utiliza también la expresión *bonne administration* en la p. 250.

30      Cruet, Jean, *Étude juridique de l'arbitraire Gouvernemental et Administratif. Des cas où l'autorité gouvernementale et administrative n'est pas tenue, sous des sanctions efficaces, de respecter les droits individuels et la légalité*, Librairie Nouvelle de Droit et de Jurisprudence, Arthur Rousseau, Editeur, Paris, 1906, p. 258

31      Cruet, Jean, *Étude juridique de l'arbitraire Gouvernemental et Administratif...*, *ob. cit.*, p. 355.

32      Cruet, Jean, *Étude juridique de l'arbitraire Gouvernemental et Administratif...*, *ob. cit.*, p. 359.

33      Fuzier-Herman, Edouard, *La séparation des pouvoirs d'après l'histoire et le droit constitutionnel comparé*, Librairie de A. Marescq, Ainé Éditeur, Paris, 1880, p. 317.

34      Fuzier-Herman, Edouard, *La séparation des pouvoirs...*, *ob. cit.*, p. 363.

35      Fuzier-Herman, Edouard, *La séparation des pouvoirs...*, *ob. cit.*, p. 369.

36      Moreau, Félix, *Le règlement administratif. Étude théorique et pratique de Droit Public français*, Albert Fontemoing, Éditeur, Paris, 1902, p. 300, y la nota 2 de esa página y 494.

Mientras René JACQUELIN hablaba de:

"(...). *Le principe de la séparation des pouvoirs, celui de la séparation des fonctions, voilà deux principes de bon gouvernement, de bonne administration, de bonne justice.*"[37]

Con independencia de lo descrito hasta aquí, entre todos los *iuspublisicas* franceses del tiempo decimonónico, es, quizás, Édouard LAFERRIÈRE, antiguo vicepresidente del Consejo de Estado francés, quien menciona más veces a la *bonne administration*, en su precursor tratado sobre el contencioso-administrativo.[38] En LAFERRIÈRE está presente la idea de *bonne administration*, y así lo proyecta con el uso que hace ella en la obra de referencia, como elemento informador, determinante, como criterio de adecuación, como medida y como finalidad de la actuación de la Administración Pública en diversas esferas[39] y ligada también a la actuación jurisdiccional del Consejo de Estado.[40] Incluso, en algún momento habla de *devoir de bonne administration* en materia de recursos financieros o económicos de la Administración.[41]

En un interesante fragmento, con un sabor de actualidad, LAFERRIÈRE escribió:

" (...) *les formes imposées à un acte administratif ne le sont pas dans l'intérêt distinct de telle ou telle partie, mais dans l'intérêt de l'acte administratif lui-même, de sa correction, de sa maturité, en un mot dans un but de bonne administration. (...)*".[42]

En definitiva la *bonne administration* y la *mauvaise administration*, como expresiones e ideas de aplicación al campo *iuspúblico*, no resultaban una rareza en el Derecho Público francés del siglo XIX, ni en el que corresponde a las primeras décadas de la centuria posterior XX.[43] Antes bien, aún por perfilar su elaboración como nociones jurídicas y sus consecuencias en cuanto tal, ya operaban con variada trascendencia, desde la más común que impone un lenguaje llano, hasta la de un sentido propiamente jurídico. Por ello, no es de extrañar que en los autores de esa época se

---

37    Jacquelin, René, *Les principes dominants du contentieux administratif*, V., Giard et E. Brière, Libraires, E'diteurs, Paris, 1899, p. 257.

38    Ver: Laferrière, Édouard, *Traité de la juridiction administrative et des recours contentieux*, Tome I y II, Deuxieme e'dition, Berger-Levrault et Cie, Libraires –Éditeurs, Paris, 1896.

39    Laferrière, Édouard, *Traité de la juridiction administrative et des recours contentieux*, Tome I, *ob. cit.*, pp. 6, 102, 441; *Traité de la juridiction administrative et des recours contentieux*, Tome II, *ob. cit.* pp. 207, 280, 622

40    Laferrière, Édouard, *Traité de la juridiction administrative et des recours contentieux*, Tome I, *ob. cit.*, pp. 271, 546; *Traité de la juridiction administrative et des recours contentieux*, Tome II, *ob. cit.* p. 138, 560.

41    Laferrière, Édouard, *Traité de la juridiction administrative et des recours contentieux*, Tome II, *ob. cit.* p. 245.

42    Laferrière, Édouard, *Traité de la juridiction administrative et des recours contentieux*, Tome II, *ob. cit.* p. 522 y 523.

43    Recordemos que Henri Welter consideraba, sobre la moralidad administrativa, que "(...) elle est constituée par les règles de bonne administration, c'est-à-dire par l'ensemble des règles de but et de discipline déterminées non seulement par la distinction du bien et du mal, mais d'une façon plus spéciale par la mission générale de l'Administration et l'idée de la fonction administrative.". Ver: Welter, Henri, Le contrôle juridictionnel de la moralité administrative: étude de doctrine et de jurisprudence, Sirey, Paris, 1929, p. 5.

encuentren alusiones, no en demasía, pero existentes al fin, a *les principes d'une bonne administration,*[44] *règles d'une bonne administration,*[45] *données d'une bonne administration*[46] *devoirs* o *devoir de bonne administration.*[47] Aunque, ciertamente eran expresiones empleadas de manera bien genérica en la mar de los casos; estaban poco desarrolladas (o prácticamente sin desarrollo) en su connotación jurídica, dejando traslucir cierta predeterminación de ellas en la mente de quienes la utilizaban, pero no, en verdad, una construcción jurídica acabada al respecto.

## B. *España*

En escritores de otros países, igualmente pertenecientes al marco temporal decimonónico, puede encontrarse también residenciado el uso de expresiones como *buena administración* y *mala administración*. Ese es el caso de autores que, en el contexto español, se ocuparon de las cuestiones relativas a la Administración Pública. Veamos algunos ejemplos ilustrativos al respecto, donde incluso la expresión *buena administración* se hace presente en la letra de algunas disposiciones normativas.[48]

De *mala administración* y de *buena administración* hablaba Pedro SAINZ DE ANDINO, en su "Exposición al Rey N.S. sobre la situación política del Reyno y medios de su restauración, hecha en el año de 1829 de orden de S.M., por el Señor Don Pedro Sainz de Andino, de su Consejo y su Fiscal más antiguo en el Real y Supremo

---

[44] Proudhon, Traité du domaine public ou de la distinction des biens considérés principalement par rapport au domaine public, Tomo III, Chez Victor Lagier, Librairie-Éditeur, Dijon, 1834, p. 303; Gaudry, Traité du domaine..., Tome I, *ob. cit.*, p. 269; Cruet, Jean, Étude juridique de l'arbitraire Gouvernemental et Administratif..., *ob. cit.*, p. 355.

[45] Véase, por ejemplo: Foucart, E.-V., Eléments de Droit Public et Administratif..., Tome II, *ob. cit.*, p. 729; Foucart, E.-V., Eléments de Droit Public et Administratif, ou-exposition méthodique des principes du Droit Public positif précédés de la Constitution du 14 janvier 1832 et des senatus-consultes des 7 novembre et 25 d'décembre 1853, Tome III, quatrième édition, A Marescq et E. Dujardin, Libraire-Éditeurs, Paris, 1856, p. 311; Perriquet, E., Les contrats de l'État, Imprimerie et Librairie Générale de Jurisprudence Marchal, Billart et Cz, Imprimeurs Éditeurs, Paris, 1884, p. 252.

[46] Strauss, Albert, *Des autorités investies de attributions de police*, Thèses pour le doctorat, Henri Jouve, Imprimeur, Paris, 1898, p. 21

[47] Gaudry, *Traité du domaine...*, Tome I, *ob. cit.*, p. 367; Laferrière, Édouard, *Traité de la juridiction administrative et des recours contentieux*, Tome II, *ob. cit.*, p. 245.

[48] En la Ley de 3 de febrero de 1823, restablecida por Real Decreto de 15 de octubre de 1836, contentiva de la *Instrucción para el gobierno económico-político de las provincias españolas*, figuraba la siguiente redacción en sus artículos 77 y 78. Artículo 77: "Art. 77. En la formación de las comisiones que tratan los dos artículos anteriores se tendrá la debida consideración á que los síndicos sin embargo de ser vocales con voto como los demás individuos de ayuntamiento, tienen que desempeñar otras obligaciones que les son peculiares". Artículo 78: "Art. 78. Estas obligaciones son principalmente la de llevar la voz del común para pedir lo que estimen conveniente á este, tanto ante el ayuntamiento como ante los alcaldes, diputaciones provinciales y jefes políticos, y la de intervenir y sindicar cuanto toque á la buena administración é inversión de los fondos públicos, y al repartimiento de las contribuciones. En caso de vacante, enfermedad ó ausencia de algún síndico, hará sus veces el regidor último nombrado". Tomado de: Ortiz de Zúñiga, Manuel, *Elementos de Derecho Administrativo*, Tomo I, Imprenta y Librería de Sanz, Granada, 1842, p. 103 (hemos utilizado la reedición realizada por el Instituto Nacional de Administración Pública, Madrid, 2002, con "Estudio Preliminar" de Carlos Carrasco Canals).

de Hacienda".[49] Allí se asociaban las expresiones *mala* o *buena administración* a cuestiones relativas –además de a la administración de justicia– a la hacienda y economía públicas,[50] a los montes,[51] a la acción administrativa y la buena administración del Estado;[52] a las "leyes y decretos, reglamentos, ordenanzas y demás medios de buena administración,"[53] En uno de los fragmentos salidos de su pluma, decía SAINZ DE ANDINO:

"Cada potencia funda su seguridad en los recursos de sus propias fuerzas; en las combinaciones que hace del auxilio de los extranjeros, y en las medidas preventivas de política que precaven embarazos con enemigos formidables y de fuerzas superiores. Los primeros son los resultados de una buena administración interna en el orden civil, en el económico y en el militar, sobre que ya he expuesto a V.M. mis ideas en las secciones anteriores. En un Estado que tiene una buena administración civil, la acción del gobierno es rápida, eficaz y segura, y no dejan de utilizarse en casos de necesidad todos los medios de fuerza que puede dar de sí; igualmente si la administración económica está bien dirigida, cuando no haya un sobrante de fondos en el tesoro con que acudir a las necesidades imprevistas, que a la verdad es mucho mejor que no lo haya, porque todo caudal que no se mueve es estéril, hay confianza en el gobierno para que todos acudan a su socorro y un crédito radicado, con el cual se hallan los fondos que se han menester, sin consentir en condiciones que preparan para más tarde la ruina del sistema económico, y por ultimo cuando la organización de la fuerza armada, se ha hecho con acierto y previsión, es muy fácil el aumento de la fuerza numérica del ejército, ya poniendo en movimiento las milicias o extrayendo cuadros sobre que se formen nuevos batallones, y además se tienen soldados disciplinados, vigorosos y valientes, que son ventajas muy preferentes a las de una muchedumbre bisoña, inobediente y acobardada.".[54]

Por lo pronto, recordemos que ya en el Real Decreto disponiendo los Subdelegados y demás empleados de Fomento que había de haber en las provincias españolas, en el Capítulo VI, "Policía general", se podía leer en el artículo 34:

"34. S. M. la REINA Gobernadora quiere que ninguna prevención especial se haga en esta Instrucción relativa a la alta Policía. S. M. se lisonjea de que generalizados los beneficios que una Administración paternal debe producir, no habrá maquinaciones contra el reposo de los pueblos, ni por consiguiente necesidad de otras medidas de policía que las puramente administrativas, dulces y protectoras, como deben ser siempre todas las que emanan de una buena Administración."[55]

---

49    Ver esta exposición por su inclusión en: *El pensamiento administrativo de P. Sainz de Andino. 1829-1848*, Introducción y notas de José Mª García Madaria, Instituto Nacional de Administración Pública, Madrid, 1982.

50    Ver: *El pensamiento administrativo de P. Sainz de Andino. 1829-1848, ob. cit.*, pp. 41 y 360 (*mala administración*); y la expresión *buena administración* puede verse en pp. 131, 167, 225, 370, 371.

51    Ver: *El pensamiento administrativo de P. Sainz de Andino. 1829-1848, ob. cit.*, p. 225.

52    Ver: *El pensamiento administrativo de P. Sainz de Andino. 1829-1848, ob. cit.*, p. 290.

53    Ver: *El pensamiento administrativo de P. Sainz de Andino. 1829-1848, ob. cit.*, p. 293.

54    Ver: *El pensamiento administrativo de P. Sainz de Andino. 1829-1848, ob. cit.*, pp. 243 y 244.

55    Reproducido como apéndice en: Mesa Segura, Antonio, *Labor administrativa de Javier de Burgos*, Publicaciones del Instituto de Estudios de Administración Local, C. Bermejo, Impresor, Madrid, 1946, p. 178.

En la letra de ese Real Decreto mencionado, de 30 de noviembre de 1833, estaba la mano de uno de los grandes precursores de la modernización de la Administración española del siglo XIX: Javier DE BURGOS.

A propósito de la obra normativa de DE BURGOS, especialmente de su famosa *Instrucción para los Subdelegados de Fomento* de 1833, Francisco Agustín SILVELA, en la *Colección de Proyectos, Dictámenes y Leyes orgánicas,* de 1839, estampaba:

> "(...) no es fácil llenar más cumplidamente el objeto, que lo hizo el autor de la citada *Instrucción,* aquel genio superior, aquella inteligencia privilegiada. Es la *Instrucción* para los Subdelegados de Fomento, un cuerpo hermoso de doctrina, un conjunto de preceptos de buena administración, de máximas muy sabias y muy liberales... recomendamos su lectura a los jóvenes que aspiren a ser investidos algún día con aquella alta magistratura de gobierno y beneficencia".[56]

En la obra de Alejandro OLIVÁN es recurrente el uso de las locuciones que nos ocupan. Este autor de una de las obras precursoras del moderno pensamiento *iusadministrativo* español, había escrito en ella, a propósito de la centralización que se había dado en Francia, que "(...) no era de asambleas deliberantes de donde pudiera la Francia esperar por fruto una buena administración (...)."[57]

Para OLIVÁN: "Toda forma de gobierno admite buena administración."[58] A lo que agregaba:

> "Lo cual no quiere decir que la buena administración sea producto exclusivo de esta ó aquella forma de gobierno, puesto que la razón indica *y* la historia demuestra, que á unas *y* á otras les ha tocado prosperar ó decaer (...)."[59]

Y en su convicción:

> "(...) En toda clase de gobierno cabe buena y mala administración, porque en todas es posible legislar, o no según las necesidades del país, ordenar la sociedad y proveer al cumplimiento de las leyes. (...)."[60]

Poco antes señalaba:

> "El gobierno forma la administración, pero la administración sostiene á los gobiernos. Por manera que un sistema de gobierno, sea el que quiera, puede considerarse en el aire, si no consigue fundar una buena administración. Y al contrario, en un país bien administrado subsistirá por cierto espacio de tiempo el gobierno, aun cuando decayese y dejase que desear. (...)".[61]

---

[56]  Tomado de Mesa Segura, Antonio, *Labor administrativa de Javier de Burgos,* ob. cit., p. 39.

[57]  Oliván, Alejandro, *De la Administración Pública con relación a España,* Nueva edición, s/e, 1843, Madrid, 1954, p. 17. Ver, además, el final de la p. 20.

[58]  Oliván, Alejandro, *De la Administración Pública con relación a España,* ob. cit., p. 29.

[59]  Oliván, Alejandro, *De la Administración Pública con relación a España,* ob. cit., p. 29.

[60]  Oliván, Alejandro, *De la Administración Pública con relación a España,* ob. cit., pp. 29 y 30. Según Oliván, (p. 192): "(...) Con mala legislación es imposible una administración buena; con buena legislación es difícil que la administración se mala; como que la legislación es a la administración lo que el precepto a la obediencia, lo que la voluntad a la acción, lo que el impulso al movimiento."

[61]  Oliván, Alejandro, *De la Administración Pública con relación a España,* ob. cit., p. 32.

En otro lugar de su libro *De la Administración Pública con relación a España*, OLIVÁN acotaba:

"En Administración, que es ciencia de aplicaciones y métodos, son aún menos admisible los raptos de imaginación, y menos disculpables los descarríos. Fundada en el conocimiento del corazón del hombre, y en el estudio de las necesidades públicas, su misión es satisfacerlas sin distinción, conservar la armonía que conviene a la sociedad y auxiliarla para que, mejorándose, prospere.

Arraigada una buena Administración, no nos cansaremos de inculcarlo, poco afectan al Estado las oscilaciones de la discusión política; al contrario, sin buena administración las sacudidas políticas se traducen por trastornos sociales".[62]

Otro fragmento que tiene que ver con lo que nos ocupa, salido de la pluma de Alejandro OLIVÁN es el siguiente:

"(...) una buena Administración, enérgica, templada y muy diferente de sus ilusorias vaguedades, es lo que se necesita en España para generalizar al educación y las luces, acrecentar la morigeración, inaugurar el fomento público y presentar cercano el estado de prosperidad que todos apetecemos".[63]

De igual forma, el citado español aseveraba:

"(...). La buena administración hará renacer la confianza; los sentimientos de humanidad que resplandecen entre nuestras calamidades, cobraran vigor ya acrecentamiento, y el espíritu público adquirirá la tensión y el poder que le corresponden en una nación como la española. (...)."[64]

En los *Elementos de Derecho Administrativo*, de la autoría de Manuel ORTIZ DE ZÚÑIGA, es profusa la utilización de la expresión *buena administración*. En un temprano fragmento de esa obra, valorando la *Instrucción...* de Javier DE BURGOS, se puede leer:

"(...) Es la *Instrucción* para los subdelegados de Fomento un cuerpo hermoso de doctrina, un conjunto de preceptos de buena Administración, de máximas muy sabias y muy liberales, y su lectura la recomendamos á los jóvenes que aspiran á ser investidos algún día con aquella alta magistratura de gobierno y de beneficencia." En suma las *Ideas de Administración*, que apenas desprendidas de los labios del Sr. Burgos en el liceo granadino, fueron copiadas en casi todos los periódicos literarios y políticos, forman un tratado de la organización administrativa, lleno de sanos principios de gobierno, y digno de estudiarse reflexivamente por los que deseen penetrar en la parte más filosófica y más difícil de la Administración."[65]

---

[62]  Oliván, Alejandro, *De la Administración Pública con relación a España*, *ob. cit.*, p. 38. Hacia el final de su obra Oliván afirmaba (p. 190): "(...) la mala gobernación de un país no es culpa de la ciencia, sino de quienes no la comprenden, o no saben, o no quieren aplicarla del modo conveniente.".

[63]  Oliván, Alejandro, *De la Administración Pública con relación a España*, *ob. cit.*, p. 157 y 158. Previamente había sostenido (p. 47): "Todavía avanza á más la buena administración. No solamente desenvuelve su acción propia para remover obstáculos, sino que ejerce sobre las acciones de otros una influencia saludable, que las favorece *y* fecunda, procurando que logren ventajosos resultados, y que llega á estimularlas, promoverlas, *y* crearlas. Esto es propiamente *fomentar*. (...)."

[64]  Oliván, Alejandro, *De la Administración Pública con relación a España*, *ob. cit.*, p. 183.

[65]  Ortiz de Zúñiga, Manuel, *Elementos de Derecho Administrativo*, Tomo I, *ob. cit.*, pp. V y VI.

Luego, ORTIZ DE ZÚÑIGA, comentaba:

"Como una de las prerrogativas de la corona es el nombramiento de empleados, al mismo jefe de la Gobernación incumbe también, proponer al monarca la elección de todos los agentes auxiliares del gobierno: facultad importante, de cuyo recto uso depende que se consigan los grandiosos fines de una buena Administración".[66]

Echando mano a lo que figuraba en el artículo 34 de la *Instrucción para los Subdelegados de Fomento* de 1833, ORTIZ DE ZÚÑIGA advertía que

"(...) Las medidas de policía, sin salir de los límites puramente administrativos «deben ser dulces y protectoras como todas las que emanan de una buena Administración."[67]

Otras referencias a la *buena administración* pueden hallarse en la precursora obra de ORTIZ DE ZÚÑIGA, ya con motivo de la beneficencia,[68] o del aprovechamiento de aguas para riegos,[69] o de la administración de fondos públicos;[70] u otras cuestiones especiales,[71] como el traslado de presos y sentenciados.[72]

A su turno, GÓMEZ DE LA SERNA también empleó la alusión a la *buena administración* en algún momento. Prueba de ello la encontramos cuando refería, a raíz de los caracteres de la actividad administrativa:

"La unidad consiste en el poder, de que está revestido el gobierno para vigilar, y disponer la acción general de la administración. Este poder lo ejerce por medio de sus agentes, á los que en toda la nación da un mismo impulso y una misma dirección. Origen es la unidad de la fuerza y engrandecimiento de los pueblos, que sin ella no pueden tener buena administración: de aquí dimana el orden jerárquico administrativo".[73]

---

[66] Ortiz de Zúñiga, Manuel, *Elementos de Derecho Administrativo*, Tomo I, *ob. cit.*, p. 20. Más adelante (p. 79), Ortiz de Zúñiga acogía: "El orden de buena administración requiere, que los ayuntamientos, cuando tengan que comunicarse con el gobierno, lo hagan precisamente por conducto del presidente de la misma corporación, el cual no puede entenderse con el ministerio en derechura, sino con el jefe político de la provincia, pues de lo contrario está prohibido que se dé curso á sus exposiciones (real orden de 9 de enero de 1837, y resolución de 13 de julio de 1842). Las que se dirijan han de estar concebidas en términos respetuosos y sin traspasar los límites legales (real orden de 12 de mayo de 1840)."

[67] Ortiz de Zúñiga, Manuel, *Elementos de Derecho Administrativo*, Tomo II, Imprenta y Librería de Sanz, Granada, 1843, p. 160 (hemos utilizado la reedición realizada por el Instituto Nacional de Administración Pública, Madrid, 2002, con "Estudio Preliminar" de Carlos Carrasco Canals).

[68] Para Ortiz de Zúñiga: "Es un principio constante de buena administración, que la sociedad debe auxiliar á los individuos á quienes su posición obliga á recurrir á la conmiseración pública, y á quienes la fuerza de las circunstancias impide absolutamente atender á sus primeras necesidades. Pero al concederles este auxilio, es preciso saber conciliar el interés de la sociedad con las exigencias del desgraciado. (...).". Ortiz de Zúñiga, Manuel, *Elementos de Derecho Administrativo*, Tomo II, *ob. cit.*, p. 199.

[69] Ver: Ortiz de Zúñiga, Manuel, *Elementos de Derecho Administrativo*, Tomo II, *ob. cit.*, pp. 227 y 228.

[70] Ver: Ortiz de Zúñiga, Manuel, *Elementos de Derecho Administrativo*, Tomo II, *ob. cit.*, p. 237.

[71] Ver: Ortiz de Zúñiga, Manuel, *Elementos de Derecho Administrativo*, Tomo III, Imprenta y Librería de Sanz, Granada, 1843, p. 341 (hemos utilizado la reedición realizada por el Instituto Nacional de Administración Pública, Madrid, 2002, con "Estudio Preliminar" de Carlos Carrasco Canals).

[72] Ver: Ortiz de Zúñiga, Manuel, *Elementos de Derecho Administrativo*, Tomo III, *ob. cit.*, p. 375.

[73] Gómez de la Serna, Pedro, *Instituciones del Derecho Administrativo Español*, Tomo I, Imprenta de don Vicente de Lalama, Madrid, 1845, p. 35. Véase el sentido que le da además en p. 129.

Es, quizás, en la obra de José DE POSADA DE HERRERA, *Lecciones de Administración*, otro de las primeros grandes textos del *iusadministrativismo* ibérico, donde haya mayor utilización de la expresión *buena administración*, dentro de la primera literatura española de Derecho Administrativo del período decimonónico.[74] En verdad, la voz *buena administración* aparece empleada en numerosas ocasiones por este maestro español, a lo largo de sus clásicas *Lecciones de Administración*. La primera ocasión que la utiliza es para resaltar como una de las ventajas de la centralización, era la buena administración y el buen orden de los mismos pueblos pequeños.[75]

En un interesante segmento, POSADA DE HERRERA apreciaba:

"Decía poco ha, que la sociedad es un todo, es una unidad, es un ser moral, pero que tiene su vida que le es propia y sus funciones naturales; que está obligado á defenderse y á desarrollarse; pues bien, señores, todo lo que tienda á destruir el principio de la conservación de la sociedad y á detener la marcha de su progreso, será contrario á las reglas de buena administración."[76]

De tal suerte, la presencia de la idea de *buena administración* en POSADA DE HERRERA, están asociadas además a criterio para la división territorial y a necesidades que marcan el ejercicio del poder[77]; a la distribución de competencias por parte del Rey en relación con los ministerios.[78] Asimismo, acudía a los *principios de bue-*

---

[74] Hemos consultado y utilizado la reedición de esa obra en un volumen: de Posada Herrera, José, *Lecciones de Administración*, del Sr. D. José de Posada de Herrera, Catedrático de esta ciencia en la Escuela especial de Madrid, trasladas por sus discípulos D. Juan Antonio de Bascón, D. Francisco de Paula Madrazo, y D. Juan Perez Calbo, 2ᵈᵃ edición, Colección clásicos de la Administración, Instituto Nacional de Administración Pública, Madrid, 1988.

[75] De Posada Herrera, José, *Lecciones de Administración, ob. cit.*, p. 60.

[76] De Posada Herrera, José, *Lecciones de Administración, ob. cit.*, p. 79. Y seguidamente incorporaba este autor: "Pero la sociedad no solo debe mirar por sí, la administración no solo debe cuidar del cuerpo social, debe cuidar asimismo de los derechos de los particulares, procurar que sean respetados, y sobre todo, que la propiedad y seguridad individual no sean invadidas, porque ellas son los mayores goces del individuo en sociedad y las semillas del desarrollo y progreso de esta sociedad misma. Debe, pues, la administración, y es un principio sagrado que nunca debe olvidar el administrador, procurar que la nación que administra, tenga la mayor suma de prosperidad, que se desarrolle la felicidad del país con el movimiento más rápido; pero que esto sea sin herir la libertad individual, ni la propiedad particular. Si este principio sufre algunas excepciones, ocasión tendremos en las lecciones sucesivas de verlo; pero no por eso dejará de ser menos cierto, así como no deja de ser cierto en física que los graves descienden sobre la tierra, aunque veamos algunos cuerpos que ascienden por sus cualidades particulares. Por eso, aun cuando este principio pueda sufrir algunas ligeras modificaciones propias de su naturaleza, en el curso de las lecciones sucesivas, no dejará de ser menos cierto, ni menos respetable."

[77] De Posada Herrera, José, *Lecciones de Administración, ob. cit.*, p. 113 y 117. En un momento (p. 117), este autor precisaba: "Lo que yo quiero decir es, que no por concluir de cualquier manera con esas distinciones de carácter y de costumbres, se haga pedazos el territorio español por sistema, sin consideración alguna á sus hábitos y preocupaciones, sirio que teniendo presentes estas circunstancias, se debe procurar atender á los intereses de la sociedad, hijos de un buen gobierno, de una buena administración, sin olvidar las afecciones de los pueblos y respetarlas cuanto sea posible.".

[78] De Posada Herrera, José, *Lecciones de Administración, ob. cit.*, p. 128. Reflejaba Posada Herrera (p. 159) como una de las atribuciones que la Dirección de Correos tenía por aquel entonces en "la parte Gubernativa": "3.⁰ Informar al gobierno sobre todos los puntos en que este le pida su parecer, y proponerle las mejoras que en su ramo crea útiles al mejor servicio público, y aun hacer por sí misma las que solo sean de orden y buena administración."

*na administración* como justificación de por qué la administración provincial debía tener un único jefe;[79] o por qué, también a nivel provincial, no debían sacrificarse las jefaturas políticas, privilegiando solo las intendencias.[80]

En POSADA HERRERA la *buena administración* es, además, criterio de actuación que permite corregir abusos que las leyes no pueden evitar, en tópicos relacionados con el uso de medios agrícolas.[81] Es, por otro lado, argumento para ponderar el valor de la estadística para las leyes fiscales,[82] y del buen uso de los recursos financieros.[83] Junto a otras referencias sobre organización administrativa central y local (provincial y municipal).

Para Posada Herrera:

"Cuando el gobierno (…) por el contrario trata de tiranizar y de ejercer en las elecciones una influencia más bien material que moral, cuando intenta abusar de la fuerza que las leyes le conceden para valerse de ella convirtiéndola en provecho de los individuos que forman el gabinete, y volviéndola contra la sociedad misma, traspasa sus atribuciones y se sale de la esfera que la ley le tiene marcada, y altera y desacredita las reglas y las máximas de buena administración y de buen gobierno.(…).".[84]

Y luego insistía en que

"El orden público es la primera condición y la circunstancia más indispensable para la existencia de toda asociación. En una sociedad en que las leyes no se respetan, en una sociedad en que los funcionarios encargados de ejecutarlas no tienen la bastante fuerza para hacerse respetar, es imposible que prosperen los intereses materiales, ni los morales. Todo, pues, lo que se refiere al orden público es de muchísima importancia, como que es á la vez el primer deber y necesidad de una buena administración".[85]

---

[79] Según su sentir: "En primer lugar, creo que según los principios de buena administración y de buen gobierno, no debe haber en las provincias más que un gefe único encargado de toda la administración. La existencia de muchos gefes ejerciendo á la vez diferentes atribuciones independientes entre sí, sin mas punto de enlace que el poder central, provoca competencias, paraliza la marcha de los negocios, embaraza el ejercicio de sus facultades, detiene resoluciones provechosas al bien de los pueblos, y establece el desorden y la confusión en la administración de las provincias. Por el contrario, cuando es uno el gefe, todas las medidas llevan un mismo principio, y van acordes siguiendo igual sistema; no hay oposición entre las resoluciones del agente de la administración que depende del ministerio de Hacienda y las disposiciones del que depende del de la Gobernación, todas llevan una misma dirección, todas caminan en armonía para bien y felicidad de los administrados." Ver: De Posada Herrera, José, *Lecciones de Administración, ob. cit.*, pp. 171 y 172.

[80] En opinión de Posada Herrera: "Abolir las jefaturas políticas dejando las intendencias, sería declarar más importante la cobranza de contribuciones que el fomento de la riqueza pública, y suponer innecesaria la existencia del gobierno que influye en la dirección moral de la sociedad, principio contrario á las máximas de buena administración y economía, que no consiste en que el contribuyente pague dos en vez de dos y medio, sino en que las leyes beneficiosas al país se ejecuten y los gastos que se hagan por este, redunden en su beneficio.". Ver: De Posada Herrera, José, *Lecciones de Administración, ob. cit.*, p. 172.

[81] Ver: De Posada Herrera, José, *Lecciones de Administración, ob. cit.*, p. 184.

[82] Ver: De Posada Herrera, José, *Lecciones de Administración, ob. cit.*, p. 191.

[83] Ver: De Posada Herrera, José, *Lecciones de Administración, ob. cit.*, p. 193.

[84] De Posada Herrera, José, *Lecciones de Administración, ob. cit.*, p.330.

[85] De Posada Herrera, José, *Lecciones de Administración, ob. cit.*, p. 353.

Realmente son abundantes en POSADA HERRERA las referencias a la *buena administración* a través de sus *Lecciones de Administración*, lo que convierte a esta noción en una guía importante en la sustentación de su universo jurídico-administrativo.[86]

En otro viejo libro, también de las tempranas obras generales españolas del siglo XIX, se puede leer en las primeras líneas del mismo:

"(…) Exponer la utilidad que la sociedad reporta de una buena administración, que reúne en sí los medios necesarios para dar fuerza al gobierno, proteger a los ciudadanos y fomentar los intereses generales del país, sería querer demostrar una verdad que está al alcance de todos, y de que nunca ha dudado ningún hombre sensato sea cualquiera la opinión a que pertenezca. (…)."[87]

Avanzando en el periodo decimonónico, y entrando en la indispensable obra de Manuel COLMEIRO, podemos apreciar que en ella tampoco estuvieron ausentes las evocaciones a la *buena administración*. En su caso, ya como fin en la actuación administrativa,[88] como "reglas de buena administración que han de observarse",[89] incluso en un sentido que trascendía la mera sujeción a la ley.[90] De igual modo, incluía alusiones a la buena administración de los montes,[91] de la hacienda.[92] Para advertir:

"No es posible que haya buena administración sin conocer las necesidades del estado, los recursos del tesoro y el medio de aplicarlos con verdad y con eficacia. Cuanto más extensa y complicada fuere la administración, tanto más há menester introducir la justicia, el orden y la economía en la Hacienda pública.".[93]

En otra obra clásica de la España de fines del siglo XIX, con ediciones los primeros momentos del XX su autor, Vicente SANTAMARÍA DE PAREDES, hacía mención a

---

[86] Véanse la recurrencia por parte de Posada Herrera a la voz *buena administración*, en otros fragmentos de su obra *Lecciones de Administración*, como las contenidas en las siguientes pp.: 377, 439, 459, 503, 592, 733.

[87] García Goyena, Florencio y Aguirre, Joaquín, *Febrero o Librería de Jueces, Abogados y Escribanos, comprensiva de los códigos civil, criminal y administrativo, tanto en la parte teórica como en la práctica, con arreglo en todo a la legislación hoy vigente*, corregida y aumentada por don Joaquín Aguirre y don Juan Manuel Montalbán, 4ª edición reformada y considerablemente aumentada por don José de Vicente y Caravantes, Tomo IV, *Derecho Administrativo*, Imprenta y librería de Gaspar y Roig, editores, Madrid, 1852, p. 5. También puede apreciarse la presencia del empleo de la expresión *buena administración* en: Ramírez, Pedro Mariano, *Tratado de administración práctica en España*, Imprenta de don Vicente de Lalama, Madrid, 1844, pp. 12, 52, nota 1, 53 y 58.

[88] Colmeiro, Manuel, *Derecho Administrativo español*, Tomo I, Librerías de don Angel Callejas, Editor, Madrid y Santiago, 1850, pp. 132 y 142.

[89] Colmeiro, Manuel, *Derecho Administrativo español*, Tomo I, *ob. cit.*, p. 168.

[90] Colmeiro, Manuel, *Derecho Administrativo español*, Tomo II, 3ª edición ajustada a la legislación vigente, Imprenta de José Rodríguez, Madrid, 1865, p. 66.

[91] Colmeiro, Manuel, *Derecho Administrativo español*, Tomo II, *ob. cit.*, p. 137.

[92] Colmeiro, Manuel, *Derecho Administrativo español*, Tomo II, *ob. cit.*, p. 303.

[93] Colmeiro, Manuel, *Derecho Administrativo español*, Tomo II, *ob. cit.*, p. 303.

que la "uniformidad de la jerarquía favorecía la buena administración";[94] y que "favorece también la buena administración *el deslinde de atribuciones*";[95] así como a la "buena administración de aguas".[96]

No deben quedar aquí las referencias a la *buena administración* dentro del pensamiento *iuspublicístico* español –incluyendo los territorios ultramarinos de entonces[97]–; pero con las ideas y fragmentos que hemos ilustrado, ha de poder establecerse bien que a lo largo del ya lejano siglo XIX,[98] con trascendencia a la primera mitad del XX,[99] la presencia y las alusiones a la *buena administración* en la literatura de Derecho Público de España, eran muy frecuentes, si bien conceptualmente poco desarrolladas, como ocurría en el caso francés previamente puntualizado.

## C. *Un breve cierre*

Visto todo lo ilustrado hasta aquí, y constatado en ello el uso de alocuciones como *buena administración* y *mala administración*, tanto en un sentido más corriente, como en otro más propio de lo jurídico, tal vez no pecamos de desatinados si asumimos que, entre los publicistas y lo administrativistas a los que hemos recurrido para esta ilustración realizada, *buena administración* (y *mala administración*) resultaba el etiquetado de una idea establecida pero no esclarecida, una suerte de sentimiento jurídico que anidaba en el universo *iusadministrativo*, pero sin acompañarse

---

[94] Santamaría de Paredes, Vicente, *Curso de Derecho Administrativo según sus principios generales y la legislación actual de España*, 7ma edición, Imprenta Española, Madrid, p. 95

[95] Santamaría de Paredes, Vicente, *Curso de Derecho Administrativo, ob. cit.*, p. 99.

[96] Santamaría de Paredes, Vicente, *Curso de Derecho Administrativo, ob. cit.*, pp. 556 y 558.

[97] Ver, por ejemplo cómo figura el uso de la expresión *buena administración* en: Morilla, José María, *Tratado de Derecho Administrativo español*, 2da edición arreglada a las disposiciones vigentes, Tomo I, *Sobre la Administración general del Reino*, Imprenta de la Viuda de Bárcina y Comp., 1865, pp. 38, 70, 78, 93; y *Tratado de Derecho Administrativo español*, 2da edición arreglada a las disposiciones vigentes, Tomo II, *Sobre la Administración especial de la Isla de Cuba*, Imprenta de la Viuda de Bárcina y Comp., 1865, pp. XXVI y XXXVII.

[98] En materia contenciosa-administrativa, por ejemplo, Díaz Ufano y Negrillo destacaba el establecimiento, por el Real Decreto de 21 de mayo de 1853, del "(...) principio de buena administración reconocido ya en otros países, de que las providencias finales administrativas que producen derechos, causan estado y solo pueden revocarse por la vía contenciosa, deducida ante los Tribunales de este orden dentro de un plazo determinado y en la forma que las leyes disponen.". En otro lugar de esa obra, el propio autor acogía: "Es un principio de buena administración que sus providencias deben llevarse á efecto sin restricciones de ningún género, porque si pudieran suscitarse obstáculos á su ejecución, vendría á entorpecerse la acción administrativa, que debe ser pronta y enérgica para llegar al fin que se propone." Ver: Díaz Ufano y Negrillo, José, *Tratado teórico-práctico de materias contencioso-administrativas en la Península y Ultramar con un apéndice sobre el modo de sustanciar y dirimir las competencias entre las autoridades administrativas y judiciales*, Imprenta de Manuel Minuesa, Madrid, 1866, pp. 98 y 118.

[99] Por ejemplo, véase la documentación de Antonio Maura, incorporada en: *Ideario de Don Antonio Maura sobre la vida local (textos y estudios). Homenaje en el primer centenario del nacimiento de un gran español*, Instituto de Administración Local, Madrid, 1954, donde hay uso de la voz buena administración en páginas como: 173, 214 y 351. La expresión buena administración aparece también empleada –quizás con menos profusión– en las clásicas obras generales del Derecho Administrativo español de las primeras cinco décadas del siglo XX, como son las de: Royo Villanova, Gascón y Marín, Fernández de Velasco, García Oviedo y Álvarez Gendín.

de una construcción jurídica que la identificara y la llenara de manera más precisa de contenido y consecuencias en el plano de la ordenación jurídica de la Administración Pública. La idea de *buena administración* en ese contexto, no debe entenderse, jurídicamente hablando, con las mismas connotaciones que ha ido adquiriendo y se le han ido precisando hoy a la luz de la sustanciación que se le ha dado, a partir de la segunda mitad del siglo XX y lo que va del XXI, en especial en las consagraciones positivas que ha tenido.

Aún así, creemos que es válido sostener que en todo ese contexto está el germen primario, el estadio más primitivo, de la construcción de lo que va resultando hoy el régimen jurídico de la *buena administración*, entendida esta como principio de la Administración pública, como deber de ella, o como derecho atribuido a los ciudadanos o administrados, según se maneja en el actual universo jurídico-admi-nistrativo.

No queremos terminar este sin traer a colación lo que anotado por el profesor español CARRILLO DONAIRE, quien en relación con los antecedentes del concepto de *buena administración* recoge otra noticia interesante:

> "Pese a lo que a veces se ha dicho, el concepto de buena administración no ha sido fruto de una autónoma labor pretoriana del TJCE, que lo ha tomado de otros órdenes jurídicos comunitarios y, en particular, del Derecho holandés, donde la jurisprudencia había consagrado desde finales del siglo XIX la obligación de la Administración de preparar minuciosamente sus decisiones incluyendo la motivación de las mismas, así como de la obligación de respetar una suerte de *fair play* en sus relaciones con los administrados.
>
> Esta jurisprudencia está actualmente positivada en el Código General de Derecho Administrativo holandés de 1994. (…)."[100]

## 2. Buena administración en el pensamiento jurídico-administrativo de Maurice HAURIOU

Entre todos los autores que impulsaron el desarrollo y el salto cualitativo del Derecho Administrativo, y del Derecho Público en General, a finales del siglo XIX y el primer cuarto del siglo XX, parece ser que es en el pensamiento y en los escritos jurídico-administrativos del inmenso Maurice HAURIOU donde la idea de *buena administración* revela un grado de elaboración jurídica en ella que apunta ya con evidente claridad hacia la dirección que esa noción ha ido adquiriendo desde la segunda mitad del propio siglo XX. Algo que no se encuentra en otras grandes figuras del *iuspublicismo* contemporáneas al jurista tolosano, en su país o fuera de él.

Esta afirmación que hacemos en torno a la b*uena administración* en el pensamiento jurídico-administrativo de Maurice HAURIOU, merece, en verdad, un mayor esclarecimiento para evaluar su veracidad; algo que, por la envergadura del esfuerzo, escapa a nuestras fuerzas y objetivos en estas líneas. Por ello, solo nos limitaremos a dar algunas señales superficiales en pos de su apoyo como un primer acercamiento somero e inacabado, pues creemos que esas señales se explican por sí solas.

---

[100] Carrillo Donaire, Juan Antonio, "Buena administración, ¿un principio, un mandato o un derecho subjetivo?", en Santamaría Pastor, Juan Alfonso (Director), *Los principios jurídicos del Derecho Administrativo*, La Ley, Wolters Kluwer España, S.A., Madrid, 2010, nota 2, pp. 1139 y 1140.

Curiosamente, no es en las obras generales sobre Derecho Administrativo o Derecho Público debidas a HAURIOU,[101] donde puede apreciarse de manera directa y mejor lo anteriormente dicho; pues, en verdad, poco figura (o no figura) en ellas, incluso, al uso de la expresión *buena administración*. Aunque sí se pone de manifiesto el sentido de lo que HAURIOU refleja en ella cuando hablaba inicialmente sobre la *institución administrativa*, la *función administrativa* y el *servicio público*.[102]

Es en, y a través de, sus memorables comentarios a la jurisprudencia administrativa[103] donde va resaltando en el maestro de Toulouse, de manera expresa, el uso la idea de la *buena administración* como noción con consecuencias jurídicas; un uso que numéricamente es frecuente en esos comentarios.

La *buena administración* es un tópico cuyas alusiones resultan incorporadas de modo fragmentado y disperso dentro del conjunto de los comentarios a la jurisprudencia administrativa que el Decano de Toulouse fue elaborando a lo largo de su quehacer científico. Por lo que, si se mira desde esa fragmentación y como piezas sueltas, no es posible tener una adecuada percepción de todos los aspectos que conformaban la construcción jurídica que sobre la *buena administración* queda evidenciada en el pensamiento de HAURIOU. Sin embargo, si se toman esos fragmentos piezas y se compone con ellas una perspectiva unitaria, veremos surgir a la *buena administración* como una noción con clara operatividad jurídica en el pensamiento creador del profesor tolosano; surgimiento que además presenta una silueta que resulta identificable con mucho de lo que hoy significa la *buena administración* como principio y como deber de la Administración Pública y como derecho de los ciudadanos, según se ha ido consagrando material y positivamente en los ordenamientos jurídicos de hoy.

En HAURIOU *buena administración* como noción relativa al funcionamiento administrativo no era otra cosa, por un lado, que actuar de la mejor manera posible empleando los mejores medios disponibles para garantizar el fin perseguido. Según indicaba directamente:

"(…) *tout service public demande à être* assuré *et assuré pour le mieux, car l'Administration, c'est la* bonne administration; (…)."[104]

Uno de los primeros puntos que hay que apreciar en HAURIOU, es que la *bonne administración* constituía, para él, uno de los criterios[105] y uno de los fines[106] que

---

[101]  Hauriou, Maurice, *Précis de Droit Administratif et de Droit Public*, Onziéme edition, Société Anonyme du Recueil Sirey, Paris, 1927; *Précis Élémentaire de Droit Administratif*, Société Anonyme de Recueil Sirey, Paris, 1925; *Précis de droit constitutionnel*, Deuxième édiction, Recueil Sirey, Paris, 1929, réédition, CNRS, 1965; *Principes de droit public*, Réimpression, Éditions Dalloz, Paris, 2010.

[102]  Hauriou, Maurice, *Précis de Droit Administratif et de Droit Public*, ob. cit., pp. 12 y ss.

[103]  Ver esos comentarios recogidos en: Hauriou, Maurice, *La Jurisprudence Administrative de 1892 à 1929*, D'après les notes d'arrêts de Recueil Sirey réunies et classées par André Hauriou, 3 tomos, Librairie du Recueil Sirey (Société Anonyme), Paris, 1929 (Nouveage tirage 1931).

[104]  Ver sus comentarios al *affaire gaz de Deville-lès-Rouen* (Consejo de Estado, 10 de enero de 1902), en Hauriou, Maurice, *La Jurisprudence Administrative de 1892 à 1929*, Tome III, *ob. cit.*, p. 568.

estaban presentes y que regían la actuación administrativa. Por lo tanto, toda actuación administrativa debía responder también a ese criterio y a ese fin, además de otros que, asimismo, podían o habían de marcar dicho funcionamiento.

Como criterio y finalidad de la actuación administrativa, la *bonne administration* en HAURIOU estaba rigurosamente inspirada en el interés público. Junto a eso, otro de los postulados sustanciales que hacía a la *buena administración*, era precisamente que en todo funcionamiento administrativo no podían desconocerse las libertades y garantías fundamentales de los administrados (ciudadanos).[107]

Asimismo, HAURIOU advertía claramente que la Administración Pública subordinada a la política electoral llevaba a la *mauvaise administration* y la preocupación electoral hacía que un prefecto aprobara lo que no debía aprobar y le impedía anular lo que debía anular.[108] Por tal motivo, argumentaba:

> "Cependant un grand pays comme la France ne peut pas au-delà d'une certaine mesure se passer de bonne administration. Si la politique électorale a eu besoin de se créer son organe, et si elle l'a trouvé dans la hiérarchie préfectorale, la bonne administration doit aussi se créer le sien. Il faut disjoindre la tutelle des administrations locales et la politique électorale. Cela ne peut plus aller ensemble. On ne peut pas être chargé, de surveiller des gens quand on sollicite leurs suffrages. Puisque la hiérarchie préfectorale s'est trouvée, par la force des choses, poussée du côté de là politique, il est naturel que la tutelle administrative se suscite un nouvel organe, là où elle le trouve, le Conseil d'Etat."[109]

En consecuencia, para HAURIOU poner a salvo a la Administración Pública de los vaivenes electorales y de ser arrastrada por los intereses políticos era un postulado de garantía de *buena administración*, y era también una exigencia que se derivaba de esa *buena administración*.

Otro punto importante es que para HAURIOU la *buena administración* era un criterio de fundamentación jurídica de la actuación administrativa que trascendía la letra fría consagrada en el Derecho positivo. Para él, la *buena administración* revelaba que la actuación administrativa debía responder a motivos que iban más allá de lo puramente jurídico, trazando una actuación que no debía quedar solo en ese plano formal, sino que había de estar regida, además, por razones de objetividad y del

---

105      Ver como se expresaba, por ejemplo, en sus comentarios al *affaire Pécard* (Consejo de Estado, 27 de diciembre de 1901), en: Hauriou, Maurice, *La Jurisprudence Administrative de 1892 à 1929*, Tome III, *ob. cit.*, pp. 305 y 306.

106      Ver como se expresaba, por ejemplo, en sus comentarios a los *affaires Abbé Garcin, Abbé Valette, Abbés Leclercq et Gruson, Abbé Morel et autres, Abbé Braux et autres* (Consejo de Estado, 2 de agosto de 1907, 14 de febrero de 1908 y 5 de agosto de 1908), en: Hauriou, Maurice, *La Jurisprudence Administrative de 1892 à 1929*, Tome II, *ob. cit.*, p. 726.

107      Ver sus comentarios a los *affaires Favatier et Lalaque* (Consejo de Estado, 17 de enero de 1902 y 114 de febrero de 1902), en Hauriou, Maurice, *La Jurisprudence Administrative de 1892 à 1929*, Tome II, *ob. cit.*, p. 342.

108      Ver sus comentarios al *affaire Casanova* (Consejo de Estado, 20 de marzo de 1901), en: Hauriou, Maurice, *La Jurisprudence Administrative de 1892 à 1929*, Tome II, *ob. cit.*, p. 230.

109      Ver sus comentarios al *affaire Casanova* (Consejo de Estado, 20 de marzo de 1901), en: Hauriou, Maurice, *La Jurisprudence Administrative de 1892 à 1929*, Tome II, *ob. cit.*, p. 230.

buen hacer (plano material).[110] En su consideración, la actuación de la Administración Pública –especialmente en la creación de decisiones–, no solo debía ajustarse solo a los requerimientos del Derecho positivo (que quedaban ser todo en el formal), sino que, además, debía satisfacer las exigencias que imponían la justicia y la buena administración (plano material).[111] HAURIOU extendía así la noción de *legalidad* que condicionaba la producción de una decisión administrativa y de la actuación administrativa en general, hacia un sentido bien amplio, que se remonta por sobre el cumplimiento las formulaciones legales y reglamentarias para comprender también los principios fundamentales de la buena administración, incluso los que no estaban codificados.[112] El Decano de Toulouse se expresa de una forma que indicaba con claridad que no identificaba en toda su línea "servir a la legalidad" con "servir a la *bonne administration*",[113] ni que asegurar *la aplicación de la ley* significaba *asegurar la buena administración*.[114] Y dejaba escrito que ley y buena administración no eran la misma cosa, pues

"(...) *la bonne administration ne se décrète point par les textes de lois, même les plus soigneusement rédigés*".[115]

En otro comentario, esta vez al fallo *Olivier et Zimmermann* (Consejo de Estado, 27 de febrero de 1903), HAURIOU explicaba:

"*Toutes, les fois que la volonté subjective vient se heurter à un texte de loi formel, ou bien se manifeste par un acte rentrant dans une catégorie déclarée formellement illicite, comme le crime, le délit, le dol, la violence, c'est la légalité expresse et positive qui lui oppose une barrière. Mais la loi positive ne suffit pas à notre instinct de justice; il se crée en avant d'elle un certain idéal, un certain droit naturel, une certaine conception de l'équité et de la bonne conduite, qui nous interdit certaines façons d'agir. Cet idéal n'est pas individuel, il est, au contraire, collectif, c'est la conception commune du commerce juridique tel qu'il doit être, de la bonne administration telle qu'elle devrait être, etc. A notre avis, c'est à cette sorte de droit naturel que correspond la théorie de l'abus du droit; elle est un des moyens par lesquels se réalise l'idéal collectif du commerce juridique.*"[116]

---

[110] Ver sus comentarios a los *affaires Abbé Iteney, Abbé Bernard, Abbé Liénard, Abbé Lesage* (Consejo de Estado, decreto, 3 de marzo, 29 de mayo de 1894; y 13 de agosto de 1895, dos decretos); al *affaire Empis* (Consejo de Estado, 1 de julio de 1901) en: Hauriou, Maurice, *La Jurisprudence Administrative de 1892 à 1929*, Tome II, *ob. cit.*, p. 714, 716 y 717, y 49.

[111] Ver el comentario al *affaire Laroche* (Consejo de Estado, 27 de marzo de 1914), en Hauriou, Maurice, *La Jurisprudence Administrative de 1892 à 1929*, Tome II, *ob. cit.*, p. 72.

[112] Ver el comentario al *affaire Schlemmer* (Consejo de Estado, 8 de marzo de 1912), en Hauriou, Maurice, *La Jurisprudence Administrative de 1892 à 1929*, Tome II, *ob. cit.*, p. 141. En esto Hauriou recordaba igualmente las conclusiones del comisario de gobierno Pichat.

[113] Ver como se expresaba en su análisis del fallo *Bergeon, Dalles et autres* (Consejo de Estado, 1 de mayo de 1903), en Hauriou, Maurice, *La Jurisprudence Administrative de 1892 à 1929*, Tome II, *ob. cit.*, p. 263.

[114] Ver sus comentarios al *affaire Casanova* (Consejo de Estado, 20 de marzo de 1901), en: Hauriou, Maurice, *La Jurisprudence Administrative de 1892 à 1929*, Tome II, *ob. cit.*, p. 229.

[115] Ver sus comentarios al *affaire Casanova* (Consejo de Estado, 20 de marzo de 1901), en: Hauriou, Maurice, *La Jurisprudence Administrative de 1892 à 1929*, Tome II, *ob. cit.*, p. 229.

[116] Hauriou, Maurice, *La Jurisprudence Administrative de 1892 à 1929*, Tome I, *ob. cit.*, p. 563.

En el comentario del *affaire Olivier et Zimmermann*, HAURIOU aseveraba:

> "*En somme, il arrivera souvent que les mêmes faits reprochables à l'Administration donneront lieu successivement à l'application de la théorie du* détournement de pouvoir *et de celle de* l'abus du droit; *mais c'est que, d'abord, on envisagera la* décision exécutoire *et ensuite* les faits d'exécution. *Il y a donc non seulement une différence de procédure, mais aussi une différence de fondement de l'action. Le détournement de pouvoir correspond à la notion de la* bonne administration *tion considérée en soi dans l'acte, c'est-à-dire dans la décision pour le service public;* l'abus du droit *correspond à la notion du* bon commerce juridique, *qui doit s'établir entre l'Administration et les administrés à l'occasion de l'exécution dès services publics.*"[117]

En HAURIOU aparece además asociada la buena administración a los criterios de validez jurídica (criterio de juridicidad) de una decisión administrativa. Por un lado, esa asociación la realizaba el Decano de Toulouse a propósito de sostener el requerimiento de que la Administración Pública debe contar con una habilitación normativa previa para poder tomar alguna medida individual y particular, pues ello era "(…) *conforme à l'état de droit et à l'a bonne administration* (…)."[118]

Pero, no quedaba solo allí sino que, de igual forma, HAURIOU defendía la idea de que la vulneración de la *buena administración* como fin de la actuación administrativa, constituía, en un acto administrativo, un vicio que afectaba el fin perseguido por la administración; con lo cual habría lugar a presentar un recurso por desviación de poder, atendiendo a que el administrador ha hecho un uso de su poder diverso a aquel para el cual se le ha conferido.[119]

De otro lado, aquella asociación de la *buena administración* con los criterios de validez jurídica (criterio de juridicidad) de una decisión administrativa, aparecía en HAURIOU a propósito de sus reflexiones sobre la motivación de los actos administrativos. En ese marco y esa motivación, el maestro de Toulouse acogió:

> "*L'obligation légale de motiver n'aurait qu'une utilité, c'est de multiplier en fait les cas dans lesquels les juges pourraient saisir les motifs des actes. A ce point de vue, il serait désirable que des lois nouvelles généralisassent l'obligation de motiver; ce serait une extension précieuse du domaine de l'excès de pouvoir. A toute la "prise que donne au Conseil d'État le dispositif des actes s'ajouterait toute celle que lui donneraient les motifs.".*[120]

En su comentario al *affaire des Frères de Saint-Joseph* (del Consejo de Estado, de 22 de enero de 1892), HAURIOU valoraba:

---

[117]   Hauriou, Maurice, *La Jurisprudence Administrative de 1892 à 1929*, Tome I, *ob. cit.*, pp. 565 y 566.

[118]   Ver sus comentarios al *affaire Bouteyre* (Consejo de Estado, 10 de mayo de 1912), en: Hauriou, Maurice, *La Jurisprudence Administrative de 1892 à 1929*, Tome II, *ob. cit.*, p. 669.

[119]   Ver como se expresaba, por ejemplo, en sus comentarios a los *affaires Abbé Garcin, Abbé Valette, Abbés Leclercq et Gruson, Abbé Morel et autres, Abbé Braux et autres* (Consejo de Estado, 2 de agosto de 1907, 14 de febrero de 1908 y 5 de agosto de 1908), en: Hauriou, Maurice, *La Jurisprudence Administrative de 1892 à 1929*, Tome II, *ob. cit.*, p. 725. Asimismo, sus comentarios al fallo Sanoner (Consejo de Estado, 3 de agosto de 1900) en Hauriou, Maurice, *La Jurisprudence Administrative de 1892 à 1929*, Tome III, *ob. cit.*, p. 247.

[120]   Ver el comentario al *affaire Grazietti* (Consejo de Estado, 31 de enero de 1902), en Hauriou, Maurice, *La Jurisprudence Administrative de 1892 à 1929*, Tome II, *ob. cit.*, p. 187.

"II. — Le décret retirant l'autorisation à une association religieuse doil-il être rendu sur le rapport du ministre chargé des cultes, ou bien sur le rapport du ministre qui avait fait rendre le décret d'autorisation. — *Rapport et contreseing sont une même chose il s'agit donc ici des règles du contreseing ministériel. On peut poser, croyons-nous, les principes suivants: 1° Tous les ministres ne peuvent pas indifféremment contresigner tous les actes du chef de l'Etat; chacun doit contresigner les actes, relatifs aux affaires de son département: en d'autres termes, le contreseing n'est pas indivisible. C'est là certainement une règle de bonne administration; c'est aussi une règle traditionnelle; mais est-elle suffisamment prescrite par la loi pour que le Conseil d'Etat voie une violation des formes entraînant nullité de l'acte dans le fait qu'un ministre aurait contresigné un acte étranger à son département? Nous croyons qu'il faut répondre affirmativement. (…).".*[121]

En el Decano de Toulouse resultaba trascedente, a propósito de sus análisis sobre el recurso por exceso de poder (y por desviación de poder), la conexión directa de este resorte con la *bonne administration* como justificación de la funcionalidad de dicha pieza jurídica. Así, calificaba a aquel recurso como un medio de *asegurar la buena administración*; como *medio de buena administración*; como *la garantía suprema de la buena administración*; como medio *organizado en interés de la buena administración*.[122] Con ello, definía la operatividad del exceso de poder (y de la desviación de poder) no solo como componente de protección jurídica con sentido individualista (de un derecho lesionado), sino como mecanismo de defensa del interés general en manos del individuo.[123] De tal suerte, se respaldaba el ensanchamiento del alcance y efectividad del control jurisdiccional sobre el actuar de la Administración Pública (actos y actuaciones, tuviera el administrado derecho subjetivo o interés legítimo).[124]

---

[121] Hauriou, Maurice, *La Jurisprudence Administrative de 1892 à 1929*, Tome I, *ob. cit.*, p. 306.

[122] Constátese en sus comentarios a los *affaires*: ville d'Avignon et Adda (Consejo de Estado, 8 y 15 de diciembre de 1899), *Sanoner* (Consejo de Estado, 3 de agosto de 1900), *Casanova* (Consejo de Estado, 20 de marzo de 1901) y *Chabot et Commune de Massat* (Consejo de Estado, 24 de julio y 7 de agosto de 1903). Esas referencias dentro de los mencionados comentarios pueden encontrarse, respectivamente, en: Hauriou, Maurice, *La Jurisprudence Administrative de 1892 à 1929, ob. cit.*, Tome II, p. 408, Tomo III, p. 248, Tome II, p. 229 y Tome I, pp. 388 y 389.

[123] Decía Hauriou que "(…) le recours est un moyen de bonne administration, une procédure contentieuse d'introspection administrative, que c'est une sorte d'action publique ou populaire, et que l'individu qui la met en mouvement agit dans l'intérêt de tous." Hauriou, Maurice, La Jurisprudence Administrative de 1892 à 1929, Tome I, *ob. cit.*, pp. 388.

[124] Para Hauriou: "*Le contentieux de l'excès de pouvoir voit s'ouvrir devant lui tout le domaine du contrôle administratif, non seulement du contrôle sur les décisions prises spontanément par l'Administration, qu'il avait déjà, mais du contrôle sur les agissements de l'Administration, qu'il n'avait pas, et qui vont pouvoir être transformés en décisions par le jeu des réclamations auxquelles l'Administration est tenue de répondre*". A renglón seguido, agregaba Hauriou: "*Voilà l'Administration obligée de répondre à toutes sortes de réclamations (ou, si elle ne répond pas, son silence sera assimilé à une décision de rejet). Beaucoup de ces réclamations interviendront dans des matières où les administrés n'ont aucun droit acquis, où ils n'ont que des intérêts administratifs, et même dès intérêts qui s'identifient presque avec la préoccupation objective de la bonne administration, de telle sorte qu'ils se rattachent à l'idée du contrôle de l'Administration : ils se plaindront, par exemple, de la mauvaise marche d'un service ou de sa mauvaise installation.*" Ver: Hauriou, Maurice, *La Jurisprudence Administrative de 1892 à 1929*, Tome II, *ob. cit.*, p. 49, en el comentario al affaire Empis (Consejo de Estado, 1 de julio de 1910).

274

Así las cosas, el Consejo de Estado se convertía no solo en un juez encargado de asegurar la aplicación de las leyes, sino en el encargado de asegurar la *bonne administration*.[125]

Maurice HAURIOU también colocaba a la *bonne adminstration* en su análisis sobre la responsabilidad del funcionario público, especialmente en lo que hace a la distinción entre falta de servicio y falta personal. A propósito de ello, decía que era esa una distinción:

"(...) *très fine justement parce que, dans le fonctionnaire, elle distingue deux hommes, l'homme de la fonction, qui ne sortait pas de sa fonction et qui était couvert par l'Administration; l'homme ordinaire, qui sortait de sa fonction par une faiblesse morale, qui retombait ainsi dans le commun et dans le droit commun. En même temps que très fine, cette distinction était très morale et très haute, car elle plaçait la fonction publique exclusivement dans la région de la bonne Administration; elle entraînait immédiatement et automatiquement la disqualification du fonctionnaire qui commettait un fait personnel. Enfin, elle conservait le contrepoids essentiel de la prise à partie directe du public dans le cas du fait personnel.*"[126]

Manteniéndonos en la senda de la responsabilidad, el maestro francés cifraba en la buena administración el la imposición a los concesionarios, en el mismo acto de concesión, la obligación de indemnizar a aquellos a los que causaren daños en la ejecución de lo concedido.[127]

HAURIOU también justificaba con la buena administración el fundamento objetivo de los servicios públicos; de la misma manera afirmaba que la aptitud del administrado da beneficiarse del servicio público se desarrolla al abrigo de la noción de buena administración.[128]

Para HAURIOU:

"(...) *l'administré n'a pas, en principe, de droit individuel à ce qu'un service public fonctionne à son profit, mais il a une aptitude à bénéficier du service public en tant que celui-ci fonctionne pour la bonne administration.*"[129]

En esa orden de ideas había apuntado en el párrafo precedente:

"(...) *les services publics fonctionnent objectivement pour la bonne administration; mais comme, de ces services publics, il résulte des bénéfices pour les administrés, ceux-ci ont en principe l'aptitude à profiter de ces bénéfices.*"[130]

---

125    Ver sus comentarios al *affaire Casanova* (Consejo de Estado, 20 de marzo de 1901), en: Hauriou, Maurice, *La Jurisprudence Administrative de 1892 à 1929*, Tome II, *ob. cit.*, p. 229.

126    Hauriou, Maurice, *La Jurisprudence Administrative de 1892 à 1929*, Tome I, *ob. cit.*, pp. 621 y 622.

127    Ver sus comentarios a los *affaires Verdier et Daumas* (Consejo de Estado, 5 de marzo de 1897), en: Hauriou, Maurice, *La Jurisprudence Administrative de 1892 à 1929*, Tome III, *ob. cit.*, p. 673.

128    Ver sus comentarios al *affaire Tramways de l'Est Parisien* (Consejo de Estado, 11 de avril de 1913), en: Hauriou, Maurice, *La Jurisprudence Administrative de 1892 à 1929*, Tome III, *ob. cit.*, pp. 299 y 300.

129    Ver sus comentarios al *affaire Tramways de l'Est Parisien* (Consejo de Estado, 11 de avril de 1913), en: Hauriou, Maurice, *La Jurisprudence Administrative de 1892 à 1929*, Tome III, *ob. cit.*, p. 299.

A lo cual, agregaba el maestro francés que:

> "*L'aptitude reconnue à un administré à bénéficier d'un service public entraîne pour lui intérêt légitime à demander l'annulation de toute décision de l'Administration relative à la situation qui ne serait pas conforme à la bonne administration; par conséquent, elle entraîne la possibilité pour lui de demander l'annulation par l'une quelconque des ouvertures à recours pour excès de pouvoir, incompétence, violation des formes, violation de la loi, détournement de pouvoir.*"[131]

Sobre la buena administración como límite y componente del ejercicio de la discrecionalidad también se pronuncia HAURIOU, al sostener, en el mismo comentario de donde tomamos los dos fragmentos antes reproducidos:

> "*L'autorité administrative a un pouvoir d'appréciation pour refuser la permission de voirie dans les limites de la bonne administration. Mais l'intéressé a le droit de poser, par la voie contentieuse, la question de savoir si l'autorité administrative s'est tenue dans les limites de la bonne administration.*"[132]

En razón de esas precisiones, HAURIOU concluía que

> "*Le pouvoir d'appréciation de l'autorité est limité par la notion de la bonne administration, (…).*"[133]

Las connotaciones de la *bonne administration* no quedaban, para HAURIOU, en todo lo que hemos ilustrado, sino que le descubría otros alcances más específicos. Así las cosas, en sede de contratación administrativa, el Decano de Toulouse hablaba de *un principio de la buena administración*, como principio de interpretación de los contratos, y que desgajaba de los planteamientos que hiciera el Consejo de Estado en el *arrêt de la Compagnie parisienne du gaz* (de 12 de mayo de 1900). Según explicaba, ese principio de interpretación contractual

> "(…). *Il signifierait qu'à moins de stipulation bien formelle, les administrations publiques ne doivent pas être censées avoir sacrifié les intérêts des contribuables ni ceux du public, qu'elles doivent être présumées avoir fait la meilleure opération possible, surtout quand ii s'agit d'opérations financières aussi connues que celle de l'amortissement; que, lorsqu'elles organisent un amortissement, jusqu'à preuve du contraire, c'est un amortissement normal. Si ce principe d'interprétation s'écarte de la bonne foi ordinaire des contrats, nous n'en voulons rien savoir, nous sommes d'avis que dans les contrats administratifs, il y a une bonne foi spéciale, qui provient de ce que l'Administration, l'une des parties contractantes, se trouve dans*

---

[130] Ver sus comentarios al *affaire Tramways de l'Est Parisien* (Consejo de Estado, 11 de avril de 1913), en: Hauriou, Maurice, *La Jurisprudence Administrative de 1892 à 1929*, Tome III, *ob. cit.*, p. 299.

[131] Ver sus comentarios al *affaire Tramways de l'Est Parisien* (Consejo de Estado, 11 de avril de 1913), en: Hauriou, Maurice, *La Jurisprudence Administrative de 1892 à 1929*, Tome III, *ob. cit.*, p. 300.

[132] Ver sus comentarios al *affaire Tramways de l'Est Parisien* (Consejo de Estado, 11 de avril de 1913), en: Hauriou, Maurice, *La Jurisprudence Administrative de 1892 à 1929*, Tome III, *ob. cit.*, p. 300.

[133] Ver sus comentarios al *affaire Tramways de l'Est Parisien* (Consejo de Estado, 11 de avril de 1913), en: Hauriou, Maurice, *La Jurisprudence Administrative de 1892 à 1929*, Tome III, *ob. cit.*, p. 300.

*une situation à part; elle est obligée de veiller à l'exécution régulière des services publics, de maintenir intact le domaine public, de ménager les deniers publics qui sont la substance même de tous les citoyens, et, avec tout cela, elle est plus que personne exposée aux ruses et aux embûches. Elle a donc besoin d'être protégée dans une certaine mesure. Elle le sera dans la mesure raisonnable, si l'on interprète les clauses douteuses par le principe de la bonne administration. En somme, cela revient à dire que, lorsque l'Administration stipule dans un contrat relatif aux services publics, ce n'est ni dans son propre intérêt, ni dans celui de son contractant, mais dans celui de la bonne administration. Nous avons déjà touché ce sujet à propos de l'étendue du monopole des Compagnies d'éclairage au gaz. (…)".*[134]

Junto a lo ello, hay que colocar el razonamiento de HAURIOU de que

*"(…) dans tous les contrats où des monopôles gênants pour le public sont accordés à des concessionnaires, il est juste que tout ce qui n'est pas expressément stipulé ou qui n'est pas la conséquence raisonnable des stipulations soit refusé dans l'intérêt du public, de la liberté et de la bonne administration; parce que les traités de concession de services publics entraînant des monopoles ne sont pas des contrats privés où des intérêts privés s'affrontent, mais sont des contrats publics où les intérêts privés sont dans une certaine mesure dominés par l'intérêt public. (…)".*[135]

Hasta aquí las principales alusiones a la noción de *bonne administration* en Maurice HAURIOU que por ahora podemos hacer.[136] Como dijimos, las mismas son bien elocuentes por sí solas, y son testimonio de una noción plenamente operativa en la construcción técnico-jurídica que revela el maestro de Toulouse en torno a no pocas cuestiones del Derecho Administrativo. Frente a esas circunstancias, y colocándolo en perspectiva con el panorama doctrinal que le acompañó y que luego le sobrevenido, es que tenemos cada vez más la convicción que parece ser Maurice HAURIOU el primer doctrinante dentro del *iuspublicismo* moderno que realiza –como nadie hasta entonces y pocos después– una aplicación preclara de la buena administración como idea jurídica dentro del Derecho Administrativo, respaldando con ella, y desgajando de ella, no pocas consecuencias para el régimen jurídico de la Administración Pública y para la ordenación y funcionalidad de las relaciones entre esta y los administrados o ciudadanos, redundando en postulados a no desdeñar para un mejor proveer de aquel régimen jurídico y de dichas relaciones.

---

[134]  Hauriou, Maurice, *La Jurisprudence Administrative de 1892 à 1929*, Tome III, *ob. cit.*, pp. 562 y 563.

[135]  Comentario al *affaire gaz de Deville-lès-Rouen* (Consejo de Estado, 10 de enero de 1902), en Hauriou, Maurice, *La Jurisprudence Administrative de 1892 à 1929*, Tome III, *ob. cit.*, p. 567.

[136]  En el prólogo que Hauriou le hiciera al libro del español Fernández de Velasco sobre el acto administrativo, el francés, cuando se refería a la anulación por las autoridades superiores de los acuerdos de las inferiores, anotaba: "Y al ordenar ésta la autoridad jerárquica, se planteaba un problema: el de la validez jurídica de los acuerdos en cuanto actos jurídicos. Más aún; durante mucho tiempo no hubo otra manera de que el expresado problema se planteara. Y si se suscitó fue, no con respecto a unas reglas de Derecho que no podían tener existencia todavía, sino con relación a unas *directivas morales* de buena administración que la misma Jerarquía había ido elaborando mediante la práctica diaria de los asuntos"; ver: Hauriou, Maurice, "Prólogo", en Fernández de Velasco, Recadero, "El acto administrativo (exposición doctrina y estudio del Derecho español)", *Revista de Derecho Privado*, Madrid, 1929, p. 8.

## 3. Buon andamento de la Administración Pública en la Constitución italiana de 1947

En el segundo cuarto del siglo XX, entre los autores italianos de Derecho Público es posible encontrar referencias a la *regole di buena amministrazione* o *norme di buena amministrazione*,[137] especialmente en el marco del tratamiento de las llamadas disposiciones o normas internas de la Administración Pública.

Con la publicación en 1940 del trabajo del profesor Rafaelle RESTA, bajo el título de *"L'onere di buona amministrazziones"*,[138] se daba un primer momento doctrinal de envergadura, dentro del *iuspublicismo* italiano, en torno al tema de la *buona amministrazione*. En ese trabajo pionero de RESTA, se contenía un interesante y precursor análisis sobre el perfil de la buena administración como deber, a raíz de las *direttives di buona amministrazioni*, y sobre algunas de las implicaciones de ello en diversos aspectos jurídicos de la Administración Pública. Para este italiano:

> *"Buona amministrazione esprime un concetto finale: è l'attività amministrativa perfettamente adeguata, nel tempo e nei mezzi, al fine specifico da raggiungere."*[139]

RESTA advertía que el contenido propio de la *directiva de buena administración* escapaba por su naturaleza a la indagación jurídica, pero no por esto era menos relevante para la ciencia del Derecho Administrativo.[140] En su opinión:

> *"La funzione delle direttive di buona amministrazione consiste, perciò, in un completamento necessario del sistema delle norme amministrative, considerato nella su attualità, e in un modo di perfezionamento del sistema stesso, nel suo divenire, in quanto le direttive suggeriscono le variazioni e le modificazioni indispensabili alle norme, per tener dietro al movimento incontenibile dei rapporti sociali da essi regolati e le attuano, mercè un processo di evoluzione, per cui una direttiva, consolidata dall'esperienza, può devenire norma giuridica."*[141]

Con antecedentes como los mencionados en lo doctrinal, la consideración del ordenamiento jurídico italiano y su ciencia *iuspublicística* en lo que nos ocupa en estas líneas, cobra mayor relevancia para los antecedentes de la *buena administración* con la constitucionalizarían de la referencia al *buon andamento* en relación con la Administración Pública en la Constitución italiana de 1947 (entró en vigor en 1948). En efecto, el artículo 97 de ese texto constitucional quedó redactado de la siguiente manera:

> *"Il pubblici uffici sono organizzati secondo disposizioni di legge, in modo che siano assicurati il buon andamento e l'imparzialità dell'amministrazione.*

---

[137]   *V.gr.*: Forti, Ugo. *Diritto Amministrativo*, Volume I, Napoli, 1931, p., 84.

[138]   Resta, Rafaelle, "L'onere di buona amministrazione", en AA.VV., *Scritti giuridici in onore di Santi Romano*, Voume II, *Dirito Amministrativo*, CEDAM, Casa Editrice Dott. Antonio Milani, Padova, 1940, pp. 105 y ss.

[139]   Resta, Rafaelle, "L'onere di buona amministrazione", *ob. cit.*, p. 128. Según Resta, la actividad administrativa debe ser, entonces, institucionalmente buena o justa, porque debe necesariamente ser adecuada no solo al interés público general, sino al fin especifico asignada a la Administración Pública.

[140]   Resta, Rafaelle, "L'onere di buona amministrazione", *ob. cit.*, p. 128.

[141]   Resta, Rafaelle, "L'onere di buona amministrazione", *ob. cit.*, p. 128.

*Nell' ordinamento degli uffici sono determinate le sfere di competenza, le attribuzioni e le responsabilita proprie dei funzionari.*

*Agli impieghi nelle pubbliche arruninistrazioni si accede mediante con corso salvo i casi stabiliti dalla legge.*"

El artículo 97 indicado se coloca dentro de la Constitución italiana en la Parte II: *"Ordinamento della Repubblica"*; Título II: *"Il Governo"*; Sección II: *"La Pubblica Amministrazione"*.

La mención expresa al *buon andamento* o *principio de buon andamento* en ese precepto constitucional, ha sido calificada como una originalidad de la Constitución italiana,[142] en tanto hasta ese momento no había sucedido algo similar en los textos constitucionales de ese tiempo o tiempo anterior. Por lo que se daba, así, un hito normativo importante en torno a la *buena administración* o *buon andamento* y sus repercusiones jurídicas, pues, aunque ya vamos viendo que no era una categoría nueva dentro del contexto no jurídico y jurídico relativo a la Administración Pública,[143] sí era consagrada por vez primera como referencia expresa en un texto constitucional (en este caso el de Italia), es decir en la norma de mayor rango dentro del ordenamiento jurídico de un país.

En los primeros momentos de vida de la Constitución de 1947, poco se reparó en el *buon andamento* como un término con valor o implicaciones jurídicas, prefiriéndose ver más bien como que era una noción sin sentido jurídico,[144] más propia del universo de la ciencia de la Administración donde ya tenía cobijo. En este orden ideas recordaba CORSO que

> *"Nei primi anni di vita della Costituzione alla clausula di bun andamento fu negato ogni valore giuridico. Si retenne chi e padri fondadori avessero voluto esprimere un augurio o un auspicio ma non un principio giuridicamente vincolante."*[145]

Superados los primeros momentos de vigencia de la Constitución de 1947, la doctrina italiana fue ganando conciencia gradualmente, a partir de su consagración constitucional, de que *buon andamento* era una noción de la se debían extraer consecuencias jurídicas en relación con la Administración Pública.

De ese modo, ya para la década de 1950 se planteaba que la mención al *buon andamento* del artículo 97 constitucional, significaba un principio o regla a la que debía sujetarse la Administración Pública (principio de *buon andamento* o principio de buena administración), y cuya observancia traía aparejado un *doveri de buona am-*

---

[142]    Giannini, Massimo Severo, *Diritto Amministrativo*, Volume primo, Terza edizione, Dott. A. Giuffrè Editore, Milano, 1993, p. 92; e *Istituzioni di Diritto Amministrativo*, Seconda edizione aggiornata a cura di Alfredo Mirabelli Centurione, Dott. A. Giuffrè Editore, S.p.A., Milano, 2000, nota 6, p. 264.

[143]    Ha expresado Guido Corso que la categoría *buon andamento* no la inventó la Constitución italiana "(...) *sono mutuate, come si è detto, dalla scienza dell'amministrazione e sono state sempre tenute presneti nella vitta amministrativa anche quenado il linguaggio era diverso.*"; ver: Corso, Guido, *Manuale di Diritto Amministrattivo*, G. Giappichelli Editore, Torino, 2003, p. 35.

[144]    Para Balladore-Pallieri, por ejemplo, era una regla general sin sentido jurídico; ver: Balladore-Pallieri, G., *La nuova costituzione italiana*, Dott. A. Giuffrè Editore, Milano, 1948, nota 164.

[145]    Corso, Guido, *Manuale di Diritto Amministrattivo*, *ob. cit.*, p. 35.

*ministrazione.*[146] Así las cosas, pudo decir por aquella década de 1950 Aldo SANDU-
LLI que en base al *principio de buena administración* que amparaba el artículo 97 de
la Constitución italiana

"(…) *l'azione amministrativa debe necesariamente uniformarsi alle regole di buona
amministrazione: deve cioè sempre esplicarsi in funzione dell'interese pubblico: vale a dire,
deve svolgersi avendo sempre di mira sia l'interesse collettivo in generale, sia l'interesse
colletivo proprio di ciascun compito amministrativo (p. es. sanità, sicurezza, istruzione, ecc.);
e deve ispirarsi, per relizare l'interesse pubblico, a a quelle regole (non giuridici) di condotta
che suggeriscono quale sia il modo migliore per tale realizacione. Il prescindere de tali
regole può essr sintomo di disgressione dell'atto dalla propria funzione istituzionale (ecceso
di potere), e, a un tempo, costituisce sicuramente vizio di merito (appunto perchè si tratta di
norme non giuridiche).*"[147]

En definitiva, en la segunda mitad del siglo XX la doctrina italiana –en un inicio la
jurisprudencia fue menos activa[148]– fue coloreando gradualmente de sentido jurídico
la noción de *buena administración* a tenor de lo que había recogido el texto constitucional, desde diferentes perspectivas relacionadas con el régimen jurídico de la
Administración Pública.[149] Incluso, la jurisprudencia de ese país (sentencia de la
Corte Constitucional N° 123 de 1968) llegaba a calificarle como principio "*cardine
della vita amministrativa e quindi condizione dello svolgimento ordinato della vita
sociale*".

Massimo Severo GIANNINI, en los inicios de la década de 1960 era de los que llegaba a observar que la norma acogida en el artículo 97 de la Constitución italiana de
1947, elevaba un principio de ciencia de la Administración a canon fundamental de
la actividad de organización jurídicamente relevante. Según se preguntaba el propio
GIANNINI en otra obra posterior:

"*Ma «buon andamento» è o no nozione giuridica? L'opinione prevalente è che esso significhi
«efficienza», secondo la nozione di scienza dell'amministrazione a cui sarebbe stato
attribuito valore anche giuridichi.*"[150]

---

[146]  Ver la importante obra de Falzone, Guido, *Il dovere di buona amministrazione*, Dott. A. Giuffrè
Editore, Milano, 1953.

[147]  Sandulli, Aldo, *Manuale di Diritto Amministrativo*, Quinta edizione, Casa Editrice Dott. Eugenio
Jovene, Napoli, 1959, p. 259.

[148]  Decía Giannini, en la segunda edición de su obra *Diritto Amministrativo* –curiosamente en afirmación que, sin embargo, no incluye luego en la tercera edición de la misma (1993)– que los
jueces "hasta ahora" no habían aplicado el principio de *buon andamento*; hemos utilizado la traducción al español: Giannini, Massimo Severo, *Derecho Administrativo*, Traducción de Luis Ortega, Volumen primo, Instituto Nacional de Administración Pública, Ministerio para las Administración Públicas, Madrid, 1991, p. 115, debemos precisar que en esta traducción la referencia
original en italiano a *principio del buon andamento* se tradujo como *principio de regularidad*. En
otra obra, Giannini,comentaba: "(...) *Il fatto è che l'enunciato costituzionale è rimasto allo stato
di regola programmatica, poichè la giurisprudenza non ne ha mi fatto applicazione, in quanto
mancano istituti positivi che lo sviluppino. (...).*"; ver: *Istituzioni di Diritto Amministrativo*, ob.
cit., nota 6, p. 264.

[149]  Entre otras obras, resulta importante destacar: Andreani, Antonio, *Il principio costituzionale di
buon andamento della pubblica amministrazione*, Cedam, Padova, 1979.

[150]  Giannini, Massimo Severo, *Istituzioni di Diritto Amministrativo*, ob. cit, p. 263.

Elio CASETTA, sobre la base de la letra del artículo 97 constitucional, reparaba en el hecho de que el problema que planteaba el

"(...) *buon amdamento non debe essere confuso con quello del dovere funzionale di buona amministazione a carico dei pubblici dipendenti (...): peraltro tale dovere non può andare al di là, al massimo, di ciò che alla diligenza di un amministratore di qualità media può essere richiesto. Il buon andamento va invece riferito alla pubblica amministrazione nel suo complesso: non al funzionario, ma all'ente (...).*"[151]

Visto desde el planteamiento que consagra la Constitución de 1947, en Italia se ha catalogado la noción de *buon andamento* o *buona amministrazione*, entre otras formas, como que se presta a interpretaciones variables[152] y diversas,[153] y como que es un fórmula muy vasta.[154]

Por otro lado, en este tiempo, también se ha entendido allí, entre otras valoraciones, como que el principio de buena administración o la regla de buena administración es regla de oportunidad práctica,[155] o que es más un principio de política administrativa que técnico jurídico,[156] o una regla con valor metajurídico.[157]

En la explicación que aportaba Mario R. SPASIANO:

"(...) *il principio di buon andamento è stato relegato per lungo tempo nell'alveo del metagiuridico, sia da parte della dottrina che della giurisprudenza (in particolare quella costituzionale). Le cause di questa circostanza devono essere ricondotte da un lato alla carente attenzione, da parte degli studiosi del diritto amministrativo, per i temi dell'organizzazione pubblica; dall'altro, al ben noto ripudio della rilevanza giuridica di tutti quei concetti non immediatamente ricompresi nel novero dei più tradizionali canoni di indirizzo dell'attività amministrativa, intesa nella su accezione legalistico-formale. (...), i giuristi amministrativi hanno viceversa tendenzialmente ascritto all' area dell' "irrelevante giuridico" il buon andamento, la cui considerazione, in una prespettiva decisamente riduttiva, è stata fatta sovente afferire alla negletta materia delle scienze dell'amministrazione, in quanto tale "indegna" di assurgere al piano del diritto, o al più inglobata nel significato giuridico di imparzialità dell'azione amministrativa, con rinuncia ad ogni buon proposito di individuazione di una specifica autonomia concettuale.*"[158]

---

[151]   Casetta, Elio, *Manuale di Diritto Amministrativo*, Undicesima edizione Dott. A. Giufrrè Editore, S.p.A., Milano, 2009, p. 51.

[152]   Cuocolo, Fausto, *Istituzioni di Diritto Pubblico*, Undicesima edizione, Dott. A. Giufrrè Editore, Milano, 2000, p. 430.

[153]   Mattarella, Bernardo Giorgio, "VII. Il procedimento", en Cassese, Sabino (a cura di), *Istituzioni di Diritto Amministrativo*, Dott. A. Giufrrè Editore, Milano, 2004, p. 206.

[154]   Cassese, Sabino, "I. Il Diritto Amministrativo e i suoi principi", en Cassese, Sabino (a cura di), *Istituzioni di Diritto Amministrativo*, Dott. A. Giufrrè Editore, Milano, 2004, p. 12.

[155]   Virga, Pietro, *Diritto Amministrativo*, Volume 2, *Atti e recorsi*, Dott. A. Giuffiè Editore, S.p.A., Miiano, 2001, p. 10.

[156]   Cuocolo, Fausto, *Istituzioni di Diritto Pubblico, ob. cit.*, p. 429.

[157]   Crosetti, Alessandro y Giuffrida, Armando, *Lineamenti di Dirito Amministrativo*, G. Giappichelli Editore, Torino, 2009, p. 144.

[158]   Spasiano, Mario R., "Il principio di buon andamento: dal metagiuridico alla logica del risultato in senso giuridico", Report Annuale–2011-Italia, Aprile 2011, pp. 2 y 3, en *Ius Publicum Network Review*, disponible en www.ius-publicum.com.

En definitiva, en el Derecho italiano el *buon andamento* ha devenido en un principio constitucional de aplicación tanto al plano del funcionamiento como de la organización administrativa.[159] Por la redacción del artículo 97 constitucional ha aparecido muy relacionado con el principio de imparcialidad.[160] Pero, sobre todo, el *buon andamento* se ha conectado directamente en su contenido con principios o criterios de la actuación administrativa como la *efficacia*, la *efficienza* y la *economicità*;[161] e incluso ha llegado a ser entendido o identificado con el principio de *eficiencia*.

En resumidas cuentas, la mirada a la Constitución italiana de 1947 es necesaria cuando se trata de indagar sobre los antecedentes de la *buena administración* como expresión de valor jurídico, en tanto es en esa norma fundamental, y con la redacción que al respecto contuvo, que se produce la primera experiencia de constitucionalización de la expresión *buena administración* (este caso en particular *buon andamento*); experiencia primigenia que, en cuanto tal inicio inicial, no ha de resultar solo para el marco del espacio geográfico europeo, sino que va más allá como algo que los textos constitucionales no habían incluido hasta ese momento.

A partir del artículo 97 y los desarrollos jurídicos posteriores, como bien señala CORSO, la novedad que introduce la Constitución italiana 1947 es que la categoría *buon andamento* devino en parámetro jurídico;[162] o, en la terminología empelada por GIANNINI o CASETTA, en canon de la actividad administrativa.[163]

Asimismo, la presencia del *buon andamento* en la letra de la Constitución italiana fue un elemento que permitió que la doctrina de ese país, a lo largo de la segunda mitad del siglo XX en especial, fuera aportando estudios y valoraciones –por ende, construcciones– en el plano teórico-práctico sobre mismo desde la perspectiva que señala su consideración como *principio* jurídicamente relevante, aplicable a la organización y a la actuación de la Administración Pública; pero, también, desde la arista que revela su consideración como deber en tanto criterio del que se derivan una serie de exigencias que debe observar dicha entidad en su funcionamiento.

---

[159]    Entre otros: Nigro, M., *Studi sulla funzione organizzatrice della pubblica amministrazione*, Dott. A. Giufrrè Editore, Milano, 1966, pp. 77 y ss.; Casetta, Elio, *Manuale di Diritto Amministrativo, ob. cit.*, p. 51, quien recordaba a Nigro; Corso, Guido, *Manuale di Diritto Amministrattivo, ob. cit.*, p. 35 y ss., y 204 y 205; Crosetti, Alessandro y Giuffrida, Armando, *Lineamenti di Dirito Amministrativo, ob. cit.*, p. 144.

[160]    Según Giannini: "*Il testo costituzionale ha suscitato una larga discussione. Imparcialità e buon andamento sono un'endiadi? Prevale l'interpretazione che siano distinti. (...)*". Ver: Giannini, Massimo Severo, *Istituzioni di Diritto Amministrativo, ob. cit*, p. 263. Contráste esta afirmacion, con lo que aseverara el propio Giannini en: *Diritto Amministrativo*, Volume primo, *ob. cit.*, p. 92.

[161]    Por ejemplo, Barbera y Fusaro, cuando explicaban rápidamente los principios constitucionales relativos a la Administración Pública, en el turno del *principio del buon andamento* lo hacían de la siguiente forma: "*Previsto dall'art. 97 Cost., impone efficia, efficienza ed economicità dell'intervento delle pubbliche amministrazione. Per «efficacia» si intende il rapporto fra gli obiettivi proposti e i risultati conseguitti; per «efficienza» si intende íl rapporto tra i risultati e la quantita di risorse da impiegare per ottenere quei risultati; per «economicita» si intende il minimo impiego possibile di risorse*". Ver: Barbera, Augusto y Fusaro, Carlo, *Corso di diritto pubblico*, Seconda edizione, Societá editrice il Mulino, Bologna, 2002, p. 333.

[162]    Corso, Guido, *Manuale di Diritto Amministrattivo, ob. cit.*, p. 35.

[163]    Casetta, Elio, *Manuale di Diritto Amministrativo, ob. cit.*, p. 51.

Luego de la experiencia italiana, otras constituciones fueron incorporando en su articulado, con mayor o menor conciencia inicial, la mención a la *buena administración*.

Y la evolución del Derecho Administrativo italiano, al entroncar con la evolución jurídica de la Unión Europea –en tanto espacio geográfico y jurídico mayor de integración al que pertenece Italia–, ha visto dirigirse las implicaciones jurídicas de la *buena administración* hacia nuevas perspectivas, pues el Derecho Comunitario europeo la ha insuflado nuevos horizontes al abrigo de la recepción de la *buena administración* a nivel jurisprudencial comunitario y en la letra de algunos de los instrumentos jurídicos comunitarios europeos, y lo que ello ha representado en el plano del pensamiento y de la práctica *iuspublicistas*. Ello ha sido así hasta tal punto, que contemporáneamente se llega a decir por un estudioso italiano que

"*L'art. 97, I comma, della Costituzione individua nei principi di imparzialità e di buon andamento, i fondamentali canoni giuridici di riferimento dell'assetto organizzativo e funzionale della pubblica amministrazione. (...).*"[164]

### 4. *Buena administración en la Constitución uruguaya de 1952*

Pocos años después de alumbrada la Constitución italiana, en el ámbito latinoamericano, la Constitución uruguaya de 1952 incluía la expresión *buena administración* en la letra de unos preceptos.

En efecto, en el artículo 311 de esa norma constitucional, que quedaba comprendido dentro del Capítulo II, Sección XVII "De lo contencioso administrativo", podía leerse:

"Cuando el Tribunal de lo Contencioso Administrativo declare la nulidad del acto administrativo impugnado por causar lesión a un derecho subjetivo del demandante, la decisión tendrá efecto únicamente en el proceso en que se dicte.

Cuando la decisión declare la nulidad del acto en interés de la regla de derecho o de la buena administración, producirá efectos generales y absolutos."

Como se ha de apreciar en lo transcrito, en la mencionada Constitución uruguaya la *buena administración* figuraba en el contexto particular del contencioso de anulación, según se trazaba en ese país por tal norma fundamental, y a propósito de un criterio en cuya virtud se podía llegar a la declaración jurisdiccional de nulidad de un acto administrativo, fijándosele a esa declaración efectos de carácter generales y absolutos.

Según se ha dicho

"El artículo 311 de la Carta es originario de la Constitución de 1952. No existía ninguna previsión relativa a este punto en la Constitución de 1934-1942 que preveía pro vía legislativa del Tribunal de lo Contencioso Administrativo."[165]

---

[164] Spasiano, Mario R., "Il principio di buon andamento...", *ob. cit.*, p. 2.

[165] Sánchez Carnelli, Lorenzo, "Anulación del acto administrativo con efectos erga omnes", en Vázquez Pedrouzo, María Cristina, *Estudios Jurídicos en Homenaje al Profesor Juan Pablo Cajarville Peluffo*, Fundación de Cultura Económico, Montevideo, 2011, p. 924. Vale llamar la

A tenor del tema que nos ocupa en este trabajo, este artículo 311 de la Constitución uruguaya de 1952 es digno de mencionar, en tanto constituye la primera aparición directa de la alocución *buena administración* en un texto constitucional latinoamericano. Algo que, sin dudas, resulta temprano, si vemos la evolución posterior que ha tenido todo este tema y que, en virtud de esa evolución, ha sido sobre todo en el Derecho Europeo donde más se ha impulsado la cuestión en los últimos lustros, con evidente influencia al respecto sobre el pensamiento y el hacer jurídicos que se enmarcan en no pocos ordenamientos jurídicos de América Latina.

En un principio, ese artículo 311 fue criticado por destacado exponente del Derecho Público uruguayo. Las críticas estuvieron motivadas esencialmente por la construcción general del artículo.[166] Pero, en esas objeciones no se dejó de anotar también, en concreto, la falta de sentido o precisión en lo jurídico de la presencia en él de la expresión "en interés de la regla de de derecho o de la buena administración". Por demás, como señalara SÁNCHEZ CARNELLI, de la edición oficial de la discusión parlamentaria sobre lo ley que luego sería la Constitución de 1952, no surge ningún elemento que permita apreciar el concepto de "interés de la regla de Derecho o de la buena administración."[167]

En este orden de ideas, a propósito de las críticas a la letra del precepto mencionado (apartado 2$^{do}$ del artículo 311) es emblemático el comentario de JIMÉNEZ DE ARÉCHAGA, quien estampara respecto esa expresión:

"más que una formula técnica, parece una licencia poética. La regla de derecho no tiene ningún interés, el interés es un movimiento del ánimo. Hay ambigüedad, imprecisión, en cuanto a la significación exacta, rigurosa de la formula.

También es incorrecto aludir al interés de la buena administración. Esto se parece demasiado a esto otro: cuando convenga a la Administración. Y no parece claro que en un Estado de Derecho puedan convenir a la administración la supervivencia de un acto administrativo ilegal."[168]

---

atención sobre la rápida noticia que deba este autor (p. 924) a propósito del texto originario del proyecto de Constitución en relación con lo que finalmente fue el artículo 311, que inicialmente era el artículo 303. Este último precepto, originariamente contenía dos párrafos y se refrendaba en el primero: "Cuando la decisión del Tribunal de lo Contencioso-Administrativo declare que el acto administrativo definitivo viola un derecho subjetivo del demandante, ya sea que pronuncia la nulidad o que solamente reserva la acción de reparación, tendrá efecto únicamente en el proceso en que haya sido dictada."; en el segundo párrafo se podía leer: "Cuando la decisión resuelva una cuestión de puro derecho objetivo, en exclusivo interés de la regla de regla de derecho o de la buena administración, producirá efectos generales y absolutos."

[166]  *V.gr*: Sayagués Laso, Enrique, *El Tribunal de lo Contencioso Administrativo*, Impreso en los talleres gráficos de la editorial Martín Bianchi Altuna, Montevideo, 1952, pp. 96 y ss. (apartado de la *Revista de la Facultad de Derecho y Ciencias Sociales de Montevideo*, Año III, N° 1); Sayagués Laso, Enrique, *Derecho Administrativo*, Tomo II, Impreso en los talleres gráficos de la editorial Martin Bianchi Altuna, Montevideo, 1959, p. 595 y la nota 4 de esa misma página; Díaz Peluffo, Zola, *El Recurso Contencioso Administrativo. Su reestructuración básica*, Impreso en los talleres gráficos de la editorial Martin Bianchi Altuna, Distribuidor Exclusivo Librería Amalio M. Fernández, Montevideo, 1960, pp. 41 y ss., y 327 y ss.

[167]  Sánchez Carnelli, Lorenzo, "Anulación del acto administrativo con efectos erga omnes", *ob. cit.*, p. 924.

[168]  Jiménez de Aréchaga, Justino, *La Constitución del Uruguay de 1952*, Tomo IV, Editorial Organización Medina, Montevideo, s/f, p. 957.

Mientras, para el maestro SAYAGUÉS LASO, no era claro el sentido que podía tener esa expresión del artículo 311, y era una frase que carecía de precisión jurídica.[169]

A su turno, DÍAZ PELUFFO indicaba que la expresión usada en el apartado 2° del artículo 311 era impropia de un texto legal –apoyándose en la calificación de JIMÉNEZ DE ARÉCHAGA– y que no debió haber usado por su imprecisión.[170]

Incluso, con talante actual, se ha sostenido por el profesor CAJARVILLE PELUFFO que el segmento final del apartado 2° del artículo 311 de la Constitución uruguaya de 1952 constituye una "expresión palmariamente confusa".[171]

O por el profesor DURÁN MARTÍNEZ que el artículo está defectuosamente redactado –igualmente evocaba lo estampado por JIMÉNEZ DE ARÉCHAGA– , por lo que ha provocado tantas dudas interpretativas en ese país;[172] reputando de curiosa fórmula la presencia de la expresión que nos cupana en el aparatado 2° del aludido artículo 311 constitucional uruguayo.[173]

Sin embargo, a pesar de esas críticas,[174] no se vio así la cuestión por todos en el Uruguay; sino que se trató de ver la presencia de la *buena administración* en la letra

---

[169] Sayagués Laso, Enrique, *Derecho Administrativo*, Tomo II, *ob. cit.*, p. 595 y la nota 4 de esa misma página. En otra ocasión, Sayagués Laso reparaba en que: "(…) En la discusión parlamentaria se citó como ejemplo, para aclarar el sentido de esta disposición, un caso planteado en nuestro país hace poco tiempo: las autoridades departamentales de Canelones dictaron una reglamentación prohibiendo el establecimiento de fábricas en ciertas zonas próximas a la costa; se impugnó de ilegal ese decreto; si el Tribunal hubiera existido y hubiese anulado el acto, habría constituido un pronunciamiento dictado en interés de la regla de derecho o de la buena administración, y por tanto debía favorecer a todos"; ver: Sayagués Laso, Enrique, *El Tribunal de lo Contencioso Administrativo*, *ob. cit.*, p. 96.

[170] Díaz Peluffo, Zola, *El Recurso Contencioso Administrativo. Su reestructuración básica, ob. cit.*, pp. 335 y 336.

[171] Cajarville Paluffo, Juan Carlos, "Breve presentación histórica de la jurisdicción contencioso administrativa uruguaya", en Cajarville Paluffo, Juan Carlos, *Sobre Derecho Administrativo*, Tomo II, 3ᵉʳᵃ edición actualizada y ampliada, Fundación de Cultura Universitaria, Montevideo, 2012, p. 634 (la versión original de este trabajo se publicó en la *Revista de Derecho Público*, Vol. 67, 2005, Santiago de Chile, y en la *Revista de la Facultad de Derecho*, N° 23, enero-diciembre, 2004, Montevideo, por su inclusión en *Sobre Derecho Administrativo*, Tomo II, es que la citaremos).

[172] De Augusto Durán Martínez véase, al efecto: "Buena administración y debido procedimiento", en Rodríguez-Arana Muñoz, Jaime/ Sendín García, Miguel Ángel/ Pérez Hualde, Alejandro/ Vázquez Viera, Emilio/ y Farrando, Ismael (Coordinadores), *Derecho administrativo iberoamericano. Contratos administrativos. Servicios públicos. Acto administrativo y procedimiento administrativo. Derecho administrativo ambiental. Limitaciones a la libertad*, IV Congreso Internacional de Derecho Administrativo, 2010, Mendoza, Argentina, Ediciones Rap, S.A., Buenos Aires, 2011, p. 777; "La buena administración", en *Estudios de Derecho Administrativo*, Año 2010-No. 1, La Ley, Montevideo, p. 173.

[173] Durán Martínez, Augusto, *Contencioso administrativo*, Fundación de Cultura Universitaria, Montevideo, 2007, p. 123

[174] Horacio Cassinelli Muñoz daba cuenta de que: "*Esta fórmula –se refería al apartado 2° del artículo 311que nos ocupa– ha sido criticada, porque podría dar lugar a que se entendiera que el Tribunal tiene jurisdicción de mérito, que puede anular por razones de buena administración. Sin embargo, del contexto se desprende con claridad cuál es el sentido del inciso.*" Ver: Cassinelli Muñoz, Horacio, "El interés legítimo como situación jurídica garantida en la Constitución uruguaya", en Cortiñas Peláez, León (Dirección, Introducción general y anotaciones), *Perspecti-*

de ese precepto con una connotación jurídica que se hacía necesario, por tal figuración, poner en claro.

A poco de haberse aprobado la Constitución de 1952, el profesor Aparicio MÉNDEZ, en breve y rápida referencia y sin mayores abundamientos en ese momento al respecto, acotaba que

"En el artículo se habla de nulidad declarada en interés de la regla de derecho o de la *buena administración*. Esta última expresión tiene un sentido muy amplio que permitiría al Tribunal, en una verdadera función pretoriana, calificar la violación de la regla de derecho o el interés legítimo con los presupuestos de una correcta administración. Podría también invocarse la Constitución para amparar esos principios."[175]

Para MÉNDEZ,

"(…) Entre nosotros, por lo demás, la anulación anómala o atípica, por una parte, y el examen de los principios de buena administración, por otra, da al Tribunal, como en ninguna otra materia, un amplio margen para la función pretoriana".[176]

Visto así, MÉNDEZ no rechazaba en principio la presencia de la *buena administración* en mencionado artículo 311, y la asume –sin desarrollarla expresamente– con un valor que permite que el tribunal pueda extender, en sede de contencioso de anulación, su actuación de control sobre la Administración Pública más allá de la simple letra de la norma, para proyectarse sobre las exigencias objetivas que todo bien funcionamiento administrativo público debe observar. De ahí que sea dable colegir que MÉNDEZ asume la idea de que ese funcionamiento habrá de sujetarse al Derecho positivo, pero también a principios que conduzcan a su adecuada realización, y que, por tal, podrá revisarse el mismo en el marco contencioso administrativo cuando se vulnera esa exigencia de sujeción en uno (norma positiva) u otro sentido (principios de buena administración), con las consiguientes consecuencias que esa revisión ha de acarrear para la actuación viciada.

Igualmente, en rápido comentario, Julio A. PRAT acuñaría en 1957 que

"El artículo 311, inc. 2º de la carta vigente admite "la nulidad del acto en interés de la *buena administración*". La expresión evoca la teoría de la moralidad de HAURIOU. (…)".[177]

Como puede asumirse, PRAT no descalificaba la connotación jurídica que podía extraerse de la referencia allí a la *buena administración*.

Dentro del Derecho Público uruguayo, hubo de ser Héctor GIORGI –como bien se ha encargado de apuntar la doctrina de ese país[178]– quien primero llamara la atención

---

    *vas del Derecho Público en la segunda mitad del siglo XX. Homenaje a Enrique Sayagués Laso*, Tomo III, Instituto de Estudios de Administración Local, Madrid, 1969, p. 298.

[175]   Méndez, Aparicio, *Lo contencioso de anulación en el Derecho uruguayo*, Biblioteca de "Revista de Derecho Público y Privado", Montevideo, 1952, p. 201, nota 259.

[176]   Méndez, Aparicio, *Lo contencioso de anulación en el Derecho uruguayo*, p. 204.

[177]   Prat, Julio A., *De la desviación de poder*, Biblioteca de Publicaciones Oficiales de la Facultad de Derecho y Ciencias Sociales de la Universidad de Montevideo, Montevideo, 1957, p. 381, nota 31.

[178]   Así: Durán Martínez, Augusto "Buena administración y debido procedimiento", *ob. cit.*, p. 778; "La buena administración", *ob. cit.*, p. 174.

sobre el concepto de *buena administración* en ese contexto, desplegando además interesantes esfuerzos por fijar el sentido de la misma a la luz del texto constitucional de 1952.[179]

En su texto sobre el contencioso administrativo de anulación, publicado en 1958, Héctor GIORGI miraba ya con cierto optimismo la referencia a la *buena administración* en la Constitución uruguaya de 1952. En esa dirección indicaba unos años después:

> "Su incorporación a una norma jurídica de tal jerarquía, obligan al análisis y a la determinación del sentido, del concepto de buena administración, en nuestra ley Fundamental.".[180]

Para agregar seguidamente:

> "Esa interpretación debe ser respetuosa de dos principios básicos enunciados en el Código Civil y que rezan: "las palabras técnicas de toda ciencia o arte se tomarán en el sentido que les den los que profesan la misma ciencia o arte; a menos que aparezca claramente que se han tomado en sentido diverso" (art. 19), y "el contexto de la ley servirá para ilustrar el sentido de cada una de sus partes, de manera que haya entre toras ellas la debida correspondencia y armonía" (art. 20)."[181]

En ese orden de cosas, en su texto sobre el contencioso administrativo de anulación, publicado en 1958, GIORGI explicaba que, en primer lugar, en la jurisdicción anulatoria solo podía cuestionarse la juridicidad de la actuación administrativa, escapando a la competencia del órgano juzgador el contralor sobre el merito, justicia o conveniencia de la referida actuación;[182] y a continuación añadía:

> "No obstante la afirmación que antecede, cabe reconocer que el art. 311, inc. 2º de la Constitución, otorga al Tribunal de lo Contencioso-Administrativo una potestad excepcional, si tenemos presente la naturaleza de sus cometidos, al permitirle declarar la nulidad de un acto administrativo objetivo jurídicamente irregular –tal irregularidad es imprescindible para la anulación del acto: Const. Art. 309, inc. 1º–, no sólo "en interés de la regla de derecho" sino también en interés de la *buena administración*, en cuyo caso la decisión producirá efectos generales y absolutos."[183]

---

[179] De Giorgi son importantes en esta cuestión: *El Contencioso Administrativo de Anulación*, Biblioteca de Publicaciones Oficiales de la Facultad de Derecho y Ciencias Sociales de la Universidad de La República, Impreso en los talleres gráficos de la editorial Martín Bianchi Altuna, Montevideo, 1958; "El mérito y la validez del acto administrativo. El concepto de buena administración en la Constitución uruguaya", publicado originalmente en la revista *La Justicia Uruguaya*, Tomo 43, 1961, Montevideo, pp. 145 y ss., e incluido luego una obra donde recopila algunos de sus trabajos, aparecida bajo el título de *Escritos jurídicos*, Fundación de Cultura Universitaria, Montevideo, 1976, pp. 77 y ss. (por su inclusión en esta última obra es que lo citaremos); y "Acatamiento del Estado a los principios y deberes jurídicos de la buena administración", en Giorgi, Héctor, *Estudios de Derecho Administrativo*, Ingranusi Ltda, Montevideo, 1998.

[180] Giorgi, Héctor, "El mérito y la validez del acto administrativo. El concepto de buena administración en la Constitución uruguaya", *ob. cit.*, p. 89.

[181] Giorgi, Héctor, "El mérito y la validez del acto administrativo. El concepto de buena administración en la Constitución uruguaya", *ob. cit.*, p. 89. A renglón seguido, este autor manifestaba: "La aplicación de dichas reglas se hermenéutica permitirán superar las imperfecciones y oscuridad de los textos constitucionales. (...)."

[182] Giorgi, Héctor, *El Contencioso Administrativo de Anulación*, *ob. cit.*, p. 47.

[183] Giorgi, Héctor, *El Contencioso Administrativo de Anulación*, *ob. cit.*, p. 47.

A renglón seguido, GIORGI concluía:

"La determinación de si se han observado o no las normas de una buena administración, es decir, de si la actuación administrativa ha sido adecuada, en la elección de los medios y en la oportunidad de su uso, al fin especifico que se perseguía, implica una valoración de carácter subjetivo, de un alcance que va más allá de la simple juridicidad y que linda con lo político, abriéndose, en consecuencia, un gran campo a la creación jurisprudencial del Tribunal."[184]

Ajustándose a la letra del artículo 311 (en relación con el 309) de la Constitución de 1952, la vanguardia de la doctrina uruguaya, sin dejar de advertir que era ese un precepto defectuoso o confuso en su redacción,[185] hubo de interpretar desde la ya lejana década de 1950,[186] y en una línea que a trascendido hasta hoy,[187] que el apartado 2° de dicho precepto configuraba una referencia, esencialmente, a la violación o lesión de un interés legítimo como fundamento para declarar la nulidad de un acto administrativo por parte del tribunal contencioso-administrativo.[188]

---

[184]      Giorgi, Héctor, *El Contencioso Administrativo de Anulación*, *ob. cit.*, p. 47.

[185]      Ver, por ejemplo, como se expresaron autores pertenecientes a tiempos diversos como: Sayagués Laso, Enrique, *El Tribunal de lo Contencioso Administrativo*, *ob. cit.*, p. 97; Sayagués Laso, Enrique, *Derecho Administrativo*, Tomo II, *ob. cit.*, p. 595; Díaz Peluffo, Zola, *El Recurso Contencioso Administrativo. Su reestructuración básica*, *ob. cit.*, pp. 335 y 336; Cajarville Paluffo, Juan Carlos, "Breve presentación histórica de la jurisdicción contencioso administrativa uruguaya", *ob. cit.*, p. 634; Durán Martínez, Augusto, "Buena administración y debido procedimiento", *ob. cit.*, p. 777; Durán Martínez, Augusto, "La buena administración", *ob. cit.*, p. 173.

[186]      V. gr.: Sayagués Laso, Enrique, *El Tribunal de lo Contencioso Administrativo*, *ob. cit.*, p. 97; Sayagués Laso, Enrique, *Derecho Administrativo*, Tomo II, *ob. cit.*, p. 595; Giorgi, Héctor, *El Contencioso Administrativo de Anulación*, *ob. cit.*, pp. 287 y ss.; Prat, Julio A., *De la desviación de poder*, *ob. cit.*, pp. 364 y ss.; Díaz Peluffo, Zola, *El Recurso Contencioso Administrativo. Su reestructuración básica*, *ob. cit.*, pp. 335 y ss.

[187]      Por ejemplo, pueden verse: Cassinelli Muñoz, Horacio, "El interés legítimo como situación jurídica garantida en la Constitución uruguaya", *ob. cit.*, p. 298; Cassinelli Muñoz, Horacio, *Derecho Público*, 3<sup>era</sup> actualización, Fundación de Cultura Universitaria, Montevideo, 2009, pp. 424 y 425; Durán Martínez, Augusto, "Impugnación de reglamentos", en Durán Martínez, Augusto, *Estudios de Derecho Administrativo. Parte General*, Impreso y Encuadernado en Mastergraf srl, Montevideo, 1999, p. 261 (este trabajo fue publicado originalmente en la *Revista de Derecho Constitucional y Político*, N° 28, Diciembre/88, Enero/89); Durán Martínez, Augusto, *Contencioso administrativo*, *ob. cit.*, pp. 123 y 333; Durán Martínez, Augusto, "Buena administración y debido procedimiento", *ob. cit.* 777; Durán Martínez, Augusto, "La buena administración", *ob. cit.*, p. 174. Igualmente: Brito, Mariano, "Control jurisdiccional de la Administración en el Uruguay", en Brito, Mariano, *Derecho Administrativo. Su permanencia-contemporaneidad-prospectiva*, Facultad de Derecho, Universidad de Montevideo, Montevideo, 2004, p. 352 (la versión original de este trabajo fue publicada en el *Anuario de Derecho Administrativo*, Tomo VIII, Fondo de Cultura Universitaria, Montevideo, 2000); Cajarville Paluffo, Juan Carlos, "Breve presentación histórica de la jurisdicción contencioso administrativa uruguaya", *ob. cit.*, pp. 623 y ss.; Rotondo Tornaría, Felipe, "Las causales en el contencioso administrativo de anulación", en AA.VV., *Temas de Derecho Administrativo*, Editorial UNIVERSIDAD Ltda., Montevideo, 1983, p. 18; Rotondo Tornaría, Felipe, *Manual de Derecho Administrativo*, 7<sup>ma</sup> edición ampliada y revisada, Ediciones del Foro, Montevideo, 2009, pp. 430 y 431.

[188]      En explicación de Giorgi: "Toda anulación en nuestra jurisdicción anulatoria tiene por fin primordial la protección del derecho subjetivo perfecto o del interés legítimo del accionante, pero nuestro constituyente pensó erróneamente en la segunda de las situaciones referidas nos hallábamos ante un contencioso puramente objetivo, y por ello utilizó aquella expresión, "en interés de la regla de derecho o de la buena administración", – que debe interpretarse sólo en el sentido que la acción no fue movida por un derecho subjetivo perfecto y que la extinción del acto busca

Como puede derivarse de lo esbozado, y a diferencia de lo que aconteció en la Constitución italiana según hemos tenido oportunidad ya de ilustrar, la *buena administración* aparece por vez primera de manera expresa incluida en un texto constitucional latinoamericano (el uruguayo de 1952) incorporada a propósito del control jurisdiccional de los actos administrativos. Y si inclusión allí ha venido siendo interpretada –en la interpretación más tradicional que se le ha dado– por los *iusadministrativistas* de ese país sudamericano, en el sentido de declaraciones de nulidad del acto por lesión de un interés legitimo. Igualmente, en la doctrina uruguaya más cercana a nosotros en el tiempo se ha considerado que la mención del artículo 311 constitucional, ha de significar una causal de nulidad o anulación del acto administrativo;[189] llegándose a identificar o vincularse la idea de "nulidad del acto en interés de la buena administración" –según el citado precepto– con la figura de la desviación de poder como vicio que conlleva la nulidad del acto administrativo por parte del órgano jurisdiccional.[190]

Como ya dijimos, cabe señalar al profesor Hector GIORGI, originariamente a tenor de lo que se recogía en la norma constitucional de 1952, como el primero que, en Uruguay, se ocupó de llamar la atención, *in extenso*, sobre la noción de *buena administración* y de las posibilidades que aquella abría en lo jurídico. Apoyándose en la obra del italiano FALZONE, GIORGI sostuvo desde temprano que *buena administración* indicaba que

"(…) la actuación administrativa ha sido adecuada, en la elección de los medios y en la oportunidad de su uso, al fin específico que se perseguía, implicaba una valoración de carácter subjetivo, de un alcance que va más allá del simple juridicidad y que linda con lo político, (…)."[191]

Posteriormente, GIORGI volvería con más detenimiento sobre el tema de la *buena administración* en el marco jurídico de su país, desarrollando con mayor calado sus ideas sobre dicha noción.[192]

En esas consideraciones, GIORGI acogía:

---

189    proteger prevalentemente un interés particular, sin perjuicio de amparar igualmente el interés objetivo mencionado– y atribuyó a la sentencia, en tal hipótesis, efectos generales y absolutos."; ver: Giorgi, Héctor, *El Contencioso Administrativo de Anulación, ob. cit.*, p. 288.

189    Ver, por todos: Cassinelli Muñoz, Horacio, *Derecho Público, ob. cit.*, p. 425; Durán Martínez, Augusto, "Impugnación de reglamentos", *ob. cit.*, pp. 256 y 257; Durán Martínez, Augusto, *Contencioso administrativo, ob. cit.*, pp. 300 y ss.; Durán Martínez, Augusto, "Buena administración y debido procedimiento", *ob. cit.*, p. 778; Durán Martínez, Augusto, "La buena administración", *ob. cit.*, pp. 173 y ss.

190    *V.gr.*: Prat, Julio A., *De la desviación de poder, ob. cit.*, pp. 380 y ss.; Real, Alberto Ramón, "Impugnación de las decisiones administrativas en materia tributaria, en vía administrativa y jurisdiccional", en Real, Alberto Ramón, *Nuevos Estudios de Derecho Administrativo. Procedimiento, control y contencioso*, Acali Editorial, Montevideo, 1976, p. 49; Rotondo Tornaría, Felipe, "Las causales en el contencioso administrativo de anulación", *ob. cit.*, pp. 18 y 19; Delpiazzo, Carlos E. *Derecho Administrativo General*, Volumen 2, AMF, Editorial y Librería Jurídica Amalio M. Fernández S.R.L., Montevideo, 2013, p. 339.

191    Giorgi, Héctor, *El Contencioso Administrativo de Anulación, ob. cit.*, p. 47.

192    Ver, especialmente: Giorgi, Héctor, "El mérito y la validez del acto administrativo. El concepto de buena administración en la Constitución uruguaya", *ob. cit.*, pp. 89 y ss.; y "Acatamiento del Estado a los principios y deberes jurídicos de la buena administración", *ob. cit.*

"Hay buena administración en la adecuada elección de los medios y de la oportunidad de ejercicio de las competencias, con relación al fin especifico que se quiere satisfacer".[193]

Y sostenía poco después, nuevamente con remisión a la mencionada obra del italiano FALZONE:

"Buena administración significa perseguir los fines objeto de la función pública, del modo más idóneo y más conveniente. Esto es, al actividad debe cumplirse en la forma más oportuna y más adecuada para la obtención de aquellos fines."[194]

Sobre la "valoración jurídica de la buena administración", GIORGI partía de entender que el Tribunal de lo Contencioso Administrativo en Uruguay actuaba como juez de Derecho, por lo que su poder de cognición se limitaba a la juridicidad del acto, excediendo su competencia el control del merito u oportunidad del mismo.[195] En sus conclusiones:

"Y desde que la buena administración atañe al merito del acto, el Tribunal debe juzgar a éste, no con el criterio de un buen administrador, sino por su conformidad con la regla de derecho."[196]

Para GIORGI, a tenor del ordenamiento jurídico uruguayo en su momento, la incorporación de reglas o directivas de buena administración al Derecho objetivo, es el hecho que explica y le confiere significado a la referencia contenida en el apartado 2° del artículo 311 constitucional.[197] En su interpretación, por la incorporación a la norma de Derecho de las directivas de buena administración, estas últimas adquieren eficacia jurídica y la permiten a los particulares exigir su cumplimiento por la Administración;[198] explicando así que un acto administrativo ilegitimo que viola una regla de Derecho pueda ser anulado, según las circunstancias, "en interés" de la buena administración, y podrá serlo en este último caso cuando su contenido viola directivas de buena administración.[199] En la visión de GIORGI, tal interpretación daba

---

[193] Giorgi, Héctor, "El mérito y la validez del acto administrativo. El concepto de buena administración en la Constitución uruguaya", ob. cit., p. 91. Este profesor agregaba inmedia-tamente: "El concepto de buena administración no representa un término medio entre la mala y la óptima administración, pues tal criterio es inadmisible en el derecho público."

[194] Giorgi, Héctor, "El mérito y la validez del acto administrativo. El concepto de buena administración en la Constitución uruguaya", ob. cit., p. 91. En otro fragmento a destacar (p. 93), Giorgi escribía: "La buena administración califica el uso de los poderes discrecionales, los medios adecuados para alcanzar el fin impuesto por el derecho; responde, por tanto, a un criterio administrativo. El fin del acto a un criterio jurídico. La ciencia de la administración desarrolla el primer concepto, el derecho administrativo el segundo.".

[195] Giorgi, Héctor, "El mérito y la validez del acto administrativo. El concepto de buena administración en la Constitución uruguaya", ob. cit., p. 95.

[196] Giorgi, Héctor, "El mérito y la validez del acto administrativo. El concepto de buena administración en la Constitución uruguaya", ob. cit., p. 95.

[197] Giorgi, Héctor, "El mérito y la validez del acto administrativo. El concepto de buena administración en la Constitución uruguaya", ob. cit., p. 96.

[198] Giorgi, Héctor, "El mérito y la validez del acto administrativo. El concepto de buena administración en la Constitución uruguaya", ob. cit., p. 97.

[199] Giorgi, Héctor, "El mérito y la validez del acto administrativo. El concepto de buena administración en la Constitución uruguaya", ob. cit., p. 98.

un sentido lógico a los textos normativos que configuraban el tema, y concordaba, por lo demás, con la función propia de una jurisdicción anulatoria, que era la de fallar en base a la legitimidad y no al merito u oportunidad de la actuación administrativa, salvo disposición en contrario bajo forma expresa y terminante.[200]

En definitiva, el pensamiento jurídico-administrativo uruguayo ha ido evolucionado, poco a poco, las implicaciones jurídicas de la idea de *buena administración*, con interesantes análisis que la han colocado, siguiendo el tenor que marcó primeramente el artículo 311 de la Constitución de 1952 y luego la evolución constitucional y jurídica en general que ha tenido Uruguay, en el plano de la legitimidad del acto administrativo[201] y no en el del mérito del mismo como originariamente propugnara GIORGI.[202]

Ilustrativo de lo anterior, pueden resultar los siguientes razonamientos de CASSINELLI MUÑOZ, en las postrimerías de la década de 1960:

"La mención del interés de la buena administración, al lado del interés de la regla de Derecho, no significa, pues, que el Tribunal pueda controlar el mérito, sino que es paralela a la mención de la desviación de poder, que acompaña a la de la contrariedad a Derecho en el artículo 309. La inclusión, aparentemente superabundante, de la desviación de poder en el artículo 309 y de la buena administración en el artículo 311, valen como consagración expresa, a nivel constitucional, de una regla de Derecho que se impone siempre a la Administración, por efecto de dichas menciones, y es la de que las autoridades administrativas deben siempre ejercer sus potestades con el designio de perseguir el interés del servicio. La crítica de que la mención de la desviación de poder en el artículo 309 o la de la buena administración en el artículo 311 sería redundante, porque también la regla de que debe perseguirse el interés del servicio es una regla de Derecho, olvida que ello es así precisamente porque existen esas menciones en la Constitución; son esas menciones las que transforman tales reglas, de reglas de buena administración en reglas de Derecho."[203]

---

[200] Giorgi, Héctor, "El mérito y la validez del acto administrativo. El concepto de buena administración en la Constitución uruguaya", *ob. cit.*, p. 98.

[201] *V.gr.*: Cassinelli Muñoz, Horacio, "El interés legítimo como situación jurídica garantida en la Constitución uruguaya", *ob. cit.*, pp. 298 y 299; Cassinelli Muñoz, Horacio, *Derecho Público*, *ob. cit.*, p. 425; Cajarville Paluffo, Juan Carlos, "El poder ejecutivo como conductor de políticas sectoriales en a legislación uruguaya", en Cajarville Paluffo, Juan Carlos, *Sobre Derecho Administrativo*, Tomo I, 2ª edición ampliada, Fundación de Cultura Universitaria, Montevideo, 2008, pp. 88 y 89 (la versión original de este trabajo se publico en AA.VV., *Estudios de Derecho Administrativo*, Publicación en homenaje del centenario de la creación de la cátedra de derecho administrativo en la Facultad de Derecho y Ciencias Sociales, Tomo II, Montevideo, 1979, pp. 69 y ss.; por su inclusión en *Sobre Derecho Administrativo*, Tomo I, lo citaremos); Cajarville Paluffo, Juan Carlos, "Breve presentación histórica de la jurisdicción contencioso administrativa uruguaya", *ob. cit.*, pp. 634 y 635 y 586; Durán Martínez, Augusto, "Impugnación de reglamentos", *ob. cit.*, pp. 256 y 257; Durán Martínez, Augusto, *Contencioso administrativo*, *ob. cit.*, pp. 300 y ss.; Durán Martínez, Augusto, "Buena administración y debido procedimiento", *ob. cit.*, p. 778; Durán Martínez, Augusto, "La buena administración", *ob. cit.*, pp. 174 y 175.

[202] Durán Martínez estimaba que fue un gran acierto toda la construcción que Giorgi efectuó en torno a la noción de la *buena administración*, pero creía que este último no pudo desprenderse de la tradición de su época al vincular buena administración al mérito. Ver: Durán Martínez, Augusto, *Contencioso administrativo*, *ob. cit.*, p. 300.

[203] Cassinelli Muñoz, Horacio, "El interés legítimo como situación jurídica garantida en la Constitución uruguaya", *ob. cit.*, p. 299. Tiempo después, otro uruguayo habría de sostener: "Dentro de

Así las cosas, lo mejor de la doctrina *iuspublicista* de Uruguay, en su desarrollo científico, ha reparado también en las implicaciones jurídicas de la *buena administración* a tenor de las transformaciones del Derecho Público que se han ido dando desde finales del siglo pasado y lo que va de este.[204] Y ha estado muy atenta a las aportaciones que se han hecho en cuanto a la sustanciación jurídica de tales implicaciones, en especial, desde la realidad del Derecho Comunitario europeo y desde algunos de los países que se insertan en esa geografía, colocándose así de lleno en consonancia con la línea evolutiva que al respecto se ha ido configurando en Europa, y que cada vez es más visible entre los administrativistas latinoamericanos.[205]

Con todo y los nuevos aires que están corriendo desde hace varios lustros en torno a la *buena administración* en los marcos del Derecho, no puede menos que reconocerse, con el profesor Augusto DURÁN MARTÍNEZ, que con la inclusión que de ella hizo el constituyente uruguayo en 1952

"(...) –aunque de forma indirecta y defectuosa– se adelantaba en varias décadas a lo que hoy parece una de las conquistas más novedosas del Estado de Derecho".[206]

Con ese adelanto, la Constitución uruguaya de 1952 hubo de propiciar que deba mirarse en algo a Latinoamérica, y no a Europa en exclusivo, cuando se trata de proveer una mirada panorámica sobre los antecedentes de la *buena administración* dentro de los predios del Derecho.

---

las normas de oportunidad o de buena administración, como también se llaman, hay una gradación, pues las mirmas van de lo general a lo particular y de lo meramente directriz o programático a lo que es un verdadero imperativo del caso bien definido dentro de la circunstancia."; para él: "A nuestro juicio la inoportunidad evidente y elemental es un vicio de legalidad, así como la ilegalidad pura y flagrante se torna en una oportunidad, cuando impide la realización de fin perseguido"; ver: Balarini, Pablo Luis, "El control de los poderes discrecionales: legalidad y oportunidad", en AA.VV., *Temas de Derecho Administrativo*, Editorial UNIVERSIDAD Ltda., Montevideo, 1983, pp. 37 y 38.

[204] Enseñaba Durán Martínez que el "(...) concepto sustantivo de eficacia y al relevancia jurídica del principio explicaban la evolución seguida en nuestro medio por la noción de buena administración recogida en el artículo 311 de la Constitución, evolución muy ligada al alcance del mérito en la actividad administrativa."; ver: Durán Martínez, Augusto, "Principio de eficacia y Estado subsidiario", en Durán Martínez, Augusto, *Estudios de Derecho Público*, Volumen II, Impreso y encuadernado en Mastergraf srl, Montevideo, 2008, p. 9 (este escrito fue publicado originalmente en la obra colectiva *Liber Amicorum Discipulorunque José Aníbal Cagnoni*, Fundación de Cultura Universitaria, Montevideo, 2005; por su inclusión en *Estudios de Derecho Público*, Volumen II, es que lo citaremos).

[205] En este orden de cosas, y ubicados en la actualidad, son ilustrativos los trabajos del profesor Augusto Durán Martínez, entre los que hay que mencionar: "Principio de eficacia y Estado subsidiario", *ob. cit.*, pp. 5 y ss.; *Contencioso administrativo*, *ob. cit.*, pp. 300 y ss.; pp. 295 y ss.; "Buena administración y debido procedimiento", *ob. cit.*, pp. 778 y ss.; "La buena administración", *ob. cit.*, pp. 173 y ss.; "Motivación del acto administrativo y buena administración", en *El Derecho*, Diario de Doctrina y Jurisprudencia, Año L, N° 13.070, Viernes 13 de agosto de 2012, Universidad Católica Argentina, Buenos Aires, pp. 1 y ss.

[206] Durán Martínez, Augusto, "Buena administración y debido procedimiento", *ob. cit.*, p. 778.

## 5. Maladministration en la Parliamentary Commissioner Act 1967

Un punto de mira trascedente cuando se trata de repasar la evolución jurídica de la noción de *buena administración* debe fijarse en el Derecho británico; pero esta vez mirando especialmente el fenómeno contrario de lo que sugiere la idea de *buena administración*, esto es: la *mala administración*.

Como en otros ordenamientos jurídicos, el planteamiento sobre conductas o actuaciones administrativas que respondían a las exigencias de *buena administración* o de mecanismos para enfrentar la *mala administración*, no es algo a lo que se llega recientemente en el Derecho británico ni mucho menos; antes bien es algo de vieja data en ese contexto.

Un importante autor británico, WADE, en la segunda edición de su importante obra sobre general sobre Derecho Administrativo, daba cuenta de que el "derecho a ser oído", era una antigua regla fundamental de justicia natural, consagrada por los tribunales de ese país desde hace siglo.[207] Según este autor:

"(...) Los tribunales, para decidir sobre su jurisdicción, partieron de la hipótesis de que la obligación de dar a cada parte la justa oportunidad de ser oída constituía un postulado de buena administración y de buen procedimiento legal. Si el tribunal no puede controlar la discrecionalidad administrativa dentro de su propia esfera, puede al menos comprobar que la discrecionalidad no se ejerce sin tener en cuenta a las dos partes interesadas en el caso. La costumbre de conceder audiencia previa a cualquiera de las partes afectadas es lo que con mayor probabilidad nos hará legar a decisiones justas y rectas."[208]

De igual modo, cuando WADE se refería al control de la Administración, observaba que países como Francia, Italia y Alemania (en ese entonces) Occidental tenían

"(...) tribunales especiales para las acciones contra ministros y funcionarios. Estos tribunales pueden desarrollar amplias doctrinas de responsabilidad legal, y, por tanto, someter al control legal muchos actos de mala administración. Presentan, además, la ventaja de la especialización administrativa. Los tribunales ingleses no tienen esta ventaja y se preocupan más por la legalidad técnica de la actuación administrativa que por su oportunidad. (...)."[209]

Ahora bien, a partir del segundo cuarto del siglo XX, que se comienza a ganar mayor conciencia en Gran Bretaña sobre la necesidad de fortalecer los mecanismos de protección de los ciudadanos frente a la actuación de la Administración Pública, atendiendo a que, en muchos casos, no existían medios jurídicos para impugnar judicialmente ciertas decisiones que traían causa de malas actuaciones administrativas (*maladministration*).[210]

---

[207]  Wade, H. W. R., *Derecho Administrativo*, Traducción de la 2[da] edición, Traducción Mariano Baena del Alcázar y Elena Bardón Fernández, Instituto de Estudios Fiscales, Madrid, 1971, pp. 272 y ss.

[208]  Wade, H. W. R., *Derecho Administrativo, ob. cit.*, p. 274.

[209]  Wade, H. W. R., *Derecho Administrativo, ob. cit.*, p. 19.

[210]  Al respecto, puede verse con provecho el trabajo del profesor chileno: Soto Kloss, Eduardo, "¿Existe un Derecho Administrativo inglés?", en *Revista de Administración Pública*, N° 70, Enero-Abril, 1973, Instituto de Estudios Políticos, Madrid, especialmente pp. 160 y ss.

En tal sentido, se acometieron algunas acciones de análisis a los fines de proponer e introducir mejoras jurídicas alrededor del funcionamiento de la Administración Pública, con especial destaque en sede de los procedimientos. Así, se señala al *Comité sobre Poderes de los Ministros* o *Commitee Donoughmore* de 1932, y al *Committe on Administrative Tribunals and Enquiries* o *Franks Committee* (por su presidente Olivier FRANKS) de 1957, como importantes pasos dentro de esa línea,[211] pues, además de las evaluaciones que contenían –no sin advertir importantes limitaciones en ambos informes–, condujeron a que se adoptaran dos importantes disposiciones normativas: la *Statutory Instruments Act* de 1946 y la *Tribunal and Inquiries Act* de 1958.

Aún así, no resultó suficiente el contenido del *Informe FRANKS* y de lo que de él pudo derivarse, atendiendo a que, entre otras cuestiones, como advirtió SOTO KLOSS:

> "(…) los términos de los límites de *FRANKS Committee* dejaban intacto y sin investigar el campo cada día más enorme librado a la discrecionalidad de los órganos administrativos, como aquellos casos –no infrecuente, por desgracia– de *maladministration*."[212]

Por tal motivo, casi un lustro después, nuevamente se concretó otro análisis, esta vez en 1961, que, con la denominación *The Citizen and the Administration*, fue realizado por la sección inglesa de la Comisión Internacional de Juristas, *JUSTICE*. En este informe, conocido también como *Informe WHYATT*, se decía:

> "*As a result, complaints against discretionary decisions and complaints against acts of maladministration were not within the scope of the reforms which followed the Franks Committee recommendations and the position today is still that, over a large area of public administration, there is under our Constitution no formal machinery outside Parliament for dealing with these two categories of complaint*".

En las conclusiones de *JUSTICE*, se realizaba un agrupamiento de las reclamaciones frente a la actuación administrativa en dos grupos: 1-) las que se dirigían contra decisiones discrecionales donde el ciudadano no estaba de acuerdo con el modo en que la autoridad había ejercido la discrecionalidad, pero sin medio formal para cambiarla, aquí la cuestión no era por el abuso de poder de la autoridad, sino que la decisión resultaba incorrecta, errónea o no apropiada; y 2-) las que se dirigían contra *acts of maladministration*. A partir de esa agrupación, se advertía que, para el primer caso, algunas de las decisiones que caían dentro de él podían ser recurridas frente a un tribunal, pero no todas; y, para el segundo supuesto, realmente no existían mecanismos, ni judiciales ni administrativos, para controlarlas. En lo que aquí más nos interesa, el *Informe WHYATT* abogaba por crear:

---

[211]  Ver, entre otros: Wade, H. W. R., *Derecho Administrativo*, *ob. cit.*, pp. 336 y ss.; Boyle, Alan, "Derecho y procedimientos administrativos en Inglaterra", en Barnés, Javier (Coordinador), *El procedimiento administrativo en el Derecho comparado*, Consejería de la Presidencia de la Junta de Andalucía, Editorial Civitas, S.A., Madrid, 1993, pp. 452 y ss.; Soto Kloss, Eduardo, "¿Existe un Derecho Administrativo inglés?", *ob. cit.*, pp. 161 y ss.

[212]  Soto Kloss, Eduardo, "¿Existe un Derecho Administrativo inglés?", *ob. cit.*, p. 162.

"(...) *new machinery is required to deal with acts of maladministration and that this can best provided by appointing an officer to investigate complaints of maladministration and report the results of his investigation to Parliament* (...)."

Así las cosas, y buscando proveer un mejor sistema de control sobre los actos de la Administración Pública, el *Informe* WHYATT tomaba como referente al *Ombudsman* de origen escandinavo (Suecia) y proponía crear una nueva pieza jurídica en el control para evaluar los casos de *maladministration*; esto es un comisionado parlamentario, una suerte de *ombudsman* británico, cuya función principal habría de ser la de investigar las alegaciones de *maladministration* y proveer así a un control con mayor efectividad sobre el funcionamiento administrativo, ante las imperfecciones que presentaba el sistema de control sobre ese funcionamiento en el contexto británico.

En definitiva, en 1967 se hubo de adoptar la *Parliamentary Comissioner Act*, de 22 de marzo, por la que se creaba ese comisionado parlamentario u *ombudsman* inglés. En esa norma, se disponía (apartado 5) que dicho *Parliamentary Comissioner for Administration* (denominación oficial que se le dio)

"5.- (1) (...) *may investigate any action taken by or on behalf of a government department or other authority to which this Act applies, being action taken in the exercise of administrative functions of that department or authority, in any case where-*

(a) *a written complaint is duly made to a member of the House of Commons by a member of the public who claims to have sustained injustice in consequence of maladministration in connection with the action so take; and*

(b) *the complaint is referred to the Commissioner, with the consent of the person who made it, by a member of that House with a request to conduct an investigation thereon.*"

Esa referencia a la *maladministration* en la *Parliamentary Comissioner Act* de 1967, resulta trascedente en tanto define un ámbito importante del funcionamiento administrativo (la mala administración) sobre la cual puede actuar el Comisionado Parlamentario para la Administración,[213] investigando a petición de ciudadanos que sostengan haber sido afectados injustamente a raíz de mala administración en la acción adoptada. En palabras de WADE:

"(...) *La Ley del Comisario Parlamentario de 1967 encargó al primer Comisario Parlamentario para la Administración la terea de investigar las reclamaciones en los casos de "injusticias como consecuencia de mala administración*"".[214]

---

[213] Eduardo Soto Kloss recordaba lo siguiente: "Valga recordar que en 1959 (5-XI) le había sido dirigida al primer ministro a *Parliamentary question*, por parte del *Commoner* Donald Johnson, sobre la conveniencia de ir a la creación, de un órgano de control de la Administración para tutelar los efectos de la *maladministration*, sobre los ciudadanos; ya al salir a luz el *Whyatt Report*, el Gobierno de H. Mac Millan tomó postura en; contra del *Parliamentary Commissioner*, y fue sólo, a raíz de la adopción de tal idea por los laboristas de H. Wilson, cuando vino de nuevo a labatalla al incluirlo en el. programa de 1964; triunfante tiempo después, ya como primer ministro, Wilson dio a conocer en octubre de 1965 el proyecto de creación del *Parliamentary. Commissioner for, Administration (Her Majesty's Stationery Office*, Londres, 1965 -cmnd. 2767-), siendo aprobado con el *Royal assent* en la fecha arriba indicada." Ver: Soto Kloss, Eduardo, "¿Existe un Derecho Administrativo inglés?", *ob. cit.*, p. 165.

[214] Wade, H. W. R., *Derecho Administrativo, ob. cit.*, p. 20.

De tal suerte, esa *maladministration* se convierte en un criterio de determinación y delimitación de las competencias o funciones del *Parliamentary Comissioner for Administration*, precisándose, además, en la propia disposición normativa que

> "(...) *nothing in this Act authorizes or requires the Commissioner to question the merits of a decision taken without maladministration by a government department or other authority in the exercise of a discretion vested in that department or authority.*"

A partir de ahí, se ha anotado que emerge ya la *maladministration* con una significación técnica o en su utilización como concepto jurídico,[215] que no solo ha de servir para fijar la competencia del Comisionado Parlamentario para la Administración en el Reino Unido, sino también señala un grupo de actuaciones administrativas que pueden ser cuestionadas por antijurídicas en vía no jurisdiccional, aun cuando no se evidencien conflictos con la legalidad formal.[216]

En esto, una novedad importante que surge en el contexto jurídico con la *Parliamentary Comissioner Act* de 1967, es que se asocia la *maladministration* como situación que permite el acceso a, o activación de, un mecanismo de control o protección de naturaleza no jurisdiccional, expendiéndose así el alcance del control sobre la actuación administrativa y el alcance de la protección del ciudadano frente a la Administración Pública dentro de la realidad del Derecho británico de entonces.

A tener de la emergencia de la *maladministration* con significación técnica o en su utilización como concepto jurídico, un autor precisaba, poco tiempo después de haberse adoptado la *Parliamentary Comissioner Act* de 1967:

> ""*Nobody can define maladministration in plain terms", said Sir Edmund Compton, the first British Parliamentary Commissioner for Administration or Ombudsman. It may be difficult to define, but most of us believe that we could recognise an example of it, if we saw it. We can describe it by examples. We know what it is, but we are quite ready to admit that we might find ourselves in disagreement with other people about whether or not a particular case was an example of maladministration. We would admit also that there might be a vague and uncertain boundary surrounding the areas of maladministration. (...).*"[217]

---

[215] Gómez Puente, Marcos, *La inactividad de la Administración*, 4ª edición, Thomson Reuters (Legal) Limited, Editorial Aranzadi, S.A., Cizur Menor (Navarra), 2011, p. 63. Decía Gómez Puente que para explicar la utilización primigenia del término *maladministration* como concepto jurídico es necesario remitirse a la doctrina anglosajona.

[216] Destacaba Marcos Gómez Puente que "(...) el concepto de mala administración aglutina inicialmente un conjunto de conductas administrativas (acciones u omisiones) que aun soportando o eludiendo con éxito el control formal de legalidad propuesto por un sistema de garantías deficiente e inacabado resultan «injustas». Esta alusión al «injusto» que resulta de la doctrina y el derecho positivo ingleses no supone una valoración preconcebida de la Justicia, con connotación iusnaturalista, sino que viene referida al conjunto de principios formales, valores materiales y reglas de buena administración que resultan del Derecho inglés positivo y consuetudinario; lo injusto, en consecuencia, equivale aquí a lo antijurídico.". Más adelante, este autor enseñaba: "(...) La mala administración es, por tanto, un concepto que aglutina una serie de conductas administrativas variopintas, de diferente naturaleza y efectos, cuya validez formal no puede contrastarse adecuadamente a través de causes ordinarios de control de la actividad administrativa, bien porque no sea posible emplazarlas ante las instituciones de control, bien porque la actuación de éstas resulte ineficaz.". Ver: Gómez Puente, Marcos, *La inactividad de la Administración*, *ob. cit.*, pp. 64 y 65.

[217] Wheare, K. C., *Maladministration and its remedies*, Stevens & Sons, London, 1973, p. 6.

Según se ha dado cuenta ya, en la letra de la *Parliamentary Comissioner Act* de 1967 aparecía el uso de la expresión *maladministration*, pero no una definición o explicación precisa de su concepto;[218] lo que respondió a un interés de no asumir una definición y dejar abierto su alcance.[219] Como se recordaba por WHEARE:

> "(...) *In moving the second reading of the Bill in the House of Commons, Mr. Crossman, Lord President of the Council in the Labour Government of Mr. Harold Wilson, while defending the decision not to define "maladministration," declared that "it would be a wonderful exercise" to try– "bias, neglect, inattention, delay, incompetence, ineptitude, perversity, turpitude, arbitrariness and so on. It would be a long and interesting list.""*[220]

De tal suerte, *la mala administración*, en el contexto británico, pasó a ser una noción no precisada, a la que se llegaba por descripción de conductas que se apartaban del buen proceder administrativo, y que por tal, quedaban encuadras del alcance jurídico que se le daba a dicho etiquetado (*maladministration*).[221] Como dato al respecto, podemos señalar que en el *First Annual Report of the Northern Ireland Commissioner for Complaints, de 1970*, parágrafo 20, se decía que la *maladministration* era una:

---

218  *V.gr.*: Wheare, K. C., *Maladministration and its remedies, ob. cit.*, p. 9; Ponce Solé, Juli, *Deber de buena administración y derecho al procedimiento debido. Las bases constitucionales del procedimiento administrativo y del ejercicio de la discrecionalidad*, Lex Nova, S.A., Valladolid, 2001, p. 135.

219  *V.gr.*: Wheare, K. C., *Maladministration and its remedies, ob. cit.*, p. 9; Ponce Solé, Juli, *Deber de buena administración y derecho al procedimiento debido..., ob. cit.*, p. 135.

220  Wheare, K. C., *Maladministration and its remedies, ob. cit.*, pp. 9 y 10. Por su parte Ponce Solé, relataba: "La ley de 1967 no define este término, dejándolo abierto. Durante los debates que precedieron a la aprobación del texto legal, el señor Richard Crossman sostuvo que la mala administración cubría supuestos como falta de objetividad, negligencia, falta de atención, retraso, incompetencia, ineptitud, perversidad, infamia o arbitrariedad ("bias, neglect, inattention, delay, incompetence, ineptitude, perversity, turpitude, arbitrariness and so on"), enumeración que constituye lo que se denomina el "catálogo de Crossman" que es objeto de cita en todas las obras que se ocupan del tema, pero que es sólo un listado *ad exemplum*, una enunciación de supuestos simplemente indicativos y de notable imprecisión."; ver: Ponce Solé, Juli, *Deber de buena administración y derecho al procedimiento debido..., ob. cit.*, p. 135. Por su lado, Gómez Puente, con apoyo en autores ingleses, ha apuntado: "La generalidad de la expresión *maladministration* permite al *Parliamentary Comissioner* extender su actividad supervisora sobre un vasto conjunto de actuaciones administrativas, algunas de las cuales pudieran haber quedado excluidas con una fórmula menos abierta que la empleada. Esta indeterminación que procura la fórmula «injustice in consequence of maladministration» fue buscada de propósito (...).”; ver: Gómez Puente, Marcos, *La inactividad de la Administración, ob. cit.*, p. 65, nota 15.

221  Narraba Wheare que: "(...) *in the course of reviewing the first year's operation of the Act, the select committee of the House of Commons associated with the Parliamentary Commissioner's work, heard a list of examples of maladministration from the lips of the Head of the Home Civil Service, Sir William Armstrong : failure to answer a letter; losing the papers or part of them; giving misleading statements to citizens about their legal position; delay in reaching a decision; exhibiting bias; giving incomplete or ambiguous instructions to the officer who is applying the rule; getting the facts of the case wrong; or failing to take facts into account which the department should have taken into account.*". Ver: Wheare, K. C., Maladministration and its remedies, *ob. cit.*, p. 10.

"(…) *administrative action (or inaction) based on or influenced by improper considerations or conduct. Arbitrariness, malice or bias, including discrimination, is examples of improper considerations. Neglect, unjustifiable delay, failure to observe relevant rules and procedures, failure to take relevant considerations into account, failure to establish or review procedures where there is a duty or obligation on a body to do so, are examples of improper conduct.*"[222]

Para cerrar este segmento, en un buen resumen, recurramos a PONCE SOLÉ cuando indicaba sobre lo que nos ocupa en este acápite:

"(…) de acuerdo con la doctrina y la jurisprudencia, *la mala administración significa esencialmente mal procedimiento administrativo,* y se refiere a la manera en que la decisión discrecional es elaborada, al desarrollo de la función administrativa. En los primeros años de funcionamiento, el *Commissioner* se concentró en la investigación de la existencia de procedimientos incorrectos en la toma de decisiones. Sin embargo, con el paso del tiempo, el *ombudsman,* alentado por el Select Comitee – el comité de la Cámara de los Comunes que se ocupa de controlar su trabajo como comisionado del Parlamento que es– se decidió a investigar también las "decisiones malas en calidad", es decir, aquellas decisiones cuya baja calidad sugería que la mala administración estaba envuelta en su adopción. Diversas decisiones judiciales, sin embargo, se han ocupado de mostrar la disposición de los tribunales para detener al *Commissioner* en aquellos casos en que éste trate de cuestionar la calidad de la elección discrecional cuando no exista ningún supuesto de mala administración en el procedimiento administrativo previo a su adopción. En definitiva, como ha sido notado "technically the merits of administrative decisions (such as their fairness) cannot be challenged so long as appropriate procedures have been followed" lo que implica que mala administración equivalga a procedimiento administrativo en el que no se ha garantizado la oportunidad de la decisión. A este respecto, ha sido notada la dificultad de distinguir netamente entre la oportunidad y el modo en que la misma se alcanza, puesto que "the manner in which a decision is reached or implemented can cover so many aspects of the decision that its merits, as a distinct concept, disappear". Es por ello que un defectuoso procedimiento administrativo conduce a malas decisiones discrecionales, lo que da lugar a la *maladministration,* o en palabras de WADE "bad decisions are bad administration and bad administration is maladministration". (…)."[223]

---

[222]    Citado por: Wheare, K. C., *Maladministration and its remedies, ob. cit.,* p. 11.

[223]    Ponce Solé, Juli, *Deber de buena administración y derecho al procedimiento debido…, ob. cit.,* pp. 136 y 137. En otro momento de esta obra, Ponce Solé agregaba (pp. 142 y 143): "En el ámbito del *Derecho británico,* debe hacerse referencia al informe *Administrative Justice. Some Necessary Reforms,* elaborado por el comité revisor fundado por *Justice and All Souls College,* Oxford y publicado en 1988. Este informe, fruto de la concienzuda labor de un grupo de prestigiosos juristas anglosajones, dedica su segundo Capítulo (pp. 7 a 23) a la "Formulation of Principies of Good Administration". Como se indica en la Introducción (p. 5) este capítulo tiene sentido como modo de evitar daños derivados de defectuosas actuaciones administrativas, puesto que "as prevention is better than cure, so good administration is better than remedies for bad administration".". Y a renglón seguido exponía: "A pesar del título del citado Capítulo segundo, el informe en realidad no formula explícitamente ningún principio concreto de buena administración. Las conclusiones incluidas al final de este capítulo (pp. 21 a 23) se limitan a declarar que sería "altamente deseable" construir un conjunto completo de Principios de Buena Administración. Estos principios no deberían ser formulados legislativamente"), aunque su violación debería dar lugar al control judicial. Según el informe, la institución mejor equipada para formular estos principios sería el *Parliamentaly Ombudsman,* dada su experiencia práctica en el funcionamiento administrativo. Éste, mediante el uso de su experiencia y de diversos trabajos ya existentes y recopilados en el informe"), debería formular una serie de principios de buena administración, necesariamente generales, que podrían ser concretados por cada órgano administrativo mediante normas públicas internas, en función de las necesidades específicas de cada cometido a desempeñar."

## 6. *Buena administración y mala administración en la jurisprudencia y en la normativa comunitaria europea*

Es hacia el último cuarto del siglo XX y la primera década del XXI que el tema de la *buena administración* (o la *mala administración*) va trascendiendo definitivamente de los ordenamientos jurídicos nacionales que, de un modo u otro, lo manejaban jurídicamente,[224] para entrar en una nueva e importantísima fase en su construcción jurídica, esta vez de la mano, en especial, de las transformaciones y exigencias que ha de ir imponiendo el proceso de integración europeo.

En este período mencionado, se ha de cifrar un momento importante en el desarrollo y evolución de la *buena administración* como noción jurídica, donde han desempeñado un rol determinante la jurisprudencia y ciertos instrumentos normativos comunitarios europeos que han consagrado jurídicamente a la *buena administración*, incluso en la nueva perspectiva de un derecho fundamental, y no solo desde la percepción de una regla, principio o deber jurídicos. Esto ha servido, a su vez, como influencia y exigencia de ajustes e interpretaciones para los ordenamientos nacionales que quedan comprendidos dentro del espacio de integración comunitario del "Viejo Continente" –todo eso debe interpretarse dentro de ese proceso de integración–. E, incluso, la trascendencia ha traspasado los límites espaciales de Europa, y ha generado influencia para otros ordenamientos jurídicos fuera de ese perímetro geográfico, como es el caso latinoamericano, donde se ha ido recibiendo e incorporando los resultados conceptuales de la evolución jurídica en torno a este tema de la *buena administración*.[225]

Ciertamente, debe partirse de la premisa que

---

[224] Además de lo que hasta aquí hemos expuesto, véase, entre otros, las referencias que aportaba Ponce Solé, Juli, *Deber de buena administración y derecho al procedimiento debido...*, *ob. cit.*, pp. 142 y 143.

[225] En lo que va del siglo XXI, es posible encontrar, con más frecuencia, estudios y trabajos de autores latinoamericanos sobre el tema específico de la *buena administración*. El efecto, podemos mencionar, por ejemplo, los siguientes escritos: del salvadoreño Guevara Quintanilla, Miguel Antonio, *El derecho a la buena administración*, *ob. cit.*; de Brasil Freitas, Juarez, *Discricionariedade e o Direito Fundamental à Boa Administração Pública*, 2ª edição, Malheiros Editores, São Paulo, 2009, y do Valle, Vanice Regina Lírio, *Direito fundamental à boa administração e governança*, Editora Forum, Belo Horizonte, 2011; del uruguayo Durán Martínez, Augusto, "La buena administración", *ob. cit.*, pp. 173 y ss.; "Buena administración y debido procedimiento", *ob. cit.*, pp. 777 y ss.; "Motivación del acto administrativo y buena administración", *ob. cit.*, pp. 1 y ss.; del argentino Moscariello, Agustín R., "Buena administración y buen gobierno en el Derecho argentino. El rol del Abogado del Estado", en *Ars Iuris. Revista del Instituto Panamericano de Jurisprudencia*, N° 48, Julio-Diciembre, 2012, Universidad Panamericana, México, D.F. También cabe referir a los mexicanos: Márquez Gómez, Daniel, "Un nuevo paradigma en administración pública: el derecho humano a la buena administración pública", Velásquez Tolsá, Francisco Eduardo, "La buena administración, como un derecho humano", Fernández Ruiz, Jorge, "El derecho humano a una buena administración pública", Olmeda García, Marina del Pilar, "Responsabilidad del servidor público y el derecho a una buena administración pública", todos estos últimos escritos en Fernández Ruiz, Jorge (Coordinador), *Estudios Jurídicos Sobre Administración Pública*, Universidad Nacional Autónoma de México, México D.F., 2012.

"(…) la buena administración es, sin lugar a dudas, una noción forjada al calor del Derecho comunitario europeo (…)."[226]

A lo que puede agregarse que ha sido también resultado y expresión de la cultura *iuspública* europea, especialmente.

Lo primero que debe advertirse en este sentido, es que la jurisprudencia comunitaria europea, primero a través del Tribunal de Justicia de las Comunidades Europeas (TJCE), al que luego habría de sumarse el Tribunal de Primera Instancia (TPI), fue revelando, gradualmente y a la largo de la segunda mitad de la pasada centuria, las implicaciones jurídicas de la *buena administración*,[227] que inicialmente era tenida como un principio o como "reglas de buenas prácticas administrativas de obligada observancia para la Administración comunitaria",[228] y que desembocaría después en su configuración como derecho fundamental de los ciudadanos de la Unión Europea.

Ha dicho Carrillo Donaire que:

> "La primera vez que el TJCE aludió expresamente al principio de buena administración fue en su sentencia *Industrias Siderúrgicas asociadas c. las Alta Autoridad*, de 11 de febrero de 1955 (As. 4/54) donde se pronunció sobre la obligación de motivar las decisiones de la Alta Autoridad como un deber derivado de las reglas de la buena administración. Poco después, el 10 de mayo de 1960, el Tribunal dictó tres sentencias, también en casos relativos a ciertas actuaciones de la Alta Autoridad de la CECA (As. Acum. 3/58 a 18/58, 19/58 y 27/58 a 28/58, respectivamente), en los que se pronunció sobre la obligación de resolver en un tiempo razonable como una vertiente integrante del derecho a una buena administración".[229]

La doctrina que ha estudiado el tema de la *buena administración*, ha ido poniendo en claro en sus estudios, con mayor o menor envergadura, el cúmulo de decisiones jurisprudenciales –del Tribunal de Justicia de las Comunidades Europeas (TJCE) y luego del Tribunal de Justicia de la Unión Europea (TJUE) a tenor del Tratado de Lisboa de 2007, vigente desde 2009– que han constituido, por cincos décadas y más, base de construcción y sustanciación de la *buena administración* como noción con operatividad jurídica y de sus consecuencias en el orden del Derecho (especialmente como principio y como derecho fundamental). De ahí que se haya apreciado que la construcción de la *buena administración* como principio y del *derecho fundamental a una buena administración*, tal como ha de aparecer consagrado después en impor-

---

[226]  Carrillo Donaire, Juan Antonio, "Buena administración, ¿un principio, un mandato o un derecho subjetivo?", *ob. cit.*, pp. 1139 y 1140.

[227]  Según Mario P. Chiti, hasta el Tratado de la Unión Europea se discutió si las frecuentes referencias al principio de buena administración en la jurisprudencia comunitaria se referían a un verdadero y propio principio general y no sólo a una variedad del principio de legalidad; incluso no faltaban quienes ponían en discusión la juridicidad del principio. Ver: Chiti, Mario P., *Derecho Administrativo Europeo*, Traducción de Luis Ortega, Civitas Ediciones, S.L., Madrid, 2002, p. 250.

[228]  Ver: Nieto Garrido, Eva, "Los derechos a una buena administración, de acceso a los documentos y la protección de datos de carácter personal (Arts. 8, 41 y 42 CDFUE)" en García Roca, J. y Fernández Sánchez, P. A. (coordinadores), *Integración europea a través de derechos fundamentales: de un sistema binario a otro integrado*, 1era edición, Centro de Estudios Políticos y Constitucionales, Madrid, 2009, p. 413.

[229]  Carrillo Donaire, Juan Antonio, "Buena administración, ¿un principio, un mandato o un derecho subjetivo?", *ob. cit.*, p. 1140, nota 3. También lo apuntaba: Yeng-Seng, Wanda, "Le Médiateur européen, artisan du développement du droit à une bonne administration communautaire", en *Rev. trim. dr. h.*, 58/2004, p. 529.

tantes textos normativos a nivel comunitario europeo, es una construcción originariamente jurisprudencial, desde aspectos concretos que involucra dicha idea de *buena administración*, que es elevada luego a la normativa de alcance comunitario y –más allá de los antecedentes ya vistos en otros acápites– trasladada después al interior de normas pertenecientes a ordenamientos nacionales de esa comunidad.[230] En resumidas cuentas, ha sido esa una construcción jurisprudencial encaminada a proveer un mejor sistema de derechos y garantías de los ciudadanos frente a la acción administrativa, así como a propiciar una mejor gestión pública a favor de ellos y de la colectividad.

Acercándonos ahora al contexto normativo, más allá de posibles antecedentes que han podido invocarse,[231] es en la última década del siglo XX y la primera del XXI que la *buena administración* adquiere su consagración positiva final en el ordenamiento normativo común europeo, llegando a un punto importante de su evolución como noción jurídicamente relevante y abriendo además nuevas proyecciones al respecto.

En efecto, el 7 de febrero de 1992 se firma el Tratado de la Unión Europea, conocido como Tratado de Maastricht. Dentro del proceso de integración europea, este tratado vino a abrir una nueva etapa en el mismo, introduciendo importantes modifi-

---

[230] Advertía Guevara Quintanilla que el reconocimiento del concepto de la buena administración, en relación con la protección de los derechos fundamentales, "(…) comenzó con la doctrina jurisprudencial del Tribunal de Justicia de las Comunidades Europeas (TJCE), y no por un reconocimiento normativo como tradicionalmente ha sido en el caso de los derechos, el cual fue posterior, con su incorporación como derecho fundamental, en el art. 41 de la Carta de Derechos Fundamentales de la Unión Europea (…)"; ver: Guevara Quintanilla, Miguel Antonio, *El derecho a la buena administración, ob. cit.*, p. 14.

[231] Según Ponce Solé: "El Consejo de Europa ha sido siempre activo en el ámbito del deber de buena administración. Así, en primer lugar, es destacable la Resolución de 28 de septiembre de 1977, sobre la Protección de los individuos en relación con los actos de las autoridades administrativas. Aunque en su texto no puede hallarse la expresión «buena administración», es idea está implícita. En segundo lugar, la Recomendación núm. R (80) 2, adoptada por el Comité de Ministros del Consejo de Europa el 11 de marzo de 1980, relativa al ejercicio de poderes discrecionales por las autoridades administrativas, tampoco alude a la «buena administración», pero hay una serie de principios diseñados para lograr esta. (…).»; ver: Ponce Solé, Juli, "Procedimiento administrativo, globalización y buena administración", en Ponce Solé, Juli, (Coordinador), *Derecho administrativo global. Organización, procedimiento, control judicial*, INAP, Marcial Pons, Ediciones Jurídicas y Sociales, S.A., Madrid, 2010, p. 105. Por su lado, Lorenzo de Membiela destacaba: "Las consecuencias derivadas de la Recomendación núm. R(80) 2, adoptada por el Consejo de Ministros del Consejo de Europa el 11 de marzo de 1980, relativa el ejercicio de poderes discrecionales por las autoridades administrativas y de la jurisprudencia del Tribunal de Justicia de las Comunidades Europeas junto al Tribunal de Primera Instancia, cristalizaron en el derecho a una buena administración recogida en el artículo 41 de la Carta de Derechos Fundamentales (CDF) de la Unión Europea de 7 de diciembre de 2000 (…).»; Lorenzo de Membiela, Juan B., "La Buena administración en la Administración General del Estado", en *Actualidad Administrativa*, N° 04-2da quincena de febrero de 2007, Madrid. En línea similar ver: Rodríguez-Arana Muñoz, Jaime, "El derecho a la buena administración en las relaciones entre ciudadanos y administración pública", en Asociación Peruana de Derecho Administrativo, *Aportes para un Estado eficiente. Ponencias del V Congreso Nacional de Derecho Administrativo*, Palestra Editores S.A.C., Lima, 2012, p. 132; igualmente ver: Rodríguez-Arana Muñoz, Jaime, "El derecho fundamental a la buena administración y centralidad del ciudadano en el Derecho Administrativo", en Fernández Ruiz, Jorge (Coordinador), *Estudios Jurídicos Sobre Administración Pública*, Universidad Nacional Autónoma de México, México D.F., 2012, p. 244.

caciones al Tratado Constitutivo de la Comunidad Europea del Carbón y el Acero (CECA, firmado en Paris el 8 de abril de 1951), al Tratado Constitutivo de la Comunidad Económica Europea (CEE, firmado en Roma el 25 de marzo de 1957) y al Tratado Constitutivo de la Comunidad Europea de la Energía Atómica (firmado en Roma el 25 de marzo de 1957).

En lo que nos interesa en este trabajo, el Tratado de Maastricht introduce una serie de disposiciones por las que se modificaba el Tratado Constitutivo de la Comunidad Económica Europea con el fin de constituir la Comunidad Europea. Así las cosas, en lo que hoy es el artículo 194 de ese instrumento jurídico, se dispone:

"Cualquier ciudadano de la Unión, así como cualquier persona física o jurídica que resida o tenga su domicilio social en un Estado miembro, tendrá derecho a presentar al Parlamento Europeo, individualmente o asociado con otros ciudadanos o personas, una petición sobre un asunto propio de los ámbitos de actuación de la Comunidad que le afecte directamente.".

Y, seguidamente, el artículo 195, apartado 1, acoge:

"1. El Parlamento Europeo nombrará un Defensor del Pueblo, que estará facultado para recibir las reclamaciones de cualquier ciudadano de la Unión o de cualquier persona física o jurídica que resida o tenga su domicilio social en un Estado miembro, relativas a casos de mala administración en la acción de las instituciones u órganos comunitarios, con exclusión del Tribunal de Justicia y del Tribunal de Primera Instancia en el ejercicio de sus funciones jurisdiccionales.

En el desempeño de su misión, el Defensor del Pueblo llevará a cabo las investigaciones que considere justificadas, bien por iniciativa propia, bien sobre la base de las reclamaciones recibidas directamente o a través de un miembro del Parlamento Europeo, salvo que los hechos alegados sean o hayan sido objeto de un procedimiento jurisdiccional. Cuando el Defensor del Pueblo haya comprobado un caso de mala administración, lo pondrá en conocimiento de la institución interesada, que dispondrá de un plazo de tres meses para exponer su posición al Defensor del Pueblo. Éste remitirá a continuación un informe al Parlamento Europeo y a la institución interesada. La persona de quien emane la reclamación será informada del resultado de estas investigaciones.

El Defensor del Pueblo presentará cada año al Parlamento Europeo un informe sobre el resultado de sus investigaciones."[232]

Según se ha constatado ya, por el Tratado de Maastricht se introducía a nivel comunitario europeo la figura del Defensor del Pueblo (*Ombudsman*), quedando su competencia delimitada, básicamente, por la investigación frente a reclamaciones

---

[232] Resulta también de interés para el tema que tratamos el actual artículo 193 del Tratado constitutivo de la Comunidad Europea, en el que se refrenda: "En cumplimiento de sus cometidos y a petición de la cuarta parte de sus miembros, el Parlamento Europeo podrá constituir una comisión temporal de investigación para examinar, sin perjuicio de las competencias que el presente Tratado confiere a otras instituciones u órganos, alegaciones de infracción o de mala administración en la aplicación del Derecho comunitario, salvo que de los hechos alegados esté conociendo un órgano jurisdiccional, hasta tanto concluya el procedimiento jurisdiccional.

La existencia de la comisión temporal de investigación terminará con la presentación de su informe.

Las modalidades de ejercicio del derecho de investigación se determinarán de común acuerdo entre el Parlamento Europeo, el Consejo y la Comisión".

por *mala administración* en la actuación de las instituciones u organismos comunitarios (excepto los dos órganos jurisdiccionales que el propio artículo 195, excluye expresamente de ello).[233] De ese modo, la *mala administración* era llevada a criterio determinante de la competencia de ese Defensor del Pueblo,[234] operando entonces como causa para que cualquier ciudadano de la Unión o cualquier persona física o jurídica que residiera o tuviera su domicilio social en un Estado miembro pudiera dirigirse en reclamación frente a ese Defensor y activar su actuación como medio de control no jurisdiccional. De otro lado, la *mala administración* se erigía, además, en un criterio que señalaba conductas de los organismos a instituciones comunitarios que podían ser combatidas o cuestionadas por la vía del Defensor del Pueblo. A raíz de esto, y de la actuación que ha tenido el Defensor del Pueblo Europeo en todo este tiempo, es que se ha podido sostener de manera más actual que:

> "*Le Médiateur est ainsi un «fournisseur de bons offices» qui contribue à une humanisation des institutions européennes en favorisant le droit des citoyens à une bonne administration communautaire* (…)."[235]

En la letra del Tratado de Maastricht no se aportaba una definición de *mala administración* ni mayores indicios al respecto,[236] por lo que la necesidad de proveer tal definición se manifestó pronto.[237]

---

[233] Según se señalaba por Wanda Yeng-Seng: "Le Médiateur européen a pour raison d'être de déceler les cas de «mauvaise administration» dans l'action des institutions communautaires, selon la formule de l'article 2 de son statut (…).". Ver: Yeng-Seng, Wanda, "Le Médiateur européen, artisan du développement du droit à une bonne administration communautaire", *ob. cit*, p. 528.

[234] En el *Informe Anual 1997*, del Defensor del Pueblo Europeo, con la firma de Jacob Söderman, que entonces ocupaba esa responsabilidad, se precisaba: "El cometido más importante del Defensor del Pueblo europeo es hacer frente a la mala administración en la actuación de las instituciones y órganos comunitarios. El Defensor del Pueblo conoce de los presuntos casos de mala administración fundamentalmente a través de las reclamaciones presentadas por los ciudadanos europeos. El Defensor del Pueblo tiene asimismo la posibilidad de llevar a cabo investigaciones de oficio".

[235] Yeng-Seng, Wanda, "Le Médiateur européen, artisan du développement du droit à une bonne administration communautaire", en *ob. cit.*, p. 529.

[236] En el apartado 4 de ese mismo artículo 195 queda precisado que "El Parlamento Europeo fijará el Estatuto y las condiciones generales de ejercicio de las funciones del Defensor del Pueblo, previo dictamen de la Comisión y con la aprobación del Consejo, por mayoría cualificada.".

[237] Según daba cuenta Tomás Mallén: "(…) en su primer *Informe anual (1995)*, el Ombudsman europeo –ese primer Informe se refiere únicamente a las actividades realizadas en el último trimestre del año dado que aquél comenzó oficialmente sus funciones el 27 de septiembre de 1995– ofrecía una *explicación* –que no definición– de la noción de mala administración: *«Es evidente que podremos hablar de mala administración si una institución u órgano comunitario incumple los Tratados y los actos comunitarios vinculantes o si no respeta las regulaciones y principios de derecho establecidos por el Tribunal de Justicia y el Tribunal de Primera Instancia»*. Asimismo, aportaba una lista no exhaustiva de prácticas de mala administración encabezada por el no respeto de los derechos fundamentales y en la que incluía los casos de mal funcionamiento o incompetencia, las demoras injustificadas y la falta de información o negativa a facilitar información, entre otras (apdo. I.3.2). Y aunque la referida explicación fue aceptada por el Parlamento Europeo en su Resolución sobre el Informe anual de actividades 1995 del Ombudsman europeo, no tardaría en ser considerada insuficiente". Ver: Tomás Mallén, Beatriz, *El derecho fundamental a una buena administración*, Instituto Nacional de Administración Pública, Madrid, 2004, p. 70.

Como se precisaba en el *Informe Anual 1997* del Defensor del Pueblo Europeo (Jacob SÖDERMAN), en la Resolución sobre el Informe anual del Defensor del Pueblo de 1996, el Parlamento Europeo alentaba al Defensor del Pueblo a que hiciera pleno uso de las competencias que le conferían los Tratados para tratar los casos de *mala administración* en la actuación de las instituciones u órganos comunitarios; tal Resolución también hacía referencia en este contexto a la necesidad de una definición clara del concepto de *mala administración*. Como puede entenderse, había allí un requerimiento oficial del Parlamento Europeo, para que se hiciera un pronunciamiento donde se conceptualizara la *mala administración* a propósito de la actuación del Defensor del Pueblo Europeo.

En ese *propio Informe Anual* de 1997, se recordaba:

"En el Informe anual del Defensor del Pueblo correspondiente a 1995, se explicaba la noción de mala administración del modo siguiente:

*Es evidente que podremos hablar de mala administración si una institución u órgano comunitario incumple los Tratados y los actos comunitarios vinculantes o si no respeta las regulaciones y principios de derecho establecidos por el Tribunal de Justicia y el Tribunal de Primera Instancia.*

*Por ejemplo, el Defensor del Pueblo europeo ha de tener en cuenta la exigencia contemplada en el artículo F del Tratado de la Unión Europea por el cual las instituciones y órganos comunitarios han de respetar los derechos fundamentales.*

*La mala administración engloba otras muchas prácticas como, por ejemplo:*

* *irregularidades administrativas*

* *omisiones administrativas*

* *abusos de autoridad*

* *negligencias*

* *procedimientos ilícitos*

* *agravios comparativos*

* *casos de mal funcionamiento o incompetencia*

* *discriminaciones*

* *demoras injustificadas*

* *falta de información o negativa a facilitar información.*

*Esta lista no pretende ser exhaustiva. La experiencia de los Defensores del Pueblo nacionales demuestra que es mejor no intentar definir de manera rígida lo que puede constituir mala administración. En efecto, el carácter abierto de este concepto es uno de los elementos que distingue la función del Defensor del Pueblo de la de un juez.*

*No obstante, hay límites a la hora de definir la mala administración. Todas las reclamaciones relativas a decisiones de carácter más político que administrativo son consideradas inadmisibles, como, por ejemplo, las reclamaciones relativas a la labor política del Parlamento Europeo o de sus órganos, como decisiones de la Comisión de Peticiones. Tampoco corresponde al Defensor del Pueblo examinar las cualidades de actos legislativos de las Comunidades como reglamentos y directivas."*

Aceptada esa explicación por el Parlamento Europeo, y a partir de ella, se pasó a la búsqueda de una definición de *mala administración,*[238] sobre la base, además, de una pesquisa, con los defensores del pueblo correspondientes, en relación con el sentido que se le otorgaba a la idea de *mala administración* en los Estados miembros del espacio común europeo. Tomando en consideración todo eso, en el *Informe Anual 1997* del Defensor del Pueblo Europeo (Jacob SÖDERMAN), se plasmó la siguiente definición:

"Se produce mala administración cuando un organismo público no obra de conformidad con las normas o principios a los que ha de atenerse obligatoriamente."[239]

En el año 2000, el día 7 de diciembre, se adopta la *Carta de los Derechos Fundamentales de la Unión Europea,* conocida también como Carta de Niza. Un importante instrumento jurídico en función de la integración europea, y del reconocimiento y protección de derechos fundamentales de las personas en ese perímetro.[240] Como tal instrumento, la Carta de Niza vino a constituir un paso de avance en aquella dirección, dentro de un largo y gradual proceso al respecto, que se ha venido sustanciando desde la etapa posterior a la II Guerra Mundial.[241]

---

[238]   Explicaba Tomás Mallén que "(…) la Resolución del Parlamento Europeo sobre el referido Informe vino a señalar la necesidad de disponer de una *definición* clara del término «mala administración» que completara la explicación ofrecida hasta aquel momento, algo totalmente comprensible si se piensa que su presunta existencia constituye el elemento básico para que pueda presentarse una reclamación". Ver: Tomás Mallén, Beatriz, *El derecho fundamental a una buena administración,* Instituto Nacional de Administración Pública, Madrid, 2004, pp. 70 y 71.

[239]   Importante es que se vean los trabajos de Söderman, Jacob: "El derecho fundamental a la buena administración", en *Gaceta Jurídica de la Unión Europea y de la competencia,* N° 214, 2001, pp. 8 y ss.; y "A thousand and one complaits: the European Ombusman *en Route*", en el volumen 3 de *European Public Law.*

[240]   Para Javier García Roca: "La Carta refuerza el larguísimo proceso de *«recepción» de las disposiciones del CEDH y de la jurisprudencia* de Estrasburgo. Sabido es que la ausencia de los derechos fundamentales fue una deliberada laguna de los Tratados originarios al venir redactados desde la óptica del funcionalismo y del mercado común. Y F. Rubio (II) y Pizzorusso aciertan cuando señalan que la creación pretoriana por el TJ de los derechos fundamentales como principios jurídicos fue una imaginativa solución, encaminada a salvaguardar la primacía del Derecho Comunitario más que a preservar los derechos individuales. (…).". Ver: García Roca, Javier, "Originario y derivado en el contenido de la Carta de los Derecho Fundamentales de la Unión Europea: los test de constitucionalidad y convencionalidad", en *Revista de Estudios Políticos,* (Nueva Época), N° 119, *Número monográfico sobre la reforma de la Unión Europea ante la cita de 2004,* Enero-Marzo, 2003, Centro de Estudios Políticos y Constitucionales, Madrid, pp. 172 y 173.

[241]   Según se ha valorado: "*Esta Carta es el fruto de una enorme preocupación de la Unión europea en profundizar sobre cuestiones políticas, sociales y culturales. Por primera vez en el elenco normativo comunitario, pues con anterioridad aparecían reconocidos en muy diversos instrumentos jurídicos, se recogen en un texto único y sistemático el conjunto de derechos civiles, políticos, económicos y sociales de los ciudadanos europeos y de todas las personas que viven en el territorio comunitario. La Carta de los Derechos Fundamentales de la Unión Europea consta de un preámbulo y de 54 artículos que enumeran los derechos fundamentales divididos en seis capítulos que a su vez suponen seis grandes principios: la dignidad humana, las libertades fundamentales, la igualdad entre las personas, la solidaridad, la ciudadanía, y la justicia.*". Ávila Rodríguez, Carmen María, "El derecho ciudadano a una buena administración", en Gutiérrez, Francisco (Director), *El derecho de la ciudadanía a una buena administración. La Administración Electrónica,* Oficina del Defensor del Ciudadano/a, Centro de Publicaciones, málaga.es diputación, Málaga, 2009, pp. 32 y 33.

Una de las novedades fundamentales de este documento, era que elevaba a la *buena administración* a la condición de *derecho fundamental*, en el marco del conjunto de derechos fundamentales que reconocía para la ciudadanía europea. En aseveración de Siegfried MAGIERA:

"Con el artículo 41 de la Carta de los Derecho Fundamentales se normalizó por primera vez a nivel europeo un amplio "derecho a una buena administración". (…).".[242]

De tal suerte, el *derecho a una buena administración* era consagrado en el artículo 41 de ese documento de la siguiente manera:

"1. Toda persona tiene derecho a que las instituciones y órganos de la Unión traten sus asuntos imparcial y equitativamente y dentro de un plazo razonable.

2. Este derecho incluye en particular:

- el derecho de toda persona a ser oída antes de que se tome en contra suya una medida individual que le afecte desfavorablemente,

- el derecho de toda persona a acceder al expediente que le afecte, dentro del respeto de los intereses legítimos de la confidencialidad y del secreto profesional y comercial,

- la obligación que incumbe a la administración de motivar sus decisiones.

3. Toda persona tiene derecho a la reparación por la Comunidad de los daños causados por sus instituciones o sus agentes en el ejercicio de sus funciones, de conformidad con los principios generales comunes a los Derechos de los Estados miembros.

4. Toda persona podrá dirigirse a las instituciones de la Unión en una de las lenguas de los Tratados y deberá recibir una contestación en esa misma lengua.".

Sigue luego un artículo 42, relativo al derecho de acceso a los documentos, estrechamente vinculado con el 41, y en el que se expresa:

"Todo ciudadano de la Unión o toda persona física o jurídica que resida o tenga su domicilio social en un Estado miembro tiene derecho a acceder a los documentos del Parlamento Europeo, del Consejo y de la Comisión."

Por su parte, el artículo 43 de esa misma Carta, a propósito del Defensor del Pueblo, acogía:

"Todo ciudadano de la Unión o toda persona física o jurídica que resida o tenga su domicilio social en un Estado miembro tiene derecho a someter al Defensor del Pueblo de la Unión los casos de mala administración en la acción de las instituciones u órganos comunitarios, con exclusión del Tribunal de Justicia y del Tribunal de Primera Instancia en el ejercicio de sus funciones jurisdiccionales."

---

[242] Magiera, Siegfried, en Meyer, Jürgen (Ed.), *Charta der Grundrechte der Europäischen Union*, NomosKomentar, Baden-Baden, 3, 2011, p. 519. De igual modo hubo de decir Yeng-Seng que *"(...) la Charte des droits fondamentaux de l'Union européenne élève pour la première fois en son article 41 le droit à une bonne administration au rang de droit fondamental réservé aux citoyens de l'Union, (...)"*; ver: Yeng-Seng, Wanda, "Le Médiateur européen, artisan du développement du droit à une bonne administration communautaire", en *ob. cit.*, p. 529. Para Beatriz Tomás Mallén, la *buena administracion* aparece en el artículo 41 de la Carta de Niza como un derecho "«de nuevo cuño» en cuanto a su formulación autónoma por primera vez en un catálogo de derechos"; ver: Tomás Mallén, Beatriz, *El derecho fundamental a una buena administración*, Instituto Nacional de Administración Pública, Madrid, 2004, pp. 41 y 42.

No es hasta el Tratado de Lisboa por el que se modifican el Tratado de la Unión Europea y el Tratado constitutivo de la Comunidad Europea, de 13 de diciembre de 2007, y su entrada en vigor en 2009, que se respalda el valor jurídico de la *Carta de los Derechos Fundamentales de la Unión Europea*,[243] en tanto allí se disponía, por el artículo 6, apartado 1, que

"1. La Unión reconoce los derechos, libertades y principios enunciados en la Carta de los Derechos Fundamentales de la Unión Europea de 7 de diciembre de 2000, tal como fue adaptada el 12 de diciembre de 2007 en Estrasburgo, la cual tendrá el mismo valor jurídico que los Tratados.

Las disposiciones de la Carta no ampliarán en modo alguno las competencias de la Unión tal como se definen en los Tratados.

Los derechos, libertades y principios enunciados en la Carta se interpretarán con arreglo a las disposiciones generales del título VII de la Carta por las que se rige su interpretación y aplicación y teniendo debidamente en cuenta las explicaciones a que se hace referencia en la Carta, que indican las fuentes de dichas disposiciones.".

Ya antes de la Carta de Niza, en el propio marco comunitario europeo, se venían dando ciertos pasos en pos de concretar en un instrumento jurídico la significación jurídica de la buena administración, entendiendo que la noción iba cobrando mayores espacios de operatividad como principio de rector de actuaciones administrativas. Desde 1998, se va moviendo el espacio común europeo la pretensión de hacer un *Código de Buena Conducta Administrativa*,[244] y, finalmente, en 2001 el Parla-

---

[243] Como observara Francisco Javier Sanz Larruga, a la Carta de los Derechos Fundamentales de la Unión Europea le acompañó la ambigüedad en su valor jurídico, al no haber sido incluida en los tratados y al no haber contemplado un sistema específico de garantías, aunque ha sido utilizada profusamente en la actividad de la Comisión y en la jurisprudencia. Y agregaba este profesor que tras el Tratado de Lisboa de 2007, si bien la Carta sigue sin incorporarse al mismo (TUE), se incorpora por vía de referencia de acuerdo con el artículo 6, apartado 1, donde se afirma que la Carta –en su versión definitiva de noviembre de 2007– tendrá el mismo valor jurídico que los tratados. Sanz Larruga, Francisco Javier, "El ordenamiento europeo, el derecho administrativo español y el derecho a la buena administración", en Arancibia Mattar, J. y Martínez Estay, J. I. (Coordinadores), *La primacía de la persona. Estudios en homenaje al profesor Eduardo Soto Kloss*, Universidad de Los Andes, Legal Publishing, Abelado Perrot, Santiago de Chile, 2009, este artículo ha sido publicado también en *Anuario da Facultade de Dereito da Universidade Da Coruña*, N° 12, 2009, Facultade de Dereito da Universidade Da Coruña, Da Coruña, pp. 729 y ss. (por la publicación en el *Anuario...* es que lo citaremos en este trabajo).

[244] Según se ha recordado: "La idea de un Código similar había sido propuesta en 1998 por el parlamentario europeo, Sr. Roy Perry. El Defensor del Pueblo Europeo redactó un proyecto de texto, siguiendo una investigación de oficio que tenía por objeto determinar si los órganos e instituciones de la Comunidad contaban con un código de buena conducta administrativa en las relaciones de los funcionarios con el público, y si dicho código era accesible al público. Un año después, el Defensor del Pueblo Europeo dirigió el proyecto de recomendación a la Comisión, al Parlamento, al Consejo y a otras instituciones, órganos y agencias descentralizadas de la Administración europea. A este proyecto adjuntó un código de buena conducta administrativa elaborado por su Secretaría que contenía en una lista de 28 artículos las disposiciones relativas tanto a los principios sustanciales y de procedimiento como al buen funcionamiento de la Administración. El Defensor del Pueblo declaró que las instituciones y órganos podrían utilizar este proyecto de código como guía para redactar sus propios códigos." A lo que se ha añadido: "En abril de 2000, después de analizar a fondo las opiniones recibidas de las distintas instituciones y órganos sobre su proyecto de recomendación, el Defensor del Pueblo presentó un informe especial al Parlamento Europeo formulando la siguiente recomendación: *Con el objeto de llegar a establecer unas*

mento Europeo adopta, por la Resolución de 6 de septiembre, el *Código Europeo de Buena Conducta Administrativa* para regir a nivel de organismos e instituciones comunitarios, contentivo, según su propia letra (artículo 3) de una serie de "principios generales de buena conducta administrativa aplicables a todas las relaciones de las Instituciones y sus administraciones con el público".[245]

Como mencionaba Joana MENDES:

> *"À l'origine, le code avait trois objectifs principaux. Il visait à formaliser les règles et principes en vertu desquels le Médiateur était en mesure d'évaluer les cas de mauvaise administration, à fournir un guide pour les institutions de la Communauté et les agences concernant leurs rapports avec le public, et à informer les citoyens « de leurs droits ainsi que des normes de gestion administrative au respect desquelles ils pourraient s'attendre». (…)."[246]*

El *Código Europeo de Buena Conducta Administrativa* ha devenido en elemento necesario en la actividad que desempeña el Defensor del Pueblo Europeo[247] en su función de control sobre la actuación de las instituciones comunitarias, en tanto le sirve para el examen y la determinación de la mala administración; es también un instrumento para que el funcionariado de las instituciones comunitarias tenga una guía en su actuación, buscando una mejor gestión administrativa; y es, además, un medio de divulgación y concreción, hacia el universo institucional al que se dirige, pero igualmente hacia la ciudadanía, de lo que significa el *derecho a una buena administración*, así como de parámetros a los que debe ajustarse el funcionamiento administrativo de las instituciones de la Unión Europea, a los fines de su adecuada

---

*normas de buena conducta administrativa aplicables por igual a todas las instituciones y órganos comunitarios en sus relaciones con el público, el Defensor del Pueblo recomienda la promulgación de una normativa administrativa europea, aplicable a todas las instituciones y órganos comunitarios. Dicha normativa podría adoptar la forma de Reglamento*""; ver: Ávila Rodríguez, Carmen María, "El derecho ciudadano a una buena administración", *ob. cit.*, pp. 34 y 35.

[245] Tras la aprobación del Código, el Parlamento Europeo solicitó a la Comisión Europea que propusiera un reglamento en el que estuvieran incluidas las obligaciones contenidas en aquél. Se consideraba que un reglamento resaltaría el carácter vinculante de las reglas y principios en él contenidos, que se aplicarían, por otra parte, de manera uniforme y consistente por todas las instituciones y órganos de la UE, promoviendo así la transparencia. Ver: El Defensor del Pueblo, europeo, *Código Europeo de Buena Conducta Administrativa*, Oficina de Publicaciones Oficiales de las Comunidades Europeas, Luxemburgo, 2005, p. 9.

[246] Mendes, Joana, "La bonne administration en Droit Communautaire et le Code Européen de Bonne Conduite Administrative", *ob. cit.*, pp. 556 y 557. De acuerdo con el profesor portugués Mário Aroso de Almeida, este Código tenía el propósito de compilar las principales reglas y principios cuya infracción debe ser calificada como *mala administración*, a los efectos de habilitar a los eventuales interesados para la presentación de una queja frente al Defensor del Pueblo Europeo. Ver: Aroso de Almeida, Mário, "Princípio da legalidade e boa administração: dificuldades e desafios", en Aroso de Almeida, Mário, *Teoria Geral do Direito Administrativo: temas nucleares*, Edições Almedina, S.A., Coimbra, 2012, pp. 51 y 58.

[247] Ponce Solé hubo de calificar al Defensor del Pueblo Europeo como *"alma mater* de la aprobación por el Parlamento Europeo en 2001 del *Código Europeo de Buena Conducta Administrativa"*. Ponce Solé, Juli, "¿Adecuada protección judicial del derecho a una buena administración o invasión indebida de ámbitos constitucionalmente reservados al Gobierno? El traslado de la Comisión del Mercado de las Telecomunicaciones a Barcelona y las sentencias del Tribunal Supremo de 27 de noviembre de 2006", en *Revista de Administración Pública*, N° 173, Mayo-Agosto, 2007, Centro de estudios Políticos y Constitucionales, Madrid, pp.242 y 243.

consideración.[248] Como ha dicho NIKIFOROS DIAMANDOUROS (Defensor del Pueblo Europeo), sobre el Código Europeo de Buena Conducta Administrativa y el *derecho a una buena administración*:

"(…) El Código explica a los ciudadanos qué significa en la práctica este derecho y qué pueden esperar, en concreto, de la administración europea. (…).".[249]

Como es dable pensar, a partir del avance de la primera década del siglo XXI, el tema de la buena administración, ahora como derecho fundamental, fue *in crescendo* en el contexto europeo, donde se fue extendiendo su alcance tanto a nivel comunitario como de los Estados que integran la Unión, esta vez al ritmo de los avances que al efecto se iban mostrando en el plano comunitario.

Al respecto, vale destacar, como se ha hecho ya,[250] la *Recomendación relativa a una buena administración* adoptada por el Comité de Ministros del Consejo de Europa, el 20 de junio de 2007 –CM/Rec(2007)7–, y dirigida a los Estados miembros.[251] Según ha dado cuenta CARRILLO DONAIRE, allí se formulan una serie de recomendaciones y se recogen reglas de conducta administrativa generalmente asentadas en los distintos Estados miembros; y, a diferencia del Código Europeo de Buena Conducta Administrativa, esas recomendaciones y reglas fueron dirigidas a las Administraciones nacionales.[252]

---

[248] Explicaba Nikiforos Diamandouros que: "El Código Europeo de Buena Conducta Administrativa es un instrumento vital en la labor del Defensor del Pueblo. El Defensor del Pueblo utiliza el Código para examinar si existe o no mala administración, aplicando sus disposiciones para llevar a cabo su función de control. Al mismo tiempo el Código sirve de guía práctica y herramienta para funcionarios, fomentando los más elevados niveles de administración"; ver: Nikiforos Diamandouros, P., "Prefacio por el Defensor del Pueblo Europeo", en El Defensor del Pueblo Europeo, *Código Europeo de Buena Conducta Administrativa*, Oficina de Publicaciones Oficiales de las Comunidades Europeas, Luxemburgo, 2005, p. 4.

[249] Nikiforos Diamandouros, P., "Prefacio por el Defensor del Pueblo Europeo", *ob. cit.*, p. 5.

[250] *V. gr.*: Ponce Solé, Juli, "Procedimiento administrativo, globalización y buena administración", *ob. cit.*, pp. 105 y 106; Carrillo Donaire, Juan Antonio, "Buena administración, ¿un principio, un mandato o un derecho subjetivo?", *ob. cit.*, pp. 1149 y 1150; Reniutz Ursoiu, Naomi, "Good Administration Quo Vadis Legality or Efficiency?", en *Working Paper* 2011:5, Uppsala Faculty of Law, Uppsala Universitet, pp. 14 y ss.

[251] El respect se ha escrito: "*The Recommendation proceeds from the consideration that public authorities are active in numerous spheres and play a key role in a democratic society; that their activities affect private persons' rights and interests and that national legislation offers to people certain rights with regard to the administration. The Recommendation says that good administration "must meet the basic needs of society", but it does not define those needs. (…)*". Ver: Reniutz Ursoiu, Naomi, "Good Administration Quo Vadis Legality or Efficiency?", *ob. cit.*, pp. 14 y 15.

[252] Carrillo Donaire, Juan Antonio, "Buena administración, ¿un principio, un mandato o un derecho subjetivo?", *ob. cit.*, p. 1149. Para este autor (p. 1150): "En esta Recomendación, el Comité de Ministros formula tres recomendaciones concretas a los Gobiernos de los Estados miembros del Consejo de Europa. La primera es la de «promover la buena administración en el marco de los principios del Estado de Derecho y la democracia», declaración de significado más político que jurídico que solo se entiende por la peculiaridad del ideario de esta organización (unida a la una cierta «minoría de edad democrática» de alguno de los Estados miembros). La segunda recomendación consiste en la asunción de una serie de obligaciones y de objetivos en la línea de reformas organizativas y de la mejora de la eficiencia administrativa haciendo balance de los cos-

Si se mira el desenvolvimiento europeo en relación con lo que nos ocupa, no puede menos que advertirse que la sustanciación jurídica de la *buena administración*, tanto en su visión como *principio* o *deber*, cuanto en la más novedosa dimensión como derecho, ha venido de la mano de la doctrina de algunos países europeos, de la jurisprudencia y de documentos o instrumentos jurídicos comunitarios de ese espacio geográfico, donde han destacado instrumentos con carácter de *soft law*. En especial, en la sustanciación o desarrollo del *derecho fundamental a la buena administración*, además de la Carta de los Derechos Fundamentales de la Unión Europea, que vino a alcanzar valor vinculante con la entrada en vigor en 2009 del Tratado de Lisboa (artículo 6, apartado 1),[253] ha tenido especial significación el Código Europeo de Buena Conducta Administrativa, un instrumento con valor jurídico atenuado o *soft law*.[254]

A partir del contenido de este Código se ha dicho que contiene un "(…) posible embrión de futura codificación del procedimiento administrativo europeo (…)";[255] y se le ha catalogado como

"(…) la norma comunitaria que por antonomasia ayudó a desarrollar la buena administración como derecho de los ciudadanos europeos, (…)".[256]

De todas las referencias hasta aquí apuntadas en este acápite, bien podemos señalar que en ello destaca el hecho de que en el último lustro de la década de 1990 y la década siguiente, el tema de la buena administración, dentro del universo jurídico, entró definitivamente en otra fase de su evolución, teniendo hasta ahora como punto más importante, el alumbramiento de un *derecho fundamental a la buena administración*, por el artículo 41 de la Carta de los Derechos Fundamentales de la Unión Europea. De una consideración previa como *principio* o *regla*, o como *deber* –tal como hemos dejado señalizado en acápites anteriores–, en la Carta de Niza la *buena*

---

[253] tes y los objetivos seguidos. (…). La tercera es la adopción del Código articulado que acompaña la Recomendación. (…).".

Para Ávila Rodríguez, es a partir de la entrada en vigor del Tratado de Lisboa en 2009 –en tanto por él la Carta de Niza quedaba incorporada al Derecho primario–, cuando se puede "(…) afirmar que por primera vez se declara en un texto normativo europeo, con clara fuerza vinculante, el derecho a una buena administración como derecho fundamental, (…).". Ávila Rodríguez, Carmen María, "El Derecho a una buena Administración en el nuevo Estatuto de Autonomía para Andalucía: alcance y significado", en *Revista Andaluza de Administración Pública*, N° 75, Universidad de Sevilla, Instituto Andaluz de Administración Pública, Sevilla, Septiembre-Diciembre, 2009, p. 299.

[254] Sobre este Código ha dicho Ávila Rodríguez, que es "(…) se trata de un "acto comunitario atípico" y en lo que se refiere a sus efectos jurídicos, enmarcado en lo que se denomina *soft-law* del ordenamiento jurídico comunitario, se trata de un acto no vinculante jurídicamente que tiene por objeto la fijación de principios generales y programáticos de actuación de la Administración Comunitaria y que sin perjuicio de ello, pueden derivar en fundamento para posteriores actos de naturaleza jurídica.". Ávila Rodríguez, Carmen María, "El Derecho a una buena Administración en el nuevo Estatuto de Autonomía para Andalucía: alcance y significado", *ob. cit.*, 299. También en: Ávila Rodríguez, Carmen María, *La Tutela Parlamentaria de la buena Administración. Perspectiva Estatal y Autonómica de los Comisionados Parlamentarios*, Thomson Reuters, Editorial Aranzadi, S.A., Cizur Menor (Navarra), 2013, p. 172.

[255] Ponce Solé, Juli, "Procedimiento administrativo, globalización y buena administración", *ob. cit.*, p. 109.

[256] Guevara Quintanilla, Miguel Antonio, *El derecho a la buena administración, ob. cit.*, p. 76.

*administración* da un salto cualitativo para moldearse como un *derecho fundamental* (en ese caso de los ciudadanos de la Unión Europea, frente al aparato institucional comunitario europeo),[257] algo inédito hasta ese momento en el panorama jurídico, no solo de Europa, sino también a nivel global.

Esa novedad del trazado de un *derecho fundamental a la buena administración* con la Carta de Niza, ha sido suficientemente puesta de relieve ya, desde temprano, por los estudiosos del tema, al punto que Jacob SÖDERMAN, entonces Defensor del Pueblo Europeo, le calificó como "una novedad absoluta en todo el mundo".[258]

En afirmación de Jesús Ángel FUENTETAJA PASTOR:

> "Una de las novedades aparentemente menos trascendentales de la Carta de Derechos Fundamentales de la Unión Europea es la irrupción del derecho a la buena administración en su artículo 41. Tradicionalmente se conocía, en el ámbito jurisprudencial, el principio de buena administración, pero los Tribunales Europeos nunca se habrían arriesgado a la mutación del mismo en derecho subjetivo de los ciudadanos. Este salto cualitativo –no exento de artificiosidad– sólo lo podía llevar a cabo el Legislador o el «constituyente» europeo, recogiendo ese acervo jurisprudencial pero evolucionándolo en una proclamación innovadora (…).".[259]

Dentro de todo se panorama, debe llamarse la atención sobre el hecho de que lo que realmente resulta novedoso a partir de la incorporación por el artículo 41 de la Carta de los Derechos Fundamentales de la Unión Europea, del *derecho fundamental a la buena administración*, es precisamente esa definición formal como *derecho fundamental* y la catalogación bajo esa denominación genérica de un elenco de derechos de las personas (ciudadanos o administrados) frente a la Administración (comunitaria).[260]

---

[257] Sobre los artículos 41 y 42 de la Carta de los Derechos Fundamentales de la Unión Europea, llegaba a expresar Beatriz Tomás Mallén una década atrás: "Ambas disposiciones trazan un *canon europeo* nada desdeñable que está llamado a proyectar (y de hecho ya proyectan, en virtud de la aplicación de ese canon que en la práctica están llevando a cabo los órganos jurisdiccionales españoles – sobre todo los del orden contencioso-administrativo, como se verá a lo largo del trabajo– ) una notable influencia en la reforma administrativa de la Administración General del Estado o, si se prefiere, en los modos de actuar de nuestra maquinaria administrativa.". Tomás Mallén, Beatriz, *El derecho fundamental a una buena administración, ob. cit.*, p. 28.

[258] Citado por Aroso de Almeida, Mário, "Princípio da legalidade e boa administração: dificuldades e desafios", *ob. cit.*, pp. 51 y 58.

[259] Fuentetaja Pastor, Jesús Ángel, "El derecho a la buena administración en la Carta de Derechos Fundamentales de la Unión Europea", en *Revista de Derecho de la Unión Europea*, N° 15, 2do semestre, Madrid, 2008, p. 137.

[260] Provechoso aquí puede ser traer a colación la opinión de García Roca cuando razonaba a propósito de la Carta de los Derechos Fundamentales de la Unión Europea: "(…) se reconocen algunos derechos nuevos. En este contexto, «nuevo» implica «derechos nuevos», pero también nuevos «contenidos implícitos» o desgajados de derechos viejos y explícitos (…), dada la dificultad de deslindar ambas cosas y su irrelevancia práctica. Para alcanzar esta conclusión, no basta con una lectura apresurada, porque los descriptores de los artículos son imprecisos, inducen a confusión o no recogen todos los contenidos; es menester descender a las diversas reglas contenidas en las disposiciones. La Carta no es sólo un «texto refundido», hay una recopilación de normas vigentes (Pace), aunque lo sea básicamente, hay también innovaciones como por otra parte ocurre en cualquier texto refundido (…). Incluso donde la Carta recopila no se copia literalmente, y las disposiciones no resultan a veces idénticas a efectos de su exégesis. Llevará un tiempo de experiencias jurídicas saber qué es realmente nuevo, porque los derechos son siempre un *case law*, y

Según escribiera Beatriz TOMÁS MALLÉN:

"Desde el punto de vista jurídico, ¿qué alcance reviste la calificación del derecho fundamental a la buena administración como «nuevo derecho»? Sin duda, no se trata de un derecho *creado* formando parte de la última «generación» de derechos o derechos de la era tecnológica o industrial (es el caso de otros consignados asimismo en la propia Carta, como la protección de la integridad de la persona ante los avances de la medicina y la biología o la protección de datos de carácter personal), pero sí de un derecho «de nuevo cuño» en cuanto a su formulación autónoma por primera vez en un catálogo de derechos; una formulación autónoma que dota de unidad a diversos derechos reconocidos de manera dispersa en el orden nacional (las referencias dispersas que se han introducido en el apartado anterior con relación a la Constitución española así lo ponen de manifiesto) y en el orden comunitario (tanto en el Derecho originario como en el derivado, así como en la jurisprudencia comunitaria y en la acción de organismos comunitarios como el Defensor del Pueblo europeo…)."[261]

En el sentir de TORNOS MAS:

"Como nuevo derecho, a nuestro entender, su novedad radica en el hecho de que logra integrar bajo un nuevo concepto un conjunto de subderechos ya existentes."[262]

En el comentario de AZOULAI, la novedad del artículo 41 consiste en elevar la *buena administración* a categoría general bajo la que puede ser subsumidos un conjunto de derechos subjetivos pretendiendo limitar las conductas administrativas arbitrarias en la Union Europea.[263]

Sin embargo, como bien se han encargado de apuntar también los estudiosos, en verdad, el contenido mismo del *derecho fundamental a la buena administración* no resulta innovador. De ahí que pudiera decir el francés Pierre DELVOLVÉ que

"(…) el derecho a una buena administración es nuevo en su formulación, pero no lo es en su existencia".[264]

---

la riqueza de los hechos se integran en las normas y las transforman. Las normas reconocedoras de derechos tardan décadas en construirse no basta con la decisión inicial. (…).". Ver: García Roca, Javier, "Originario y derivado en el contenido de la Carta de los Derecho Fundamentales de la Unión Europea…", *ob. cit.*, p. 177.

[261] Tomás Mallén, Beatriz, *El derecho fundamental a una buena administración, ob. cit.*, pp. 41 y 42. Más adelante (p. 45) la autora observaba: "(…) conviene reiterar que los «subderechos» o facultades comprendidos en ese derecho a una buena administración ya estaban en parte consagrados en el Derecho comunitario (originario y derivado) y en la jurisprudencia comunitaria. Sin embargo, esa consagración autónoma tiene el interés de dotar de unidad a una serie de derechos de que goza el ciudadano como administrado ante las instituciones y órganos de la Unión Europea, y ante las instituciones y órganos nacionales cuando –como veremos– actúen incorporando o cumpliendo las exigencias comunitarias. (…).".

[262] Tornos Mas, Joaquín, *El derecho a una buena administración, ob. cit.*, p. 15.

[263] Azoulai, L., "Le principe de bonne administration", *ob. cit.*, p. 493 y ss.

[264] Delvolvé, Pierre, "Le droit à une bonne administration", disponible en www.iias.sinica.edu.tw/cht/index.php., p. 283. Según reafirma Margrét Vala Kristjánsdóttir: "*Apart from providing, to some degree, an authoritative definition of the right to good administration, Article 41 of the Charter is not really an innovation. Neither the aim nor the substance of the principle of good administration is new to administrative law. The innovative value of Article 41 consists, amongst other things, in its declaration of good administration as a subjective right (…).*"; ver: Kristjánsdóttir, Margrét Vala, "Good Administration as a Fundamental Right", en *Icelandic Re-*

El ya mencionado profesor TORNOS MAS ha observado que, si se pone en conexión este conjunto de derechos con el ordenamiento español, se puede llegar a la conclusión de que no se aporta nada nuevo (a excepción del pluralismo lingüístico dentro de la Unión Europea).[265]

En este mismo orden de ideas, FUENTETAJA PASTOR ha consignado:

> "En realidad, no hay nada nuevo bajo el sol europeo, pues la Carta se dedica aquí a reunir bajo el paraguas del nuevo derecho a la buena administración una variedad de derechos instrumentales o procedimentales reconocidos y perfilados por la jurisprudencia de los Tribunales europeos o, incluso, por los Tratados constitutivos (caso de la obligación de motivación)."[266]

En efecto, apreciar hoy la consagración formal de un *derecho fundamental a la buena administración*, tal como resulta del artículo 41 de la Carta de Niza, en el que por demás no se precisa el concepto mismo de *buena administración*, no puede conducirnos sino a entender lo allí reflejado como una fórmula genérica, con especiales connotaciones, que sirve de solución compendiadora, de compactación, condensación o resumen, desde el punto de vista formal, en tanto que no hace sino sintetizar o resumir, expresiva y genéricamente, pero sin agotar, la referencia a un grupo diverso de derechos de los ciudadanos o administrados frente al funcionamiento administrativo,[267] que se han ido decantado y delineando en el desarrollo de los ordenamientos jurídicos de Europa occidental (especialmente) en los últimos dos siglos, ya sea en el plano de sus ordenamientos nacionales europeos, ya en el comunitario.[268] En la

---

[265] view of Politics and Administration, Vol. 9, Issue 1, article first published online June 26th 2013 on http://www.irpa.is, Publisher: Institute of Public Administration and Politics, Gimli, Sæmundargötu 1, 101 Reykjavík, Iceland, p. 241.

[265] Tornos Mas, Joaquín, *El derecho a una buena administración, ob. cit.*, p. 15.

[266] Fuentetaja Pastor, Jesús Ángel, "El derecho a la buena administración en la Carta de Derechos Fundamentales de la Unión Europea", *ob. cit.*, p. 144. En palabras de Carrillo Donaire: "(...) la regulación que la Carta hace del derecho a la buena administración es poco innovadora, pues muchas de sus manifestaciones tienen (...) expreso reconocimiento en los Tratados y otras han sido deducidas hace tiempo por la jurisprudencia. (...).": ver: Carrillo Donaire, Juan Antonio, "Buena administración, ¿un principio, un mandato o un derecho subjetivo?", *ob. cit.*, p. 1145. Según Rodríguez-Arana Muñoz: "El artículo 41 de la Carta constituye un precipitado de diferentes derechos ciudadanos que a lo largo del tiempo y a lo largo de los diferentes Ordenamientos han caracterizado la posición central que hoy tiene la ciudadanía en todo lo que se refiere al Derecho Administrativo"; ver: Rodríguez-Arana Muñoz, Jaime, "El derecho a la buena administración en las relaciones entre ciudadanos y administración pública", *ob. cit.*, p. 132; igualmente Rodríguez-Arana Muñoz, Jaime, "El derecho fundamental a la buena administración y centralidad del ciudadano en el Derecho Administrativo", *ob. cit.*, p. 245.

[267] Como se ha acotado por Siegfried Magiera, a tenor del aludido artículo 41 de la Carta de Niza, "(...) el "derecho a una buena administración" no se agota en el resumen de los derechos que se enumeran en esta disposición. (...).". Magiera, Siegfried, en Meyer, Jürgen (Ed.), *ob.cit.*, p. 520. Por su lado, ha señalado Margrét Vala Kristjánsdóttir que "(...) *the right to good administration is set out in Article 41 of the EU Charter of Fundamental Rights does not give a full picture of its content. In fact it has been considered to be a 'compilation, albeit incomplete, of separate rights developed by the Court and, in addition, a formulation of a general right to good administration' (Kanska 2004, 305). (...).*"; ver: Kristjánsdóttir, Margrét Vala, "Good Administration as a Fundamental Right", *ob. cit.*, p. 241.

[268] El profesor italiano Lucio Pegoraro, se refería de la siguiente manera al *derecho a la buena administración*: "En este caso que nos ocupa, el proceso ha sido previamente *bottom-up*, con progresivas individualizaciones doctrinales, jurisprudenciales y legislativas de precisas situaciones

percepción de YENG-SENG, en ese artículo 41 "(...) *se cantonne néanmoins à une énumération non exhaustive des éléments intrinsèques du droit à une bonne administration.*"[269]

Así, el *derecho fundamental a la buena administración*, según lo acoge la Carta de Niza, es una suerte de espacio general de contenido plural, por el que se cobija o donde vienen a recalar una serie de derechos específicos del ciudadano (administrado, en general) frente al actuar de la Administración Pública (en el caso particular de ese instrumento jurídico, la Administración comunitaria europea).[270]

Por el tanto, el *derecho fundamental a la buena administración*, tal como se deriva del contexto de la Unión Europea que hemos ilustrado, no es sino una etiqueta parcialmente novedosa (en lo que tiene de *derecho fundamental*) para señalar de modo genérico una realidad ya asentada y distinguida con anterioridad, integrada por ele-

---

jurídicas y de acciones, y sucesiva codificación en la parte alta de la escala jerárquica, bajo el paraguas de una *rubrica legis* omnicomprensiva («derecho a una buena administración»)". Y seguidamente comentaba: "Esto no significa que la codificación no sea a su vez susceptible de expansión a ulteriores situaciones. Una vez esté en el ordenamiento, la fórmula asume su autonomía semántica (aunque jamás separada de sus diversos usos lingüísticos, que sin embargo cambian), y jurídica. Más allá de las aclaraciones y de las especificaciones operadas por el poder normativo, doctrina y jurisprudencia podrán extenderse por analogía, o también utilizando la matriz del principio, tal derecho a nuevas especies todavía no identificadas ni ejemplificadas para "cubrir", dada su acepción semántica muy extensa, "cosas" que van más allá del mero respeto de las formas del Estado de derecho, y permitir una evolución rumbo a la ampliación de los conceptos subyacentes, y la configuración de nuevas situaciones protegidas. Se trata, en otras palabras y como para otros casos, de una fórmula elástica que hace propias las adquisiciones jurisprudenciales y normativas ya positivizadas, relativas a concretas manifestaciones de intereses ya tutelados, identifica un mínimo común denominador homogéneo, y en el marco de otras fórmulas generales ya positivizadas (Estado de derecho, principio de legalidad etc.) configura la inspiración común como autónomo "derecho" merecedor de reconocimiento en sí mismo; de tal modo, gracias a la circulación entre los varios niveles (derecho europeo, con eficacia directa, pero también derecho comparado, con eficacia "cultural", y derechos "locales", de dudosa eficacia directa general a nivel estatal), la configuración de la "buena administración" como derecho debería ser capaz, una vez realizada su admisión en el derecho positivo, de dar impulso a tutelas más amplias del ciudadano (y de las personas en general) en relación con la administración pública.".
Ver: Pegoraro, Lucio, "¿Existe un derecho a una buena administración? (Algunas consideraciones sobre el (ab)uso de la palabra "derecho")", Matilla Correa, Andry/ Prado Maillard, José Luis y Rodríguez Lozano, Luis Gerardo (Coordinadores), *Ensayos de Derecho Público en conmemoración del sesquicentenario del natalicio de León Duguit*, Lazcano Garza Editores, Monterrey, Nuevo León (México), 2011, pp. 591 y 592. Este trabajo de Pegoraro constituyó el texto de la ponencia desarrollada por su autor en las «Jornadas internacionales sobre el derecho a la buena administración y la ética pública», celebradas en Málaga (España), los días 21 y 22 de enero de 2010. Dicho texto se público previamente en Ávila Rodríguez, C. M., y Gutiérrez Rodríguez, F. (Coordinadores), *El derecho a una buena administración y la ética pública*, Fundación General de la Universidad de Málaga, Tirant lo Blanch, Valencia, 2011. Por incorporación en *Ensayos de Derecho Público en conmemoración del sesquicentenario del natalicio de León Duguit*, es que lo citaremos aquí.

[269] Yeng-Seng, Wanda, "Le Médiateur européen, artisan du développement du droit à une bonne administration communautaire", *ob. cit.*, p. 530.

[270] Anotaba Carmen María Ávila Rodríguez que a la vista de la Carta de los Derechos Fundamentales de la Unión Europea y del Código Europeo de Buena Conducta Administrativa el derecho a la buena administración se concibe como un derecho que engloba unos subderechos inspirados por unos principios y valores. Ávila Rodríguez, Carmen María, "El Derecho a una buena Administración en el nuevo Estatuto de Autonomía para Andalucía: alcance y significado", *ob. cit.*, p. 295.

mentos diversos y operativos en su individualidad (los derechos en concreto que contiene, según se dispone en la propia Carta de Niza); y que, como etiqueta, permite mirar a la realidad material que abarca, desde un nuevo enfoque jurídicamente trascedente, resultante de un contexto jurídico donde se potencia la protección de los derechos de los ciudadanos frente al aparato de poder público, en sus diversas manifestaciones organizadas y funcionales[271].

---

[271] En la apreciación de Carrillo Donaire, a propósito de las manifestaciones que se recogen en la Carta de Niza del derecho a la buena administración: "(…) es verdad que la Carta hace más visible estos derechos, les proporciona una base ideológica y los imbrica en un contexto y con una visión de conjunto que representa una manera de hacer las cosas. Ciertamente, acaso la verdadera innovación de la Carta es haber amparado bajo el mismo techo, bajo la misma cobertura legal, un conjunto disperso de derechos y deberes de diversa procedencia y plasmación que adquieren desde esa atalaya del «derecho fundamental a una buena administración» una significación más profunda y distinta, ligada a lo que legítimamente puede esperar un ciudadano europeo cuando trata con el poder público"; ver: Carrillo Donaire, Juan Antonio, "Buena administración, ¿un principio, un mandato o un derecho subjetivo?", *ob. cit.*, p. 1145.

# DERECHO A UNA BUENA ADMINISTRACIÓN EN CHILE

*CLAUDIO MORAGA KLENNER**

## I. UN ACERCAMIENTO

El "derecho a una Buena Administración" no es una realidad positiva, ya que no está consagrado en esos términos por el ordenamiento jurídico chileno. Tampoco la jurisprudencia o la doctrina se han detenido a estudiarlo en profundidad, no obstante que representa un valor jurídico que pueden titularizar las personas individualmente consideradas y que refleja, por transitividad, una obligación o deber especial en la Administración para con las formas y la sustancia administrativas. La otra expresión –"Buena Administración" Madrid–, por su parte, se la utiliza frecuentemente para expresar distintas ideas, que van desde la Administración que se preocupa de mejorar la calidad de sus prestaciones (administración de calidad); o la Administración que es controlada jurisdiccionalmente[1] (administración controlada); pasando por la Administración preocupada de que sus decisiones no tan solo sean *legales* sino que también *legítimas* (administración orientada a la aceptación de la ciudadanía); o por la Administración que sirve al pueblo de manera eficiente, económica y con justicia[2] (administración racional y justa).En cualquier caso, se trata de un concepto que engloba la idea de mejoramiento del contenido de la propia actividad de gobierno y administración[3] a partir del deber que tiene la Administración de conocer y actuar sobre una realidad social, política, económica y jurídica que le es dada. Por lo mismo, cuando se piensa en un modelo ideal de "Buena Administración" es frecuente considerar que se trata de aquella, cuyas actuaciones y decisiones no tan sólo son legales, sino

---

*  Profesor asociado de Derecho Administrativo, Facultad de Derecho-Universidad de Chile.

[1]  Maurice Hauriou reconocía que la buena Administración es aquélla que está interesada en que sus decisiones antijurídicas puedan ser anuladas o dejadas sin efecto. Citado por García De Enterria, Eduardo, y Fernández, Tomás-Ramón, *Curso de Derecho Administrativo,* 6ᵗᵃ· Edición, t. II, España, 1999, p. 41.

[2]  Gladys Camacho nos recuerda estas expresiones de 1995, del profesor Patricio Aylwin Azócar, quien llegaría a ser Presidente de Chile (1990-1994). Camacho Cepeda, Gladys, *Los Principios de Eficacia y Eficiencia administrativas,* en "La Administración del Estado de Chile. Decenio 1990-2000", Santiago, 2000, p. 506.

[3]  Rodríguez-Arana Muñoz, Jaime, *El Buen Gobierno y la Buena Administración de Instituciones Públicas*, Navarra, 2006, p. 9.

que además son legítimas; porque de esta manera se acrecienta la posibilidad de una aceptación de lo decidido por parte del destinatario, con lo que se evitan problemas de cumplimiento o ejecución; y se ahorra en el uso de los recursos públicos.

La Carta de los Derechos Fundamentales de la Unión Europea, en su art. 41 consagra el Derecho a una Buena Administración como una facultad subjetiva de que es titular una persona, que amalgama una serie de derechos públicos subjetivos ya consagrados en las leyes de los propios Estados parte. En efecto, esa disposición refiere: "1. Toda persona tiene derecho a que las instituciones y órganos de la Unión traten sus asuntos imparcial y equitativamente y dentro de un plazo razonable. 2. Este derecho incluye en particular: -el derecho de toda persona a ser oída antes de que se tome en contra suya una medida individual que le afecte desfavorablemente, -el derecho de toda persona a acceder al expediente que le afecte, dentro del respeto de los intereses legítimos de la confidencialidad y del secreto profesional y comercial, -la obligación que incumbe a la administración de motivar sus decisiones. 3. Toda persona tiene derecho a la reparación por la Comunidad de los daños causados por sus instituciones o sus agentes en el ejercicio de sus funciones, de conformidad con los principios generales comunes a los Derechos de los Estados miembros. 4. Toda persona podrá dirigirse a las instituciones de la Unión en una de las lenguas de los Tratados y deberá recibir una contestación en esa misma lengua."

Para el caso de Chile, pensamos que el Derecho a una Buena Administración sería inducible desde el ordenamiento (*ius* administrativo), según explicaremos. Y, ello sucede porque es posible sostenerlo a partir de la servicialidad del Estado; los principios que rigen a la Administración; los derechos públicos subjetivos de las personas y un particular carácter y conciencia que se ha ido formando en los órganos de la Administración y que podríamos denominar la "acción administrativa ética".[4] En efecto, si debemos hablar de una "Buena Administración", como supuesto previo al "Derecho a una Buena Administración", entonces aquélla es una administración distinta a la que ha existido durante buena parte de nuestra vida republicana: estamos hablando ahora del comportamiento de la Administración sujeta a un especial estándar de ética social[5], y aquí se manifiesta la piedra basal del concepto.

## II. LA ADMINISTRACIÓN ES SERVICIAL, SU FINALIDAD ES PROMOVER EL BIEN COMÚN Y ESTÁ SIEMPRE SUJETA A DERECHO

El Estado se ha postulado al servicio de la persona humana (art. 1.4 de la Constitución Política de la República (CPR); que es lo mismo que afirmar que la acción de las organizaciones públicas debe estar siempre condicionada y orientada por ella. Desde otra perspectiva, la persona y sus derechos y libertades son el núcleo central de la función que cumple la Administración[6], a cuyo efecto las palabras del art. 1

---

4     Rodríguez-Arana, Jaime ya afirma en 2006, que la vertiente ética es el aspecto más destacado del buen gobierno y administración. *Op. cit.*, p. 87.

5     *Cfr.* Pantoja Bauzá, Rolando, 1990-2000: desde el Principio de la Subsidiariedad en jerarquía a la Administración para el Desarrollo en coordinación participativa, en "La Administración del Estado de Chile. Decenio 1990-2000", Santiago, 2000, p. 49.

6     Rodríguez-Arana Muñoz, *op. cit.*, p. 11.

constitucional sirven de orientación permanente de quien desea explicar el verdadero sentido y alcance del ordenamiento jurídico nacional.[7] Esto tiene más importancia tratándose precisamente de las administraciones públicas, puesto que son ellas la expresión del Estado que más frecuente y permanentemente está en contacto con las personas. Además, esta norma expresa que su finalidad es promover el bien común, para lo cual debe contribuir a crear las condiciones sociales que permitan a todos y a cada uno de los integrantes de la comunidad nacional su mayor realización espiritual y materia posible, con pleno respeto a los derechos y garantías constitucionales. En complemento de esta disposición constitucional, el art. 3 de la Ley N° 18.575, Orgánica Constitucional de Bases Generales de la Administración del Estado (LOCBGAE), prescribe que la Administración del Estado está al servicio de la persona humana; y que su finalidad es promover el bien común, para lo cual debe atender las necesidades públicas en forma continua y permanente y fomentar el desarrollo del país a través del ejercicio de las atribuciones que le confiere la Constitución y la ley, y de la aprobación, ejecución y control de políticas, planes, programas y acciones de alcance nacional, regional y comunal.

Al mismo tiempo, los arts. 6 y 7 CPR consagran el Principio de Juridicidad. La primera disposición prescribe que todos los órganos del Estado –no tan sólo los que ejercen función administrativa– deben someter su acción a la Constitución y a las normas dictadas conforme a ella y que su infracción generará las responsabilidades y sanciones que determine la ley. Por su parte, el art. 7 establece que los órganos del Estado actúan válidamente previa investidura regular de sus integrantes, dentro de su competencia y en la forma que prescriba la ley; que nadie puede atribuirse otras facultades y derechos que no le hayan sido expresamente conferidos por la Constitución o las leyes, y que la contravención de sus normas es nulo y originará las responsabilidades y sanciones que la ley señale. De igual manera, la Constitución prohíbe en la Administración las actuaciones arbitrarias (art. 19 N° 2, inc. 2° y N° 22 y art. 20); con lo que impone a ésta el deber de actuar de manera razonable. La arbitrariedad es, en este sentido, otro modo de presentarse lo que es antijurídico. Es decir, lo que no está conforme a Derecho. En un nivel sub-constitucional y aplicable ahora en particular a los organismos administrativos, el art. 2 LOCBGAE prescribe que los órganos de la Administración someterán su acción a la Constitución y a las leyes; que deberán actuar dentro de su competencia y no tendrán más atribuciones que las que expresamente les haya conferido el ordenamiento jurídico; y que todo abuso o exceso en el ejercicio de sus potestades dará lugar a las acciones y recursos correspondientes.

Por último, el art. 8 constitucional prescribe que el ejercicio de las funciones públicas obliga a sus titulares a dar estricto cumplimiento al principio de probidad en todas sus actuaciones, y que son públicos los actos y resoluciones de los órganos del Estado, así como sus fundamentos y los procedimientos que utilicen. Aplicada esa probidad a la persona de cada funcionario público, el art. 52.2 LOCBGAE expresa que el principio de la probidad administrativa consiste en observar una conducta funcionaria intachable y un desempeño honesto y leal de la función o cargo, con preeminencia del interés general sobre el particular.

Hechas estas aclaraciones preliminares, corresponde preguntarse si en el caso chileno, la "Buena Administración" es la que se manifiesta de un modo servicial hacia

7    Cfr. Sentencia del Tribunal Constitucional, Rol N° 53, de 5 de abril de 1988.

la persona, que promueve el bien común y que respeta el orden jurídico o, si se trata de un tipo y tenor especial de la Administración, que va aún más allá.

## III. LOS PRINCIPIOS QUE SUJETAN A LA ADMINISTRACIÓN AL DERECHO

La respuesta a esta interrogante supone, primero, dar cuenta de cuáles son los principios jurídicos que sujetan la acción de la Administración. Por un lado, la primera parte del inciso 2° del art. 3 LOCBGAE prescribe que la Administración debe observar los principios de responsabilidad, eficiencia, eficacia, coordinación, impulsión de oficio del procedimiento, impugnabilidad de los actos administrativos, control, probidad, transparencia y publicidad administrativas y participación ciudadana en la gestión pública. Entre otros, los arts. 4, 5, 8, 10, 11, 12, 13, 52, 62 y 69 y siguientes del mismo cuerpo legal dan sentido y aplicación concreta a esos principios. Por otro lado, la Ley N° 19.880, que establece Bases de los Procedimientos Administrativos que rigen los actos de los órganos de la Administración del Estado (LBPA), consagra en su art. 4 los "principios del procedimiento administrativo", a saber: escrituración, gratuidad, celeridad, conclusivo, economía procedimental, contradictoriedad, imparcialidad, abstención, no formalización, inexcusabilidad, impugnabilidad, transparencia y publicidad; todos los que son desarrollados en los arts. 5 a 16 de la misma ley.

A partir de los principios ya enunciados, es necesario verificar si de ellos es posible derivar para la Administración deberes u obligaciones que conformen la parte esencial de un "Derecho a una Buena Administración". Para este efecto, tomaremos como parámetro de comparación la estructura del art. 41 de la Carta de los Derechos Fundamentales de la Unión Europea y, en particular: 1. Tratar los asuntos de las personas de manera imparcial y equitativa; 2. Tratar los asuntos de las personas dentro de plazo razonable; 3. Dar audiencia a los interesados antes de que se tome una decisión que le afecte; 4. Dar acceso a los interesados al expediente, dentro del respeto de los intereses legítimos de la confidencialidad y del secreto profesional y comercial; 5. Motivar las decisiones administrativas; y 6. Reparar los daños que la Administración provoque en las personas en el ejercicio de sus funciones. Sobre el derecho de la persona de dirigirse a la autoridad en lengua española o en la lengua de un pueblo originario, no entraremos en su análisis, porque reconocemos el evidente déficit que significa no haber legislador aun sobre este punto, tan sensible para mejorar la calidad de las relaciones y comunicaciones de las personas con las administraciones chilenas.

### 1. *Deber de tratar los asuntos de las personas de manera imparcial y equitativa*

El art. 11 LBPA impone a la Administración el deber de actuar con objetividad e imparcialidad. El trasfondo está dado por un tercer principio, a saber, la probidad, que debe introducirse y reflejarse durante la substanciación del procedimiento, en las decisiones que adopte e, incluso, en el comportamiento propio y habitual de las autoridades y funcionarios públicos. Es que la falta de probidad, a diferencia de otros principios de la LBPA no se detiene en el órgano, cargo o en el oficio, sino que se extiende también hacia la persona natural que actúa por la Administración, de manera que lo que es una conducta poco proba de un órgano, no troca de legítima, es decir, de proba, cuando se visualiza al funcionario propiamente tal.[8]

Sabemos que la Administración no puede ser neutral respecto del propio Gobierno al que sirve, por lo que la paradoja está en la circunstancia de que no siendo ella neutral, sin embargo, debe orientarse, de un modo objetivo, al interés general.[9] A lo anterior se agrega algo que es conocido de todos: en el procedimiento administrativo, la Administración reúne la doble condición de juez y parte, razón por la cual el principio de la imparcialidad, característico del proceso, se relativiza. En todo caso, hay en el ordenamiento jurídico-administrativo ejemplos de independencia estricta. Tal es el caso de la separación de la autoridad que debe instruir una investigación sumaria o sumario administrativo para hacer efectiva la responsabilidad administrativa de un funcionario público, y la autoridad llamada finalmente a tomar la decisión sancionatoria o exculpatoria (arts. 124 y s. LEA). El principio garantiza, entonces, a los ciudadanos una mínima imparcialidad exigible a los agentes públicos, a través de la tipificación de causales de recusación, o sujeto a la obligación de declarar la propia implicancia, que conlleva el deber del agente de abstenerse de actuar. Otro tanto ocurre, por ejemplo, en el procedimiento sancionatorio de la Superintendencia del Medio Ambiente, en que el *instructor* investiga y dictamina proponiendo una absolución o una sanción, que es resuelta por el Superintendente (arts. 7, inciso 2°, 49, 53 y 54 Ley N° 20.417, orgánica de la Superintendencia del Medio Ambiente).

Entonces, hay una directa conexión de la imparcialidad con las reglas de abstención o implicancia que pesan en la Administración, cuya finalidad es que la persona natural, sea funcionario, agente o autoridad pública, en quien pesa un conflicto de interés o una prohibición legal, se abstenga de actuar y decidir en el caso de que se trate, únicamente manera de asegurar a los interesados que la decisión administrativa será dada con la suficiente libertad de juicio por la Administración. A efectos de lo anterior, se reconoce a los interesados tienen el derecho de promover la inhabilitación de las autoridades o funcionarios en cualquier momento de la tramitación del procedimiento. La inhabilitación se planteará ante la misma autoridad o funcionario afectado, por escrito, en el que se expresará la causa o causas en que se funda.

Conforme al art. 12 LBPA, las causales de abstención son: (i) tener interés personal en el asunto de que se trate o en otro en cuya resolución pudiera influir la de aquél; ser administrador de sociedad o entidad interesada, o tener cuestión litigiosa pendiente con algún interesado; (ii) tener parentesco de consanguinidad dentro del cuarto grado o de afinidad dentro del segundo, con cualquiera de los interesados, con los administradores de entidades o sociedades interesadas y también con los asesores, representantes legales o mandatarios que intervengan en el procedimiento, así como compartir despacho profesional o estar asociado con éstos para el asesoramiento, la representación o el mandato; (iii) tener amistad íntima o enemistad manifiesta con alguna de las personas mencionadas anteriormente; (iv) haber tenido intervención como perito o como testigo en el procedimiento de que se trate; (v)tener

---

[8]    *Cfr.* Corte de Santiago, 10 de mayo de 2010, rol N° 53-2010 (6° y 7°).

[9]    *Cfr.* Marín, Hugo A., *Discrecionalidad Administrativa*, Universidad Externado de Colombia, Bogotá, 2007, p. 368 y s.

relación de servicio con persona natural o jurídica interesada directamente en el asunto, o haberle prestado en los dos últimos años servicios profesionales de cualquier tipo y en cualquier circunstancia o lugar.La ley, por último, dispone que la actuación de autoridades y los funcionarios de la Administración en los que concurran motivos de abstención no implicará necesariamente la invalidez de los actos en que hayan intervenido. Pero, la no abstención, en los casos en que proceda, dará lugar a responsabilidad administrativa. Como bien señala Jaime ROJAS, la invalidación del acto administrativo dependerá finalmente de que a su respecto se configure algún vicio de ilegalidad, sea por desviación o abuso de poder[10], ya que la sola inhabilitación del funcionario no alcanza a dejar sin efecto lo actuado por éste.

### 2. Tratar los asuntos de las personas dentro de plazo razonable

El ordenamiento jurídico reconoce de un modo positivo los principios de celeridad o de oficialidad (art. 7 LBPA), conclusivo (art. 8 LBPA) y de inexcusabilidad (art. 14 LBPA).

En efecto, la ley dice que el procedimiento se impulsará de oficio en todos sus trámites. Esto pone a todo órgano, autoridad y funcionario administrativo involucrado, en la necesidad de actuar por propia iniciativa en el inicio y prosecución del procedimiento, haciendo expeditos los trámites que deba cumplir el expediente[11], para así quedar en estado de dictarse una decisión orgánica administrativa. En otras palabras, la celeridad impone a la Administración "dar dinámica o agilidad a sus actos" y a los mandos administrativos les grava con el deber de "cumplir sus obligaciones administrativas de forma oportuna".[12] La demora de la Administración en cerrar un procedimiento administrativo afecta de un modo u otro el "debido procedimiento administrativo", transformando frecuentemente en inoportuna la decisión administrativa final. Por ello, la jurisprudencia ha explicado que cuando la Administración recibe una petición, un requerimiento o una solicitud únicamente le cabe actuar y, más aún, hacerlo con premura y diligencia.[13]

La tardanza de la Administración en actuar refleja ineficiencia administrativa que desvirtúa el objetivo del procedimiento mismo y puede tornar inútil o inadecuada la decisión administrativa que finalmente salga a la luz.[14] En resumen, es tan poco razonable que la Administración no responda al particular, como hacerlo extemporáneamente, es decir, dejando transcurrir plazos o dilatando injustificadamente pronunciarse sobre la cuestión de fondo con la dictación del pertinente acto decisorio.[15]

Es que todo el procedimiento administrativo está destinado a que la Administración dicte un acto decisorio que se pronuncie sobre la cuestión de fondo y en el cual

---

[10] Rojas, Jaime, *Notas sobre el Procedimiento Administrativo establecido en la Ley N° 19.880*, *Revista de Derecho*, Consejo de Defensa del Estado, https://www.cde.cl/resultado_busque da.php?parametro=Rojas&bot_buscar.x=8&bot_buscar.y=8

[11] Corte de Valparaíso, 8 de enero de 2008, rol N° 457-2007 (9°).

[12] *Cfr.* Corte de Antofagasta, 26 de noviembre de 2010, rol N° 218-2010 (7°).

[13] Corte Suprema, 16 de abril de 2008, rol N° 557-2006 (7°).

[14] *Cfr.* Corte Suprema, 17 de enero de 2011, rol N° 6.538-2010 (7°).

[15] *Cfr.* Corte Suprema, 4 de noviembre de 2010, rol N° 5.180-2010 (2°).

exprese su voluntad. Por ello, se dice, "la estructura del procedimiento administrativo supone una integración coordinada y racional de actos procedimentales dirigidos a un fin, cuál es, que la Administración manifieste su voluntad de decisión"[16] *v.gr.*: un decreto o una resolución que se pronuncia sobre el fondo del asunto, materia o cuestión que ha sido objeto del procedimiento y que, además, se dicta sin dilación ya que en ello se envuelve la paz social, la certidumbre y la intangibilidad de los derechos de un particular.[17] Por el contrario, la permanencia de un estado indecisorio administrativo refleja que no se "avanza en ningún sentido".[18] Y, todo lo anterior, sin considerar si dichos procedimientos se han incoado a solicitud de interesado o de oficio por la propia Administración. Es que la no conclusión de los procedimientos administrativos refleja generalmente un estado de insatisfacción de los derechos de las personas a quienes la decisión administrativa estuviere destinada. Es un estado donde solamente hay expectativas[19] de obtener finalmente la declaración de un derecho, la protección de una situación de beneficio, o el reconocimiento de un derecho nuevo, o de ver simplemente satisfecha la legítima utilidad y beneficio que la titularidad de ese derecho subjetivo está destinada a entregar a la persona; fenómenos todos ellos que no se condicen con la Administración servicial que el Constituyente ha consagrado en el art. 1 CPR.

Por último, demorar injustificadamente la decisión administrativa contraría normas directamente vinculantes de la LBPA.[20] Porque si esa ley impone a los interesados la carga de realizar las gestiones útiles para la prosecución del procedimiento, es de esperar que, recíprocamente, la Administración cumpla el objetivo último de la apertura de un procedimiento administrativo, que no es otra cosa que su cierre por medio de una decisión final. Demorar ello más allá de lo razonable, o usualmente de los plazos legales, refleja simplemente ineficiencia administrativa.

### 3. *Dar audiencia a los interesados antes de que se tome una decisión que le afecte*

Aquí sobresalen los principios de contradictoriedad (art. 10 LBPA) y del debido procedimiento administrativo (derivable del art. 4 LBPA).

Se reconoce el derecho de todos los interesados para ser escuchados en igualdad de condiciones; la ley les permite, en cualquier momento del procedimiento, aducir alegaciones, aportar documentos u otros elementos de juicio y alegar defectos de tramitación, especialmente los que supongan paralización, infracción de los plazos señalados o la omisión de trámites que pueden ser subsanados antes de la resolución definitiva del asunto.[21] Dichas alegaciones podrán dar lugar, si hubiere razones para ello, a la exigencia de la correspondiente responsabilidad disciplinaria. Es que, so-

---

[16]   Corte de Santiago, 27 de julio de 2010, rol N° 5.666-2008 (6°).

[17]   *Cfr.* Corte de Valparaíso, 8 de enero de 2008, rol N° 457-2007 (8°).

[18]   *Ibidem* (9°).

[19]   *Cfr.* Tribunal de Contratación Pública, 16 de enero de 2009, rol N° 70-2008 (13°).

[20]   *Cfr.* Corte de Santiago, 24 de marzo de 2011, rol N° 4.346-2010 (3°).

[21]   Corte Suprema, 7 de enero de 2009, rol N° 6.144-2007 (12°).

lamente de esta manera se hace verdadera la posibilidad de hacer valer los distintos intereses en juego.

Es igualmente necesario que la Administración permita de esos interesados el conocimiento cabal de los hechos y antecedentes sobre los que se decidirá, puesto que de lo contrario se afectará el principio de la bilateralidad de la audiencia.[22]

Los arts. 4 y siguientes de la LBPA contienen postulados[23], ideas matrices o propiedades normativas destinadas a integrar regulativamente las actuaciones que se llevarán a cabo en y para la sustanciación del procedimiento administrativo. Son ellos, en otros términos, los pilares conformadores de una idea de mayor connotación: la del "debido procedimiento administrativo" o del "debido proceso[24] en la Administración". En palabras de la Corte Suprema son: principios destinados a asegurar un procedimiento racional y justo en las actuaciones que deben cumplir los órganos de la Administración del Estado al asumir su tarea de satisfacer las necesidades públicas.[25]

### 4. Dar acceso a los interesados al expediente, dentro del respeto de los intereses legítimos de la confidencialidad y del secreto profesional y comercial

El acceso al expediente tiene por finalidad que el interesado conozca los actos y antecedentes que obran en él y para hacerse una idea de la marcha del procedimiento (art. 17 letras a), d) LBPA). Por ello, está vedado a la Administración impedir a los interesados el acceso a piezas del expediente aduciendo, por ejemplo, que ese acceso no es necesario para la defensa de sus intereses y derechos. Una negativa injustificada de la Administración, sea por vía formal o material, de dar acceso al expediente al interesado, puede ser impugnada a través de recursos administrativos, propiamente tales, o de acciones jurisdiccionales, sin contar que también cabe la posibilidad de ejercer la acción de protección, que es la acción de amparo de derechos fundamentales (art. 20 CPR).Es que priman los principios de transparencia y publicidad (art. 16 LBPA): la publicidad se predica respecto de todo acto y resolución administrativa, de sus fundamentos y de los documentos en que ellos se contengan, así como en los procedimientos que se utilicen para elaborar información y dictar resoluciones; la transparencia, por su parte, busca la promoción del conocimiento, contenido y fundamento de las decisiones de la autoridad.

En el sentido que venimos comentando, el art. 20 de la Ley N° 19.628, sobre Protección de la Vida Privada[26], dispone que "El tratamiento de datos personales por parte de un organismo público sólo podrá efectuarse respecto de las materias de su competencia y con sujeción a las reglas precedentes. En esas condiciones, no necesitará el consentimiento del titular". Esta disposición, como se aprecia, explicada bajo el prisma del principio de legalidad, es una cláusula general que habilita a cualquier

---

[22]     Corte de Santiago, 16 de octubre de 2007, rol N° 3.645-2007 (2°).

[23]     Corte Suprema, 16 de abril de 2008, rol N° 557-2006 (7°).

[24]     Corte Suprema, 7 de enero de 2009, rol N° 6.144-2007 (11°).

[25]     Corte Suprema, 27 de enero de 2009, rol N° 6.792-2007.

[26]     Ley que fue publicada en el Diario Oficial de Chile el 28 de agosto de 1999.

organismo público efectuar tratamiento de datos personales sin autorización del titular, cuando lo hace dentro de la órbita de su competencia. Pero es, en sí misma, insuficiente para poder proteger los datos privados que lleguen a manos de la Administración. En otras palabras, la atribución que tienen la Administración para recoger datos privados, amparado por el art. 20, no supone concluir que se ha anulado el bien jurídico que se protege, que es la autodeterminación informativa de toda persona, por lo que obliga a poner énfasis en el efectivo resguardado de los datos sensibles en las etapas posteriores a la captura de los mismos.[27]

Aun cuando tiene especial relevancia que cualquier interesado pueda acceder a la información que se contiene en el expediente –sea personal o ajena–, la que por regla general es *pública,* en la misma medida se hace relevante mantener en debido resguardo los datos sensibles de cualquier otra persona, considerando que en el art. 19 N° 4 constitucional, se asegura el respeto y protección a la vida privada; y que el art. 20, también constitucional, otorga una acción de amparo a favor de la persona afectada por actos u omisiones ilegales o arbitrarios de la autoridad. Sin embargo, el secreto y la reserva de ciertos antecedentes que obran en poder de la Administración deben necesariamente estar establecidos por virtud de una ley de quórum calificado, en consonancia con las causales establecidas en el art. 8 CPR. En esta circunstancia-secreto autorizado por ley–, la calidad de *secreto* de un documento se mantiene aun cuando él entre a formar parte de un expediente y, por tanto, la autoridad podría negar el acceso a su contenido a los interesados apersonados en el procedimiento.

En conexión con lo antes mencionado, el art. 21 de la Ley N° 20.285, sobre Acceso a la Información Pública[28], dispone como causal de reserva o secreto, en cuya virtud se puede denegar total o parcialmente el acceso a la información si su publicidad, comunicación o conocimiento afecta los derechos de las personas, particularmente tratándose de su seguridad, su salud, la esfera de su vida privada o derechos de carácter comercial o económico.

Hay cierta clase de información que presenta un menor interés en su resguardo; nos referimos en concreto a toda información personal que provenga o que se recolecte de fuentes accesibles al público, cuando sean de carácter económico, financiero, bancario o comercial, se contengan en listados relativos a una categoría de personas que se limiten a indicar antecedentes tales como la pertenencia del individuo a ese grupo, su profesión o actividad, sus títulos educativos, dirección o fecha de nacimiento, o sean necesarios para comunicaciones comerciales de respuesta directa o comercialización o venta directa de bienes o servicios (art. 4.5 Ley N° 19.628). De igual modo, no está protegida especialmente la información o datos que versen, por ejemplo, sobre: (i) obligaciones de carácter económico, financiero, bancario o comercial, cuando estas consten en títulos de crédito o de comercio protestados, tales como letras de cambio, pagarés, cheques; y (ii) el incumplimiento de obligaciones derivadas de mutuos hipotecarios y de préstamos o créditos de instituciones banca-

---

[27]    *Cfr.* Montano Valenzuela, Carla, El Sistema de Información del Personal del Estado (SIAPER) a cargo de la Contraloría General de la República, tesis de magister en Derecho (trabajo no publicado), Escuela de Graduados de la Facultad de Derecho de la Universidad de Chile, Santiago, 2012, p. 65 y s.

[28]    Ley que fue publicada en el Diario Oficial de Chile el 20 de agosto de 2008.

rias, financieras y sociedades administradoras de créditos otorgados para compras en casas comerciales (art. 17 Ley N° 19.628).[29]

## 5. *Motivar las decisiones administrativas*

Es parte del Principio de Probidad (art. 8 CPR, 11.2 y 41 LBPA y 13 LOCBGAE), la obligación de la Administración de expresar los hechos y fundamentos de derecho en aquellos actos (reglados o discrecionales[30]) que afectaren los derechos de los particulares, sea que los limiten, restrinjan, priven de ellos, perturben o amenacen su legítimo ejercicio, así como aquéllos que resuelvan recursos administrativos. Y es que este imperativo de la fundamentación decisional administrativa, como bien señala el Tribunal de Contratación Pública, "no sólo representa el complemento necesario e imprescindible para preservar los principios administrativos de transparencia y publicidad que deben observar, sino también responde a la necesidad, implícita en tales presupuestos, de resguardar debidamente los derechos de quienes pueden resultar afectados con la decisiones de la autoridad pública."[31] La fundamentación, más breve o más extensa que pueda alcanzar en el texto del acto administrativo, tiene por finalidad demostrar que existe "una adecuada correlación entre la potestad ejercida y su fin específico, la que se producirá sólo en la medida que los presupuestos de hecho invocados concurran efectivamente y estén jurídicamente bien calificados".[32]

Cuando el art. 11.2 LPBA exige señalar los hechos y fundamentos de derecho en que se sustenta, hace obligatorio para la Administración expresar en el acto administrativo cuáles son los hechos, demostrados, que dan causa a lo que se decide.[33] En efecto, se trata de explicar hechos que se dan por establecidos; el sentido o inteligencia dado a la norma que se aplica; la calificación jurídica de los hechos, y las razones que llevan a la Administración a considerar o no las alegaciones del interesado.[34] El trasfondo de las exigencias mínimas antes mencionadas no es otro que permitir que el destinatario del acto administrativo y, también, el órgano de control jurisdiccional, llegado el caso, puedan convencerse o, a lo sumo, conocer que la decisión administrativa adoptada no ha obedecido solamente al "propio juicio" de la Administración[35].

---

[29]

fraestructura. Además, las entidades responsa n-

afecte al deudor.

[30] Tribunal de Contratación Pública, 18 de noviembre de 2008, rol N° 76-2008 (21°).
[31] Tribunal de Contratación Pública, 8 de mayo de 2008, rol N° 62-2007 (7°).
[32] Corte de Temuco, 24 de noviembre de 2010, rol N° 1.240-2010 (4°).
[33] Corte Suprema, 7 de julio de 2010, rol N° 4.275-2010 (5°).
[34] *Cfr.* Corte de Temuco, 24 de noviembre de 2010, rol N° 1.240-2010 (5°).
[35] Corte de Temuco, 21 de diciembre de 2009, rol N° 1.548-2009 (9°).

Todavía más trascendente es cumplir estas exigencias mínimas, en el ejercicio de potestades sancionatorias de la Administración, ya que la posibilidad de que un funcionario pueda actuar en el rol de ministro de fe hace que los hechos de que tome conocimiento y constate, dejando debido registro o constancia de ellos, estén amparados por la presunción de veracidad y que puedan justificar la aplicación de una sanción cuando sean suficientes a ese fin; todo lo cual obliga al afectado a tener que alegar circunstancias que puedan desvirtuar la existencia de esos hechos.[36] Es que si la Administración no cumple con el deber de manifestarse en base a determinadas circunstancias de hecho que efectivamente se hayan producido, entonces no ha cumplido con el principio de legalidad.[37]

### 6. *Reparar los daños que la Administración provoque en las personas en el ejercicio de sus funciones.*

El ejercicio de la función administrativa puede provocar daños en las personas, quienes, cuando no están obligadas jurídicamente a soportarlos, pueden ejercer acciones indemnizatorias en contra del Fisco o del ente público personificado de que se tratare.

El art. 4 LOCBGAE prescribe que el Estado es responsable "por los daños que causen los órganos de la Administración en el ejercicio de sus funciones, sin perjuicio de las responsabilidades que pudieren afectar al funcionario que los hubiere ocasionado." Luego, en el art. 42 de la misma ley, se consagra como factor atributivo de responsabilidad la *falta de servicio*, reiterando la idea de que el Estado, no obstante, tendrá derecho a repetir en contra del funcionario que hubiere incurrido en falta personal.

Como complemento de lo anterior, y específicamente dentro de la órbita del procedimiento administrativo, el art. 17 letra g) LBPA reconoce a todo interesado el derecho de exigir las responsabilidades de la Administración Pública (la que será extracontractual) y del personal a su servicio (la que será de corte administrativo), cuando así corresponda legalmente. Este derecho se encuentra íntimamente relacionado con la letra b) dela misma disposición legal, que otorga el derecho para identificar al personal a cargo de la tramitación del procedimiento administrativo. Entendemos que la personaque ejerzael derecho contemplado en el art. 17 g) deberán estar en condición, no tan sólo de exigir las responsabilidades del caso, sino que de probar o justificar los hechos que fundamenten su denuncia o solicitud, es decir, que configuran un incumplimiento de deberes funcionarios o, por último, una conducta deficiente de parte del personal de la Administración.

### IV. EL ESTÁNDAR NORMATIVO DE UNA "BUENA ADMINISTRACIÓN"

Una "Buena Administración" es un parámetro, patrón o modelo que sirve para enjuiciar si una conducta administrativa fue lo que legal y/o razonablemente pudo exigirse a la organización administrativa y, por consiguiente, que es un comportamiento

---

[36] Corte Suprema, 30 de marzo de 2010, rol N° 544-2010 (7°).
[37] Corte Suprema, 7 de julio de 2010, rol N° 4.275-2010 (5°).

normal de la Administración, inserto en una realidad nacional, regional o local específica, considerando las posibilidades reales de acción según los medios, presupuesto y características propias de aquélla.

Se trata, como se ve, de un parámetro similar al que se aplica a las personas naturales en su vida de relación, y que denominamos como el "buen padre de familia". El art. 44 del Código Civil distingue tres tipos de culpa, graduándolas en culpa grave, culpa leve y culpa levísima. Para cada una de ellas se dispone de un estándar específico a efectos de verificar si la acción que despliega la persona en su vida de relación observa unas exigencias típicas y objetivas de cuidado, de manera que faltando ellas es posible reprochar a la persona una acción culposa o negligente que, si genera daño, le obligará a indemnizar; o lo que es lo mismo, si la acción de la persona está caracterizada por el grado de prudencia y diligencia que le es exigible, es decir, se ha comportado de la forma como era razonable esperar. La culpa normal es la culpa leve, a saber, existe cuando no se actúa con la diligencia y cuidado que los hombres emplean ordinariamente en sus negocios propios.

Como se ve, se trata de un nivel de diligencia normal, primero, porque se le pide al interesado que actúe con un cuidado superior al que las personas negligentes y de poca prudencia emplean en sus negocios propios, pero al mismo tiempo no se le exige que proceda con una esmerada o suma diligencia, que es propia de las personas juiciosas cuando se ocupan de sus negocios importantes. Por lo mismo, el buen "padre de familia" es también frecuentemente designado como la "persona razonable" o la "persona que actúa con la diligencia debida" o que da un "trato equitativo".

Tratándose de la Administración, no cabe hacer graduaciones de su diligencia y, por ello, entendemos que solamente existe un único modelo de "buena Administración", cuyos elementos son concentrados por el ordenamiento administrativo chileno en el art. 53 LOCBGAE, disposición que se introdujo en el ordenamiento jurídico a través de la Ley N° 19.653, de 1999, conocida como Ley sobre Probidad Administrativa. La disposición legal reza:

> "El interés general exige el empleo de medios idóneos de diagnóstico, decisión y control, para concretar, dentro del orden jurídico, una gestión eficiente y eficaz. Se expresa en el recto y correcto ejercicio del poder público por parte de las autoridades administrativas; en lo razonable e imparcial de sus decisiones; en la rectitud de ejecución de las normas, planes, programas y acciones; en la integridad ética y profesional de la administración de los recursos públicos que se gestionan; en la expedición en el cumplimiento de sus funciones legales, y en el acceso ciudadano a la información administrativa, en conformidad a la ley."

Esta disposición descriptiva del interés general, fue debatida por los órganos colegisladores bajo el prisma de que ella debía describir los elementos que permitieran reconocer, en un ejercicio básico de control de probidad, si el desempeño de un funcionario público o de una autoridad pública cualquiera o de la propia organización administrativa, se identificaba o no con el interés general.[38] De igual modo, las normas del art. 53, así como las restantes de la Ley N° 19.653 debían cumplir un tipo de función hermenéutica y pedagógica, en cuanto ellas tienen por misión inspirar la

---

[38]  HdL N° 19.653, de 1999, p. 257 y 373. En http://www.leychile.cl/Consulta/portada_hl?tiponorma=XX1&nro_ley=19653&anio=2013.

interpretación del resto del ordenamiento aplicable a la Administración, así como la actuación concreta de sus órganos. Por lo tanto, en caso de duda, el verdadero sentido y alcance de los pasajes oscuros de una norma administrativa deberá entenderse del modo que más conforme parezca al debido respeto del principio de probidad[39] y, por transitividad, igual idea sería directamente aplicable a cualquier interpretación que restringiere el alcance de los deberes que propenden a la probidad administrativa, tales como, los de transparencia y publicidad, eficacia y eficiencia (*v.gr.*: D.CGR N° 43.688/2001). Con lo anterior, se complementaron los elementos teleológico y pro administrado, de interpretación del Derecho Público, con esta nueva idea de la *ética social o administrativa* que, en la actualidad tiene rango constitucional, de momento que el art. 8 CPR prescribe que el ejercicio de las funciones públicas obliga a sus titulares a dar estricto cumplimiento al principio de probidad en todas sus actuaciones.

En términos generales, el art. 53, como bien explica Rolando Pantoja, concordó completamente con el art. 3 LOCBGAE, al definir "la función administrativa como una actividad finalista, que atiende necesidades públicas en forma continua y permanente, y fomenta el desarrollo del país, a través de la aprobación, ejecución y control de políticas, planes, programas y acciones de alcance nacional, regional y comunal."[40]

Para analizar con algún mayor detenimiento el art. 53, parece conveniente descomponer sus normas en tres partes:

1. *El interés general exige el empleo de medios idóneos de diagnóstico, decisión y control, para concretar, dentro del orden jurídico, una gestión eficiente y eficaz*[41]

La ley define cuáles son las exigencias propias del interés general, a saber, el empleo de medios idóneos que permitan desplegar una gestión administrativa eficiente y eficaz. No se quiso hablar de "interés público", puesto que esta voz hace más referencia a la idea de intereses propios de la Administración, o sea, de las organizaciones públicas, en circunstancias que lo verdaderamente valedero es el "interés general", es decir del conjunto de intereses de la comunidad, de la sociedad y de las personas.

La eficiencia expresa la idea del uso de los medios o recursos disponibles, postulando su mayor rendimiento al menor costo. Es, como tal, una cualidad directiva que permite disponer de la mejor manera posible los recursos humanos, financieros, materiales y tecnológicos, atendidas las circunstancias globales en que ella se desenvuelve, para realizar útilmente una labor determinada. La eficacia, por su parte, subraya y acentúa el logro de los objetivos, el alcance de las finalidades de la organización, velando porque sean convincentes, esto es, se concreten o realicen en forma consecuente y coherente con el medio administrativo y con la planificación que los inspira.

---

[39] HdL N° 19.653, de 1999, p. 24 y s.
[40] Pantoja Bauzá, op. cit., p. 48.
[41] HdL N° 19.653, de 1999, p. 33.

La norma impone como condición sine qua non de eficiencia y eficacia, que la Administración cuente con adecuada, seria y suficiente información y datos, con la apropiada capacidad de decidir y, también, de controlarla ejecución de lo decidido. Lo anterior, por la sencilla razón de que la actividad administrativa no es improvisable, ni por esencia ni por accidente.

**2. *El interés general se expresa en el recto y correcto ejercicio del poder público por parte de las autoridades administrativas, en lo razonable e imparcial de sus decisiones, en la rectitud de ejecución de las normas, planes, programas y acciones, en la integridad ética y profesional de la administración de los recursos públicos que se gestionan y en la expedición en el cumplimiento de sus funciones legales***

Rolando PANTOJA, quien fue asesor del Gobierno ante el Congreso Nacional, precisamente durante la tramitación de la Ley N° 19.653, explica que las ideas del epígrafe, recogieron "con caracteres de general aplicación dentro de la Administración del Estado, el sentido social de la ética administrativa en cuanto expresión de su deber democrático de actuación y respuesta ante las situaciones jurídicas que son de su competencia, exigiendo de ella que actúe bien, que sus estudios sean serios y fundados, y que sus decisiones sean rectas, correctas y razonables, y tanto unos como otras, eficientes, eficaces y oportunas."[42]

También, la Contraloría General de la República se ha pronunciado sobre el sentido y alcance del art. 53, y lo ha hecho específicamente con ocasión de períodos de elecciones populares (municipales, parlamentarias y presidenciales), en que es más proclive la autoridad pública a usar su cargo, función y bienes públicos puestos a su disposición para favorecer más a unos que a otros. En este sentido, la Contraloría ha expresado que la disposición legal antes referida obliga a los cargos públicos, que sirven funcionarios públicos, autoridades y jefaturas, a desempeñarse con la más estricta imparcialidad, otorgando a todas las personas de manera regular y continua las prestaciones que la ley impone al respectivo servicio, sin discriminaciones (*v.gr.*: D.CGR N° 48.097/2009; N° 15000/2012; N° 57.200/2013). Es decir, de lo que se trata en el fondo es de mantener o asegurar que ninguna autoridad o funcionario infrinja el nivel de prescindencia política legalmente establecido y que le afecta. ¿Por qué ello? Porque manifiesta lo contrario que la Administración no está actuando según el interés general al que se debe y, como tal, no es entonces la "buena Administración" que el ordenamiento jurídico ha modelado.

---

[42]    Pantoja Bauzá, *op. cit.*, p. 48.

*3. El interés general se expresa en el acceso ciudadano a la información
administrativa, en conformidad a la ley[43]*

El legislador quiso agregar que el interés general también se expresa en el acceso
ciudadano a la información administrativa, puesto que ello sería condición necesaria
para asegurar de mejor forma un recto, transparente y correcto ejercicio del poder
público por parte de las autoridades administrativas.

## V. UN DERECHO PÚBLICO SUBJETIVO PARA EXIGIR UNA "BUENA ADMINISTRACIÓN"

A partir de lo desarrollado en el acápite D, nos es posible afirmar ahora que tanto
el empleo de medios idóneos de diagnóstico, decisión y control, como la probidad,
la eficiencia y eficacia, el recto y correcto ejercicio del poder público de un modo
razonable e imparcial, y el cumplimiento expedito de las funciones administrativas,
no son simples directrices que la Administración pueda negarse a cumplir discrecio-
nalmente. Se trata, por el contrario, de valores y estándares jurídicos –son verdade-
ras obligaciones legales– que vinculan directamente a la Administración, a los funcionarios públicos y a toda autoridad administrativa, en el plano jurídico y, por tanto, una infracción de ellos puede englobarse como una evidente afectación del Principio de Juridicidad (arts. 6 y 7 CPR), con lo que deben aplicarse las sanciones y
declararse las responsabilidades a que hubiere lugar.

Ahora bien, la pregunta que corresponde formular es si en Chile las personas son
titulares de un "Derecho a una Buena Administración", considerando que las leyes
administrativas no lo contemplan. Es decir, se trata de averiguar si, no obstante, es
posible inducir tal derecho subjetivo desde el ordenamiento ius administrativo general.

Sabemos que los derechos públicos subjetivos son facultades que dan a su titular
la posibilidad de generar relaciones jurídicas con la Administración o el Estado y,
también, ejercer legítima y exclusivamente una facultad ya predefinida por el objeto
de la relación jurídica, respecto de la correlativa persona o ente público obligado, y
ello, de un modo imperativamente protegido y garantizado.[44] Se dice que son poderes que ceden a favor de las personas en concreto y que pueden hacer valer frente a
la Administración, imponiéndole obligaciones o deberes que, de no cumplirse, generan una reacción judicial de tutela a favor del titular del derecho.[45] En Chile Enrique
SILVA CIMMA ha estimado que en gran medida esta clase de derechos deriva del
principio de la participación[46] y su valor sería incluso superior al interés del Estado[47].

---

[43]   HdL N° 19.653, de 1999, p. 33. En http://www.leychile.cl/Consulta/portadahl?tiponorma=XX1&
       nro_ley=19653&anio=2013.

[44]   Schulev-Steindl, Eva, *Subjektive Rechte*, Viena, 2008, p. 53.

[45]   *Cfr.* García De Enterria, y Fernández, *op. cit.,* p. 37 y 38.

[46]   Silva Cimma, Enrique, *Derecho Administrativo Chileno y Comparado, Principios Fundamentales
       del Derecho Público y Estado Solidario*, Santiago, 1996, p. 91.

[47]   *Ibidem,* p. 92.

El contenido preciso del derecho puede representar una prestación (dar, hacer o no hacer) que cede única y exclusivamente en beneficio de su titular (derecho subjetivo) o de la carga de mantener incólume o inmodificable una cierta situación jurídica que beneficia indistintamente al privado y a una colectividad entera (interés legítimo). Al titular del derecho se le franquea todas las garantías procesales, así como las vías impugnaticias administrativas, con el objeto de permitirle lograr la plena satisfacción del contenido del derecho, en la hipótesis de abstención de la Administración en el cumplimiento de un deber. Aunque parezca peculiar, afirmamos que los derechos públicos subjetivos tienen una utilidad dual, puesto que con ellos se satisfacen los intereses de las personas, pero, también, se insta por la consecución del bien común y del interés general al que se debe la Administración, ya que dicha satisfacción privada no es más que un reflejo de una obligación pública (legal o convencional) cumplida.

Advertimos que los derechos públicos subjetivos no siempre se encuentran redactados de una manera explícita y evidente ni en la Constitución ni en las leyes. Es más, en muchos casos esos derechos se hallan dentro de disposiciones o normas que imponen deberes u obligaciones a la autoridad[48] y, por tanto, deben ser inferidos de ellas. Creemos que este es el caso particular del "Derecho a una Buena Administración". El es una realidad jurídica dentro de la órbita de los derechos e intereses de personas concretas que, al ejercerse, generan vinculaciones con la Administración y donde se insta a que ésta tome una decisión, actúe de una cierta forma o se abstenga de proceder del todo; porque de esa manera típica el interesado obtiene aquello que le granjea su derecho. Sin embargo, el "derecho a una buena Administración" puede desvanecerse un poco tratándose de los casos en que la Administración actúa *motu proprio,* es decir, sin impulso de una persona interesada, sino que guiada únicamente por el interés general.[49] Este derecho subjetivo no se concreta en la satisfacción de una prestación específica de parte de la Administración para con el interesado, sino que, antes bien, la pretensión propia que subyace en el "Derecho a una buena Administración" es que la decisión terminal que se adopte (independiente si ella satisface o no el derecho o interés que mueve al interesado) lo sea a resultas de un específico comportamiento administrativo (imparcial, objetivo y garantístico del debido procedimiento administrativo) expresado dentro de un procedimiento que se sustancia de manera regular, con estricto apego a sus formalidades y donde la Administración se enfoca con sinceridad a servir a las personas.

Más en concreto, considerando la fuerte presencia de facultades procedimentales o adjetivas de que son titulares los interesados dentro del procedimiento administrativo (*v.gr.*: derecho a ser tratado de manera imparcial y equitativa, derecho a tener una decisión oportuna, derecho a ser oído, derecho de conocer el expediente); las que son también parte medular del derecho subjetivo que venimos analizando, las personas no tan solo tienen la facultad de alegar en cualquier momento los defectos de tramitación que adviertan, especialmente cuando ellos representen paralización, infracción de los plazos señalados o la omisión de trámites que pueden ser subsanados antes de la dictación de la decisión final (art. 10.2 LBPA), sino que también son titu-

---

48      *Cfr*. Schulev-Steindl, *op. cit.*, p. 59.

49      *Cfr*. García De Enterría y Fernández, *op. cit.,* p. 38.

lares de acciones impugnaticias en sede administrativa y judicial, tratándose de vicios de procedimiento o de forma que recaen en algún requisito esencial del mismo, sea por su naturaleza o por mandato del ordenamiento jurídico y genera perjuicio al interesado (arts. 13.2, 54 y 59 LBPA) y del derecho de denunciar la abstención ilegal de la Administración en emitir un pronunciamiento definitivo, configurando a su respecto el silencio administrativo (arts. 64, 65 y 66 LBPA).Del mismo modo, una vez dictada la decisión final, el interesado que no se satisfaga con ella, tiene vía abierta para impugnar el acto terminal de que se trate, también en vía administrativa y,o jurisdiccional, con las pretensiones anulatorias o modificatorias que fueren pertinentes, incluyéndose por cierto, las de tipo resarcitorio de perjuicios.

## VI. CONCLUSIONES

1. Una buena Administración es la que actúa al servicio de la persona humana, sin perder de vista el interés general.

2. Una buena Administración es la que se sujeta a una ética social (art. 53 LOCBGAE), que es complemento de la ética individual a que se sujetan los funcionarios públicos (art. 52.2 LOCBGAE). En otras palabras, una buena administración es la "administración ética".

3. Comparativamente, una parte importante de la estructura de facultades que se contiene en el art. 41 de la Carta de los Derechos Fundamentales de la Unión Europea, es también reconocible en el ordenamiento jurídico de Chile (*v.gr.:* tratar los asuntos de las personas de manera imparcial y equitativa; tratar los asuntos de las personas dentro de plazo razonable; dar audiencia a los interesados antes de que se tome una decisión que le afecte; dar acceso a los interesados al expediente, dentro del respeto de los intereses legítimos de la confidencialidad y del secreto profesional y comercial; motivar las decisiones administrativas; y reparar los daños que la Administración provoque en las personas en el ejercicio de sus funciones).

4. El estándar de "una Buena Administración" se halla en el art. 53 LOCBGAE: "El interés general exige el empleo de medios idóneos de diagnóstico, decisión y control, para concretar, dentro del orden jurídico, una gestión eficiente y eficaz.

Se expresa en el recto y correcto ejercicio del poder público por parte de las autoridades administrativas; en lo razonable e imparcial de sus decisiones; en la rectitud de ejecución de las normas, planes, programas y acciones; en la integridad ética y profesional de la administración de los recursos públicos que se gestionan; en la expedición en el cumplimiento de sus funciones legales, y en el acceso ciudadano a la información administrativa, en conformidad a la ley."

6. Reconocemos un "derecho a una Buena Administración", en cuanto cualquier interesado puede hacer valer ante la propia Administración o, en su defecto, ante los tribunales establecidos por la ley, el acatamiento por aquélla del art. 53 LOCBGAE, que le obliga de un modo jurídico, que no moral, y que su infracción, de existir, constituye una abierta afrenta al Principio de Juridicidad, así como de otra serie de disposiciones de la LBPA y LOCBGAE anunciadas a lo largo de este trabajo.

# EL DERECHO A UNA BUENA ADMINISTRACIÓN PÚBLICA EN NICARAGUA: RETOS Y DESAFÍOS

*KARLOS NAVARRO**

La Carta de los Derechos Fundamentales de la Unión Europea, en su artículo 41 garantiza de forma explícita a todas las personas el "derecho a una buena administración".

Esto incluye, en particular, el derecho a ser oído, el acceso a la información y a la motivación de las decisiones, además de un derecho a compensación por el incumplimiento de las obligaciones públicas y un derecho a la correspondencia con la administración.

Estos derechos que se resumen en esta Carta se derivan en general de la jurisprudencia del Tribunal Europeo y están también recogidos parcialmente en el TFUE.

El derecho a una buena administración está vinculado con una serie de derechos comunitarios, entre los que destacan el derecho de acceso a los documentos y la protección de datos, el derecho a presentar denuncias ante el Defensor del Pueblo Europeo, a peticiones al Parlamento o la protección judicial. El derecho a una buena administración está también fortalecido por los requisitos generales de los tratados de una administración europea abierta, eficaz e independiente.

Pero, también, de acuerdo a Jaime Rodríguez Arana, el derecho fundamental de la persona a una buena administración significa plantear la cuestión desde una perspectiva del ciudadano, y superar la vieja concepción de la Administración pública de carácter cerrado, endogámico, que tiene poderes exorbitantes y que los ciudadanos reciben, única y exclusivamente, bienes y servicios públicos del poder. Asimismo, un "procedimiento administrativo justo" que forme parte de las características esenciales del Estado de Derecho.

Con ello se debe asegurar que los asuntos de los ciudadanos son gestionados con imparcialidad, de manera justa y dentro del marco temporal establecido y en el marco de una administración funcional y eficaz.

En esta misma dirección TORNOS MAS dice que "el principio de buena administración responde a las concepciones más recientes del derecho administrativo, carac-

---

* Profesor de Derecho Administrativo en la Universidad Centroamericana y americana de Nicaragua.

terizadas por el intento de superar la visión estrictamente formal que legitima la Administración para el mero cumplimiento neutral y objetivo de la norma que le otorga las potestades de actuación y, por otro lado, por la voluntad de situar al ciudadano en el centro de la preocupación de las normas que ordenan la actividad administrativa"[1].

Una buena administración incluye por lo tanto el cumplimiento de todos los requisitos legales y otros mandamientos, tanto en el área interna como externa, de las relaciones con los ciudadanos y otras partes interesadas.

Por otra parte, el origen de la utilización del concepto de "mala administración" como antagónico al "deber de buena administración" tiene su origen en el Derecho británico, utilizándose para delimitar el alcance de los poderes del defensor del pueblo.

Tras la creación del "Parlamentary Commissioner for Administration", en virtud de la *Parlamentary Commissioner Act* de 1967, hubo de definirse el concepto y alcance de la "maladaministration" que "significaba esencialmente mal procedimiento administrativo, y se refiere a la manera en que la decisión discrecional es elaborada, al desarrollo de la función administrativa"[2].

Por su parte, en el seno de la Unión Europea, cuando el *Tratado de Maastricht* de 1992 introdujo el concepto de ciudadanía europea y se creó la institución el Defensor del Pueblo Europeo, se definió la "mala administración" (transcripción al castellano del término inglés "maladministration") como causa para presentación de reclamaciones de los ciudadanos comunitarios ante dicho organismo contra las actividades de las instituciones de la Comunidad Europea.

Con el fin de facilitar el cumplimiento del mandato del Defensor del Pueblo Europeo, el Parlamento Europeo le requirió que definiera el concepto de "mala administración" y aquel, en su *Informe Anual* correspondiente al año 1996, señalo que: "la mala administración se produce cuando una entidad pública no actúa de acuerdo con una norma o principio vinculante para ella".

En Nicaragua, de acuerdo a la definición de estos conceptos, hemos tenido una mala administración, ya que ésta a través de su historia no ha actuado, de acuerdo al principio de legalidad, sino de forma arbitraria, negligente, sin un funcionariado profesional, sino que obedece a una cultura patrimonialista

Esta situación es fruto y causa de la inestabilidad política y social que ha acusado el Estado nicaragüense a lo largo de su historia. Por lo que se refiere a lo primero, la rápida y traumática sucesión de regímenes políticos contradictorios ha dado al traste con toda posible tentativa de formar un aparato administrativo estable y neutral.

Este fracaso en la construcción de un substrato burocrático no politizado ha sido, por otro lado, una pesada losa a la hora de buscar soluciones a la delicada coyuntura político-social de este país.

---

[1]   El derecho a una buena administración, Sindicatura de Greuges de Barcelona, Barcelona, 2007.

[2]   Durante los debates de la referida *Act* de 1967, uno de los parlamentarios (el Sr. Crossman) sostuvo que la mala administración cubría supuestos como "falta de objetividad, negligencia, falta de atención, retraso, incompetencia, ineptitud, perversidad, infamia y arbitrariedad". Francisco Javier Sanz Larruga. El ordenamiento europeo, el derecho administrativo español y el derecho a una buena administración. AFDUDC, 13, 2009, 729-751.

La utilización de los puestos públicos como una vía de recompensa para los acólitos en el poder, en la más pura tradición del *spoil system*, a la que ha dado lugar el clientelismo vigente durante décadas, ha contribuido a radicalizar una vida política ya de por sí agitada en grado extremo, y ha dificultado notablemente que los cambios en el poder político discurriesen de forma serena y calmada.

Sabido es que una Administración Pública sólida y estable minimiza notablemente los problemas políticos, en cuanto otorga una protección mínima a los ciudadanos, aunque sea a nivel administrativo, y permite un funcionamiento continuado de los servicios públicos, que, como cuestión eminentemente técnica, no se ve afectada, al menos en parte importante, por las disputas ideológicas y partidistas.

De ninguna de estas ventajas ha disfrutado, por desgracia, una Nicaragua que se ha visto envuelta en un trágico círculo vicioso, en la que los vaivenes políticos han destrozado todos los intentos por conseguir una mínima estabilidad social y económica.

En los últimos tiempos estamos asistiendo a nivel de Derecho ordinario a una esperanzadora introducción de un régimen administrativo avanzado, equiparable en sus aspectos esenciales al que rige en las naciones más desarrolladas del planeta. Aunque su instauración práctica va a encontrar, y está de hecho encontrando, grandes y múltiples dificultades (falta de capacitación del personal administrativo, ausencia de una doctrina y tradición administrativa, falta de medios materiales, excesiva politización de las instancias administrativas, etc.), constituye un paso de gigante para la normalización política y social de este país.

Sin embargo, el funcionamiento del sistema administrativo integrado en sus elementos principales por la Ley de Regulación de la Jurisdicción de lo Contencioso-Administrativa (Ley N° 350), la Ley de Servicio Civil y de la Carrera Administrativa (Ley N° 370), y la Ley de Contrataciones del Sector Público (Ley N° 737), estaba seriamente perturbado sin lo se le adiciona este elemento central, quedando de este modo convertido en un edificio majestuoso, pero débil, por faltarle su viga maestra: la ley de Régimen Jurídico de las Administraciones Públicas y Procedimiento Administrativo Común.

Las practica de una buena administración en el proyecto ley de Régimen Jurídico de las Administraciones Públicas y Procedimiento Administrativo Común.

La idea de elaborar una Ley de Régimen Jurídico de las Administraciones Públicas y Procedimiento Administrativo Común, surgió en primer lugar, como producto de una necesidad de dar a los administrados un trato similar y no discriminatorio, como el que recibe en la actualidad producto de la utilización de una multiplicidad de normas dispersas y carentes de coherencia y unidad. Asimismo, garantizar los derechos de los ciudadanos y garantía de eficacia de la actividad administrativa.

Además, es evidente que una ley de este tipo brinda una mayor confianza de la ciudadanía en el funcionamiento de la Administración, en cuanto permite a aquélla conocer que ésta no actúa de forma caprichosa y según sus deseos, sino siguiendo un discurrir prefijado y adecuado a las necesidades que tiene que resolver, lo que provoca que vea en ella un ente encargado de la aplicación del ordenamiento jurídico, y no un arbitrario poder que decide según su propia voluntad.

Surgió también esta propuesta, para garantizar el mayor acierto de las decisiones administrativas y encauzar el funcionamiento de la Administración Pública obligándola a seguir una línea de actuación ordenada y sistemática. Además, para fomenta la participación de los ciudadanos en el desarrollo de las tareas administrativas y la transparencia en el desarrollo de éstas. Una ley de este tipo tiene entre sus principales contenidos la regulación de los procedimientos, trámites y derechos de los administrados a través de los que se permite a éstos, tomar conocimiento de la actuación desarrollada por la Administración y hacer llegar de forma efectiva su voz a los administrados.

A lo largo de la historia del Derecho administrativo nicaragüense se ha carecido de una ley única que regule el Procedimiento Administrativo, razón por la que tradicionalmente dicha materia ha sido regulada por una normativa dispersa e incoherente, provocando que rijan en la actualidad una multiplicidad inmensa procedimientos administrativos, carentes de la más mínima uniformidad e incluso, en ocasiones, contradictorios entre sí.

Esta vacío legal ha tratado de ser suplido a través de mecanismos diversos que, como ya dijimos, han provocado que rijan toda una serie de procedimientos administrativos diseminado en un gran número de leyes especiales, en las que se han fijado procedimientos propios y diferentes entre sí, generando una enorme confusión e inseguridad jurídica para los administrados, que carecen de una vía única y coherente que desde la que sustanciar sus pretensiones y peticiones frente al Estado en su calidad de administrador.

Para el estado nicaragüense y para sus ciudadanos sigue siendo una necesidad imperante, contar con una norma jurídica que establezca el procedimiento administrativo común a toda la Administración Pública, que regule las formalidades para la formación, ejecución y revisión, dentro de la esfera administrativa, de los actos de la misma Administración, que sirva de garantía jurídica a los administrados, y evite el riesgo de que se adopten decisiones apresuradas, mal estudiadas y vejatorias a sus derechos.

El 22 de octubre de 1997, la Corte Suprema de Justicia presentó ante la Asamblea Nacional un Proyecto de Ley de Procedimiento Administrativo y de lo Contencioso administrativo, cuyo Título I estaba dedicado al Procedimiento administrativo. En este proyecto de ley, por razones de técnica legislativa se obvió este título primero. Dicha decisión, sin duda, acertada, quiso que una materia tan relevante, como lo es el procedimiento administrativo, fuera objeto de regulación en un texto legislativo diferente, que diese una mayor entidad a la materia, como ocurre en los países más avanzados, el caso de España es paradigmático al respecto, donde dicha materia está regulada en la Ley 30/92, de Régimen Jurídico de las Administraciones Públicas y del Procedimiento Administrativo Común.

En el año 2001 la bancada sandinista, retomó este Titulo, y lo presentó como iniciativa de Ley en la Asamblea Nacional. El referido proyecto contemplaba: 1) La finalidad de la ley, como la eficaz satisfacción del interés público en el quehacer de la administración y su ámbito de aplicación es toda la actuación pública, sujeta al derecho administrativo. 2) La iniciación del procedimiento administrativo, que se puede producir de oficio o a petición de parte interesada. 3) La ordenación e instrucción del procedimiento administrativo, ocupándose de la necesidad de que se impulse de oficio en todos sus trámites, las normas de actuación administrativa, los medios de prueba y la audiencia del interesado. 4) Terminación del procedimiento administrativo por medio de resolución motivada, la notificación, la ejecutoriedad del acto administrativo y el silencio administrativo. 5) Los recursos en la vía administrativa, comprendiendo el de revisión y el de apelación. 6) Normas comunes al acto administrativo, la nulidad y anulabilidad de los actos. 7) El agotamiento de la vía administrativa. 8) La irrevocabilidad de los actos administrativos declarativos de derechos en la vía administrativa.

A pesar del notable esfuerzo de los redactores de este proyecto de Ley, era evidente, que presentaba notables carencias. Para examinar éstas podemos distinguir dos grandes grupos de cuestiones. Por un lado, tenemos toda una serie de materias relativas al procedimiento administrativo propiamente dicho que fueron omitidas a pesar de su relevancia. Entre ellas debemos destacar especialmente las siguientes: con carácter general, se regulaba el procedimiento de manera excesivamente breve; más en particular faltaba toda referencia a los reglamentos, extrañamente olvidados por el proyecto, pues no se hace mención alguna a los mismos; no se contempla la revisión de oficio, ya que solo se regulan los recursos administrativos ordinarios, sin hacer referencia a los cauces y régimen jurídico que debe seguir la Administración para revisar a su propia iniciativa las propias resoluciones que ella misma dicte.

Por otro lado, había otra serie importante de carencias, que tienen su origen en que el proyecto trata de enfrentarse, tan sólo a la regulación del procedimiento administrativo propiamente tal, sin contemplar el régimen jurídico básico de la Administración. En países como España, se integra, frente a ello, en un mismo texto legal la normativa reguladora del procedimiento administrativo y el régimen jurídico básico de la Administración, enfrentándose a cuestiones como las reglas para la actuación de los órganos colegiados de la Administración, la potestad sancionadora o la responsabilidad patrimonial de la Administración, entre otras muchas materias.

La bondad de esta solución es difícilmente cuestionable, pues permite que la norma reguladora del régimen jurídico básico de la Administración y del Procedimiento Administrativo se erija en una suerte de Código Administrativo Básico, que facilita notablemente la aplicación del Derecho Administrativo. Cuestión de gran relevancia, dado que las normas administrativas van a ser aplicadas primariamente por un número muy elevado de personas, los funcionarios públicos, la mayoría de los cuales no son en puridad expertos en Derecho Administrativo.

Por todo ello, los Proyectos de Ley presentados en los años 1997 y 2001, aunque constituyan un valioso aporte, constituyeron solamente un importante punto de partida para la elaboración del proyecto de ley que nos ocupa, era insuficiente para cumplir la importante tarea a la que está llamada una Ley de Procedimiento Administrativo. Era preciso, entonces, elaborar, partiendo del mismo, un texto de mayor entidad, que debería, obviamente, ser consultado y consensuado con los diferentes sectores de la sociedad civil, abogados, jueces, ciudadanía, y el poder Ejecutivo; y co-redactado, por los mejores técnicos internacionales en la materia.

Al establecer un sistema uniforme y armónico mediante una ley del procedimiento administrativo, se le proporciona al estado-administrador y al ciudadano administrado una relación directa con reglas claras, fortaleciéndose, así, el Estado de Derecho, la gobernabilidad, la transparencia en el manejo de la cosa pública, así como el cumplimiento del principio de legalidad y el de la seguridad jurídica.

La aprobación de una Ley en la que se recoja el Régimen Jurídico de las Administraciones Públicas y el Procedimiento Administrativo Común en Nicaragua, viene a dar respuesta a muchas y muy variadas necesidades. Todas ellas de singular importancia para este país, pero principalmente, nos acercaríamos a la práctica de una buena administración pública:

1. Es el complemento imprescindible para completar el ordenamiento jurídico-administrativo de Nicaragua, que lenta pero firme y laboriosamente se ha ido forjando durante los últimos años.

2. La Ley cuya elaboración se propugna, viene a constituir una suerte de Código Básico para la regulación de las Administraciones Públicas, en las que se recoge el régimen esencial de este importante parte del Sector Público. Su aprobación conlleva, por ello, una importante labor uniformadora de su funcionamiento, que trae consigo una serie de ventajas relevantes.

En primer lugar, garantiza un trato similar, y por tanto no discriminatorio, para los administrados, en cuanto va a definir un conjunto de garantías básicas de las que disfrutaran los ciudadanos en sus relaciones con cualquier Administración pública, con independencia del concreto ente administrativo y de la parte del territorio de Nicaragua en que se encuentre.

Consecuencia lógica de la importante simplificación que supone para el aprendizaje del Derecho administrativo la existencia de un marco básico común, cuyo conocimiento supone ya la adquisición de unas competencias notables para el ejercicio de las funciones administrativas, en cuanto la normativa sectorial no contiene más que simples especificaciones de ese marco general, para adecuar la normativa a las características y necesidades específicas de cada sector.

Las ventajas frente al sistema actual, que comporta la utilización de una multiplicidad de normas, dispersas y carentes, en muchos casos de la mínima coherencia y unidad que requiere un sistema jurídico son evidentes.

3. Constituye una importante garantía tanto para el mayor acierto de las decisiones administrativas, como de una correcta tutela de los derechos de los administrados. La normativa que nos ocupa encauza el funcionamiento de la Administración Pública obligándola a seguir una línea de actuación ordenada y sistemática.

Frente a la arbitrariedad que se manifiesta en su acción en el momento presente, supone la articulación de un procedimiento adecuado y ordenado, que asegure una valoración suficiente de los intereses públicos y privados que están presentes en la toma de cada decisión. Lo que amplia notablemente la garantía de acierto de la decisión.

Esto provoca, además, una mayor confianza de la ciudadanía en el funcionamiento de la Administración, en cuanto permite a aquélla conocer que ésta no actúa de forma caprichosa y según sus deseos, sino siguiendo un discurrir prefijado y adecuado a las necesidades que tiene que resolver. Lo que provoca que vea en ella un ente encargado de la aplicación del ordenamiento jurídico, y no un arbitrario poder que decide según su propia voluntad.

4. Fomenta la participación de los ciudadanos en el desarrollo de las tareas administrativas y la transparencia en el desarrollo de éstas. La Ley que nos ocupa tiene entre sus principales contenidos la regulación de los procedimientos, trámites y derechos de los administrados a través de los que se permite a éstos, tomar conocimiento de la actuación desarrollada por la Administración y hacer llegar de forma efectiva su voz a los administrados.

Con ello se diseña una acción administrativa más coherente y adecuada a los derechos de los administrados, en cuanto se ha tenido en cuenta al diseñar ésta sus inquietudes y opiniones. A la par que se democratiza el funcionamiento de las instituciones públicas, para las que el ciudadano ya es un sujeto sometido a su poder de mando, sino un sujeto dotado de derechos, que participa activamente en la toma de decisiones que le afecta.

5. Favorece una correcta tutela del ciudadano frente a las decisiones que le perjudiquen. Al fijar un sistema de reclamaciones administrativos único, aplicable a todas las decisiones administrativas, facilita el conocimiento por parte del ciudadano de los procedimientos y trámites a través de los cuales puede hacer valer sus intereses. La Administración deja de ser, así, una realidad inaccesible, refugiada en una compleja y oscura normativa que lleva al ciudadano a desistir de la defensa de sus derechos; para convertirse en una realidad sujeta a unos controles claros y uniformes, a través de los que el administrado puede actuar fácilmente.

6. Muy importante para el contexto jurídico nicaragüense, marcado por la existencia de importantes carencias normativas en muchos ámbitos, es el carácter genérico del procedimiento administrativo que debe diseñar la ley. La Ley que nos ocupa no viene a fijar un procedimiento apto para una determinada materia o materias, sino un conjunto de trámites con los que se puede armar un procedimiento adecuado a cada concreta necesidad.

Esto permite que siempre que se cumplan las exigencias procedimentales mínimas que la Ley impone para la toma de cualquier decisión administrativa, la normativa sectorial podrá establecer las especialidades que requiera cada concreto campo de acción administrativa. Por lo que la aprobación de la ley uniforme, estableciendo unas garantías mínimas para todo procedimiento, pero sin introducir ningún tipo de rigidez para el funcionamiento de la Administración.

7. El proyecto de ley establece el Derecho a ser oído antes de que se vea afectada por una medida individual negativa. Se trata de una defensa del individuo en cualquier procedimiento administrativo que pueda dar lugar a una decisión que le pueda afectar negativamente. Por lo tanto, el derecho a ser oído se lo denomina también derecho a la defensa.

En concreto, el derecho incluye el derecho a ser informado por la autoridad administrativa, cuando los intereses de la persona en cuestión puedan verse seriamente afectados por la decisión y cuando la persona afectada pueda ser sancionada con una multa financiera. También ofrece a la persona el derecho a posicionarse, aunque no necesariamente a una audiencia oral. Por último, la persona afectada tiene el derecho a que se consideren sus declaraciones, pero no con respecto a una decisión específica.

La violación del derecho a ser oído sólo dará lugar a la anulación de la decisión, si el proceso hubiera llegado a otro resultado sin esta violación.

8. El proyecto hace mención a que los ciudadanos tiene los archivos que están en posesión de la administración pública. El derecho de acceso está sujeto a limitaciones. Especialmente relevante son los intereses legítimos de la confidencialidad y el secreto profesional.

El permiso de acceso al expediente o la denegación del acceso por motivos de conflicto legales, requieren la consideración y la toma de una decisión particular para cada caso. Cuando se deniega el acceso, la decisión de impugnar no puede basarse en la información retenida.

Artículo 28.- Acceso a archivos y obtención de copias:

1. Los interesados o los que tienen un interés legítimo tienen derecho a acceder a los archivos, registros públicos y a los documentos que obren en poder de las Administraciones Públicas, así como a obtener certificados o copias legalizadas de tales documentos cualquiera que sea la forma de expresión, gráfica, sonora, en imagen, electrónicas u otras, o el tipo de soporte material en que figuren.

**3.** A los efectos previstos en el numeral anterior del derecho de acceso y obtención de certificados y copias no podrá ser ejercido sobre los siguientes expedientes:

1. Los que se considere información pública reservada, de acuerdo al artículo 15 de la Ley de acceso a la información pública.

2. Los sujetos a reserva o los protegidos por los secretos comercial, bancario, industrial, tecnológico y financiero, establecido en el artículo 15, inciso, c de la Ley de acceso a la información pública

**9.** El proyecto subraya el deber de la administración de justificar sus decisiones, y por lo tanto se deduce un derecho de los afectados a la justificación de una decisión. Principalmente, el deber de la justificación tiene el objetivo de permitir a los afectados salvaguardar sus derechos ante una decisión que implica obligaciones para ellos. Además, contribuirá al auto-control de la administración y a garantizar su control legal por los tribunales.

En consecuencia, en cada caso concreto, la motivación debe reflejar las deliberaciones de las instituciones de manera muy clara e inequívoca, tanto para que los afectados puedan entender las razones de las decisiones sobre la protección de sus derechos, como para que los tribunales puedan garantizar el control legal. Sin embargo, no es necesario que se nombren todos los puntos de hecho y de derecho.

Una justificación insuficiente lleva a una decisión errónea y no puede ser repetida posteriormente. Sin embargo, el error lleva solamente la anulación de la decisión cuando se trate de una violación sustancial de procedimientos; para ello hay que analizar cada caso concreto.

**10.** Asimismo, el proyecto contempla el derecho de dirigirse por escrito a la Administraciones Publicas; no solamente en español, sino también en las lenguas de las regiones autónomas.

Artículo 24. Idioma de los procedimientos:

1. El idioma oficial del Estado es el español, de acuerdo al artículo 11 de la Constitución Política de Nicaragua

2. En los procedimientos tramitados por las Administraciones publicas de la Costa Atlántica, se ajustará a lo previsto en la Constitución Política y el Estatuto de Autonomía de la Costa Atlántica.

3. Sí ante una autoridad administrativa se presentarán solicitudes en idioma extranjero, la autoridad debe exigir la presentación de una traducción legalizada o realizada por un traductor oficialmente certificado.

También, el Proyecto se refiere, al principio de legalidad, no discriminación, etc.

El proyecto de ley fue consultado ampliamente con la Procuraduría General de la República de Nicaragua, la Fiscalía de la República de Nicaragua, Corte Suprema de Justicia, el Consejo Superior de la Empresa Privada, el Ejército de Nicaragua, la Policía de Nicaragua, Catedráticos universitarios, abogados de prestigio, red de consumidores y la sociedad civil.

Asimismo, se realizó un seminario en la sede de la Asamblea Nacional, en donde se recibió observaciones al proyecto. La Corte Suprema de Justicia, por medio de su Vice-Presidente Doctor Marvin Aguilar, y la Procuraduría General de la República, por medio del Procurador Hernán Estrada, realizaron observaciones al proyecto, las cuales fueron acertadas y contribuyeron a mejorar el proyecto de ley.

Asimismo, el presidente de la Comisión de Justicia, pidió un dictamen, a la Escuela Gallega de Administración Pública.

En la actualidad, el proyecto de ley ha sido presentado a la Primer Secretaria de la Asamblea Nacional.

De ser aprobado este proyecto de ley, pasaríamos, de una mala administración, donde el ciudadano, ha sido atropellado por la Administración, a una buena administración en donde se respete los derechos de los ciudadanos frente a la Administración pública.

# LA PARTICIPACIÓN EN EL PROCEDIMIENTO Y EL DERECHO A LA "BUENA ADMINISTRACIÓN"[1]

*ALEJANDRO PÉREZ HUALDE*[*]
*"EN TANTO QUE TODOS LOS CIUDADANOS NO SEAN VIRTUOSOS NO LO SERÁ EL ESTADO, PORQUE TODOS DEBEN TOMAR PARTE EN LA GESTIÓN DE LOS NEGOCIOS PÚBLICOS"*[2]

## ANTECEDENTES

La Constitución Europea contiene referencias concretas al tema que nos ocupa en el art. I-50, p. 1 donde afirma que "a fin de fomentar una buena gobernanza y de garantizar la participación de la sociedad civil, las instituciones, órganos y organismos de la Unión actuarán con el mayor respeto posible al principio de apertura". Nos deja el mensaje de que la buena administración y la participación se conciben entrelazadas como partes que se necesitan esencialmente; podríamos decir, inseparables, soldados uno con el otro de tal modo que no es posible escindirlos.

Como resultado de numerosas conferencias Iberoamericanas de Ministros de Administración y sucesivas Cumbres –también iberoamericanas– de Jefes de Estado y de Gobierno, bregando por una mejora en la calidad de la gestión y de la administración en nuestros países, en la última de éstas, celebrada en Caracas en octubre de 2013, se ha aprobado la *"Carta Iberoamericana de los Derechos y Deberes del Ciudadano en Relación con la Administración Pública"*; en esa oportunidad se invoca expresamente el mandato recibido por la XV Conferencia Iberoamericana de Ministros celebrada en Panamá en junio del mismo año.

Esta "Carta de derechos y deberes" es consecuencia y fruto de otras anteriores, también impulsadas por el CLAD[3], como las de "Función Pública", de "Gobierno

---

[1] Este trabajo se ha elaborado actualizando el expuesto en la Universidad Austral en 2005, publicado bajo el nombre de "Elaboración participativa de normas: mecanismo de control", en *Jornadas Organizadas por la Universidad Austral*, Facultad de Derecho, Cuestiones de procedimiento administrativo, Ediciones RAP, Buenos Aires, 2006, p. 577.

[*] Profesor de Derecho Administrativo en la Universidad Nacional de Cuyo; Profesor de Derecho Público Económico la Universidad de Mendoza y Profesor de Regulación de la Economía y Servicios Públicos en la Universidad Austral.

[2] Aristóteles, *La política, Libro Cuarto, Capítulo XII*, que se titula De la república perfecta.

Electrónico", de "Calidad en la Gestión Pública", de "Participación Ciudadana en la Gestión Pública" y del "Código Iberoamericano de Buen Gobierno", y se orientan a la persecución de la mejora constante y permanente de las condiciones de vida de las personas[4] en procura de que puedan ejercer en mejores condiciones todos sus derechos humanos.

El Preámbulo de la "Carta de derechos y deberes" reza su compromiso: "La buena Administración Pública es, pues, una obligación inherente a los Poderes Públicos en cuya virtud el quehacer público debe promover los derechos fundamentales de las personas fomentando la dignidad humana de forma que las actuaciones administrativas armonicen criterios de objetividad, imparcialidad, justicia y equidad, y sean prestadas en plazo razonable"; coloca así a la persona y sus derechos fundamentales en el centro mismo de este desarrollo[5]. Y remata la idea con la aseveración de que "el estatuto del ciudadano en relación con la Administración Pública está compuesto por el derecho fundamental a la buena administración y sus derechos componentes, así como por los deberes que definen también la posición jurídica del ciudadano".

Entre los principios de una buena administración, reconocido como derecho fundamental en la mencionada *"Carta de derechos y deberes"*, se incluye expresamente –y en forma directa– el *"principio de participación"* que posibilita a los ciudadanos *"estar presentes e influir en todas las cuestiones de interés general a través de los mecanismos previstos en los diferentes ordenamientos jurídicos de aplicación. Igualmente, se propiciará que los ciudadanos participen en el control de la actividad administrativa de acuerdo con la Legislación administrativa correspondiente"*... y también que *"los ciudadanos interesados participen, individual o colectivamente, también a través de sus legítimos representantes, en el procedimiento de elaboración de las normas administrativas que puedan afectarles"*[6].

Y también se refiere a la participación en forma indirecta cuando se refiere al principio *"promocional"* a fin de posibilitar la definición del interés general[7].

Asimismo, entre los derechos derivados del derecho fundamental a la "buena administración", la nueva "Carta" incluye el "derecho de participación en las actuaciones administrativas en que tengan interés, a través de audiencias y de informaciones públicas"... y también a participar "en los procedimientos de elaboración de disposiciones de carácter general"[8]. Nos interesa en especial este último, la participación en la elaboración de normas de alcance general.

---

[3]    Centro Latinoamericano de Administración para el Desarrollo.

[4]    Sobre la diferenciación de empleo de los términos *"ciudadano"*, *"administrado"*, *"habitante"*, etc. a los efectos del ejercicio de derechos frente a la administración y sus procedimientos, ver Antonio Embid Irujo, *El ciudadano y la administración*, Ministerio de Administraciones Públicas, Madrid, 1996.

[5]    Sin dudas se trata de un texto cuyo antecedente se registra en Jaime Rodríguez-Arana Muñoz, *El buen gobierno y la buena administración de instituciones públicas. Adaptado a la Ley 5/2006 de 10 de abril*, Thomson Aranzadi, Navarra, 2006, p. 34.

[6]    Capítulo Segundo, punto 13.

[7]    Capítulo Segundo, punto 3.

[8]    Capítulo Tercero, punto 32.

El sostén de este principio y del derecho derivado es el antecedente, expresamente invocado, de la *"Carta Iberoamericana de Participación Ciudadana en la Gestión Pública"* aprobada por la XI Conferencia Iberoamericana de Ministros de Administración Pública y Reforma del Estado en Lisboa en junio de 2009 y adoptada por la XIX Cumbre Iberoamericana de Jefes de Estado y de Gobierno en Estoril en noviembre del mismo año. Allí se destacó cómo el derecho a la participación *"es apreciado como un derecho de todo habitante iberoamericano con respecto a la gestión pública del país en que reside en el ejercicio de los derechos que le conciernen o, en su caso, a la gestión pública vinculada a los procesos de integración regional o subregional"*.

Y este derecho es conceptualizado como un *"proceso de construcción social de las políticas públicas que, conforme al interés general de la sociedad democrática, canaliza, da respuesta o amplía los derechos económicos, sociales, culturales, políticos y civiles de las personas, y los derechos de las organizaciones o grupos en que se integran, así como los de las comunidades y pueblos indígenas"*... señalándose expresamente que "es consustancial a la democracia"[9].

En el derecho argentino ha irrumpido el derecho a la participación en la elaboración de normas hace algunos años, antes de los antecedentes regionales mencionados en este punto, gracias a un decreto del Poder Ejecutivo –que evidenció una autolimitación de facultades que implica una actitud por demás democrática– pero su aplicación concreta ha experimentado avatares que ha dificultado su vigencia plena.

## I. LA FORMULACIÓN NORMATIVA

El Dec. 1172/2003 del Gobierno de la Nación[10] aprueba, entre otros instrumentos, el *"Reglamento General para la Elaboración Participativa de Normas"* (Anexo V), en cuyo art. 3° se expresa con claridad que *"La Elaboración Participativa de Normas constituye un mecanismo por el cual se habilita un espacio institucional para la expresión de opiniones y propuestas respecto de proyectos de normas administrativas y proyectos de ley para ser elevados por el Poder Ejecutivo Nacional al Honorable Congreso de la Nación"*.

La norma nacional expone entre sus fundamentos "que la Constitución Nacional garantiza el principio de publicidad de los actos de Gobierno y el derecho de acceso a la información pública a través del art. 1°, de los arts. 33, 41, 42, y concordantes del Capítulo Segundo –que establece nuevos Derechos y Garantías– y del art. 75 inc. 22, que incorpora con jerarquía constitucional diversos Tratados Internacionales"; y también "que para lograr el saneamiento de las Instituciones debe darse un lugar primordial a los mecanismos que incrementan la transparencia de los actos de gobierno, a los que permiten un igualitario acceso a la información y a los que amplían la participación de la sociedad en los procesos decisorios de la administración".

---

9    Capítulo Primero, puntos 2 y 3, *"Concepto de participación"*.

10   Corresponde a la presidencia de Néstor Carlos Kirchner quien asumió el 25 de mayo de 2003; esta advertencia se debe a que se registra otro decreto presidencial con igual número correspondiente al período enero-mayo del presidente provisional Eduardo Duhalde.

Como consecuencia de ella hasta la fecha se han dictado cerca de cincuenta normas de rango inferior, resoluciones, disposiciones, etc., con el objetivo de hacer efectiva esa participación y también el acceso a la información pública que ella implica como imprescindible.

## 1. *Base supraconstitucional, constitucional y antecedentes legislativos*

La presencia de mecanismos de participación en la elaboración de las normas de efectos generales ha sido considerada implícita en la Constitución Nacional por la doctrina desde hace ya tiempo[11] y se encuentra exigida como obligación de los Estados por norma supranacionales que nos obligan expresamente por haber sido incorporadas en forma expresa (art. 75 inc. 22 CN).

Esos instrumentos son el Pacto de San José de Costa Rica (art. 23.1), la Declaración Universal de los Derechos Humanos (art. 21.1), el Pacto Internacional de los Derechos Civiles y políticos (art. 25) y la Declaración Americana de los Derechos y Deberes del Hombre (art. XX)[12].

Este mecanismo de participación ya registraba como antecedentes legislativos nacionales inmediatos el art. 107 del Dec. 1759/72, reglamentario de la Ley Nacional de Procedimientos Administrativos –derogado luego por el Dec. 1883/91–, y las leyes 24065 y 24076, regulatorias –respectivamente– de los servicios públicos de provisión de electricidad y gas natural, que imponen la audiencia pública como necesaria en la elaboración de la actividad reglamentaria de los entes reguladores respectivos creados por esos instrumentos normativos.

El decreto reglamentario de la Ley 24076 (1738/92) establece en su Anexo I, arts. 65 a 70, inc. 10) que "*La sanción de normas generales será precedida por la publicidad del proyecto o de sus pautas básicas y por la concesión de un plazo a los interesados para presentar observaciones por escrito. Excepcionalmente podrá recurrirse al procedimiento de audiencia pública a este efecto cuando la repercusión pública del tema así lo justifique*".

En este orden, destaca Boullaude[13] que "por haber soslayado el ente regulador el procedimiento de participación previa requerido en oportunidad de dictarse la Resolución ENARGAS N° 2247/01 (mediante la cual se había modificado el procedimiento de atención de reclamos aprobado por Resolución ENARGAS N° 124/95), se produjo su declaración judicial de nulidad[14]. Luego de lo cual mediante Resolución ENARGAS N° 2973 del 29/03/04 el ente regulador sometió el reglamento anulado al procedimiento de elaboración participativa aquí comentado, invitando a la ciudadanía a expresar sus opiniones y propuestas".

---

[11]  Gordillo, Agustín A. *La administración paralela*, Cuadernos Civitas, Madrid, 1982, p. 32.

[12]  Gordillo, Agustín A. *Tratado de Derecho Administrativo*, tomo 2, 4° edición, Fundación de Derecho Administrativo, Buenos Aires, 2000, p. XI-4.

[13]  Boullaude, Gustavo. "El Decreto 1172/03 y los servicios públicos", en *Revista de Derecho Administrativo*, N° 51, Lexis Nexis, 2005, p. 133-141.

[14]  CNACAF, Sala III, expte. 29034/01 "Distribuidora de Gas del Centro S.A. c/Resolución 2247/01 ENARGAS", del 30/10/03.

En este mismo sentido, nuestra provincia de Mendoza ha dictado recientemente el Dec. 291/2005 por el cual se aprueba el *"Acuerdo de Compromiso Público de Transparencia de Gobierno"* donde se propone expresamente *"asumir un compromiso concreto en convertir a las medidas que garanticen la participación ciudadana y la transparencia en políticas de Estado"*.

Finalmente, cabe destacar el ejemplo brindado por el art. 8° del Dec. 1023/2001, Reglamento de Contrataciones del Estado Nacional, donde se propone que *"Cuando la complejidad o el monto de la contratación lo justifique, a juicio de la autoridad competente, el llamado deberá prever un plazo previo a la publicación de la convocatoria, para que los interesados formulen observaciones al proyecto de pliego de bases y condiciones particulares, conforme lo determine la reglamentación"*. Este sistema fue puesto en práctica en Mendoza con motivo de la licitación del actual Park Hyatt Mendoza (ex Hotel Plaza) donde se dio participación amplia a entidades ambientalistas y paisajistas de la provincia.

### 2. La opinión de la doctrina, antecedentes en organismos extranjeros y jurisprudencia provincial

La doctrina ha entendido que estos procedimientos contribuyen a *"1) la posibilidad de mejorar sensiblemente la calidad de las normas, 2) la mayor protección de los intereses particulares potencialmente afectados, 3) otorgar una mayor legitimación "democrática" y facilitar la aplicación de las normas"*[15]. En igual sentido se ha pronunciado doctrina y jurisprudencia extranjeras[16].

Julio Rodolfo Comadira ha entendido que estamos frente a un mecanismo de *"participación procedimental no defensiva de otorgamiento discrecional"*[17]. Considera que se trata de una participación *procedimental* porque se produce sin integrar al partícipe orgánicamente a la Administración, *no defensiva* porque no tiene por finalidad la defensa de algún derecho sino la de opinar y colaborar; y *de otorgamiento discrecional* porque se deja en las manos de la autoridad administrativa la iniciativa y posibilidad real de que se produzca efectivamente esa participación.

Cabe tener en cuenta que organismos extranjeros especialistas en materia de protección del medio ambiente han recomendado la introducción de mecanismos de participación en los procedimientos. Así ocurrió cuando, el 2 de julio de 2001, el Gobierno de Argentina solicitó formalmente la inclusión de la *"Laguna de Llancanelo"*, ubicada en el sur de la provincia de Mendoza, en el *"Registro de Montre-*

---

[15]    Bruno Dos Santos, Marcelo A., Fernández, Pablo M. Lamel y López Olvera, Miguel Alejandro. "La participación pública y el acceso a la información: herramientas para mejorar la calidad institucional, Comentarios al Derecho, 1.172/2003", en *RAP, Circular Letter N° 37 del 9-12-2004*.

[16]    Trayter Jiménez, Juan Manuel. *¿Son nulos los reglamentos elaborados sin respetar el trámite de audiencia?*, Tecnos, Madrid, 1992, p. 9; y también pueden compulsarse los antecedentes detallados por Sacristán, Estela B. Audiencia pública y otros procedimientos consultivos en el dictado de actos administrativos de alcance general (nulidades por su omisión), en *Revista de Derecho Administrativo*, N° 30/31, Depalma, enero-agosto, 1999, p. 169.

[17]    Comadira, Julio Rodolfo. "El principio de participación ciudadana en la función administrativa (con especial referencia a la formación de la voluntad de la Administración y a la selección de autoridades públicas)", en *El Derecho*, 29-04-2005, p. 1.

*aux"*, que agrupa aquellos sitios *"Ramsar"* donde consideró necesaria una atención urgente para garantizar su conservación. Asimismo, solicitó a la Oficina de la Convención, la aplicación de una *"Misión Ramsar de Asesoramiento"* con el fin de recibir sugerencias tendientes a solucionar los problemas que se presentaban en el lugar. Esta Misión Ramsar de Asesoramiento, luego de su visita, dictaminó que: *"Es necesario establecer mecanismos de participación y consenso que permitan la planificación, regulación, control y monitoreo adecuado de las distintas actividades, como por ejemplo a través de un comité coordinador y asesor".*

Consecuentemente, frente al riesgo que implicaba la explotación petrolera de un yacimiento ubicado debajo de la mencionada laguna, la Suprema Corte de Justicia de la provincia de Mendoza consideró que *"no cabe duda acerca del riesgo cierto de coexistencia de la fauna perteneciente a la 'reserva fáunica' con el proyecto petrolero autorizado por la Resolución impugnada; consecuentemente, tampoco cabe duda acerca de la necesidad de la previa delimitación del área exigida por los Tribunales de primera y segunda instancias. La delimitación del área deberá respetar los principios de participación propia de la actividad reglamentaria de la Administración y no podrá ser una exclusiva determinación unilateral de alguna repartición dependiente de la provincia demandada"[18].*

### 3. El decreto 1172/2003 anexo "V"

Afirma Sacristán que *"la participación en audiencia pública, o mediante otra modalidad participativa, en forma previa al dictado de los reglamentos, consagra la función democratizadora del procedimiento administrativo"[19].*

Por su parte, Alfredo Vítolo nos recuerda que *"el control del poder se constituye en un elemento indispensable del concepto de constitución ya que 'solo si existe control de la actividad estatal puede la Constitución desplegar su fuerza normativa, y sólo si el control forma parte del concepto de constitución puede ser entendida ésta como norma"[20].*

Hace tiempo que el control institucional y constitucional en nuestro ordenamiento jurídico enfrenta una verdadera crisis. Todavía existen reductos donde impera el secreto, como ocurre en algunos procedimientos de renegociación de contratos públicos –el caso de aeropuertos–, o situaciones donde el organismo de control se encuentra bajo tutela administrativa del controlado –como es el caso de los entes reguladores de los servicios públicos. También es cierto que se ha procurado incrementar la cantidad de resortes tendientes a obtener una recuperación del control que permita la expansión normativa de nuestra constitución.

---

[18]  Causa N° 78.245 caratulada: *"YPF Sociedad Anónima en N° 80.866 Asociación Oikos Red Ambiental c/ Gobierno de la Prov. de Mendoza. p/ Acción de Amparo S/Inconstitucionalidad y Casación"*, del 11 de marzo de 2005.

[19]  Sacristán, *ob. cit.*, p. 191.

[20]  Vítolo, Alfredo M. "La crisis del sistema constitucional de control del poder", en *Derecho Administrativo, 2004, año 16*, Lexis Nexis, p. 36; el autor cita a Manuel Aragón, *Constitución y control del poder*, Ciudad Argentina, Buenos Aires, 1995, p.12.

La disposición se encuadra en las vías de participación ciudadana en la gestión pública, y –más concretamente– en la *"formación de las decisiones"* de rango normativo por su alcance de tipo general.

La norma expresa con claridad su intención de constituirse en un *"mecanismo por el cual se habilita un espacio institucional para la expresión de opiniones y propuestas respecto de proyectos de normas administrativas y proyectos de ley"* (art. 3°) para perseguir su finalidad de *"permitir y promover una efectiva participación ciudadana en el proceso de elaboración de reglas administrativas y proyectos de ley"* (art. 4°).

Con acierto, la reglamentación se propone el respeto a los *"principios de igualdad, publicidad, informalidad y gratuidad"* (art. 5°)[21] con la debida aclaración de que las opiniones y propuestas *"no tienen carácter vinculante"* (art. 6°).

La legitimación para participar del procedimiento alcanza a *"toda persona física o jurídica, pública o privada, que invoque un derecho o interés simple, difuso o de incidencia colectiva, relacionado con la norma a dictarse"* (art. 9°). Es importante destacar, a los efectos de ponderar su carácter de mecanismo de control, que el procedimiento no se inicia sino *"mediante acto administrativo expreso de la Autoridad Responsable"* (art. 10°) que es *"el área a cargo de la elaboración de la norma a dictarse"* (art. 7°) y su máxima autoridad es quien dirige el procedimiento. Existe la posibilidad de provocar la iniciación del trámite mediante una petición a la Autoridad Responsable quien está obligada a contestar fundamente dentro de los treinta días (art. 11°).

La norma regula un procedimiento de presentación y trámite para luego concluir en que cuando se dicte el acto de naturaleza general *"en los fundamentos de la norma debe dejarse constancia de la realización del procedimiento de Elaboración Participativa de Normas, de los aportes recibidos y de las modificaciones incorporadas al texto como consecuencia del mismo"* (art. 20°).

## 4. *Balance crítico*

A la luz de nuestras expectativas respecto de la participación ciudadana en la elaboración de normas como resorte de recuperación de mecanismos de control que permitan detener el franco deterioro de nuestra calidad institucional, el mecanismo parece demasiado limitado. El carácter facultativo, *"de otorgamiento discrecional"* en palabras de Comadira, para la autoridad responsable de la norma lo coloca –de hecho– fuera del ámbito de los mecanismos de control efectivo.

La dependencia de la iniciativa de la autoridad responsable, sumada a la nota de su mera consideración en la motivación posterior de la norma producida como resultado del procedimiento hace que el mecanismo, de hecho, dependa de la autoridad que se ve controlada en su actividad.

---

21    Principio receptado luego en la *"Carta Iberoamericana de Participación"*, ya mencionada, en su Capítulo Primero: objeto, fundamentos y principios de la participación ciudadana en la gestión pública, punto 10, inc. d bajo la forma de imperativo: *"para que los ciudadanos y las ciudadanas puedan ejercer efectivamente su derecho de participación en la gestión pública, ésta tiene que ser gratuita"*.

El principio debería ser el inverso. Debió seguirse el sistema implementado por el marco regulatorio de la distribución del gas natural. La participación debió ser obligatoria aún cuando no vinculante en su contenido. Cercano a este razonamiento estuvo la Corte Suprema de Justicia en el caso *"Vertbisky"* cuando decidió *"encomendar al Poder Ejecutivo de la Provincia de Buenos Aires para que a través de su Ministerio de Justicia organice la convocatoria de una mesa de diálogo a la que invitará a la accionante y restantes organizaciones presentadas como amicus curie, sin perjuicio de integrarla con otros sectores de la sociedad civil, debiendo informar a esta Corte cada sesenta días de los avances logrados"*[22].

Siguiendo la clasificación de Comadira, consideramos que la participación debió ser *"tutelada"*, y no de *"otorgamiento discrecional"*, por cuanto el carácter *"defensivo"* de esa participación no puede descartarse *"ab initio"* cuando estamos frente a la actividad reglamentaria de la Administración.

Sin pretender actitudes abusivas tendientes a capturar la voluntad de los participantes, sobre las que ha advertido acertadamente Sacristán[23], ni a producir un efecto enervante del poder propio de las instancias políticas, marcado por Comadira, consideramos que la norma debió comprender un régimen obligatorio no vinculante sin encasillarse en un solo procedimiento.

La participación abierta implica necesariamente arrojar luz sobre situaciones que pueden ser oscuras; el grado de participación efectiva es inversamente proporcional al grado de posibilidades de trámites corruptos. La corrupción necesita del secreto, de lo oculto. La participación, a esos fines, obstaculiza; pues, se ha dicho, que *"un sistema de corrupción logra establecerse cuando se desconoce o desprecia el sistema de reglas generales, a lo que se añade, en la generalidad de los casos, la debilitación de la democracia deliberativa, la sumisión del Poder Judicial al Ejecutivo y la absoluta discrecionalidad del gobierno de los funcionarios"*[24].

No pretendemos salvar a través de este mecanismo la penosa realidad de nuestros sistemas de control, pero estimamos que se trata de una oportunidad muy propicia, y que no debemos desperdiciar, para contribuir a una propuesta de mayor envergadura. Es evidentemente falso que con la eliminación de controles –en especial de aquellos de naturaleza participativa–, abrimos la vía apta para dotar a la Administración de la reclamada *"eficiencia"* y *"rapidez"* que solucionará todos los problemas que acucian a nuestras débiles democracias.

---

[22]    En el caso se trataba de organizar un sistema para aliviar y mejorar el trato de los detenidos en las cárceles de la provincia conforme al reclamo en juicio de la organización denominada CELS (Centro de Estudios Legales y Sociales) y el periodista que la dirige, Horacio Vertbisky. Corte Suprema, causa N° V. 856. XXXVIII.

[23]    Sacristán, Estela. "Participación previa y revisión judicial en los actos de alcance general", en *Lexis Nexis Jurisprudencia Argentina, número especial 2005-I, "Cuestiones actuales de los servicios públicos"*, 23-3-2005, p. 62.

[24]    Barbarosch, Eduardo. "Poder, corrupción y derecho. Un análisis de la corrupción desde la Teoría General del Derecho", en H.R. Sandler, B. Rajland, coordinadores, *Corrupción. Una sociedad bajo sospecha*, Facultad de Derecho y Ciencias Sociales de la Universidad Nacional de Buenos Aires, Instituto de Investigaciones Jurídicas y Sociales "Ambrosio L. Gioja", La Ley. Buenos Aires, 1997, p. 31.

Ya señaló el maestro Alberto A. Spota: *"la política busca la eficiencia para la comunidad a la que se refiere o para el propio poder político que la ejerce"...* *"en lo político, lo primero es continuar siendo poder y lo segundo ser más poder y por más tiempo"*[25].

Los negociados ilegales, los inexplicables, los corruptos y tramposos, los oscuros y no transparentes, son los que más necesitan de la ausencia de controles para su progreso y realización; son los que imperiosamente requieren de la fabricación del pretexto de *"la emergencia"* que tapa todo, que excluye el debate y de participación, que justifica el *"apuro"* que paraliza los mecanismos de defensa de la república.

Concluimos con esta reflexión que compartimos plenamente: *"La información es poder. Poder de decidir, poder de elegir, poder de participar, poder de ejercer sus derechos, poder de control, poder de justicia, poder de verdad... Una democracia se construye, y se construye a sí misma. Para ello, los ciudadanos deben contar con las herramientas necesarias para ejercer su soberanía sobre los asuntos públicos"*[26].

## II. REFLEXIÓN FINAL

Sostenemos que no hay que confundir la transparencia, que garantiza el derecho a conocer los procedimientos mediante los cuales se toman las decisiones con el acceso a los mecanismos de elaboración de esas decisiones[27]. Este segundo aspecto garantiza con mayor eficacia el combate contra la corrupción en la medida en que ésta necesita del secreto y del monopolio de la decisión política que son su caldo de cultivo más propicio[28].

La falta de participación distancia a la ciudadanía de sus autoridades, descompromete a ambos y esto contribuye a que los representantes se sientan totalmente desligados de sus representados y más propensos a ser influenciados por la corrupción. No propiciamos una asamblea deliberativa que sustituya a los representantes republicanos, pero sí una profundización y aumento efectivo de los canales de participación. Estadísticas argentinas recientes, de calidad indiscutible, publicadas en México por la UNAM, ponen en evidencia que el 93% de los consultados opina que en el Congreso Nacional se toman decisiones sin pensar en la gente[29].

Se trata no sólo del acercamiento de los ciudadanos a sus autoridades y representantes sino de su inmersión en las leyes; de hacerlos copartícipes de la elaboración

---

25     Spota, Alberto Antonio. "Ética y política", en *El Derecho* del 30 de diciembre de 1997, p. 1.

26     Stancanelli, Pablo. "De la transparencia del Estado en una República", en *"Le Monde Diplomatique"*, año VII, N° 76, octubre de 2005, Buenos Aires, p. 7.

27     Garzón Valdés, Ernesto. "Acerca del concepto de corrupción", en Miguel Carbonell y Rodolfo Vázquez, coordinadores, *Poder, derecho y corrupción*, Instituto Federal Electoral, ITAM, Siglo XXI Editores, México, 2003, p. 40.

28     González Amuchástegui, Jesús. "Corrupción, democracia y responsabilidad política", en Carbonell y Vázquez (coord.), *Poder, derecho y corrupción...*, *ob. cit.*, p. 76.

29     Hernández, Antonio María, Zovatto, Daniel y Mora y Araujo, Manuel. *Encuesta de cultura constitucional. Argentina: una sociedad anómica*, Universidad Autónoma de México, Asociación Argentina de Derecho Constitucional e Idea Internacional, México, 2005, p. 74.

de las normas; de provocar la adhesión de los participantes a las normas en cuya elaboración han tenido la posibilidad de participar activamente.

Finalizamos con la afirmación de Gordillo: *"la clave del buen funcionamiento de un sistema está no tanto en su texto como en los valores con los cuales los ciudadanos efectivamente se comporten"*[30].

---

[30]    Gordillo, Agustín A. *La administración paralela*, Cuadernos Civitas, 1ra reimpresión, Madrid, 1997, p. 27.

# CARTA IBEROAMERICANA DE LOS DERECHOS Y DEBERES DEL CIUDADANO EN RELACIÓN CON LA ADMINISTRACIÓN PÚBLICA

*APROBADA POR EL CONSEJO DIRECTIVO DEL CLAD*
*EN REUNIÓN PRESENCIAL-VIRTUAL*
*CELEBRADA DESDE CARACAS EL 10 DE OCTUBRE DE 2013*
*EN CUMPLIMIENTO DEL MANDATO RECIBIDO POR LA*
*XV CONFERENCIA IBEROAMERICANA DE MINISTRAS Y MINISTROS*
*DE ADMINISTRACIÓN PÚBLICA Y REFORMA DEL ESTADO*
*CELEBRADA EN CIUDAD DE PANAMÁ LOS DÍAS 27 Y 28 DE JUNIO DE 2013*

## PREÁMBULO

El Estado Social y Democrático de Derecho otorga una posición jurídica a la persona, un estatus de ciudadano en sus relaciones con la Administración Pública. En efecto, ahora los ciudadanos ya no son sujetos inertes, simples receptores de bienes y servicios públicos; son protagonistas principales de los asuntos de interés general y disponen de una serie de derechos, siendo el fundamental el derecho a una buena Administración Pública, a una Administración Pública que promueva la dignidad humana y el respeto a la pluralidad cultural. En efecto, la Administración Pública, en sus diferentes dimensiones territoriales y funcionales, está al servicio de la persona atendiendo las necesidades públicas en forma continua y permanente con calidad y calidez.

Los poderes del Estado derivan del consentimiento de los ciudadanos, debiéndose buscar un equilibrio entre dichos poderes como entre derechos y deberes de las personas. En su representación, legisladores, ejecutivos y jueces ejercen el poder que les corresponde. Como administradores y gestores de estos poderes del Estado, deben rendir cuenta permanentemente de su ejercicio ante toda la ciudadanía a través de los diferentes mecanismos que los ordenamientos jurídicos nacionales establecen.

En el marco del complejo Gobierno-Administración Pública, núcleo en el que se realiza la definición e implementación de las políticas públicas propias del Poder Ejecutivo, ha ido cobrando especial relieve en los últimos tiempos la obligación de las instancias públicas de proceder a una buena Administración Pública, aquella que se dirige a la mejora integral de las condiciones de vida de las personas. **La buena Administración Pública** es, pues, una obligación inherente a los Poderes Públicos en cuya virtud el **quehacer público debe promover los derechos fundamentales**

**de las personas fomentando la dignidad humana de forma que las actuaciones administrativas armonicen criterios de objetividad, imparcialidad, justicia y equidad, y sean prestadas en plazo razonable.**

Desde la centralidad del ser humano, principio y fin del Estado, el interés general debe estar administrado de tal forma que en su ejercicio las diferentes Administraciones Públicas hagan posible el libre y solidario desarrollo de cada persona en sociedad. Es decir, hace a la condición de la persona, es inherente al ser humano, que el Gobierno y la Administración del interés general se realice en forma que sobresalga la dignidad y todos los derechos fundamentales del ciudadano.

En lo que a esta Carta respecta, excepto en los casos en que los derechos estén circunscritos a los titulares de derechos políticos, el concepto de ciudadano se usará con alcance equivalente al de persona o habitante.

La buena Administración Pública adquiere una triple funcionalidad. En primer término, es un principio general de aplicación a la Administración Pública y al Derecho Administrativo. En segundo lugar, es una obligación de toda Administración Pública que se deriva de la definición del Estado Social y Democrático de Derecho, especialmente de la denominada tarea promocional de los poderes públicos en la que consiste esencialmente la denominada cláusula del Estado social: crear las condiciones para que la libertad y la igualdad de la persona y de los grupos en que se integra sean reales y efectivas, removiendo los obstáculos que impidan su cumplimiento y facilitando la participación social. En tercer lugar, desde la perspectiva de la persona, se trata de un genuino y auténtico derecho fundamental a una buena Administración Pública, del que se derivan, como reconoce la presente Carta, una serie de derechos concretos, derechos componentes que definen el estatuto del ciudadano en su relación con las Administraciones Públicas y que están dirigidos a subrayar la dignidad humana.

La buena Administración Pública, sea como principio, como obligación o como derecho fundamental, no es ciertamente una novedad de este tiempo. La Administración Pública siempre ha estado, está, y seguirá estando, presidida por el muy noble y superior principio de servir con objetividad al interés general. Ahora, con más medios materiales y más personal preparado, tal exigencia en el funcionamiento y estructura de la Administración Pública implica que el conjunto de derechos y deberes que definen la posición jurídica del ciudadano esté más claramente reconocido en el ordenamiento jurídico y, por ende, sea mejor conocido por todos los ciudadanos.

La Administración Pública debe estar al servicio objetivo de los intereses generales. Unos intereses que en el Estado Social y Democrático de Derecho ya no se definen unilateralmente por las Administraciones Públicas. Por el contrario, los Poderes Públicos deben salir al encuentro de los ciudadanos para que de forma integrada y armónica se realice la gran tarea constitucional de la construcción democrática, profundamente humana, solidaria y participativa, de las políticas públicas. Una función que en este tiempo debe diseñarse desde las coordenadas de la participación social, tal y como se puso de relieve en la precedente Carta Iberoamericana de Participación Ciudadana en la Gestión Pública adoptada en Estoril el 1 de diciembre de 2009 por la XIX Cumbre Iberoamericana de Jefes de Estado y de Gobierno a iniciativa precisamente del Centro Latinoamericano de Administración para el Desarrollo.

En la medida que la ciudadanía ponga en valor su condición central en el sistema público, más fácil será que pueda exigir un funcionamiento de calidad de las Administraciones públicas. Si el ciudadano reclama ordinariamente, y de forma extraordinaria cuando sea menester, los derechos que se derivan del fundamental a una buena Administración Pública, el hábito de la rendición de cuentas y de la motivación de todas las decisiones de los poderes del Estado será una realidad.

El estatuto del ciudadano en relación con la Administración Pública está compuesto por el derecho fundamental a la buena administración y sus derechos componentes, así como por los deberes que definen también la posición jurídica del ciudadano. Derechos y deberes son expresiones de la naturaleza dinámica y activa que hoy el Estado Social y Democrático de Derecho demanda de los ciudadanos en sus relaciones con las Administraciones Públicas.

Todas las Constituciones Iberoamericanas hacen referencia, desde una perspectiva general, a los deberes de los ciudadanos a cumplir las leyes, a promover el bien común y a colaborar con los poderes públicos en aras de la consecución del interés general. Y en las principales leyes administrativas de la región encontramos referencias expresas a dichos deberes aplicados a la relación con la Administración Pública en el marco del procedimiento administrativo.

Por lo que se refiere a los principios sobre los que descansa el derecho fundamental de la persona a una buena Administración Pública, máxima expresión de la función de dignificación humana propia de los Poderes Públicos, es menester tener presente que todas las leyes administrativas que se han promulgado en Iberoamérica disponen de relevantes elencos y repertorios. Igualmente, muchos de los denominados derechos componentes del derecho fundamental a una buena Administración Pública están recogidos en las principales normas que regulan el régimen jurídico de la Administración Pública y el procedimiento administrativo en los diferentes países iberoamericanos.

Bajo las consideraciones enunciadas y asumiendo el contenido de las Cartas Iberoamericanas adoptadas a iniciativa del Centro Latinoamericano de Administración para el Desarrollo como son las de Función Pública, Gobierno Electrónico, Calidad en la Gestión Pública, de Participación Ciudadana en la Gestión Pública y el Código Iberoamericano de Buen Gobierno, así como la presente Carta de los Derechos y Deberes del Ciudadano en sus Relaciones con la Administración Pública, se entiende que la funcionalidad de los Gobiernos y Administraciones Públicas debe orientarse a la mejora constante y permanente de las condiciones de vida de las personas para que puedan ejercer en mejores condiciones todos sus derechos humanos.

La presente Carta está dividida en cinco capítulos. El primero se refiere a su finalidad: subrayar la dimensión jurídica de la posición del ciudadano en relación con la Administración Pública.

En el capítulo segundo se desarrollan los principios que están sobre la base de la obligación de buena administración de los poderes públicos. Las Cartas iberoamericanas de Participación Ciudadana y de Calidad de la Gestión Pública anteriormente citadas han sido valiosas referencias para la formulación de dichos criterios rectores de una Administración Pública que debe caracterizarse por una estructura y actividad que haga posible el derecho fundamental de la persona a la buena administración.

El capítulo tercero atiende, según las modernas tendencias del Derecho Administrativo Global, a la definición del derecho fundamental de la persona a la buena Administración Pública y conjunto de sus derechos componentes.

En el capítulo cuarto, por obvias razones de equilibrio, a fin de ofrecer un panorama completo del estatuto del ciudadano, se recapitulan, de forma general, los principales deberes que tiene el ciudadano en el marco de sus relaciones con las Administraciones Públicas.

Finalmente, en el quinto capítulo se establece la protección procesal y administrativa del derecho fundamental a la buena administración y de sus derechos componentes, que es la propia de la protección de los derechos humanos, de los derechos fundamentales de la persona.

La presente Carta constituye un marco de referencia que posibilita, en la medida en que no se oponga a lo dispuesto en las legislaciones de cada uno de los países de la región, una ordenación de los derechos y deberes del ciudadano en relación con la Administración Pública, los cuales pueden adecuarse a las particularidades de las normas relacionadas a la Administración Pública y a la idiosincrasia de cada uno de los países iberoamericanos.

## CAPÍTULO PRIMERO: FINALIDAD DE LA CARTA

1. La Carta de los Derechos y Deberes del Ciudadano en relación con la Administración Pública tiene como finalidad el reconocimiento del derecho fundamental de la persona a la buena Administración Pública y de sus derechos y deberes componentes. Así, los ciudadanos iberoamericanos podrán asumir una mayor conciencia de su posición central en el sistema administrativo y, de esta forma, poder exigir de las autoridades, funcionarios, agentes, servidores y demás personas al servicio de la Administración Pública, actuaciones caracterizadas siempre por el servicio objetivo al interés general y consecuente promoción de la dignidad humana.

## CAPÍTULO SEGUNDO: PRINCIPIOS

2. En el marco del respeto de los postulados del buen funcionamiento de las instituciones públicas y de la observación estricta del Ordenamiento Jurídico, la Administración Pública sirve con objetividad al interés general y actúa con pleno sometimiento a las leyes y al Derecho, especialmente en sus relaciones con los ciudadanos, de acuerdo con los principios expuestos en los siguientes preceptos, que constituyen la base del derecho fundamental a la buena Administración Pública en cuanto este está orientado a la promoción de la dignidad humana.

El principio de servicio objetivo a los ciudadanos se proyecta a todas las actuaciones administrativas y de sus agentes, funcionarios y demás personas al servicio de la Administración Pública, sean expresas, tácitas, presuntas, materiales –incluyendo la inactividad u omisión– y se concreta en el profundo respeto a los derechos e intereses legítimos de los ciudadanos, que habrá de promover y facilitar permanentemente. La Administración Pública y sus agentes, funcionarios y demás personas al servicio de la Administración Pública deben estar a disposición de los ciudadanos para atender los asuntos de interés general de manera adecuada, objetiva, equitativa y en plazo razonable.

3. El principio promocional de los poderes públicos se dirige a la creación de las condiciones necesarias para que la libertad y la igualdad de los ciudadanos iberoamericanos y de los grupos en que se integran sean reales y efectivas, removiendo los obstáculos que impidan su cumplimiento y fomentando la participación ciudadana a fin de que los ciudadanos contribuyan activamente a definir el interés general en un marco de potenciación de la dignidad humana.

4. El principio de racionalidad se extiende a la motivación y argumentación que debe caracterizar todas las actuaciones administrativas, especialmente en el marco del ejercicio de las potestades discrecionales.

5. En virtud del principio de igualdad de trato, todos los ciudadanos serán tratados de manera igual, garantizándose, con expresa motivación en los casos concretos, las razones que puedan aconsejar la diferencia de trato, prohibiéndose expresamente toda forma de discriminación cualquiera que sea su naturaleza.

Las Administraciones Públicas deberán realizar los ajustes tecnológicos y físicos necesarios para asegurar que este principio llegue efectivamente a los ciudadanos con especiales dificultades, especialmente a las personas con capacidades especiales o capacidades diferentes.

6. Principio de eficacia, en cuya virtud las actuaciones administrativas deberán realizarse, de acuerdo con el personal asignado, en el marco de los objetivos establecidos para cada ente público, que siempre estarán ordenadas a la mayor y mejor satisfacción de las necesidades y legítimas expectativas del ciudadano

Las Autoridades buscarán que los procedimientos y las medidas adoptadas logren su finalidad y, para ello, procurarán remover de oficio los obstáculos puramente formales y evitarán las dilaciones y los retardos, buscando la compatibilidad con la equidad y el servicio objetivo al interés general. En esta materia será de aplicación, de acuerdo con los diferentes ordenamientos jurídicos, el régimen de responsabilidad del personal al servicio de la Administración Pública.

7. El principio de eficiencia obliga a todas las autoridades y funcionarios a optimizar los resultados alcanzados en relación con los recursos disponibles e invertidos en su consecución en un marco de compatibilidad con la equidad y con el servicio objetivo al interés general.

8. De acuerdo con el principio de economía, el funcionamiento de la Administración Pública estará guiado por el uso racional de los recursos públicos disponibles.

El gasto público se realizará atendiendo a criterios de equidad, economía, eficiencia y transparencia.

9. En virtud del principio de responsabilidad la Administración Pública responderá de las lesiones en los bienes o derechos de los ciudadanos ocasionados como consecuencia del funcionamiento de los servicios públicos o de interés general de acuerdo con el ordenamiento jurídico correspondiente.

10. De acuerdo con el principio de evaluación permanente de la Administración Pública, ésta tenderá a adecuar su estructura, funcionamiento y actividad, interna y externa, a la identificación de oportunidades para su mejora continua, midiendo de forma objetiva el desempeño de sus estructuras administrativas.

11. Principio de universalidad, asequibilidad y calidad de los servicios públicos y de interés general con independencia de la ubicación geográfica de los ciudadanos y del momento en que estos precisen el uso de dichos servicios por parte de las Administraciones Públicas con presencia territorial.

12. Principio de ética, en cuya virtud todas las personas al servicio de la Administración pública deberán actuar con rectitud, lealtad y honestidad, promoviéndose la misión de servicio, la probidad, la honradez, la integridad, la imparcialidad, la buena fe, la confianza mutua, la solidaridad, la transparencia, la dedicación al trabajo en el marco de los más altos estándares profesionales, el respeto a los ciudadanos, la diligencia, la austeridad en el manejo de los fondos y recursos públicos así como la primacía del interés general sobre el particular.

13. Principio de participación, en cuya virtud los ciudadanos, en el marco de lo dispuesto en la Carta Iberoamericana de Participación Ciudadana en la Gestión Pública, podrán, según la legislación interna de cada país, estar presentes e influir en todas las cuestiones de interés general a través de los mecanismos previstos en los diferentes ordenamientos jurídicos de aplicación. Igualmente, se propiciará que los ciudadanos participen en el control de la actividad administrativa de acuerdo con la Legislación administrativa correspondiente.

De igual manera, la Administración Pública facilitará que los ciudadanos interesados participen, individual o colectivamente, también a través de sus legítimos representantes, en el procedimiento de elaboración de las normas administrativas que puedan afectarles.

14. Principio de publicidad y claridad de las normas, de los procedimientos y del entero quehacer administrativo en el marco del respeto del derecho a la intimidad y de las reservas que, por razones de confidencialidad o interés general, que serán objeto de interpretación restrictiva.

Las autoridades procurarán dar a conocer a los ciudadanos y a los interesados, de forma sistemática y permanente, según las diferentes legislaciones de cada uno los países de la región, sus actos, contratos y resoluciones, mediante comunicaciones, notificaciones y publicaciones, incluyendo el empleo de tecnologías que permitan difundir de forma masiva tal información.

15. Principio de seguridad jurídica, de previsibilidad, claridad y certeza normativa, en cuya virtud la Administración Pública se somete al Derecho vigente en cada momento, sin que pueda variar arbitrariamente las normas jurídicas.

La Administración Pública procurará usar en la elaboración de las normas y actos de su competencia un lenguaje y una técnica jurídica que tienda, sin perder el rigor, a hacerse entender por los ciudadanos.

16. En virtud del principio de proporcionalidad las decisiones administrativas deberán ser adecuadas al fin previsto en el ordenamiento jurídico, dictándose en un marco de justo equilibrio entre los diferentes intereses en presencia y evitándose limitar los derechos de los ciudadanos a través de la imposición de cargas o gravámenes irracionales o incoherentes con el objetivo establecido.

17. El principio de ejercicio normativo del poder significa que los poderes deberán ejercerse, única y exclusivamente, para la finalidad prevista en las normas de otorgamiento, prohibiéndose el abuso o exceso de poder, sea para objetivos distintos de los establecidos en las disposiciones generales o para lesionar el interés general.

18. De acuerdo con el principio de objetividad, fundamento de los principios de imparcialidad e independencia, las autoridades y funcionarios, así como todas las personas al servicio de la Administración Pública, deberán abstenerse de toda actuación arbitraria o que ocasione trato preferente por cualquier motivo, actuando siem-

pre en función del servicio objetivo al interés general, prohibiéndose la participación en cualquier asunto en el que él mismo, o personas o familiares próximos, tengan cualquier tipo de intereses o en los que pueda existir conflicto de intereses según el ordenamiento jurídico correspondiente.

19. Principio de buena fe, en cuya virtud las autoridades y los ciudadanos presumirán el comportamiento legal y adecuado de unos y otros en el ejercicio de sus competencias, derechos y deberes.

20. De acuerdo con el principio de facilitación los ciudadanos encontrarán siempre en la Administración Pública las mejores condiciones de calidez, amabilidad, cordialidad y cortesía para la tramitación y asesoramiento de los asuntos públicos que les afecten.

En estos casos, el uso de las TICS facilita la tramitación de numerosos procedimientos y permite de forma puntual conocer en cada momento el estado de la tramitación, así como solventar las dudas que puedan tener los interesados.

21. Principio de celeridad, en cuya virtud las actuaciones administrativas deberán realizarse optimizando el uso del tiempo, resolviendo los procedimientos en un plazo razonable que será el que corresponda de acuerdo con la dotación de personas y de medios materiales disponibles y de acuerdo con el principio de servicio objetivo al interés general, así como en función de las normas establecidas para tal fin.

22. Principio de transparencia y acceso a la información de interés general: el funcionamiento, actuación y estructura de la Administración Pública deberá ser accesible a todos los ciudadanos, de manera que éstos, de acuerdo con la protección del derecho a la intimidad y de las declaraciones motivadas de reserva por razones de interés general, puedan conocer en todo momento, gracias a la existencia de archivos adecuados, la información generada por las Administraciones Públicas, por las organizaciones sociales que manejen fondos públicos y por todas aquellas instituciones que realicen funciones de interés general de acuerdo con la legislación respectiva.

Las Autoridades deberán impulsar de oficio los procedimientos y procurarán usar las TICS a los efectos de que los procedimientos se tramiten con diligencia y sin dilaciones injustificadas de acuerdo con los enunciados de la Carta iberoamericana del Gobierno Electrónico. Igualmente, se procurará potenciar el uso de estándares abiertos para facilitar la difusión y reutilización de la información pública o de interés general.

23. El principio de protección de la intimidad: las personas al servicio de la Administración Pública que manejen datos personales respetarán la vida privada y la integridad de las personas de acuerdo con el principio del consentimiento, prohibiéndose, de acuerdo con los ordenamientos jurídicos correspondientes, el tratamiento de los datos personales con fines no justificados y su transmisión a personas no autorizadas.

24. El principio de debido proceso: las actuaciones administrativas se realizarán de acuerdo con las normas de procedimiento y competencia establecidas en los ordenamientos superiores de cada uno de los países miembros, con plena garantía de los derechos de representación, defensa y contradicción.

## CAPÍTULO TERCERO: EL DERECHO FUNDAMENTAL A LA BUENA ADMINISTRACIÓN PÚBLICA Y SUS DERECHOS DERIVADOS

25. Los ciudadanos son titulares del derecho fundamental a la buena Administración Pública, que consiste en que los asuntos de naturaleza pública sean tratados con equidad, justicia, objetividad, imparcialidad, siendo resueltos en plazo razonable al servicio de la dignidad humana.

En concreto, el derecho fundamental a la buena Administración Pública se compone, entre otros, de los derechos señalados en los artículos siguientes, que se podrán ejercer de acuerdo con lo previsto por la legislación de cada país.

26. Derecho a la motivación de las actuaciones administrativas: todas las actuaciones de la Administración Pública deberán estar amparadas en razonamientos inteligibles para todo ciudadano acreditándose la objetividad que preside su entero y completo quehacer.

27. Derecho a la tutela administrativa efectiva: durante la sustanciación del procedimiento administrativo la Administración estará sometida plenamente a la Ley y al Derecho y procurará evitar que el ciudadano interesado pueda encontrarse en situación de indefensión.

28. Derecho a una resolución administrativa amparada en el ordenamiento jurídico, equitativa y justa, de acuerdo con lo solicitado y dictada en los plazos y términos que el procedimiento señale. En este sentido, las Autoridades administrativas deberán resolver los expedientes que obren en su poder en los plazos establecidos, los cuales a su vez deberán permitir una defensa jurídica adecuada de los ciudadanos, dando a conocer el tiempo máximo de resolución previsto, en el marco de los medios materiales y las dotaciones de personas con los que cuente en cada caso la Administración Pública.

29. Derecho a presentar por escrito o de palabra peticiones de acuerdo con lo que se establezca en las legislaciones administrativas de aplicación, en los registros físicos o informáticos.

La forma de relación del ciudadano con la Administración Pública debe ser elegida por el propio ciudadano y facilitada por aquella. En caso de existir varias lenguas cooficiales en el país, se atenderá a lo dispuesto en el Ordenamiento Jurídico correspondiente. En todo caso la Administración Pública deberá asegurar la disposición de los medios más adecuados para personas con discapacidad.

30. Derecho a no presentar documentos que ya obren en poder de la Administración Pública, absteniéndose de hacerlo cuando estén a disposición de otras Administraciones públicas del propio país.

Los ciudadanos tienen derecho a no presentar documentos cuando éstos se encuentren a disposición de la Administración Pública. Las posibilidades de intercomunicación a través de las TICS de los registros de las distintas Administraciones Públicas deben hacer posible que entre ellas se intercambien todos los documentos que obrando en su poder sean necesarios para que los ciudadanos tramiten sus solicitudes.

Cada Organismo o ente público deberá arbitrar los medios necesarios para, en tiempo y forma, atender a este derecho sin descuidar las otras responsabilidades que resulten indelegables por la naturaleza de las funciones cumplidas.

31. Derecho a ser oído siempre antes de que se adopten medidas que les puedan afectar desfavorablemente.

32. Derecho de participación en las actuaciones administrativas en que tengan interés, especialmente a través de audiencias y de informaciones públicas.

Los ciudadanos tendrán derecho a participar, a tenor de lo dispuesto en la Carta Iberoamericana de Participación Ciudadana en la Gestión Pública, en los procedimientos de elaboración de disposiciones de carácter general, de acuerdo con lo dispuesto en el ordenamiento jurídico correspondiente.

33. Derecho a servicios públicos y de interés general de calidad.

En observación en lo que dispone la Carta Iberoamericana de Calidad en la Gestión Pública, los servicios de responsabilidad pública deben ofrecer a los usuarios determinados patrones o estándares concretos de calidad, que se medirán periódicamente y se pondrán en conocimiento de los usuarios para que estos estén lo mejor informados posible y puedan efectuar los comentarios y sugerencias que estimen pertinentes.

34. Derecho a conocer y a opinar sobre el funcionamiento y la calidad de los servicios públicos y de responsabilidad administrativa para lo cual la administración pública propiciará el uso de las TICS.

35. Derecho a formular alegaciones en el marco del procedimiento administrativo.

Con independencia de las audiencias e informaciones públicas que estén previstas en el ordenamiento jurídico correspondiente, los ciudadanos interesados podrán formular las alegaciones que estimen pertinentes, siempre que estén convenientemente argumentadas, de acuerdo con el procedimiento administrativo.

36. Derecho a presentar quejas y reclamaciones ante la Administración Pública. Los ciudadanos también tendrán derecho a presentar recursos contra actos o resoluciones de la Administración Pública de acuerdo con los correspondientes ordenamientos jurídicos.

Los ciudadanos podrán denunciar los actos con resultado dañoso que sufran en cualquiera de sus bienes y derechos producidos por los entes públicos en el ejercicio de sus funciones.

37. Derecho a conocer las evaluaciones de gestión que hagan los entes públicos y a proponer medidas para su mejora permanente de acuerdo con el ordenamiento jurídico correspondiente.

Los ciudadanos podrán ser consultados periódicamente sobre su grado de satisfacción con los servicios que reciben de la Administración Pública, a través de encuestas, sondeos y demás instrumentos apropiados para ello.

38. Derecho de acceso a la información pública y de interés general, así como a los expedientes administrativos que les afecten en el marco del respeto al derecho a la intimidad y a las declaraciones motivadas de reserva que habrán de concretar el interés general en cada supuesto en el marco de los correspondientes ordenamientos jurídicos.

Se facilitará el ejercicio de este derecho mediante medios electrónicos a través de portales de transparencia y acceso a la información de interés general.

39. Derecho a copia sellada de los documentos que presenten a la Administración Pública.

Todo ciudadano, con el fin de iniciar un procedimiento administrativo o una determinada solicitud a la Administración Pública con todas las garantías, recibirá copia sellada de tal actuación ante las Administraciones Públicas. La copia sellada se le facilitará en medios físicos o electrónicos dependiendo del medio escogido para el inicio del procedimiento o realización de la solicitud.

40. Derecho de ser informado y asesorado en asuntos de interés general.

Los ciudadanos tienen derecho a que quienes laboran en las oficinas públicas de atención al ciudadano establecidas para tal fin les asesoren e informen cordialmente acerca de los trámites u otras cuestiones de interés general. En dichas oficinas debe haber organigramas de los entes públicos que pertenezcan al ámbito administrativo ya sea de forma material o virtual.

Los ciudadanos tienen el derecho a que en las resoluciones desfavorables consten los medios de impugnación que el ordenamiento jurídico pone a su alcance, con expresa mención de los plazos y consecuencias jurídicas de la interposición de tales reclamaciones o recursos.

41. Derecho a ser tratado con cortesía y cordialidad.

Toda persona tiene derecho a un trato digno por quienes laboran en las dependencias públicas.

Todo ciudadano que se encuentre en situación de pobreza, indefensión, debilidad manifiesta, discapacidad, niños, niñas, adolescentes, mujeres gestantes o adultos mayores tendrán derecho a recibir un trato especial y preferente, por parte de las autoridades, agentes y demás personal al servicio de la Administración Pública, quienes deben facilitarles todo lo posible para el acceso a las oficinas públicas, la orientación adecuada y los servicios que soliciten.

42. Derecho a conocer el responsable de la tramitación del procedimiento administrativo.

Cuando se inicia un procedimiento administrativo, en la copia sellada que se entrega al ciudadano interesado se procurará hacer constar, por medios físicos o electrónicos según corresponda, de acuerdo con el Ordenamiento jurídico respectivo, la identidad del servidor público responsable de la tramitación de dicho expediente, a quien el ciudadano podrá dirigirse en los horarios establecidos al efecto.

43. Derecho a conocer el estado de los procedimientos administrativos que les afecten.

El funcionario responsable de la tramitación del procedimiento estará a disposición del ciudadano interesado para informarle en cada momento de la situación del expediente administrativo, sea oralmente, por escrito o a través de las TICS.

44. Derecho a ser notificado por escrito en los plazos y términos establecidos en las disposiciones correspondientes y con las mayores garantías, de las resoluciones que les afecten.

45. Derecho a participar en asociaciones o instituciones de usuarios de servicios públicos o de interés general.

46. Derecho a exigir el cumplimiento de las responsabilidades de las personas al servicio de la Administración Pública y de los particulares que cumplan funciones administrativas de acuerdo con el ordenamiento jurídico respectivo.

Los ciudadanos, además del derecho a exigir la justa indemnización en plazo razonable por la lesión que puedan sufrir en sus bienes o derechos a causa del funcionamiento de los servicios públicos o de interés general, en los casos en que así se determine de acuerdo con el ordenamiento jurídico correspondiente, podrán demandar, ante la Administración y/o ante los Jueces o Tribunales, las responsabilidades en que puedan haber incurrido los servidores públicos en el ejercicio de sus funciones.

## CAPÍTULO CUARTO: LOS DEBERES DEL CIUDADANO IBEROAMERICANO EN RELACIÓN CON LAS ADMINISTRACIONES PÚBLICAS

47. Los ciudadanos, en sus relaciones con las Administraciones Públicas, tienen, correlativamente con sus derechos, sendos deberes y obligaciones, que son, entre otros, los que se exponen en los siguientes preceptos

48. **Lealtad.** Los ciudadanos deberán acatar con lealtad la Constitución, las Leyes, así como el entero ordenamiento jurídico con arreglo a las exigencias de un Estado de Derecho.

49. **Buena fe.** Los ciudadanos habrán de actuar siempre de acuerdo con el principio de buena fe, tanto en el uso de la información obtenida de la Administración Pública, la cual deberá ser utilizada con interés legítimo, como así también abstenerse del uso de maniobras dilatorias en todo procedimiento o actuación en relación con dicha Administración Pública.

50. **Veracidad.** Los ciudadanos tienen la obligación de ser veraces en todas sus relaciones con la Administración Pública, evitando toda afirmación o aportación falsa o temeraria a sabiendas.

51. **Responsabilidad.** Los ciudadanos deben ejercer con la máxima responsabilidad los derechos que les reconoce el ordenamiento jurídico, absteniéndose de reiterar solicitudes improcedentes o impertinentes o de presentar acciones que representen erogaciones innecesarias de los recursos del Estado.

52. **Respeto y decoro.** Los ciudadanos observarán en todo momento un trato respetuoso con las autoridades, funcionarios y con todo el personal al servicio de la Administración Pública.

53. **Colaboración.** Los ciudadanos deberán colaborar siempre y en todo momento al buen desarrollo de los procedimientos y actuaciones administrativas, cumpliendo diligentemente todas las obligaciones razonables y justas que les impone el ordenamiento jurídico, especialmente en materia tributaria, reconociendo los costos establecidos para la atención demandada.

# CAPÍTULO QUINTO. PROTECCIÓN PROCESAL DEL DERECHO FUNDAMENTAL A LA BUENA ADMINISTRACIÓN PÚBLICA Y LOS DERECHOS QUE LO COMPONEN

54. El derecho fundamental de la persona a la buena administración pública y sus derechos componentes tendrán la protección administrativa y jurisdiccional de los derechos humanos previstos en los diferentes ordenamientos jurídicos.

# ÍNDICE

## A MODO DE PRESENTACION EL DERECHO A LA BUENA ADMINISTRACIÓN, LA ESTRATEGIA DEL CLAD PARA AMÉRICA LATINA
### Gregorio Montero

## INTRODUCCIÓN GENERAL SOBRE LA BUENA ADMINISTRACIÓN EN IBEROAMÉRICA
### Allan R. Brewer-Carías
### José Ignacio Hernández G.

**ESTUDIOS PRELIMINARES**

LA ADMINISTRACIÓN MOTIVADA:
LA UNIÓN EUROPEA, LOS ESTADOS UNIDOS Y
EL PROYECTO DE GOBERNANZA DEMOCRÁTICA
JERRY L. MASHAW

LA BUENA ADMINISTRACIÓN COMO INSTITUCIÓN JURÍDICA
JOSÉ LUIS MEILÁN GIL

LA BUENA ADMINISTRACIÓN COMO PRINCIPIO Y COMO DERECHO
FUNDAMENTAL EN EUROPA
JAIME RODRÍGUEZ-ARANA

**PONENCIAS REGIONALES**

EL BUEN GOBIERNO Y
LA BUENA ADMINISTRACIÓN EN EL SALVADOR
MIGUEL CARDOZA

LA CONSTRUCCIÓN DEL DERECHO A LA BUENA ADMINISTRACIÓN
EN EL MARCO DEL *SUMAK KAWSAY*

MARCO A. ELIZALDE JALIL

LA BUENA ADMINISTRACIÓN EN VENEZUELA

JOSÉ IGNACIO HERNÁNDEZ G.

DERECHO A LA BUENA ADMINISTRACIÓN
EN COSTA RICA
ERNESTO JINESTA L.

DIREITO FUNDAMENTAL À BOA ADMINISTRAÇÃO:
A CIDADANIA RETOMANDO SEU PAPEL NA DELIBERAÇÃO PÚBLICA
VANICE REGINA LÍRIO DO VALLE